Farne und Farnverwandte

Wir danken der G. und A. Claraz Schenkung
für einen Beitrag zu den Druckkosten.

Farne und Farnverwandte

Morphologie – Systematik – Biologie

Karl Ulrich Kramer,
Johann Jakob Schneller,
Eckhard Wollenweber

94 Abbildungen

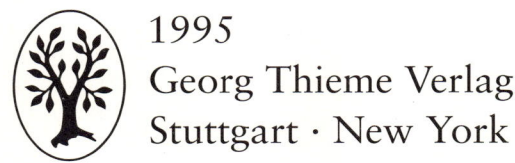

1995
Georg Thieme Verlag
Stuttgart · New York

Prof. Dr. K. U. Kramer †
Institut für Systematische Botanik der Universität
Zollikerstraße 107
CH-8008 Zürich

Prof. Dr. J. J. Schneller
Institut für Systematische Botanik der Universität
Zollikerstraße 107
CH-8008 Zürich

Prof. Dr. E. Wollenweber
Institut für Botanik – TH Darmstadt
Schnittspahnstraße 3
64287 Darmstadt

Die Deutsche Bibliothek – CIP-Einheitsaufnahme

Kramer, Karl Ulrich:
Farne und Farnverwandte : Morphologie – Systematik – Biologie / Ulrich
Kramer ; Johann Jakob Schneller ; Eckhard Wollenweber. –
Stuttgart ; New York : Thieme, 1995
NE: Schneller, Johann Jakob:; Wollenweber, Eckhard:

© 1995 Georg Thieme Verlag, Rüdiger-
straße 14, D-70469 Stuttgart
Printed in Germany
Satz: primustype Robert Hurler GmbH,
D-73274 Notzingen, gesetzt auf Linotronic 330
Druck: Gutmann + Co GmbH,
D-74338 Talheim

Geschützte Warennamen (Warenzeichen) werden *nicht* besonders kenntlich gemacht. Aus
dem Fehlen eines solchen Hinweises kann also
nicht geschlossen werden, daß es sich um einen
freien Warennamen handele.

ISBN 3-13-115301-6   1 2 3 4 5 6

Vorwort

Als der Georg Thieme Verlag vor wenigen Jahren mit dem Vorschlag an mich herantrat, ein zusammenfassendes kurzes Lehrbuch über Farne bzw. Pteridophyten zu schreiben, sagte ich ohne langes Zögern zu. Ein solches Buch in deutscher Sprache gibt es bisher nicht. Und das letzte zusammenfassende Werk über die Pteridophyten, das von F. Verdoorn redigierte „Manual of Pteridology" (Nijhoff, Den Haag), stammt aus dem Jahre 1938. Es ist jedoch ein umfassendes Handbuch, geschrieben von 20 Autoren.

Selbstverständlich war es nicht möglich und auch nicht geplant, im Rahmen dieses Lehrbuches eine lückenlose Behandlung des Themas anzustreben. Aspekte wie die Physiologie und besonders die Paläobotanik sind fast gänzlich ausgeklammert. Für die letztere ist ein separater Band vorgesehen.

Die rasche Entwicklung der Pteridologie, besonders seit etwa 1940, hat dazu geführt, daß das Thema grundlegend neu dargestellt werden mußte. Vieles ist derzeit stark im Fluß, was wir bei einer – hoffentlich notwendig werdenden – 2. Auflage dann wieder einarbeiten wollen. Aus der vorhandenen Fülle von Daten konnte – ohne den vorgegebenen Umfang zu sprengen – selbstverständlich nur eine Auswahl dargestellt werden, die ich im Hinblick auf die angesprochene Zielgruppe getroffen habe. Um der Beschränkung in der Materie etwas abzuhelfen, sind jedem Kapitel verhältnismäßig umfangreiche Literaturangaben beigefügt.

Die Breite des zu behandelnden Gebietes machte naturgemäß die Mitarbeit weiterer Spezialisten erforderlich. Zu meiner großen Freude konnten dafür die Herren Prof. Dr. J. J. Schneller, Zürich, und Prof. Dr. E. Wollenweber, Darmstadt, gewonnen werden, ersterer als Spezialist für Biosystematik und Ökologie, letzterer für die Chemie der Inhaltsstoffe und die Chemotaxonomie. Beiden sei an dieser Stelle für ihre unentbehrlichen Beiträge herzlich gedankt. Herrn Dr. R. Rutishauser, Zürich, möchte ich vielmals danken für seine wertvolle, konstruktive Kritik am Entwurf zum Kapitel Morphologie. Herr R. Holderegger, Küsnacht, hat in dankenswerter Weise das Kapitel Biosystematik durchgesehen. Herrn A. Zuppiger, Zürich, danke ich für das Anfertigen von Schwarz-Weiß-Negativen zahlreicher Farbdiapositive sowie für die Herstellung einiger Originalfotos und -zeichnungen. Herr Dr. Chen-Meng-Kuo, Taipei (Abb. 15, 45, 51, 54–57), und Herr Prof. E. Zogg, Walenstadt (Abb. 20, 43), gestatten mir in liebenswürdiger Weise, einige ihrer Originalfotos in das Buch aufzunehmen. Dank gebührt auch dem Verlag für die großzügige Berücksichtigung der Darstellungs- und Präsentationswünsche der Autoren.

Eine immer wieder auftauchende Schwierigkeit bei der Behandlung der Materie ergab sich aus dem Problem, fortwährend zwischen Filicales, Farnen im engeren Sinne (d. h. einschließlich aller „Eusporangiatae"), Farnverwandten (die an sich schon heterogen sind) und der allesumfassenden Kategorie der Pteridophyten im weitesten Sinn differenzieren zu müssen. Falls die Darstellung darunter in einigen Fällen gelitten hat, bitte ich um Nachsicht; es galt ja auch, Langatmigkeit möglichst zu vermeiden. Hinzu kommt, daß die eigentlichen Farne bei der Forschung meist erheblich stärker berücksichtigt werden als die Farnverwandten, so daß die Gefahr bestand, daß letztere etwas in den Hintergrund geschoben werden könnten.

Um den Text nicht unnötig zu belasten, wurden die Autoren der wissenschaftlichen Pflanzennamen (mit Ausnahme der Gattungsnamen im Kapitel Systematik) fortgelassen. Die Zeichnungen sind mit wenigen Ausnahmen aus der bestehenden Literatur übernommen, aber den Bedürfnissen des Buches entsprechend umgezeichnet worden. Ihre Herkunft ist jeweils angegeben. Die Fotos sind sämtlich unveröffentlichte, neue Aufnahmen. Sie stammen, soweit ihre Herkunft oben nicht anders angegeben ist, von mir.

Zürich, im Sommer 1994   *K. U. Kramer*

Professor K. U. Kramer (17. 10. 1928–11. 7. 1994) war einer der maßgeblichen Farnforscher unserer Zeit.

Es trifft uns schmerzlich, daß es ihm nicht mehr vergönnt war, das Erscheinen dieses Buches, das ihm sehr am Herzen lag, erleben zu dürfen. Ein Buch, das er in weiten Teilen konzipiert, verfaßt und mitgestaltet hat. Seine schwere Krankheit erlaubte es ihm nicht mehr, die Korrektur selbst vorzunehmen. Besonderer Dank gebührt daher seinen Schülern Dr. M. J. Zink und H. Schneider, die zusammen mit R. Holderegger mit großem und fachkundigem Einsatz an der Korrektur mitgewirkt haben.

Zürich und Darmstadt,
im September 1994

J. J. Schneller
E. Wollenweber

Inhaltsverzeichnis

1. Generationswechsel

Der Lebenszyklus der Farnpflanzen *(Pterido-phyten)* ist durch zwei voneinander unabhängige Generationen charakterisiert, nämlich den großen, morphologisch reich differenzierten *Sporophyt*, auf dem die Sporen als Produkt der Meiose in *Sporangien* entstehen, und den kleinen, einfach gebauten *Gametophyt*, auf dem mitotisch Gameten gebildet werden. Aus der durch die Verschmelzung der Gameten entstandenen Zygote geht ein neuer Sporophyt hervor. Die männlichen Gameten *(Spermatozoiden)* entstehen in *Antheridien*. Im reifen Stadium bewegen sie sich mit Hilfe von Geißeln in Wasser aktiv fort. Die unbeweglichen Eizellen werden in *Archegonien* gebildet. Bei Reife öffnen sich die Archegonien und geben den Spermatozoiden den Weg zur Eizelle frei. Dabei spielen bestimmte, allerdings nicht in allen Details verstandene Mechanismen (wohl vor allem chemischer [2] vielleicht zusätzlich physikalischer Natur), die Spermatozoiden anzulocken vermögen (11), eine Rolle. Kommen Spermatozoiden in die Nähe eines geöffneten Archegoniums, so fällt auf, daß sie die Plasmablase, die sich am Spermatozoid-Ende befindet, abstoßen.

Bei einigen wenigen Farnen sind detailliertere mikroskopische Untersuchungen der Befruchtungsvorgänge, vor allem mit Hilfe der Transmissionselektronenmikroskopie, vorgenommen worden. Dabei zeigt es sich, daß die Formveränderungen der Spermatozoiden, die während des Eintritts ins Archegonium zu beobachten sind, mit strukturellen Veränderungen zusammenhängen. Die Spermatozoiden strecken sich und werden schmaler. Gewisse Zellbestandteile *(Plastiden)* gehen in dieser Phase verloren. Die über der Eizelle vorhandene Vertiefung ist durch eine Membran nach außen abgegrenzt. Es können mehrere Spermatozoiden in diese Vertiefung oder Höhlung gelangen, wo sie mehr oder weniger ihre ursprüngliche Form annehmen. Man nimmt jedoch an, daß in das Cytoplasma der Eizelle nur ein einziges Spermatozoid eintritt, wobei es seine spiralige Form wie Untersuchungen bei *Marsilea* (10) und *Athyrium* zeigten, beibehält. Der Spermatozoidkern löst sich dann von den übrigen Teilen der Spirale und gelangt in den Eikern. Die genauen Abläufe während der Befruchtung sind nicht bis in alle Details geklärt und manche Fragen sind gegenwärtig noch offen (6, 7, 10).

Der charakteristische Generationswechsel hat für das Leben und Überleben der Farnpflanzen besondere Konsequenzen. Die normale, mit Kernphasenwechsel verbundene Entwicklung vom Gametophyt (im Normalfall haploid) zum Sporophyt (diploid), aber auch die außergewöhnlichen Verhältnisse bei *Apogamie* und *Aposporie* (s. S. 149, 151), sind morphologisch, strukturell und morphogenetisch recht gut bekannt. Es zeigt sich, daß Generationswechsel und Kernphasenwechsel nicht zwingend miteinander gekoppelt sein müssen, wenn sie auch in den meisten Fällen eng miteinander verknüpft sind. Nach neueren Ansichten sind es vor allem plasmareiche Gametophytzellen, die fähig sind, apogame Sporophyten zu erzeugen (1). Damit könnte auch die Tatsache zusammenhängen, daß, nach heutigem Wissen, aus einer Spore oder Diplospore nie direkt apogam ein Sporophyt entsteht. Sporen sind zwar reich an Lipiden, Speicherproteinen und Zuckern, aber relativ arm an Cytoplasma. Zudem besitzen vor allem die kleinen Sporen der isosporen Farne wohl zu wenig „Startkapital", um direkt einen Sporophyten zu erzeugen. Aber auch bei den viel Reservestoff-reicheren Megasporen der heterosporen Farne gibt es keine Hinweise dafür, daß sie, ohne Gametophyten zu bilden, direkt apogame Sporophyten hervorbringen. Der Generationswechsel scheint also für die Farne zwingend zu sein. Er kann nur durch vegetative Vermehrung umgangen werden (s. S. 145).

Aposporie ihrerseits (s. S. 151) dürfte von Zellen ausgehen, deren Versorgung durch umliegende Gewebe zunehmend eingeschränkt ist (16).

Schwieriger als die morphogenetischen Prozesse sind die ökologischen und evolutiven Auswirkungen des Generationswechsels zu erfassen. Es ist anzunehmen, daß gerade die Art und Weise der Befruchtung, wie sie bei Farnen verwirklicht ist, bestimmte Einschränkungen zur Folge hat. Ein horizontal wachsender, der Substratoberfläche anliegender Gametophyt mit nach unten gerichteten Gametangien muß fortpflanzungsbiologisch als vorteilhaft angesehen werden, denn zur Befruchtung ist freies Wasser unerläßlich, und nur an der Bodenoberfläche kann sich bei Regen, Tau oder Nebel ein größerer, zusammenhängender Wasserfilm bilden, in dem die Spermatozoiden vom Antheridium zur Eizelle im Archegonium gelangen können. Der Weg, den die beweglichen, männlichen Gameten zurücklegen können, liegt im Bereich von wenigen Zentimetern (14) bis vielleicht zu einigen Dezimetern (z. B. bei *Equisetum*; [8]). Aus diesem Grund können Gametophyten eine gewisse Größe nicht überschreiten, weil dann die Befruchtung nicht mehr gesichert wäre. Unmittelbar auf der Bodenoberfläche ist aber die Licht-, Raum- und Ressourcenkonkurrenz anderer Pflanzen, sowohl Moose als auch Keimlinge und Jungpflanzen von Samenpflanzen, als relativ groß anzusehen. Die Gametophyten scheinen durch einen niedrigen Lichtkompensationspunkt der Nettophotosynthese an das Leben im Schatten gut angepaßt zu sein. Sie sind entgegen landläufigen Ansichten oft recht trocken- und frostresistent (s. S. 110, 113) und werden kaum von Herbivoren befallen. Sie sind aber in den meisten Fällen verglichen mit den Sporophyten kurzlebig, dies vielleicht deshalb, weil die rasche Erzeugung eines Sporophyten vor allem gegenüber Moosen Konkurrenzvorteile bietet. Es sind allerdings Fälle bekannt, wo sich Gametophyten unabhängig vom Sporophyten halten, ja vermehren und verbreiten können (s. S. 148). Bei den Bärlappen und den Eusporangiaten und bei einigen leptosporangiaten Farnen sind die Gametophyten jedoch langlebig. Sie erreichen das durch Symbiose mit Pilzen (Mykorrhiza) (s. S. 114), von denen sie Kohlehydrate beziehen, und sind deswegen weniger oder nicht vom Licht abhängig, was sicher gewisse Konkurrenzvorteile bietet.

Der Sporophyt der Farne und Farnartigen wird viel größer als der Gametophyt, z. B. wächst er im Normalfall weit über die Moose hinaus, die an manchen Standorten als wichtige Konkurrenten der Gametophyten zu betrachten sind. Um dies zu erreichen, ist natürlich eine Verstärkung und Stabilisierung des Pflanzenkörpers und die Bildung von Leitgefäßen notwendig (s. S. 5 ff.). Ein aufrechter, großer Sporophyt ermöglicht es, die Sporenproduktion zu vergrößern und die Sporangien so anzuordnen, daß eine wirkungsvollere Sporenausbreitung durch den Wind (s. S. 116) gewährleistet wird. Dies ist für die Verbreitung und Etablierung neuer Individuen wichtig. Theoretisch folgt aus einer erhöhten Anzahl produzierter Sporen auch, daß die meiotische Rekombination zunimmt, diese ist ein wichtiger evolutiver Faktor (s. S. 139, 143). Größerer Wuchs (Sporophyt) bietet wohl auch in der Konkurrenz mit Blütenpflanzen gewisse Vorteile (Lichtkonkurrenz).

Generell läßt sich sagen, daß die Wuchsformen, die die Befruchtung über bewegliche Gameten ermöglichen und jene, die die Sporenverbreitung fördern, ganz verschiedenen Funktionen dienen und deshalb habituell verschieden sein müssen (9). Da Sporophyten viel auffälliger sind, sind sie auch in ökologischen Arbeiten viel häufiger untersucht worden als Gametophyten (4). Für die Evolution der Gefäßkryptogamen war eine Herausbildung zweier Generationen mit den oben genannten Eigenschaften und aus den soeben beschriebenen Gründen von großem selektivem Vorteil (9).

Mikroökologisch bestehen manche Unterschiede zwischen den Generationen. Der Gametophyt (mit Ausnahme der Apomikten) muß an Stellen wachsen, wo während einer bestimmten Zeit freies Wasser für die Befruchtung verfügbar ist.

Von einigen waldbewohnenden Farnen liegen Untersuchungen vor, die zeigen, wo passende „safe sites" für die Entstehung von Gametophyten zu finden sind. Bei *Woodwardia areolata* sind sie auf zerfallende Strünke und verrottendes Holz beschränkt (5). Vergleichbare Verhältnisse wurden bei *Dryopteris dilatata* und *Dryopteris carthusiana* festgestellt (15). Hingegen dürften *Athyrium filix-femina* (12, 13) und *Blechnum spicant* (3) ihre „safe sites" vor allem an offenen Mikrohabitaten (nackter Boden, Lücken in der Vegetation) haben, allerdings an Stellen, die mindestens für einige Wochen eine gewisse Stabilität aufweisen.

Es ist anzunehmen, daß die haploide Phase anderen Selektionsmechanismen ausgesetzt ist als die diploide. Selektion wird also verschiedene Auswirkungen zeigen, weil im Gametophyten und im Sporophyten verschiedene Gene exprimiert werden. Bei der Selektion auf der Gametophytstufe werden erfolgreiche Befruchtungsmechanismen und eine relativ rasche Zygotenbildung vorteilhaft sein.

Der Standort des Gametophyten bestimmt weitgehend den Standort des Sporophyten. Die oft zu beobachtende vegetative Vermehrung von Sporophyten (s. S. 145 ff.) könnte damit zusammenhängen, daß es Vorteile bietet, aus dem vom Gametophyten diktierten Kleinstandort herauszutreten (15, 17, 18).

Literatur

1. Bell, P. R.: The alternation of generations. Adv. Bot. Res. 16 (1989) 55–93.
2. Brokaw, C. J.: Chemotaxis of bracken spermatozoids. Implications of electrochemical orientation. J. Exp. Biol. 35 (1958) 197–212.
3. Cousens, M. I.: *Blechnum spicant:* habitat and vigor of optimal, marginal, and disjunct populations, and field observations of gametophytes. Bot. Gaz. 142 (1981) 251–258.
4. Cousens, M. I.: Reproductive strategies of pteridophytes. In: Lovett Doust, J., Lovett Doust, L. (Eds.): Plant Reproductive Ecology. Patterns and Strategies. Oxford University Press, New York 1988, pp. 307–328.
5. Cousens, M. I., Lacey, D. G., Scheller, J. M.: Safe sites and the ecological life history of *Lorinseria areolata*. Amer. J. Bot. 75 (1988) 797–807.
6. Duckett, J. G., Bell, P. R.: Studies on fertilization in archegoniate plants. I. Changes in the structure of the spermatozoids in *Pteridium aquilinum* (L.) Kuhn during entry into the archegonium. Cytobiol. 4 (1971) 421–436.
7. Duckett, J. G., Bell, P. R.: Studies on fertilization in archegoniate plants. II. Egg penetration in *Pteridium aquilinum* (L). Kuhn. Cytobiol. 6 (1972) 35–50.
8. Duckett, J. G., Duckett, A. R.: Reproductive biology and population dynamics of wild gametophytes of *Equisetum*. Bot. J. Linn. Soc. 80 (1980) 1–40.
9. Keddy, P. A.: Why gametophytes and sporophytes are different: form and function in a terrestrial environment. Amer. Nat. 118 (1981) 452–454.
10. Myles, D. G.: The fine structure of fertilization in the fern *Marsilea vestita*. J. Cell. Sci. 30 (1978) 265–281.
11. Raghavan, V.: Developmental Biology of Fern Gametophytes. Cambridge University Press, Cambridge 1989.
12. Schneller, J. J.: Biosystematic investigations on the Lady Fern *(Athyrium filix-femina)*. Pl. Syst. Evol. 132 (1979) 255–277.
13. Schneller, J. J.: Spore bank, dark germination and gender determination in *Athyrium* and *Dryopteris*. Results and implications for population biology of Pteridophyta. Bot. Helv. 98 (1988) 77–86.
14. Schneller, J. J., Haufler, C. H., Ranker, T. A.: Antheridiogen and natural gametophyte populations. Amer. Fern J. 80 (1990) 143–152.
15. Seifert, M.: Populationsbiologie und Aspekte der Morphologie zweier Wurmfarne, *Dryopteris carthusiana* und *Dryopteris dilatata*. Dissertation, Universität Zürich 1992, 135 S.
16. Sheffield, E., Bell, P. R.: Current studies of the pteridophyte life cycle. Bot. Rev. 53 (1987) 442–490.
17. Willson, M. F.: Sex expression in fern gametophytes: some evolutionary possibilities: J. Theor. Biol. 93 (1981 a) 403–409.
18. Willson, M. F.: On the evolution of complex life cycles in plants: a review and an ecological perspective. Ann. Missouri Bot. Gard. 68 (1981 b) 275–300.

2. Morphologie

2.1. Einleitung

Pteridophyten werden im allgemeinen als *Kormophyten* betrachtet, da die sporophytische Generation aus Achsen (Rhizomen, Stengeln, Stämmen usw.) aufgebaut ist, die Blätter und Wurzeln tragen. Die Wurzeln können allerdings fehlen, wie das auch bei anderen Kormophyten der Fall sein kann. Blattlose Pteridophyten kennen wir dagegen nicht – Blätter in irgend einer Form sind stets vorhanden, vorausgesetzt, daß alle als Blätter angesprochenen Organe richtig gedeutet werden (s. S. 91), dies im Gegensatz zu gewissen Blütenpflanzen wie Stammsukkulenten, gewissen Parasiten und einigen epiphytischen Orchideen, die blattlos sind.

Die Blätter der eigentlichen Farne werden oft als *Wedel* (engl. fronds) bezeichnet, teils in Analogie zum Terminus für große, zusammengesetzte Blätter von Samenpflanzen wie *Cycadatae* und Palmen, teils weil die Homologie mit Samenpflanzenblättern als ungenügend bewiesen betrachtet wird. Tatsächlich lassen sich Argumente für letzteren Standpunkt anführen (s. S. 36, 37). Noch zweifelhafter ist die Homologie der mikrophyllen Blätter der sogenannten Farnverwandten mit denen der Samenpflanzen, aber erstere werden stets als Blätter bezeichnet; und da man vollends auch bei Moosen von Blättern spricht, die ja der *gametophytischen* Generation angehören, erscheint es einfacher und logischer, die Bezeichnung „Blätter" für alle lateralen, dorsiventralen Organe mit beschränktem Wachstum beizubehalten. Die Alternative, bei jeder Pflanzenklasse einen eigenen Terminus für die – möglicherweise nicht homologen –

blattartigen Organe zu verwenden, erscheint recht unpraktisch, auch wenn dies schon vorgeschlagen worden ist.

Traditionell werden die mit einem einzigen Leitbündel versehenen, kleinen, blattartigen Organe der Farnverwandten: Bärlappe, Moosfarne, Brachsenkräuter, Schachtelhalme, Nacktfarne, als *Mikrophylle* bezeichnet, jene mit einem System verzweigter Leitbündel, wie sie die eigentlichen Farne (und die Samenpflanzen) besitzen, als *Megaphylle*. Ein weiterer, wichtiger Unterschied zwischen den beiden Kategorien liegt darin, daß sich in der unmittelbaren Umgebung der Ansatzstelle eines Megaphylls in der Stele der Achse eine Blattlücke befindet, die bei Mikrophyllen nie vorhanden ist. Doch sind die Stelen der meisten Mikrophylle besitzenden Pteridophyten so gebaut, nämlich mit protostelischem Grundmuster (Abb. 1 a), daß das Vorhandensein von Blattlücken kaum denkbar wäre. Ferner kennen wir einige echte Farne, die keine Blattlücken aufweisen: gewisse Hymenophyllaceae mit reduzierten, kleinen Blättern und ebensolcher Rhizomstele; *Schizaeaceae* und *Gleicheniaceae* mit protostelischem Rhizom und andere, deren winzige Blätter kaum verzweigte Adern enthalten, wie einige *Grammitidaceae* und *Vittariaceae*. Hier handelt es sich offensichtlich um extreme Reduktionsstadien. Ferner sind neuerdings einige wenige *Selaginella*-Arten mit verzweigten Blattadern bekannt geworden. Der Unterschied zwischen Megaphyllen und Mikrophyllen verwischt sich also etwas.

2.2. Homospore Farne

2.2.1. Die Achse

Bei den eigentlichen Farnen wird die Achse meist als *Rhizom* bezeichnet; oder, wenn sie aufrecht steht und sich stark über die Oberfläche er-

hebt, spricht man von einem Stamm, wie bei den meisten *Cyatheaceae* und *Dicksoniaceae*, einigen *Osmundaceae*, *Blechnum*-Arten usw. Da aber kein grundlegender Unterschied zu einem Rhizom besteht, wird hier die Bezeichnung Stamm meistens vermieden.

Das Leitbündelmuster des Rhizoms ist ebenso wie das des Blattstieles von großer taxonomischer Bedeutung. Die weitaus häufigsten Typen der *Stele*, wie die Gesamtheit des Leitbündelsystems im Stengel mit den assoziierten Geweben genannt wird, sind in Abb. **1 a–j** dargestellt. Eine Eustele, wie sie Samenpflanzen und gewissen Progymnospermen besitzen, kommt nur bei *Botrychium* vor; ihr Vorhandensein spricht, neben anderen Merkmalen, gegen den Einschluß der *Ophioglossaceae* in die Echten Farne (s. S. 48). Mit ihrer polycyclischen *Dictyostele* (Abb. **1 m**) nehmen die *Marattiaceae* ebenfalls eine Sonderstellung ein. Polycyclische Stelen finden sich daneben bei *Matoniaceae* und einigen sehr großen, abgeleiteten Farnen, z. B. bei gewissen *Pteris*-Arten.

Die *Osmundaceae* haben einen besonderer Typ von Stele, der ihre Sonderstellung im System unterstreicht (Abb. **1 c**). Die *Meristelen* der Dictyostele haben eine einmalige Form und sind hier und da in einem Muster verbunden, wie es sonst nirgends vorkommt; die Dictyostele ist hier auch ectophloisch, im Gegensatz zu allen anderen Beispielen, wo sie amphiphloisch ist (48).

Die Blätter der Farne sind stets nach mehr oder weniger festen Gesetzmäßigkeiten auf dem Rhizom angeordnet. Arten mit aufrechtem Rhizom tragen sie in einer Spirale, selten in Wirteln (*Grammitidaceae*; 55). Da die Internodien dann meist kurz sind, stehen die Blätter in einer dichten, nicht selten trichterförmigen Rosette (engl. basket). Bei kriechendem Rhizom sind die Blätter mit wenigen Ausnahmen auf die Dorsalseite beschränkt, wo sie meistens zweireihig, seltener in drei, vier, oder aber in nur einzigen Längsreihe angeordnet sind. Die Stele des Rhizoms nimmt dann für gewöhnlich an der Dorsiventralität der Struktur teil, entweder dadurch, daß – bei einer Solenostele – die Blattlücken auf die Dorsalseite beschränkt sind; oder durch eine stärkere Modifikation der ganzen Stele, z. B. bei vielen *Lomariopsidaceae, Davalliaceae* und *Oleandraceae* (Abb. **1 i, j, k**). Bei diesen sind die Leitbündelstränge *(Meristelen)* der Dictyostele nicht rundherum gleichmäßig ausgebildet, sondern sie sind an der Dorsal- und der Ventralseite breiter als die lateralen, oder es sind überhaupt nur dorsale Blattlücken vorhanden (Abb. **1 i, j, k**).

Folgende Merkmale unterscheiden die vegetativen Organe der Echten Farne meistens bis immer von denen der Samenpflanzen.

* = Nicht ganz konsequent gültig bei Farnen
+ = Nicht ganz konsequent anders bei Samenpflanzen

*   Eine einzige Scheitelzelle im Scheitelmeristem
+   Ohne Primärwurzel, nur mit Adventivwurzeln
*   Leitbündel ringsum mit Phloem
*   Stele der Achse nie eustelisch oder atactostelisch
+   Einbettung der Spaltöffnungs-Schließzellen in die Epidermis nach einfachem Muster; Nebenzellen nicht oder wenig differenziert
+   Epidermiszellen chlorophyllhaltig
*+   Holzgefäße (Tracheen) fehlend
+   Fasern fehlend
     Kollenchym fehlend
*   Keine Hoftüpfel, statt dessen leiterförmige Tüpfel
*   Ring- bzw. Spiraltracheiden nur im Protoxylem
*+   Aderungsmuster einfach
*   Achselknospen (-triebe) fehlend
*   Blätter niemals paarig gefiedert
*   In der Jugend epinastisch eingekrümmte Blätter (Blattspitze und -segmente)

Die vorwiegend epiphytischen Vertreter der Familien *Polypodiaceae* und *Davalliaceae* haben eine sehr stark durchbrochene Dictyostele, deren Lücken nur zum Teil mit Blattansätzen verbunden sind; die übrigen Lücken weisen zuweilen rudimentäre Blattspurbündel auf. Es ist die Meinung geäußert worden, die dazugehörigen Blätter seien in der Ontogenese unterdrückt worden. Solche sogenannten perforierten Dictyostelen sind wohl als Anpassung an ein elastisches Substrat zu deuten, das bei den darauf wachsenden Epiphyten eine Kombination von erhöhter Biegsamkeit mit Reißfestigkeit verlangt, wie sie eben mit den zusätzlichen Perforationen und dem kleinen Durchmesser vieler oder aller Leitbündelstränge (Meristelen) erreicht wird.

Fast alle Farne besitzen ein gut entwickeltes, sklerenchymatisches Stützgewebe, mit Ausnahme der Eusporangiaten und einiger in dieser Beziehung abgeleiteter Gruppen wie *Vittariaceae* und viele *Hymenophyllaceae*. Da das Xylem kein sekundäres Dickenwachstum aufweist, muß ein Teil der Stützfunktion durch andere Gewebe übernommen werden, in erster Linie Sklerenchym; auch das turgeszente Grundgewebe dürfte mitwirken. Daß relativ wenige

Farne eßbar sind, hängt nicht nur mit toxischen Inhaltsstoffen, sondern auch mit der Mächtigkeit des Stützgewebes zusammen (s. S. 182). Seine Verteilung ist bei den verschiedenen Sippen nicht gleich. Meistens ist in der Hypodermis und/oder den äußeren Rindenschichten des Rhizoms eine mehr oder weniger mächtige Schicht von Stützgewebe vorhanden. Sie fehlt aber nicht selten bei Epiphyten, besonders bei solchen mit grünem, an der Assimilation beteiligtem Rhizom, wie es viele *Polypodiaceae* (Abb. 1 l, 30) und *Davalliaceae* besitzen. Die überwiegend epiphytischen *Vittariaceae* besitzen, wie erwähnt, kaum Sklerenchym. Bei größeren Epiphyten sind häufig die im Grundgewebe zerstreuten Meristelen von einer Sklerenchymscheide umgeben, und/oder es sind im Grundgewebe verstreute, dunkel gefärbte Sklerenchymstränge vorhanden (Abb. 1 l), die auch neben einer kortikalen Sklerenchymschicht auftreten können. Die meisten Baumfarne haben ein sehr stark entwickeltes, leitbündelbegleitendes Sklerenchym, das häufig neben zerstreut liegenden Sklerenchymsträngen vorhanden ist. Dies dürfte für die Statik des stammartigen Rhizoms erforderlich sein.

Die Verzweigung der Achsen ist sehr unterschiedlich ausgeprägt. Kurze aufrechte Rhizome, und besonders stammartige, sind oft oder sogar meistens unverzweigt, oder sie verzweigen sich nur nach Beschädigung des Sproßgipfels. Doch kann sich auch ein aufgerichtetes Rhizom am Grunde verzweigen, so daß es zur Bildung von Gruppen gedrängt stehender Blattrosetten kommt, wie z. B. bei gewissen *Dryopteris-*, *Polystichum-*, *Athyrium-* und *Blechnum-*Arten. In selteneren Fällen tragen aufrechte Achsen schlanke, verlängerte Ausläufer, die als *Stolonen* bezeichnet werden. Sie wurzeln in einem gewissen Abstand von der Mutterpflanze und können dort Tochterpflanzen mit wieder aufrechtem Rhizom erzeugen. Beispiele sind in den Gattungen *Nephrolepis* (Abb. 13) und *Matteuccia* zu finden. Über falsche Stolonen mit Blattnatur s. unten.

Kriechende Rhizome sind meistens schwach bis sehr stark verzweigt. Koloniebildung ist häufig mit dem Besitz kriechender, sich verzweigender Rhizome verknüpft, deren Verästelungen auf die Dauer unabhängige Tochterpflanzen bilden können. Dies kommt besonders bei kleineren Epiphyten und Felsbewohnern vor (Abb. 31), die im Zusammenhang mit der Instabilität besonders des erstgenannten Substrates starke vegetative Vermehrung zeigen. Beispiele sind Arten von *Microgramma*, *Drymoglossum*, *Pyrro-*

sia, *Lindsaea* subgen. *Odontoloma*, *Davalliaceae*, und einige kleinere *Elaphoglossum-*Arten. Auch in Sümpfen wachsende Farne, besonders Arten von *Thelypteris* im weiteren Sinne, zeigen starke Koloniebildung durch Verästelung des Rhizoms, wie das auch bei sumpfbewohnenden Blütenpflanzen häufig ist. Manche bodenbewohnenden Farne zeigen ebenfalls ein solches Wachstum, besonders wenn es sich um Pionierpflanzen offener Standorte handelt (s. S. 148).

Die *Verzweigungsmuster der Rhizome* sind noch zu wenig untersucht; erste Ergebnisse weisen auf eine erhebliche Vielfalt hin, teils im Zusammenhang mit der systematischen Stellung, teils mit der Ökologie (s. z. B. 42, 55). Bei echten Farnen sind die Verzweigungen dichotom-isotom oder weniger häufig -anisotom. Der Ursprungsort der Seitenachsen ist ebenfalls verschieden. Achselbürtige Seitensprosse sind selten, kommen entgegen früheren Behauptungen aber doch gelegentlich vor, z. B. bei *Ophioglossaceae*, *Trichomanes* und *Thelypteris* (42). Viel häufiger ist eine räumliche Assoziation ohne Achselständigkeit, oder auch nur eine abwechselnde Anordnung der Blattbasen und der Seitensprosse. Solche Seitenzweige, die nicht achselständig sind, aber deren Anordnung doch in einer festen Beziehung zu der der Blätter steht, nennt man Phyllom-konjunkt. So stehen die (Anlagen der) Seitensprosse bei *Davalliaceae* vor den Blattbasen, bei *Polypodiaceae* dahinter; eine regellose Anordnung beider Organe wurde dagegen bei *Vittariaceae* gefunden (55).

Der Sproßgipfel des Farnrhizoms besitzt ein Meristem mit einer einzigen, generell dreischneidigen (selten zweischneidigen) Scheitelzelle, die in drei Richtungen Tochterzellen abgibt. Hierin liegt ein wichtiger Unterschied zum Apikalmeristem der Samenpflanzen, in dem eine ganze Zellgruppe an den primären Teilungen beteiligt ist. Allerdings hat man mehrfach festgestellt, daß die Apikalzelle der Pteridophyten nicht unbedingt die teilungsaktivste ist. Der Sproßgipfel wird von zahlreichen Epidermalanhängseln geschützt: Haare oder Schuppen, seltener beide zusammen (s. unten). Terrestrische Farne pflegen diese Anhängsel allmählich abzustoßen, so daß die älteren Teile keine oder nur noch Spuren davon aufweisen. Dagegen bleiben bei vielen Epiphyten die Schuppen auch auf älteren Teilen des Rhizoms stehen, wo sie sich verfärben und verwittern können. Die Blattstielbasen abgestorbener Blätter bilden bei den erdbewohnenden Farnen mit kurzem Rhizom oft einen zusätzlichen Schutz des Sproßgipfels.

Viele Epiphyten und auch terrestrische Angehörige vorwiegend epiphytischer Verwandtschaftskreise besitzen eine präformierte Abgliederungsstelle zwischen Blattbasis und Rhizom, die oft auf einer Erhebung des letzteren liegt. Dies findet sich bei den *Davalliaceae*, der großen Mehrzahl der *Polypodiaceae*, und vielen Arten von *Elaphoglossum*. Der Auswuchs des Rhizoms, der den Blattstiel trägt, wird als *Phyllopodium* bezeichnet (Abb. 30). Er hat das Leitbündelmuster des Blattstieles, gleicht aber histologisch eher dem Rhizom und trägt auch meist die gleichen Epidermalanhängsel wie letzteres (bei sehr vielen Farnen sind diese auf dem Rhizom und auf dem Blattstiel etwas bis stark verschieden). Bei der Gattung *Oleandra*, die ebenfalls kletternde bis epiphytische Arten enthält, liegt die Abgliederungsstelle dagegen im Blattstiel, oft weit über seiner Basis, ohne daß der unterhalb gelegene Teil dem Rhizom mehr als dem oberen Teil des Blattstiels gleicht (Abb. 4 a). Abgliederungsstellen innerhalb des Blattstieles kommen auch bei *Arthropteris* (Name!) und einigen *Woodsia*-Arten vor. Die Abgliederungsstruktur ermöglicht ein rasches, „sauberes" Abwerfen des Blattes (s. S. 120).

2.2.2. Die Wurzel

Die Wurzeln der Farne entstehen endogen, meist aus Endodermis-Zellen, und entspringen meistens ebenfalls Phyllom-konjunkt, seltener der Basis des Blattstieles. Abgesehen von der ersten Wurzel einer Keimpflanze sind alle Farnwurzeln *Adventivwurzeln*. Sie sind stets monopodial verzweigt. Bei Farnen mit großem, aufrechtem Rhizom bildet sich oft ein dichter Mantel aus verfilzten Wurzeln, z. B. bei *Osmunda*, *Cyathea* und *Dicksonia*. Diese Wurzelschicht dient nicht nur der Aufnahme von Nährstoffen und Regenwasser, sondern auch dem Schutz und der Versteifung des Stammes. Mehr als die Hälfte eines Stamm-Querschnittes kann aus dem Wurzelmantel, eventuell mit Blattbasen verfilzt (Abb. 53), bestehen. Farnwurzeln bilden ein beliebtes Substrat zum Kultivieren von Orchideen und anderen Epiphyten (s. S. 181).

Die Wurzeln sind meist dünn, mit Ausnahme der dicken, fleischigen Wurzeln der Eusporangiaten, und stark verzweigt. An aufrechten Rhizomen entspringen sie allseitig, bei kriechenden oft nur an der Ventralseite (Abb. 1 h, i; 4 d). Wurzelhaare sind auf die jüngeren Teile beschränkt. Nur bei gewissen *Hymenophyllaceae* fehlen die Wurzeln ganz, und die „Wurzelhaare" sitzen direkt auf dem Rhizom. Bei einigen Arten finden sie sich sogar auf Blattstiel und -spreite (Abb. 4 c).

Über den Einfluß der Stellung im System und der Umwelt auf den Bau und die Verteilung der Wurzeln bzw. des Wurzelsystems ist noch sehr wenig bekannt. Bei den Farnen kennen wir keine Gegenstücke zu den Wurzeln epiphytischer Orchideen, die mit ihrem wasserspeichernden Gewebe, dem sogenannten Velamen, eine sehr spezialisierte Struktur aufweisen.

2.2.3. Das Blatt

Blattstiel: Der Blattstiel, auch wenn er nicht durch eine Abgliederungsstelle vom Rhizom abgesetzt ist, unterscheidet sich davon stets scharf durch seine Dorsiventralität, besonders auch im Leitbündelmuster (Abb. 2 b–e, g–i). Einzig die *Marattiaceae* zeigen in der Anordnung ihrer Blattstiel-Leitbündel ein sehr geringes Maß an Dorsiventralität (Abb. 1 m); dies dürfte als sehr ursprüngliches Merkmal zu werten sein. Der Durchmesser des Blattstieles ist meistens deutlich kleiner als der der Achse, die ihn trägt; sehr oft ist er auch dorsiventral etwas abgeflacht oder trägt auf der ventralen Seite und/oder den latero-ventralen Flächen eine oder mehrere Rinnen. In einigen wenigen Fällen ist der Basalteil stark abgeflacht und flügelartig verbreitert, wodurch die überlappenden Blattstielbasen einen Schutz für das Rhizom und besonders für den Sproßgipfel und die Blattanlagen darstellen. Dies ist der Fall bei *Osmundaceae* (vor allem *Osmunda*) und bei *Plagiogyria*. Das Rhizom der letzten Gattung trägt Gliederhaare, die früh zerfließen, und das ausgereifte Rhizom wird nur durch die Blattstielbasen geschützt.

Eine auffällige, oft ungefähr schlank-spindelförmige Verdickung des unteren Teiles der Blattstielbasis kommt bei verschiedenen Farnen vor; sie dient als Speicherorgan und ist neuerdings als *Trophopodium* bezeichnet und beschrieben worden (128). Beispiele sind *Onoclea*, *Matteuccia*, *Monachosorum*, Arten von *Athyrium* und *Dryopteris*. Nach dem Zerfallen der Blätter bleiben die Trophopodien meist länger am Rhizom erhalten. Den extremsten Fall stellt wohl *Monachosorum subdigitatum* dar, bei dem ein Teil der Blätter nur aus Trophopodien besteht, die wie verkrümmte Finger am Rhizom und, viel kleiner, als Brutknospen auf den Blättern sitzen (Artname!) (Abb. 15, 16).

Seiner Dicke entsprechend benötigt der Blattstiel größerer Farne, vor allem wenn er viel Sklerenchym enthält, besondere Strukturen, die der
Durchlüftung dienen. Sie werden als *Pneumathoden* bezeichnet und sind nicht zu verwechseln mit den unten besprochenen Aerophoren.
Es sind helle, nicht-sklerenchymatische Zonen
in der Epidermis und der äußeren Rinde, die
aus locker gebautem Gewebe bestehen und (immer ?) wenigstens anfänglich Spaltöffnungen
tragen (26). Sie können als schmal-elliptische
Flecken erscheinen, wie bei größeren *Marattiaceae* (Abb. **42**), sind aber häufiger strichförmig,
wie z. B. bei den *Cyatheaceae* (Abb. **46**) und bei
größeren *Dennstaedtiaceae* und *Thelypteridaceae*. Sie laufen meist von der Ansatzstelle der
Fiedern am Blattstiel oder auf der Spindel ab-
wärts oder konzentrieren sich auf letztere, fast
stets nur je eine auf jeder Seite. Bei *Dennstaedtiaceae* und *Lomariopsidaceae* können sie sich
sogar bis auf das Rhizom erstrecken (40). Ihre
Form, Anordnung und Struktur scheinen für systematische Zwecke vielversprechende Merkmale zu bieten, sind bisher aber noch wenig daraufhin untersucht worden (z. B. 112, 146).

Nebenblattartige Strukturen am Blattgrund treten nur bei *Marattiaceae* auf (s. S. 50).

Epidermalanhängsel, wie sie das Rhizom
trägt, sind stets auch auf den jungen Blättern
vorhanden; soweit es Schuppen sind, ist ihre Gestalt der der Rhizomschuppen mehr oder weniger ähnlich, aber nur selten ganz gleich. Voll entwickelte Blätter sind oft sehr viel weniger mit
Epidermalanhängseln bekleidet als unausge-
reifte. Meist findet sich wenigstens noch eine
kleine Anzahl von Haaren und/oder Schuppen
auf der Blattstielbasis, so daß man auch bei unvollständig gesammelten Herbarexemplaren,
die nur aus abgerissenen Blättern bestehen, eine
Vorstellung vom Bau dieser systematisch so
wichtigen Organe bekommen kann. Sehr große
Schuppen sind oft auf warzenförmigen Erhe-
bungen der Epidermis angeheftet, besonders
auf dem Basalteil des Blattstieles. Nach ihrem
Abfallen bleiben mehr oder weniger scharfe,
manchmal direkt stachelartige Gebilde zurück,
wie sie sich besonders bei *Cyatheaceae*
(Abb. **4b**), aber auch bei einigen *Dryopteridaceae* und *Thelypteridaceae* finden. Ihre Funktion, falls überhaupt vorhanden, ist unbekannt.
Sie dürften wenig zu tun haben mit den stachelartigen Emergenzen der Blattachsen, die bei großen Farnen mit kletternden Blättern vorkom-

men, z. B. bei *Hypolepis* (*H. hostilis* – Name!)
und *Odontosoria* (*O. aculeata* – idem), denen
sie die Anheftung in der umgebenden Vegetation erleichtern.

Die große systematische Bedeutung des
Leitbündelmusters im Blattstiel(-querschnitt)
ist bereits 1848 von C. B. Presl (99) mit großem
Scharfblick erkannt worden, aber dann, vor allem unter Einfluß der Hookerschen Schule,
gänzlich vernachlässigt worden. Viel von der
Verwirrung, die im mittleren und späten
19. Jahrhundert und noch bis ins 20. Jahrhundert hinein in der Farnsystematik geherrscht
hat, wäre bei Berücksichtigung dieses Merkmals zu vermeiden gewesen. Die wichtigeren
Muster sind in Abb. **1 b–e**, **g–i** zusammengestellt. Im systematischen Zusammenhang lassen sich zwei merkmalsphyletische Tendenzen
erkennen. Eine Aufteilung der Leitbündel, wie
sie bei abgeleiteten Farnen häufiger als bei ursprünglichen vorkommt, kann als Apomorphie
betrachtet werden. Teilweise wird sie aber von
einer anderen Tendenz überlagert: die phylogenetisch häufig erkennbare Reduktion der absoluten Größe der Pflanze. Diese führt zu einer gewissen Reduktion in der Zahl der Leitbündel,
wenn das Grundmuster auch allermeistens erhalten bleibt. Größere *Polypodiaceae*, *Davalliaceae* und *Dryopteridaceae* besitzen im Blattstielquerschnitt halbkreisförmig angeordnete Leitbündel, von denen je ein größeres auf der Ventralseite am Ende des Halbkreises liegt
(Abb. **2 e**). Bei kleineren Vertretern sind die beiden größeren Leitbündel erhalten, die Zahl der
kleineren ist aber erheblich reduziert.

Im distalen Teil des Blattes vereinfacht sich das Leitbündelmuster schrittweise. Weiter oben in der Rhachis nimmt die Zahl der Stränge ab; sind unten zwei
vorhanden, wie bei den *Aspleniaceae*, *Athyrioideae*,
Thelypteridaceae, so verschmelzen sie oben zu einem
einzigen (Abb. **2 h, i**), bei kleineren Vertretern schon
weiter unten. Dagegen führen die abzweigenden, die
Blattfiedern (falls vorhanden) innervierenden Bündel
zu einer gewissen Vermehrung der Stränge.

Blattspreite: Diese zeigt bei Farnen eine bei Kormophyten wohl sonst nirgends erreichte Vielfalt. Dies betrifft nicht nur ihre Größe: von
etwa 2^1/$_2$–3 mm Durchmesser bei *Trichomanes
nummularium*, etwa 4×2 mm bei einigen winzigen *Grammitis*-Arten, bis zu mehrere Meter langen und entsprechend breiten Spreiten von
Baumfarnen, gewissen *Thelypteridaceae*, *Dennstaedtiaceae*, *Gleicheniaceae* usw. Daß eine Re-

duktion in der Größe der ganzen Farnpflanze und damit ihrer Blätter eine stammesgeschichtliche Tendenz in vielen Verwandtschaftskreisen ist, auch bei Farnverwandten, hat schon Asama (1) klar erkannt; der Gedanke wird von vielen monographisch arbeitenden Farnsystematikern weiter verfolgt.

Junge Farnblätter sind bekanntlich nach oben hyponastisch eingerollt. An dieser sogenannten *circinaten Vernation*, an den „Bischofsstäben" (oder „Geigenköpfen", engl. fiddleheads) erkennt auch der Laie leicht einen Farn (Abb. **18, 54**). Das Merkmal findet sich sonst nur bei den Einzelfiedern der *Cycadales* und ganz vereinzelt bei Angiospermen.

Die Hyponastie fehlt aber einigen Farnen, besonders den kleineren Hautfarnen; größere, erdbewohnende *Trichomanes*-Arten entrollen dagegen ihre Blätter nach der Regel. Auch vielen *Ophioglossaceae* fehlt das Merkmal. Die oft recht farnblattartigen „Wedel" (dorsiventrale Sproß-Systeme) größerer heterophyller *Selaginella*-Arten sind sofort daran von Farnen zu unterscheiden, daß der Sproßgipfel in der Jugend nicht eingerollt ist.

Ein Phänomen wie die Einfaltung (Ptyxis) der jungen Blätter nach gewissen morphologischen Regeln, wie manche Angiospermen sie zeigen, ist von Pteridophyten nicht bekannt.

Beim Einrollen bei der Reifung des Blattes wird die hyponastische Krümmung nicht selten zunächst überkompensiert, so daß die sich entfaltenden Teile nach der Abaxialseite umgeschlagen werden, aber dieses Stadium dauert nie lange. Junge Farnblätter sind zuweilen von Anthocyan rötlich bis tief rot gefärbt. Die Gattung *Adiantum* sowie *Blechnum* und Verwandte zeichnen sich dadurch aus.

Die Blattspreite kann einfach, unzerteilt oder aber ein- bis zu sechsmal (selten mehr) gefiedert sein. Die Abschnitte höherer Ordnung sind sehr häufig nicht bis zum Grund zerteilt sondern nur noch gelappt bis fiederschnittig. In der Blastogenie ist allgemein eine Progression bei der Zerteilung der Spreite festzustellen.

Unterschiede in der Gestalt steriler und fertiler Blätter werden weiter unten besprochen.

Häufig sind bei gefiederten Spreiten die untersten Fiedern (fast) gegenständig, die oberen in zunehmendem Maße gegeneinander verschoben; bei Angiospermen ist dies seltener. Gattungen mit „Spreizklimmer"-Habitus wie *Dicranopteris*, *Sticherus*, *Histiopteris* (Abb. **55**) und *Hypolepis* haben oft oder stets bis in die Blattspitze hinein gegenständige Primär- (evtl. auch Sekundär-)fiedern.

Brutknospen: Nicht wenige Farne erzeugen Brutknospen, besonders auf den Blättern (Abb. **14, 15**) (s. die Übersicht in 77). *Marattiaceae* bilden sie oft auf den „Stipeln". Am häufigsten sind es die Blattspindeln, die Brutknospen tragen, z. B. am oder gerade unter ihrem Ende oder in den Achseln der oberen Fiedern (siehe im übrigen im Abschnitt Vegetative Vermehrung, S. 147). In seltenen Fällen, wie bei gewissen Asplenien, kann die Spreite knospentragender Blätter vollständig rückgebildet sein; früher hielt man solche Organe für Stolonen (34). Auffallenderweise ist in der Farnflora des tropischen Afrika die Brutknospenbildung besonders verbreitet.

Andere Brutknospen werden auf der Oberseite der Blattspreite, aber stets in Verbindung mit Leitelementen (Adern), erzeugt. Frappanterweise kommen solche Knospen fast nur bei abgeleiteten Farnen vor. Bekannte Beispiele sind *Tectaria fernandensis*, *T. incisa* f. *vivipara*, *Woodwardia prolifera* (Abb. **14**) und die in Kultur beliebten maskarenischen „Mutterfarne" *Asplenium bulbiferum* und *A. daucifolium* (84), die sehr leicht zu vermehren sind. Man beachte die Artbezeichnungen dieser Farne. Es gibt auch Kulturformen mit Brutknospen, während die Wildformen keine haben. Die aus den Brutknospen hervorgegangenen Jungpflanzen sind wie Sporlinge gebaut, aber die Blätter der allerersten Entwicklungsstadien fehlen. Zuweilen sind die Knospen in ein dichtes, schützendes Schuppenkleid eingehüllt wie bei *Woodwardia*-Arten; dies kommt bei Sporlingen nicht vor. Schlafende Knospen am Ende von Blatthaupt- bzw. Seitenspindeln, wie sie bei *Lygodium* (Abb. **48**) und sehr vielen *Gleicheniaceae* auftreten, sollten nicht mit Brutknospen verwechselt werden (s. S. 54, 55). Über die biologische Bedeutung der Brutknospen s. S. 148.

Abszission von Blatt-Teilen: Manche Farne besitzen Abgliederungsstellen *innerhalb* des Blattes, wie sie oben für den Blattstiel beschrieben worden sind. Am häufigsten treten sie an der Basis der Fiedern einfach gefiederter Blätter auf, besonders bei hemiepiphytischen, epiphytischen oder fakultativ epiphytischen Sippen: *Drynaria*, *Goniophlebium* (Abb. **21**) (Polypodiaceae), *Nephrolepis* (Nephrolepidaceae), *Arthropteris* (Oleandraceae), *Teratophyllum*, *Lomariopsis*, *Lomagramma* (Lomariopsidaceae).

Andere Farne zeigen rudimentäre, wohl kaum funktionelle Abgliederungsstellen, wie bestimmte *Cyathea*-Arten. Auch wenn die Abgliederungsstelle tatsächlich funktioniert, ist ihre ökologische Bedeutung nicht recht klar, in der Natur sieht man selten Exemplare, die Blattspindeln mit den Spuren abgeworfener Fiedern tragen. Dagegen geschieht das oft im Herbar, wenn der Trocknungsprozeß in der Pflanzenpresse zu langsam fortschreitet. Das Endprodukt wirkt dann sehr unansehnlich.

Aërophor. Bei einigen Verwandtschaftskreisen in der Familie *Thelypteridaceae* tragen die primären Spindeln, zuweilen auch Spindeln höherer Ordnung, an der Ansatzstelle der Fiedern zarte, knoten- bis zapfenförmige Organe, die anscheinend nur beim sich entfaltenden Blatt eine Funktion haben und später zu kallösen, geschrumpften Strukturen werden oder unter Hinterlassung einer deutlichen Narbe ganz abfallen. Sie werden als Aërophore bezeichnet und als Atmungsorgane der unreifen Blattspreite gedeutet. Solche Blätter sind bei manchen Farnen von einer Schleimschicht umhüllt, die die Atmung behindert; die Aërophore ragen durch sie hindurch. Ob sie tatsächlich der Atmung dienen und welche Funktion die Schleimschicht hat, ist noch nicht genügend geklärt. Auf dem Artniveau ist der systematische Wert der Aërophore nicht unerheblich.

Architektur des Laubes: Ein lange vernachlässigtes, erst in letzter Zeit wieder stark betontes Merkmal der Blattarchitektur ist die sogenannte *Dromie* (Abb. im Glossar). Bei vielen Farngattungen und sogar (Unter-)Familien ist dieses Merkmal konstant, und da es leicht sichtbar ist, stellt es ein praktisches Erkennungs- bzw. Bestimmungsmerkmal dar. (Für eine Zusammenfassung mit erweiterter Terminologie s. 66.) Ursprüngliche Familien sind öfter *katadrom* als *anadrom*. Von Heterodromie wird gesprochen, wenn die Architektur an der Blattbasis anadrom, weiter oben katadrom ist; das Umgekehrte ist kaum bekannt. Heterodromie ist nicht häufig und ist ein gutes Merkmal zur Erkennung von z. B. *Pteris* und *Tectaria*.

Dichotome Gabelung der Blätter tritt hier und da bei Farnen auf (Abb. 2 a, 33). Man hat darin früher ein sehr ursprüngliches Merkmal sehen wollen aufgrund der Häufigkeit bei gewissen, sehr urtümlichen fossilen und rezenten Kormophyten, und auch unter Einfluß der Zimmermannschen Telomtheorie. Heute wird die Ursprünglichkeit des Merkmals bei rezenten Farnen stark angezweifelt; man denkt eher an eine Apomorphie. Gabelung der Blattspreite kommt bei fast allen *Platycerium*- (Abb. 28) und einigen *Grammitis*-Arten vor, ferner bei *Actiniopteris* (Abb. 33), *Cheiropleuria* und *Dipteris*. Andeutungsweise dichotome Blätter hat *Dicranoglossum*.

Es gibt verschiedene Arten der *Dichotomie* bei Farnblättern (122). Beim wichtigsten Typ fehlt die Zentralpartie bzw. -rippe des Blattes, wodurch eine Zweiteilung entsteht; dies kommt sehr häufig bei Juvenilstadien von Arten mit gefiederten Blättern vor (Abb. 7 a). Bei Adultformen darf diese Art des Blattschnittes wohl als Pädomorphose gedeutet werden. Scheinbar anisotom-dichotome Zerteilung des Blattes kommt durch starke Förderung der ersten Primärfieder zustande, wie bei gewissen *Adiantum*-Arten, z. B. *A. flabellulatum*. Gabelung des Laubes als Abnormität ist nicht selten und hat durch Auslese oder vegetative Vermehrung zur Bildung von Gartenformen geführt, bei denen das Merkmal konstant ist. Vergrößerung zweier (fast) gegenständiger Basalfiedern kann ebenfalls zu scheinbarer Dichotomie führen, bei der jedoch ein mittelständiger Abschnitt vorhanden ist. Verzweigen („gabeln") sich bei einem solchen Blatt die Fiedern vorzugsweise in basiskoper Richtung, so entsteht eine sogenannte fußförmige Spreite, wie bei *Matonia* (Abb. 43).

Scheinbar dichotome Blätter haben auch diejenigen Farne, die (fast) gegenständige laterale Fiedern haben, zwischen denen eine schlafende Knospe liegt, z. B. *Lygodium* (Abb. 48). Die lateralen Fiedern können dieses Verzweigungsmuster mehrmals wiederholen, wie dies bei vielen *Gleicheniaceae* vorkommt: sogenannte Gabelfarne. Viele von ihnen nehmen dadurch die Wuchsform eines Spreizklimmers an. Dichotome Blattstiele kommen bei *Schizaea*-Arten vor. Das Merkmal ist zweifellos abgeleitet, nicht ursprünglich (122).

Heterophyllie: Dieser Begriff wird hier unter Ausschluß des – unten behandelten – steril-fertilen Dimorphismus verwendet. Bei Farnen ist Heterophyllie nicht häufig. Am bekanntesten sind die Beispiele von *Platycerium* (Abb. 28) und (fast allen Arten von) *Drynaria*, bei denen neben den normalen, oft Sporangien tragenden Laubblättern oder Trophophyllen stets sterile, humussammelnde, früh absterbende aber persistierende Nischen- oder Mantelblätter auftreten. Sie haben bei der Bildung eines Substrates für diese relativ großen Epiphyten eine wichtige Funktion. Eine andere Polypodiaceen-Gattung,

Aglaomorpha, besitzt intern in einen basalen Nischen- und einen entständigen laubigen Teil gegliederte Blätter (s. Abb. **17 b**) (s. S. 107).

Ebenfalls selten ist bei Farnen der Besitz von *Kataphyllen (Niederblättern).* Bei der Gattung *Matteuccia* steht unterhalb eines Laubblattkreises ein Kreis von Kataphyllen, die spreitenlos und knospenschuppenartig sind (121). Bekannter sind die stark zerteilten Kataphylle der hemiepiphytischen Gattungen *Lomagramma* und *Teratophyllum,* die man allerdings richtiger als Bathyphylle zu bezeichnen pflegt (51). Ihre Blattabschnitte sind sehr zart und mehr oder weniger fadenförmig. Diese Farne tragen auf ihren Rhizomen im unteren, stark schattigen Bereich des Waldes nur Bathyphylle. Weiter oben in der Kronenschicht, wo die Pflanzen mehr Licht bekommen, besteht die Beblätterung aus normal ausgebildeten, einfach oder doppelt gefiederten Blättern mit breiten Abschnitten, die man als Akrophylle bezeichnet (Abb. **20**). Lange nicht alle hemiepiphytischen Farne besitzen Bathyphylle; sie fehlen z. B. bei *Polybotrya, Arthropteris, Lomariopsis, Stenochlaena* und *Trichomanes* sect. *Lacostea.*

Einige *Cyathea*-Arten wie *C. capensis* und *C. dregei* tragen zuunterst auf der Blattspindel statt normal ausgebildeter Fiedern solche mit zarten, fadenförmigen Abschnitten, wie bei Bathyphyllen. Sie werden hier *Aphlebien* genannt und sind ein Merkmal verhältnismäßig weniger Arten. Wahrscheinlich dienen sie der direkten Wasseraufnahme bei Befeuchtung.

Dimorphismus: Weitaus häufiger als Verschiedenblättrigkeit ist der Dimorphismus, bei dem sterile und sporangientragende Blätter bzw. Blattabschnitte verschieden gestaltet sind. Das Merkmal hat schon sehr früh Beachtung gefunden: Linnés Gattung *Osmunda* (68), die er sehr viel weiter faßte als heute üblich ist, war auf diesem Merkmal begründet. Später, bis weit ins 20. Jahrhundert, wurde es immer noch zur Abgrenzung besonderer Gattungen benutzt. In neuerer Zeit ist das weniger üblich, da man die Plastizität auch dieses Merkmals innerhalb vieler Verwandtschaftskreise kennengelernt hat und zum Schluß gekommen ist, daß eine ausschließlich auf Dimorphismus begründete Gattung zwar leicht erkennbar, aber taxonomisch unnatürlich ist. Das bedeutet natürlich nicht, daß es keine Gattungen gibt, die durch Dimorphismus gekennzeichnet und dadurch leicht erkennbar sind; aber dies ist dann stets nur eines aus einer Reihe von Merkmalen, die die Gattung von ihren nächsten Verwandten abgrenzt. Beispiele sind *Polybotrya, Lomariopsis* und *Bolbitis.* Die (viel zu) große Zahl der Gattungen, die Copeland in seinem Werk „Genera Filicum" (19) unterschied, ist unter anderem auf eine starke Übergewichtung des Dimorphismus zurückzuführen.

Eine gute Übersicht über steril-fertilen Dimorphismus haben Wagner & Wagner (129) gegeben. Das Merkmal erscheint in zweierlei Form. Die erste ist der *Hemidimorphismus* oder interne Dimorphismus, bei dem nur ein Teil des Blattes modifiziert ist und Sporangien trägt; die zweite, der *Holodimorphismus* (oft kurz als Dimorphismus schlechthin bezeichnet), bei dem die sporangientragenden Blätter als Ganzes modifiziert sind. Modifiziert in dem Sinn, daß die sporangienfreien Blätter den sonst im Verwandtschaftskreis üblichen Bau zeigen, während die sporangientragenden anders gestaltet sind. Holodimorphismus ist wohl häufiger als Hemidimorphismus.

Einige ursprüngliche Farne zeigen *Hemidimorphismus.* Hier kann man die interessante Beobachtung machen, daß die Region des Blattes, die fertil und modifiziert ist, von Gattung zu Gattung oder sogar von einer Art zur anderen verschieden ist. Die sporangientragenden Laubblatteile mit reduzierten bis „skelettierten", d. h. (fast) auf die Achsen reduzierten vegetativen Teilen, stehen *basal* auf der Spreite bei *Ophioglossaceae, Anemia (Schizaeaceae)* (Abb. **49**), *Thyrsopteris* (Dicksoniaceae) und einigen *Osmunda*-Arten (Osmundaceae) (Abb. **45**). Die Umwandlung *apikaler* Spreitenteile ist viel häufiger, was wegen der leichteren Sporenverbreitung auch einleuchtet. Beispiele sind andere *Osmunda*-Arten (z. B. *O. regalis*) und *Schizaea;* von weniger ursprünglichen Farnen die Gattungen *Belvisia, Neurodium, Llavea* und Arten von *Acrostichum* (Abb. **24**), *Grammitis* im weiteren Sinn, *Polystichum* (Abb. **22**) und *Aglaomorpha.* Interessanterweise wird die basale Stellung der fertilen Abschnitte bei *Anemia* und vielen *Ophioglossaceae* sekundär in eine apikale umgewandelt, entweder durch Verlängerung ihrer Stiele oder durch Herabbiegen des sterilen Abschnittes (Abb. **49**). Übrigens kann man auch bei monomorphen Blättern häufig beobachten, daß nur die distalen Teile des Blattes Sori bzw. Sporangien tragen.

In der Mitte des Blattes befindliche fertile Abschnitte kommen nur bei *Osmunda claytoniana* (engl. interrupted fern) vor. Auf dem Rand der einzelnen Fiedern, also nicht in apikaler Position auf der Spreite getragene, modifizierte fertile Abschnitte kennen wir von *Lygodium* (Abb. **48**) und gewissen *Schizaea*-Arten.

Häufiger ist, wie gesagt, der Holodimorphismus. Bei diesem gibt es alle denkbaren Übergänge von kaum abgewandelten bis zu völlig anders gestalteten fertilen Blättern, nicht selten sogar in der gleichen Glattung. Dimorphismus ist häufig bei Arten von *Blechnum, Elaphoglossum, Heterogonium, Pteris* und *Pyrrosia*. Sporadisch, oder aber schwächer ausgeprägt, findet man ihn z. B. bei *Asplenium, Cyathea, Cyclodium, Davallia, Dryopteris, Lindsaea, Oleandra, Tectaria, Thelypteris ("Dimorphopteris"), Trichomanes* und *Woodwardia*. Selten ist das Vorkommen von Hemi- und Holodimorphismus bei verschiedenen Arten der gleichen Gattung; Beispiele sind *Osmunda* und *Acrostichum*.

Die häufigste Modifikation der fertilen im Vergleich zu den sterilen Blättern liegt, ebenso wie beim Hemidimorphismus, in der Reduktion der Spreitenteile. Sehr oft sind sie stark verschmälert und besitzen kaum noch Assimilationsgewebe. Nicht selten ist auch die Nervatur vereinfacht; andererseits kann auch Diplodesmie (s. S. 15) auftreten. Geht die Reduktion des Blattgewebes so weit, daß gewissermaßen nur noch das Adern-(Achsen-)System mit darauf sitzenden Sporangien übrig bleibt, so spricht man von skelettierten fertilen Blättern bzw. Blattabschnitten, wie bei *Olfersia, Polybotrya* (Abb. 7 c) und *Anemia* (Abb. 49).

Nur in wenigen Fällen sind die fertilen Blätter weniger zerteilt, sozusagen kompakter, als die sterilen. Dies kommt besonders vor bei den Arten von *Elaphoglossum*, die eine – meist gabelig – zerschnittene sterile Spreite aber eine einfache fertile haben; früher wurden sie vielfach in die Nachbargattungen *Microstaphyla* oder *Peltapteris (Rhipidopteris)* (Abb. 4 d) gestellt.

Ebenso wie die fertilen Abschnitte beim Hemidimorphismus (s. oben) werden die holodimorphen Blätter sehr oft über dem Niveau der sterilen getragen; letztere bilden dann eine Rosette aus ausgebreiteten Blättern, während erstere steif aufrecht stehen. Oft sind die fertilen auch länger gestielt wie bei *Bolbitis, Polybotrya* und *Elaphoglossum*-Arten. Man sieht darin eine funktionelle Anpassung; die Sporen werden eher den Luftbewegungen zur Fernverbreitung ausgesetzt. Vielleicht fördert die stärkere Exposition der Sporophylle auch die Austrocknung und damit das Aufspringen und Entleeren der Sporangien. Die Gattung *Matteuccia* bildet hier eine interessante "Ausnahme, die die Regel bestätigt"; die Sporophylle sind viel kürzer als die Trophophylle und stehen halb verborgen in der Mitte des Blatttrichters. Dies ist aber nur eine scheinbare Ausnahme, denn die Trophophylle sterben im Herbst ab, die Sporophylle bleiben

dagegen aufrecht stehen, überwintern mit geschlossenen Sporangien und geben die Sporen erst im nächsten Frühling frei, lange bevor sich die neue Generation von Trophophyllen entfaltet hat (Abb. 35).

Welche Funktion hat der (Hemi-)Dimorphismus? Die vermutlich günstigeren Bedingungen für die Sporenverbreitung sind schon erwähnt worden. Weitere, weniger überzeugende Erklärungsmöglichkeiten werden bei Wagner & Wagner (129) erörtert. Die Arbeitsteilung, das sporangientragende Blatt bzw. sein sporangientragender Teil als "Wegwerforgan", leuchtet als deutlicher Vorteil ein – aber ein großer Teil der Farne nutzt ihn nicht oder kaum aus, entweder weil kein Hemidimorphismus besteht oder weil der fertile Teil bei weitem nicht immer kurz nach dem Ausstreuen der Sporen abgeworfen wird. Die Streuung des Dimorphismus über die verschiedensten Verwandtschaftskreise, von ganz ursprünglichen bis zu sehr stark abgeleiteten, zeigt, daß die Natur es gewissermaßen immer wieder einmal ausprobiert hat, aber ein durchschlagender Erfolg ist nicht zu erkennen. Auch ein Zusammenhang mit der Ökologie ist kaum ersichtlich.

Struktur der Spindeln: Die verschiedene Ausprägung der *äußeren* Struktur der Blattachsen: Blattstiel, Spindeln, ist erst spät erkannt und als systematisch wertvolles Merkmal verwendet worden (49). Der Blattstiel und wenigstens die Basen der Blattspindeln sind sehr oft oberseits (adaxial) mit einer Rinne versehen. Ihre Struktur ist verschieden: sie können gänzlich rinnig (konkav) oder aber in der Mitte wulstig aufgewölbt sein; sie können gegen die Rinnen auf den Sekundärachsen bzw. auf den Mittelrippen der Fiedern offen oder aber durch eine Schwelle unterbrochen sein; sie können von seitlichen, zusätzlichen Rinnen flankiert sein; ihre wulstigen Ränder können verschieden gestaltet sein, seitlich in die Ränder der Sekundärachsen oder aber in die der laubigen Teile übergehen usw. Verschiedene Ausprägungen des Merkmalskomplexes sind in Abb. 3 b–f zusammengestellt. Eine adaxiale Rinne ist meistens vorhanden, aber sie fehlt oder ist nur andeutungsweise vorhanden bei *Gleicheniaceae, Tectaria* und Nachbargattungen, gewissen *Asplenium*- und *Cheilanthes*-Arten und bei sehr vielen *Polypodiaceae*. Das Merkmal ist somit wertvoll für Klassifikation und Bestimmung.

Ist die Rinne deutlich ausgebildet, so ist sie auf den Mittelrippen der laubigen Teile zuweilen von schmalen Flügeln flankiert. Bei einigen wenigen Farnen sind diese Flügel bei der Abzweigung einer Hauptader unterbrochen und in apikaler Richtung in einen Stachel vorgezogen wie bei vielen *Pteris*- und einige *Athyrium*-Arten (Abb. 3 e). Eine morphologische oder biologische Bedeutung dieses Merkmals ist bisher nicht ersichtlich.

Gestalt der Spreite: Die Gestalt der laubigen Teile ist so vielfältig, daß sich wenig Allgemeines aussagen läßt. Auf das Merkmal der Dromie ist oben hingewiesen worden. Oft ist bei Farnen mit fester Konsistenz des Laubes der Blattrand ± sklerotisch ausgebildet; zuweilen trägt er Zähne oder sogar grannenartige Fortsätze wie sie bei *Dryopteris*, *Arachniodes* und besonders *Polystichum* vorkommen. Die freien Enden der Adern, die je nach Gattung bzw. Art den Rand erreichen oder nicht, laufen, falls Zähne vorhanden sind, allermeistens in diese aus. Doch gibt es kurioserweise auch Farne, deren Adern *zwischen* den Zähnen enden, z. B. manche Arten von *Adiantum* und *Cystopteris* (Abb. 4 k). Zwischen der Kerbung oder Zerschlitzung des Blattrandes und der Aderung besteht naturgemäß ein enger Zusammenhang. Nur bei wenigen Farnen sind die Einschnitte des Blattrandes nicht mit den Zwischenräumen der Aderung korreliert, z. B. bei einigen Hymenophyllaceae.

Einfache, unzerteilte Blätter kommen in den verschiedensten Verwandtschaftskreisen vor und sind wahrscheinlich als Apomorphie zu werten. Sie herrschen vor bei *Ophioglossum*, Vittariaceae und *Elaphoglossum*, finden sich bei nicht wenigen Polypodiaceae, seltener etwa bei *Adiantum*, *Asplenium*, *Davallia*, *Diplazium*, *Lindsaea*, *Pteris*, *Tectaria* und *Trichomanes* und sehr selten bei *Cyathea*, *Danaea* und *Thelypteris*. Sie fehlen ganz bei Gleicheniaceae, Osmundaceae, Plagiogyriaceae und anderen ursprünglichen Taxa. Erstaunlicherweise ist es kaum möglich, einen Zusammenhang zwischen dem Grad der Zerteilung des Laubes einer Farnart und ihrer Ökologie aufzuzeigen. Farne des Waldbodens können genausogut einfache Blätter haben – etwa *Adiantum cordatum*, *Asplenium brasiliense* (Abb. 18), *Diplazium subsinuatum*, *Lindsaea reniformis* oder *Tectaria singaporeana* – wie Arten exponierter, zeitweise trockener Standorte – etwa *Adiantum reniforme* (Abb. 32), *Anemia elaphoglossoides*, *Doryopteris sagittifolia* usw. Nur bei Epiphyten sind einfache bis nur wenig zerteilte Blattspreiten überdurchschnittlich häufig vertreten; bekannte Beispiele sind *Asplenium* sect. *Thamnopteris* (Nestfarne), *A. africanum*, *A. serratum*, die meisten *Elaphoglossum*-Arten (soweit epiphytisch), *Polypo-

diaceae* wie *Belvisia*, *Dictymia*, *Lemmaphyllum* (Abb. 31), *Leptochilus*, viele *Microsorum*-Arten, *Pyrrosia* usw. Dies ist schon von R. Tryon (117) hervorgehoben worden. Aber auch unter den Epiphyten finden sich nicht wenige Arten mit stark zerteiltem Laub; sie sind allerdings oft gerade in Gebirgswäldern mit sehr humider Atmosphäre zu Hause: *Araiostegia*, *Gymnogrammitis* und andere Davalliaceae, *Lindsaea* sect. *Lindsaenium*, *Asplenium* Untergruppe „Loxoscaphe", *Elaphoglossum* subsect. *Peltapteris* (Abb. 4 d), *Polypodium friedrichsthalianum*, usw.

Eine besondere, bei Angiospermen seltenere Form der Blattsegmente ist in einigen Farngattungen verbreitet, nämlich die der dimidiaten oder gehälfteten Fieder. Bei dieser liegt die Hauptader (Costa) nicht in der Mitte der Fieder, sondern sie verläuft am oder dicht über dem proximalen Rand. Dimidiate Fieder(che)n sind sehr häufig bei *Lindsaea*, bei neotropischen *Adiantum*-Arten – diese beiden werden nicht selten verwechselt –, charakterisieren die Gattung *Didymochlaena* (Abb. 2 f) und finden sich weniger ausgeprägt bei einigen Arten von *Asplenium*, z. B. *A. unilaterale* (Name !), und von *Triplophyllum*, z. B. *T. dimidiatum* (id.). Solche Abschnitte sehen aus, als sei ihre hintere Hälfte abgeschnitten.

Aderung. Fast ebenso viele verschiedene Muster wie der Blattschnitt zeigt die Nervatur der Farne, und sie ist daher schon früh zur Klassifikation herangezogen worden. Einige Haupttypen haben einen Namen erhalten (s. Abb. 4 e–j), doch wäre es müßig zu versuchen, für jeden Typ eine besondere Bezeichnung zu prägen. Der systematische Wert ist erheblich, darf aber nicht überschätzt werden, da das Merkmal in vielen Gattungen ungenügend mit anderen korreliert ist. Rein auf dem Aderungsmuster beruhende Gattungen, wie sie besonders bei John Smith (109) vorkommen und vielfach noch von Copeland (19) aufrecht erhalten worden sind, haben sich meist als künstlich erwiesen. Besonders der Gegensatz zwischen freien und vernetzten Adern wurde oft zur Trennung von Gattungen verwendet. Beide Typen der Aderung kommen aber regelmäßig nebeneinander in morphologisch sonst ganz homogenen Sippen vor, etwa bei *Adiantum*, *Asplenium*, *Lindsaea*, *Pellaea*, *Pteris* usw. Daneben gibt es auch zahlreiche Gattungen, die stets freie bzw. vernetzte Adern besitzen.

Anastomosierende Adern sind bei ursprünglichen Farnen deutlich seltener als bei abgeleiteten, kommen aber auch bei einigen deutlich primitiven Taxa vor: *Christensenia* (Marattiaceae), *Cheiropleuria* (Cheiropleuriaceae), *Dipteris* (Dipteridaceae), *Ophioglossum* (Ophioglossaceae), wenige *Lygo-

dium-Arten (Schizaeaceae). Die in zahlreichen Merkmalen ursprünglich anmutende Gattung *Dipteris* hat vielleicht das komplizierteste Aderungsmuster aller Farne, das dem einer Dikotyledone am nächsten kommt!

Konvergenzen in der Aderung sind recht häufig (Abb. **4 e–k** zur Illustration der Muster). Goniopteroide Aderung tritt z. B. parallel bei *Thelypteris*- und *Diplazium*-Arten auf, anaxetoide in täuschend ähnlicher Ausprägung bei *Bolbitis*- und *Tectaria*-Arten sowie einigen *Polypodiaceae*, goniophlebioide bei einigen *Cyclosorus*-Arten (Thelypteridaceae) und zwei nicht näher verwandten Sippen von *Polypodium* im weiteren Sinn. Rein gabelig verzweigte Adern ohne jede Übergipfelung sind ein stammesgeschichtlich altes Merkmal, wie man paläobotanisch belegen kann. Bei rezenten Farnen ist es nicht häufig und kommt vorwiegend bei Farnarten mit schmalen, keilförmigen Abschnitten vor. Möglicherweise muß es als abgeleitetes Merkmal im Zusammenhang mit der geringen Breite der Abschnitte betrachtet werden. Sogar die sehr ursprünglich anmutende, gabelige Aderung der *Gleicheniaceae* zeigt zumindest andeutungsweise Übergipfelung.

Das Fehlen bzw. Vorhandensein freier, eingeschlossener, d. h. innerhalb der Maschen blind endender Adern ist ebenfalls systematisch wichtig, zuweilen auf dem Artniveau, in anderen Fällen auch auf dem Gattungs- oder sogar Familienniveau (Abb. **4 e–h**). Häufig läuft das System vernetzter Adern gegen den Blattrand frei aus (Abb. **4 g, j**), sehr selten sieht man dagegen, daß die Adern proximal frei, dafür distal vernetzt sind, wie bei *Hemidictyum marginatum*, *Syngramma*-Arten, *Pteris grandifolia* (Abb. **4 j**).

Freie Enden der Adern sind meistens schwach bis stark verbreitert (Abb. **2 f**). Unter dem Mikroskop sieht man, daß das verbreiterte Ende aus stark verkürzten und verbreiterten Tracheiden aufgebaut ist. Man hat sie als Speichertracheiden bezeichnet, doch haben sie wohl kaum eine Speicherfunktion und gleichen auch nicht den Organen der Blütenpflanzen, die ursprünglich als Speichertracheiden beschrieben worden sind. Eher dienen sie der Vergrößerung der Oberfläche, an der das Wasser aus dem Xylem an das Mesophyll abgegeben wird. Phloem ist an den extremen Aderenden selten mehr vorhanden. In einigen Fällen ist das Aderende deutlich mit einer in der adaxialen Epidermis gelegenen Hydathode verbunden, z. B. bei Arten von *Doryopteris*, *Elaphoglossum* und *Pyrrosia*. Daß solche Hydathoden tatsächlich flüssiges Wasser sezernieren, ist bisher nur in einigen Fällen nachgewiesen worden, z. B. bei einer *Blechnum*-Art (110). Sie funktionieren nur in sich entwickeln-

den, unausgereiften Blättern. Hier erheben sie sich etwas über die Blattoberfläche. Eine Pore, wie etwa bei Samenpflanzen, ist nicht vorhanden; das Wasser wird durch den Wurzeldruck über die antiklinalen Zellwände der Epidermis ausgeschieden. Beim ausgereiften Blatt geht ihre Funktion durch die Verkorkung der Epidermis allmählich verloren. Erst dann sind sie eingesenkt, die „Wassergrübchen", wie ältere Autoren sie unter anderem von *Nephrolepis* und *Polypodium*-Arten beschrieben haben.

Im allgemeinen werden freie Adern als *plesiomorph*, verbundene bzw. vernetzte als *apomorph* betrachtet. Meistens kann man dem zustimmen, doch darf man diese Regel nicht verabsolutieren: Verbundene Adern treten nämlich erst im Verlauf der Blastogenie einer Farnpflanze auf. Im Zusammenhang mit der Vorstellung, daß bei der Evolution der rezenten Farnpflanzen die Pädomorphose eine wichtige Rolle gespielt hat, ist es sehr gut denkbar, daß in manchen Fällen freie Aderung sekundär, das heißt durch Beibehalten von Juvenilmerkmalen, entstanden ist, z. B. bei der winzigen Vittariacee *Hecistopteris*. Stark zerschnittene Blätter können in einigen Fällen (z. B. bei Bathyphyllen) auch als Apomorphie gedeutet werden, und freie Aderung wäre dann eine direkte Folge der Zerteilung des Blattes, wodurch kein Platz für Anastomosen bleibt.

Zuweilen erscheinen die Adern eines Blattes ganz frei, sind aber tatsächlich durch eine (sub)marginale Kommissur an ihren Enden verbunden. Am häufigsten sind solche Kommissuren, wo sie als Rezeptakulum für die Sporangien dienen; dann sind sie nur bei fertilen Blättern vorhanden, z. B. bei *Blotiella*, *Doryopteris*, *Pteris* und vielen *Lindsaea*-Arten (Abb. **7 b**).

Neben den eigentlichen Adern treten bei einigen Farnen auch „falsche" Adern auf, das sind adernähnliche Stränge im Mesophyll, die keine Leit- sondern nur Stützelemente enthalten; sie müssen auch nicht unbedingt mit dem Adersystem in Verbindung stehen. Auffallend sind sie bei vielen *Angiopteris*- und gewissen *Pteris*-Arten, z. B. bei *P. grevilleana*. Bei letzterem sind es einzeln oder gebüschelt verlaufende, lange und schmale Zellen mit sehr starker Sekundärverdickung der Zellwand, die man (127) als „venuloide Idioblasten" bezeichnet hat. Bei einigen Arten von *Trichomanes* sect. *Microgonium* und sect. *Didymoglossum* verlaufen sie mehr oder weniger parallel zu den echten Adern und können als reduzierte Adern gedeutet werden, von denen nur noch die Hülle als Stützelement übrig ist (134). Dies paßt gut in das Bild der Reduktion des Adernetzes vieler Hymenophyllaceae, bei denen Wasser direkt durch Teile der Blattoberfläche bzw. durch die darauf sitzenden Rhizoide aufgenommen werden kann. Allerdings kommen bei anderen Arten der Gattung sub-marginale oder sonst quer zwischen den echten Adern verlaufende falsche vor, z. B. bei *T. pinnatum*. Eine Homologie mit echten Adern ist hier kaum zu erkennen. Sklerotische Streifen zwischen den Adern einiger *Davallia*-Arten (58) sind als Reste des sklerotischen Blattrandes gedeutet worden, die beim Verschmelzen der Blattsegmente (webbing) in das Mesophyll eingeschlossen worden sind, aber ohne ontogenetische Untermauerung steht diese Deutung auf schwachen Füßen.

Bei einigen Farnen findet sich ein besonderes (Teil-)Adernetz dort, wo die Sporangien stehen. Es kommt z. B. unter den die Sporangien tragenden sogenannten soralen Flecken von *Platycerium*, unter den langgezogenen Sori mancher *Blechnaceae* und den runden einiger *Polypodiaceae* vor und liegt im Blatt nicht in der gleichen Ebene wie das reguläre Adersystem, sondern ist der abaxialen, sporangientragenden Oberfläche genähert (Abb. 3 a). Dieses als Diplodesmie bezeichnete Phänomen ist noch wenig untersucht, und auch über die Ontogenie ist noch kaum etwas bekannt.

Zuweilen enthält die Epidermis neben normalen Zellen einen besonderen Typ von Idioblasten, die man als Spikulärzellen bezeichnet. Sie sind durch relative Länge und geringen Durchmesser sowie durch verdickte, SiO_2-haltige Wände gekennzeichnet. Am verbreitetsten sind sie bei den *Vittariaceae*; bei dieser Familie ohne Sklerenchym sind sie ein wichtiges Merkmal.

Spaltöffnungen: Die Spaltöffnungen oder Stomata sind bei Farnen mit relativ wenigen Ausnahmen auf die abaxiale (Unter-)Seite der Blätter beschränkt. Farnblätter sind also überwiegend *hypostomatisch*. *Amphistomatisch* (auf beiden Seiten Spaltöffnungen tragend) sind nur wenige Farne, wie *Ophioglossaceae*, *Mohria* (Schizaeaceae) und *Araiostegia* (Davalliaceae). Die Spaltöffnungen fehlen ganz bei Farnen mit Hautfarn-Struktur. Bei solchen Pflanzen ist die Blattspreite, abgesehen von den Leitelementen, einschichtig oder gering mehrschichtig und hat keine Epidermis. Dies gilt für alle *Hymenophyllaceae*, alle *Hymenophyllopsidaceae*, die Osmundaceen-Gattung *Leptopteris* und einige wenige Arten aus anderen Verwandtschaftskreisen (s. S. 112).

Für viele taxonomische Gruppen charakteristisch ist das Einbettungsmuster der Schließzellen in die umgebenden Epidermiszellen. Die

grundlegende Arbeit darüber verdanken wir van Cotthem (20), der auch die Terminologie zum Teil neu erarbeitet hat (spätere Ergänzungen u. a. in 105 und 106). Die wichtigeren Typen sind in Abb. 5 zusammengestellt. Einzelne seltenere Typen sind oft auf ganz bestimmte Familien beschränkt. So kommen *cyclocytische* Stomata nur bei *Ophioglossaceae* und *Marattiaceae*, *staurocytische* fast nur bei *Plagiogyriaceae*, *diacytische* nur bei *Schizaeaceae*, *Gleicheniaceae*, *Matoniaceae* und *Marsileaceae* vor. *Polocytische* finden sich besonders bei *Davalliaceae*, *Oleandraceae* und *Polypodiaceae*. Andere Typen sind sehr weit verbreitet, und ihre Präsenz hat weniger systematische Aussagekraft. So kommen anomocytische Stomata bei sehr vielen Gruppen ausschließlich oder in Kombination mit anderen Mustern vor.

Das Merkmal als Ganzes hat die Erwartungen, die man anfangs bezüglich seines klassifikatorischen Wertes hegte, nicht ganz erfüllt. Noch 1973 (21) wurden ihm potentielle neue Erkenntnisse über Verwandtschaft zugeschrieben, die sich selten ergeben haben; oder es wurden nur aufgrund anderer Merkmalskomplexe bereits postulierte Verwandtschaftsbeziehungen bestätigt.

Neuere Untersuchungen über die Genese der Spaltöffnungen (36, 105, 106) haben etwas Licht darauf geworfen, welche Muster aufgrund später Divergenz in der Entstehungsgeschichte als „nahe verwandt" betrachtet werden dürfen. Sobald mehr über dieses Thema bekannt ist, könnte der systematische Wert des Merkmalskomplexes steigen.

2.2.4. Epidermalanhängsel

Von kaum zu überschätzender Bedeutung für die aktuelle Klassifikation der Farne sind die Epidermalanhängsel, die sich auf jungen Organen häufig überall, auf ausgereiften nur noch stellenweise finden. Traditionell werden sie in Schuppen und Haare eingeteilt, kollektiv bezeichnet man sie auch als *Trichome*. Das Rhizom trägt sie mindestens an der Spitze, wohl zum Schutz des Sproßgipfels. Bei lang-kriechenden Rhizomen sind die älteren Teile oft noch mit Anhängseln bekleidet, z. B. die Gliederhaare von *Dennstaedtia* und Verwandten, das Schuppenkleid epiphytischer *Davalliaceae* und *Polypodiaceae*; in anderen Fällen tragen die distalen Teile des Rhizoms nur noch Spuren der – größtenteils verschwundenen – Anhängsel. Auch die Basis des Blattstiels ist oft ± bleibend bekleidet. Die ausgewachsene Blattspreite ist, besonders auf der Unterseite, häufig mit bleibenden Haaren und/oder Schuppen besetzt; in anderen Fällen sind sie meistens abgefallen, und nur die Spindel, die Mittelrippen und die größeren Seitenadern tragen noch einen oft sehr spärlichen Besatz. Nicht selten fallen auch alle Anhängsel restlos ab. Ganz ohne Trichome sind auch voll entwickelte Farnblätter allerdings kaum. Es finden sich zumindest mikroskopische, zwei- bis vierzellige Haare, die oft eine drüsige Endzelle besitzen (Abb. 6 a). Die oben (s. S. 12) beschriebenen Rinnen der Blattachsen und der größeren Adern sind nicht selten mit bleibenden Schuppen oder Haaren besetzte.

Es ist in der Pteridologie gebräuchlich, aus *einer* Zelle oder Zellreihe bestehende Anhängsel als *Haare*, flächig gebaute als *Schuppen* zu bezeichnen. Dies ist sicher eine zu starke Vereinfachung. Eine bessere Einteilung steht bisher allerdings noch aus. Bei einer entsprechenden Aufstellung sollte man jedenfalls die Ontogenie mit berücksichtigen; gerade darüber sind wir allerdings besonders schlecht informiert. Einen dritten Typ von Epidermalanhängseln trifft man bei einigen ursprünglichen Typen an. Sie sehen auf den ersten Blick wie Haare aus, sind aber im Basalteil säulenförmig aus mehreren konzentrischen Schichten (Reihen) von Zellen aufgebaut. Solche Organe pflegt man als *Borsten* zu bezeichnen. Sie kommen vor allem bei *Dipteridaceae*, *Loxomataceae* und *Matoniaceae* vor.

Die Frage, ob im Prinzip Haare oder Schuppen den ursprünglicheren Typ der Epidermalanhängsel darstellen, ist schwer zu beantworten und möglicherweise auch gar nicht sinnvoll. Abgeleitete leptosporangiate Familien besitzen stets Schuppen (oft mit Haaren daneben). Ursprüngliche Familien, die nur Haare aufweisen, sind *Osmundaceae*, *Plagiogyriaceae*, *Dicksoniaceae*, *Metaxyaceae*, *Lophosoriaceae* und *Cheiropleuriaceae*. Doch kommen Schuppen auch bei einigen recht ursprünglichen Familien und Gattungen vor: *Marattiaceae*, *Mohria* (andere *Schizaeaceae* nur Haare), *Cyatheaceae*, einige *Gleicheniaceae*; *Saccoloma* und die *Lindsaeoideae* unter den Dennstaedtiaceae. Gewisse, für gewöhnlich als Haare betrachtete Organe bestehen aus den gleichen bräunlichen Zellen wie die Schuppen nächstverwandter Taxa und sind wohl eher mit diesen homolog. Beispiele finden sich bei den *Lindsaeoideae* und bei *Ctenitis*. Die Unzulänglichkeit der herkömmlichen Einteilung in die Kategorien Haare und Schuppen wird hier augenfällig.

Haare können ein- oder mehrzellig sein; letztere werden Gliederhaare genannt. Die einzelligen Haare der *Thelypteridaceae* sind oft zugespitzt, sogenannte Nadelhaare. Sie können die menschliche Haut beim Eindringen stark irritieren; es gibt sogar einen südamerikanischen Farn namens *Thelypteris urens*, obgleich er natürlich keine echten Brennhaare trägt. Ähnliche Nadelhaare kommen auch bei den *Grammitidaceae* vor. Verzweigte, einzellige Haare sind relativ selten; sie sind von *Thelypteris* subgen. *Goniopteris* und subgen. *Ampelopteris* bekannt. Verzweigte, mehrzellige Haare, die als echte Sternhaare angesprochen werden dürfen, kennen wir von *Gleicheniaceae*, *Pyrrosia* und *Platycerium*. Gebüschelte, einzellige, randständige Haare, wie sie bei *Trichomanes* sect. *Didymoglossum* vorkommen, sind schon für echte Sternhaare gehalten worden.

Einzellige Haare können auch *auf* den Schuppen sitzen, was für die *Thelypteridaceae* charakteristisch ist. Solche Haare sollte man nicht mit den oft einigermaßen haarartigen Randanhängseln vieler sonst kahler Schuppen verwechseln (Abb. 6 b, f, h, i). Nur die *Grammitidaceae* tragen auf dem Rand ihrer Schuppen Nadelhaare, die denen des Laubes stark gleichen.

Einen eigenartigen Typ von Epidermalanhängseln stellen die sogenannten intestiniformen Trichome der Blattoberseite einige *Dryopteridaceae* dar (Abb. 6 k). Im lebenden Zustand sind sie zylindrisch bis schwach abgeflacht, aber stets einreihig. Beim Trocknen ziehen sich die Zell-Lumina zusammen, und das Ganze wirkt mit seinen Einschnürungen etwas wie ein Darm. Diese Trichome charakterisieren den Verwandtschaftskreis von *Acrophorus* und *Nothoperanema* bei den *Dryopteridaceae*.

Die Mannigfaltigkeit der Schuppen übertrifft die der Haare stark. Zunächst gibt es verschiedene Typen der Anheftung. Die meisten Farne haben basifixe Schuppen, die entlang einer kürzeren oder längeren Basallinie angeheftet sind. Bei anderen, besonders bei epiphytischen Farnen wie *Polypodiaceae* und *Davalliaceae*, ist die Anheftungsstelle punktförmig und liegt oberhalb der Basis; dies sind schildförmige oder peltate Schuppen (Abb. 6 b). Sie überlappen sich oft stark auf den dicht beschuppten, exponierten Rhizomen dieser baum- oder felsbewohnenden Farne. Eine Übergangssituation besteht bei Schuppen, die zwar basal angeheftet sind, bei denen aber die Basispartie zu zwei stark hervortretenden Lappen oder Ohren erweitert ist, die sich überlagern. Eine solche Schuppe wirkt bei weniger genauer Betrachtung peltat und wird als pseudopeltat bezeichnet (Abb. 6 c, g, h).

Die peltaten Schuppen vieler *Polypodiaceae* sind rund um die Anheftungsstelle mehrschichtig und sitzen auf einem Stiel, der sich am Ansatzpunkt im Querschnitt bis in die Hypodermis verfolgen läßt. Schuppen dieser Art erinnern oft stark an die der Wasseraufnahme dienenden Schuppen der Bromeliaceae. Erstaunlicherweise konnte aber eine Saugfunktion bisher erst bei relativ wenigen Farnarten nachgewiesen werden (87).

Das Lumen der Schuppenzellen kann durch dunkel gefärbte Wandverdickungen verengt bis okkludiert sein. Oft ist das nur im Zentrum der Schuppe der Fall, während der Rand aus helleren, weniger verdickten Zellen besteht. Auch ohne solche Verdickungen kann das Zellmuster des Schuppenrandes von dem der Fläche abweichen. Bei Baumfarnen spricht man in diesem Fall von strukturell marginaten Schuppen (Abb. 6 d). Sie sind wichtig für die Einteilung bzw., je nach Auffassung, die Aufteilung der Gattung *Cyathea* (s. S. 60).

Gewisse Schuppen zeigen oft schon bei schwacher Vergrößerung ein deutlich sichtbares Merkmal: die Wände, die jeweils zwei benachbarte Zellen gegeneinander begrenzen, sind verdickt und dunkel, während die nach außen gerichteten Wände hell bis hyalin sind. Das resultierende Muster nennt man treffend „gegittert" oder „clathrat" (Abb. 6 e). *Clathrate* Schuppen stellen ein wichtiges Merkmal von *Asplenium*, *Ctenitis* und Nachbargattungen, *Vittariaceae* und vielen *Polypodiaceae* dar. Bei den Vertretern der letztgenannten Familie sind die Schuppen oft nur im Zentrum gegittert.

Die Schuppen vieler Farne sind ganzrandig, bei anderen ist der Rand zerschlitzt oder er trägt Anhängsel. Es ist von systematischer Bedeutung, ob solche Anhängsel dem Rand aufgesetzt sind, wie bei den *Grammitidaceae*, oder ob sie aus ausgezogenen Teilen einer Randzelle der Schuppe oder zweier benachbarter Zellen bestehen (Abb. 6 f). Die Endzelle einer Schuppe, und oft auch die eines mehrzelligen Haares, hat häufig einen optisch kontrastierenden Inhalt. Man spricht von Drüsenzellen, obwohl noch wenig untersucht worden ist, ob diese Zellen tatsächlich irgendeine sekretorische Funktion haben.

Die dem Laub aufsitzenden Schuppen gleichen nur selten genau denen des Rhizoms, ferner können auch die Schuppen des Blattstieles, der Spindel, des Blattrandes usw. eine besondere Gestalt haben. Dies ist besonders ausgeprägt bei der Gattung *Elaphoglossum*. Ihre gut 400 Arten sind sich oft habituell recht ähnlich, lassen sich aber aufgrund der Schuppenmerkmale zuverlässig bestimmen. Es kommen z. B. stark zerschlitzte bis direkt sternhaarförmige, dann borstenartig eingerollte, blasse neben dunklen und zweifarbigen Schuppen usw. vor (Abb. 6 g, h). *Polystichum* und *Dryopteris* sind weitere Gattungen mit erheblicher Schuppenvielfalt. Auf dem Laub gewisser *Cyathea*- und *Dryopteris*-Arten kommen Schuppen mit blasig aufgetriebener Basis vor, die man als bullat bezeichnet (Abb. 6 j).

2.2.5. Sorus

Bekanntlich sind bei der Mehrzahl der Farne die Sporangien zu charakteristischen Gruppen vereinigt, die man Sori, Einzahl Sorus, nennt. Die verschiedenen Formen der Sori und ihre Anordnung stellen einen so ins Auge fallenden Merkmalskomplex dar, daß dieser schon früh zur Klassifikation herangezogen worden ist, z. B. von Linné (68). Die für die Systematik höchst nachteiligen Folgen der Überbewertung davon, die im 19. Jahrhundert üblich war, sind auf S. 18, 43 beschrieben. Trotz allem stellt der Sorus ein noch heute als wichtig betrachtetes Merkmal dar, wenn man auch zu der Einsicht gelangt ist, daß er bedeutend plastischer ist, als man früher meinte.

Eigentliche Sori fehlen den *Ophioglossaceae*, bei denen die Sporangien gehäuft auf dem fertilen Segment des Blattes stehen. Wie auf S. 48 näher ausgeführt ist, wird die Zugehörigkeit dieser Familie zu den Farnen heute aber bezweifelt. Die ebenfalls sehr ursprünglichen *Marattiaceae* haben bereits deutlich zu Sori vereinigte Sporangien (Abb. 40), und bei drei der vier Gattungen sind die Sporangien zusätzlich zu Synangien verschmolzen.

Gewisse ursprüngliche leptosporangiate Farne besitzen ebenfalls keine echten Sori. Ihre Sporangien sind in größerer Zahl gleichmäßig über die fertilen Abschnitte verteilt, oder sie stehen höchstens in nur schwach abgegrenzten Gruppen oder Reihen darauf, wie bei *Osmunda*, *Anemia* und *Schizaea*. In anderen Fällen folgen sie den sporangientragenden Adern(-teilen) in kurzen Streifen, den sogenannten soralen Linien, die keine bestimmte Größe haben und deshalb nur beschränkt wie Sori wirken: *Todea*, *Leptopteris*, *Plagiogyria*, etwa wie in Abb. 7 d, e. Ein Schleier ist in solchen Fällen nie vorhanden.

Bei anderen ursprünglichen Familien bzw. Gattungen sind die Sporangien zu Gruppen von bestimmter Form und Größe, oft aus relativ wenigen Exemplaren, vereinigt, so daß man bereits von echten Sori sprechen kann. Beispiele sind die *Gleicheniaceae*, *Lophosoriaceae*, *Matoniaceae* und *Dipteridaceae*; auch hier fehlt ein Indusium. Ursprüngliche Familien, deren Sori mit einem Schleier versehen sind, sind die *Loxomataceae*, *Matoniaceae*, *Hymenophyllaceae* und viele *Cyatheaceae*. Die *Dicksoniaceae* besitzen neben dem Indusium einen mehr oder weniger stark modifizierten Lappen des Blattrandes, der damit bei gewissen Gattungen durch Verschmelzung eine oft fast schachtel- oder becherförmige Struktur bildet (Abb. **52**). Ähnlich gestaltete Indusien finden sich auch bei *Dennstaedtia* und einigen nahe verwandten Gattungen, die man früher deswegen mit *Dicksonia* zusammengeworfen hat. Es ist denkbar, aber unsicher, daß das sogenannte Involucrum der *Hymenophyllaceae* (s. S. 56) ebenfalls aus einer Verschmelzung eines dorsalen (rückenständigen) Indusiums mit einem vom Blattrand stammenden sogenannten falschen Indusium hervorgegangen ist. Sogar die Bezeichnung „falsches Indusium" für einen modifizierten Teil des Blattrandes, der zurückgeschlagen ist und als Schleier oder Teil davon dient, könnte unrichtig sein, zumindest in einigen Fällen; es ist nicht einzusehen, warum eine Differenzierung des Blattes, die dem Schutz der jungen Sporangien dient, nicht auch randständig und trotzdem homolog mit einer flächenständigen sein sollte. Die Ausbildung eines Indusiums *ohne* die Anwesenheit von Sporangien ist sehr selten; eines der wenigen Beispiele ist der Adlerfarn, *Pteridium*, bei dem auch sporangienlose Blätter ein „falsches" Indusium aufweisen.

In der Literatur stößt man gelegentlich auf die Termini „Coenosorus" und „Phragmosorus". Erstere wären dann langgestreckte, durch Zusammenfließen (in der Merkmalsphylese) aus kürzeren Phragmosori hervorgegangene Sori. Diese Kategorien sind weder sauber zu definieren, noch steht in allen Fällen die Richtung der merkmalsphyletischen Wandlung fest. Darum ist es vorzuziehen, diese Bezeichnungen zu vermeiden.

R. Tryon (117) hat als erster auf eine Erscheinung hingewiesen, die in verschiedenen Verwandtschaftskreisen mit (fast) randständigen Sori vorkommt. Findet in einer Sippe mit solchen Sori eine Vereinfachung der Blattarchitektur statt, wie sie phylogenetisch vielfach vorzukommen scheint (s. S. 13), so wird die Zahl der Endabschnitte und damit die Ausdehnung der für Sori verfügbaren Ränder stark reduziert; es muß gewissermaßen auf andere Weise neuer Rezeptakulum-Raum geschaffen werden. Die Sporangien sitzen dann nicht nur auf den (eventuell verbreiterten) Aderenden, sondern sie besetzen eine Kommissur, die einige, viele oder in Extremfällen sogar alle Aderenden eines Blattes verbindet. Dies kennt man unter anderem von *Lindsaea* und dem Verwandtschaftskreis von *Cheilanthes* und *Pellaea*. In anderen Fällen werden die Sporangien nicht nur terminal, sondern auch dorsal auf den Adern getragen; sie sind zu längeren oder kürzeren „soralen Linien" verei-

nigt, man spricht – nicht ganz korrekt – von gymnogrammoiden Sori. Bowers Idee vom „phylogenetischen Rutsch" der Sori ist zwar heute im großen und ganzen verlassen, aber im geschilderten Fall dürfte sie doch beschränkte Gültigkeit haben (16). So wandeln sich die Sori von – nach der alten, stark auf die Sorus-Struktur fußenden Gattungseinteilung – *Cheilanthes* in die von *Notholaena*, oder die Sporangienverteilung von *Eriosorus* geht in die von *Pterozonium* über (Abb. **7 d, e**).

Indusium: Das Vorhandensein oder Fehlen eines Indusiums gehört bei den meisten Farnfamilien zum Bauplan, das heißt ganze Verwandtschaftskreise sind konsequent schleierlos, wie *Gleicheniaceae*, *Vittariaceae*, *Polypodiaceae*, *Grammitidaceae* und Untergruppen der *Pteridaceae*. Andere besitzen grundsätzlich ein Indusium, aber es scheint in gewissen Fällen sekundär verloren gegangen zu sein (s. unten). Unerwarteterweise ist hier keinerlei gerichtete Merkmalsphylese (Tendenz) zu entdecken; es gibt ebenso zahlreiche Beispiele von Farnen aus schleierlosen Gruppen, die – deutlich sekundär – eine Art von Ersatz-Indusium herausgebildet haben, wie solche aus indusiaten Gruppen, die den Schleier sekundär verloren haben. Bis jetzt ist es ganz unklar, warum im einen Fall der Besitz, im anderen die Abwesenheit eines Schleiers günstiger wäre.

Als einen solchen Ersatz-Schleier könnte man z. B. Taschen oder Schlitze des Blattgewebes betrachten, in die die – schleierlosen – Sori eingesenkt sind. Beispiele sind Arten von *Gleichenia* („*Calymella*"), *Vittaria*, *Antrophyum*, *Prosaptia*, *Enterosora*, *Phymatosorus* und *Goniophlebium* (Abb. **21**). Auch die Paraphysen einiger exindusiater Farne scheinen Schleierfunktion zu haben (s. S. 20).

Den ersatzlosen Verlust eines Indusiums als Apomorphie in indusiaten Gruppen beobachten wir bei *Thelypteridaceae*, *Dryopteridaceae* und (selten) *Aspleniaceae*. Ob bei den *Cyatheaceae* der Besitz oder das Fehlen eines Indusiums als ursprünglich angesehen werden muß, ist unsicher. Ältere Autoren waren meist nicht in der Lage, zwischen grundsätzlicher (bauplanmäßiger) Abwesenheit und sekundärem Verlust eines Indusiums zu unterscheiden. Dies hat zu Fehleinreihungen geführt, die uns heute direkt grotesk erscheinen. Nur ein einziges Beispiel: Hooker (52) hat *Athyrium distentifolium*, das *A. filix-femina* sehr gleicht und auch mit ihm ba-

Merkmalsphylese des Sorus, wie man sie in verschiedenen Verwandtschaftskreisen lesen kann. Nur selten kommen in *einem* Verwandtschaftskreis *alle* Stadien vor. In gewissen Fällen kann die Ableitung eines Typs aus einem anderen wahrscheinlich auch umgekehrt erfolgen.

1 Sorus kurz, ± rundlich, mit Indusium von gleicher Form
2 Verlust des Indusiums } 2 und 3 können auch vertauscht sein!
3 Sorus verlängert
4 Sporangien in „soralen Linien" von unbestimmter Länge
5 Sorale Linien vernetzt (kann auch fehlen)
6 Sporangien acrostichoid

Das schönste Beispiel bietet die Gattung *Tectaria* (sensu lato); die angeführten Arten stellen Beispiele für die jeweiligen Stadien dar, d. h. die Reihe ist nicht als Abstammungsreihe zu lesen.

1 *T. camerooniana*   → Sori rund, Indusium hufeisenförmig
2 *T. angelicifolia*   → Sori rund, Indusium fehlend
3 *T. maingayi*   → Sori z. T. länglich, ohne Indusium
4 *T. („Hemigramma") spec.*   → Sporangien in soralen Linien
5 *T. („Hemigramma") spec.*   → Sporangien in vernetzten soralen Linien
6 *T. („Quercifilix") zeilanica* → Sporangien nicht in Sori, meist acrostichoid

Nach der Hookerschen Klassifikation wäre ① zu *Nephrodium*, ② zu *Polypodium*, ③ zu *Gymnogramma*, ④ ebenfalls zu *Gymnogramma*, ⑤ zu *Hemionitis* und ⑥ zu *Acrostichum* zu stellen. Ein schönes Beispiel, zu was für absurden Einteilungen die rein auf Sorusmerkmalen fußende Klassifikation des 19. Jahrhunderts führt.

Bei den stets exindusiaten Polypodiaceae fehlt selbstverständlich Stadium 1. Im übrigen könnte die Reihe so aussehen (Gattungen innerhalb der Familie nicht unbedingt nahe verwandt!):

2 *Microsorum*   → Sori rund
3 *Loxogramme*, Arten von
   Colysis bzw. *Selliguea*   → Sori länglich
4 *Dicranoglossum*   → Sori strichförmig bzw. Sporangien in soralen Linien
5 –
6 *Belvisia, Platycerium*   → Sporangien ± deutlich acrostichoid

stardieren kann, wegen des frühen Schwindens des Schleiers (den er übersehen hatte) zu *Polypodium* gestellt, als *P. alpestre*, mit der Bemerkung „Habit of *Asplenium* [sic] *filix-foemina*, but a true *Polypodium* sect. *Phegopteris*". Die großen nomenklatorischen Änderungen, die seit dem späten 19. Jahrhundert bei Farnen stattgefunden haben und die Verwendung älterer Literatur sehr erschweren, gehen zum erheblichen Teil auf solche, durch die Hookersche Schule verursachte Fehleinschätzungen des Merkmalskomplexes um das Indusium und den Sorus zurück.

Nicht selten beobachtet man einen Zusammenhang zwischen dem Verlust des Indusiums und einer Vergrößerung des Rezeptakulums, des sporangientragenden Teils des Blattes – bis hin zum Verlust auch des Rezeptakulums. Im Bauplan kreisrunde Sori werden elliptisch, dehnen sich auf einen größeren Teil der sie tragenden Ader aus, bis hin zum Endzustand, bei dem die Sporangien gleichmäßig über die Fläche des fertilen (Teils des) Blattes verteilt sind, die sogenannte acrostichoide Anordnung der Sporangien, bei der weder von Sori noch von einem Rezeptakulum die Rede sein kann (Abb. **20, 24**). Häufiger geht dies mit mehr oder weniger ausgesprochenem Dimorphismus einher. Arten, die in dieser Beziehung vom „Normaltypus" der Gattung abweichen, hat man früher deswegen oft in eigene Gattungen gestellt, oder zu Gattungen zusammengefaßt, die durch dieses, und *nur* dieses, Merkmal zusammengehalten wurden. Heute ist man sich bewußt, daß in gewissen Gattungen, die durch zahlreiche korrelierte Merkmale gut charakterisiert sind, die Anordnung der Sporangien ziemlich stark schwanken kann. So enthält *Cyclosorus*, dessen Sori meist rund und mit nierenförmigem Schleier versehen sind, nach heutiger Umgrenzung (109) Arten mit nackten, strichförmigen Sori („*Stegnogramma*", „*Meniscium*"). Zu *Tectaria*, die meist runde Sori mit schild- oder nierenförmigem Indusium besitzt, stellt man Arten (67) mit randständigem „*Coenosorus*" („*Amphiblestra*") und sogar mit gymnogrammoid bis acrostichoid verteilten Sporangien („*Quercifilix*") (s. Kasten). Biosystematische und karyologische Daten der neueren Forschung haben bestätigt, daß die abweichenden Formen der Sporangienanordnung und des Schleiers in diesen Fällen das Aufstellen besonderer Gattungen nicht rechtfertigen (z. B. 130).

Aus ungeklärtem Grund sind unterständige, d. h. zwischen den Sporangien und der Blattoberfläche angeheftete, schüssel- bis becherförmige Indusien sehr viel seltener als oberständige. Sie sind die Regel bei den *Cyatheaceae* (soweit diese indusiat sind) und bei den *Onocleeae*. Ferner kommen sie sporadisch vor bei *Dryopteridoideae*: *Peranema*, *Hypoderris*; bei *Athyrioideae*: *Woodsia*, einige *Deparia*-Arten.

Die verschiedenen Formen des Indusiums werden im übrigen im systematischen Teil des Buches besprochen.

Rezeptakulum: Dieses Organ, das sich oft über die Blattoberfläche erhebt, trägt nicht nur die Sporangien, sondern meistens auch das Indusium, falls dieses vorhanden ist. Besonders gebaut ist das Rezeptakulum der *Hymenophyllaceae* und der *Loxomataceae*. Es ist verlängert säulen- bis borstenförmig und wächst bei den meisten Vertretern an der Basis interkalar weiter, wobei sich auf den neuen Partien auch neue Sporangien bilden. So werden die älteren Teile mit den reifen, bzw. entleerten oder abfallenden Sporangien weit über den Rand des trichter- oder schüsselförmigen Involukrums herausgehoben. Bei vielen *Trichomanes*-Arten bilden die alten, sporangienfreien Teile der Rezeptakula außerhalb des Blattrandes einen lockeren, dunklen Saum.

Nur bei Farnen, die ihre Sporangien gleichmäßig verteilt auf der fertilen Blattoberfläche tragen, die sogenannte acrostichoide Disposition, fehlt ein eigentliches Rezeptakulum. Die Sporangien stehen dicht gedrängt in verschiedenen Reifestadien durcheinander, nicht selten mit Paraphysen vermischt. Früher pflegte man (fast) alle Farne mit einer solchen Anordnung der Sporangien in die Gattung *Acrostichum* oder in deren unmittelbare Nähe zu stellen, während man heute der Meinung ist, das Merkmal sei konvergent in ganz verschiedenen Verwandtschaftskreisen entstanden. Hooker (52) stellte z. B. 167 Arten zu *Acrostichum*, heute sind es drei. Als Familienmerkmal kommt acrostichoide Disposition (fast) konsequent nur bei den *Lomariopsidaceae* vor; ferner findet sie sich zerstreut bei *Polypodiaceae*, *Blechnaceae* und *Dryopteridaceae*.

Den Adern folgende, sorale Linien können bei der Reife der Sporangien scheinbar zusammenfließen, so

daß eine acrostichoide Anordnung vorgetäuscht wird, z. B. bei *Pityrogramma* und *Cyclosorus* subgen. *Meniscium*. Dies hat schon zu Fehleinreihungen geführt. Sind die Teile der Lamina, die dicht gedrängt stehende, acrostichoide Sporangien tragen, auch in ihrer Breite stark reduziert, „skelettiert", so können die Sporangien zur Seite gedrängt werden und scheinbar adaxial stehen, wie bei *Polybotrya*-Arten. Tatsächlich adaxial stehende Sori sind nur von einem einzigen Farn bekannt, nämlich *Polystichum anomalum* var. *anomalum* (107).

Paraphysen: Zusammen mit den Sporangien treten nicht selten, besonders falls ein Schleier fehlt, sterile Organe auf, die man als Paraphysen zu bezeichnen pflegt. Die Abgrenzung des Begriffes ist neuerdings etwas umstritten (s. z. B. 124, 125 gegenüber 118), und es ist vorgeschlagen worden, ihn aufzugeben, aber wegen seiner Knappheit und Bekanntheit wird er hier beibehalten und nicht durch „rezeptakuläre Trichome" oder ähnliches ersetzt.

Morphologisch sind Paraphysen vielgestaltig, und die verschiedenen Typen (Abb. 8 a, b) dürften nicht alle homolog sein. Zunächst können sie sterile, abgewandelte Sporangien darstellen, etwa analog Staminodien bei Blütenpflanzen. Solche „Sporangiastra" sind nicht häufig; sie kommen besonders bei Polypodiaceae vor (4, 76, 98). Sehr viel häufiger sind Organe, die als Epidermalanhängsel anzusehen sind, homolog mit denen der vegetativen Teile. Sie gleichen diesen sehr stark bis kaum, mit allen möglichen Übergängen. In einigen Fällen erschwert ihre Ähnlichkeit mit Epidermalanhängseln die Abgrenzung gegen diese: hinzu kommt, daß solche Organe nicht unbedingt dem Rezeptakulum entspringen, sondern auch von den Stielen oder sogar von den Kapseln der Sporangien getragen werden können (Abb. 8 b, c). Der Terminus Paraphysen wäre hier kaum logisch, wenn nicht Übergänge zwischen rezeptakulum- und sporangiumbürtigen Anhängseln bestünden.

Paraphysen sind im großen ganzen noch zu wenig auf ihre Gestalt und ihren systematischen Wert hin untersucht worden. Ursprüngliche Farne haben im allgemeinen keine; Ausnahmen sind einige *Gleicheniaceae*, und besonders die *Cyatheaceae* und verwandte Familien, bei denen oft zahlreiche, große Gliederhaare zwischen den Sporangien stehen. Ihre Funktion dürfte die von Schutzorganen für die jungen Sporangien sein. Es kann kaum Zufall sein, daß sie besonders bei indusiumlosen Familien wie *Polypodiaceae* und *Vittariaceae* gehäuft auftreten. Wie sie genau wirken, muß aber noch erforscht werden. Inhaltsstoffe drüsiger Endzellen schrecken möglicherweise Insekten wie Homopteren und Thysanopteren ab, die junge Sporangien aussaugen könnten. Die dicht gedrängten, schirmförmigen Schuppen, die bei der Gattung *Lepisorus* (Name!) den jungen Sorus fast vollständig bedecken, muten stark wie ein Schleier-Ersatz an. Nähere Beobachtungen wären sehr erwünscht.

Sporangium: Ursprüngliche Farne haben meist relativ große, ganz kurz gestielte, sitzende oder sogar eingesenkte Sporangien: *Ophioglossaceae, Marattiaceae, Osmundaceae, Plagiogyriaceae, Gleicheniaceae, Schizaeaceae, Dicksoniaceae, Cyatheaceae* (Abb. d–h). Bei den meisten Gattungen dieser Familien reifen die Sporangien eines Sorus, eines Blattabschnittes, oft sogar eines ganzen Blattes ungefähr gleichzeitig. Bower (16) nannte Farne mit diesem Reifungsmuster *Simplices. Hymenophyllaceae* und *Loxomataceae* mit ihrem sich von der Basis her interkalar verlängernden Rezeptakulum zeigen basipetale Reifung der Sporangien: Bowers *Gradatae.* Die abgeleiteten Farne sind zum allergrößten Teil sogenannte *Mixtae,* d. h. im nicht zu alten Sorus kommen durcheinander alle Reifestadien ohne bestimmte Anordnung vor. Die Kapseln stehen auf schlanken, relativ langen, oft aus drei Zellreihen bestehenden Stielen, die sich im Laufe der Ontogenese strecken und die reifenden Kapseln über das Rezeptakulum und die jüngeren Kapseln emporheben. Die Kapseln öffnen sich dann, entleeren die Sporen, schrumpfen, zerfallen oder fallen ab und gestatten das Nachrücken weiterer reifender Kapseln. So wird eine gestaffelte Sporenausstreuung und damit eine Risikostreuung für die Keimungs- und Entwicklungsmöglichkeit der Sporen bzw. Prothallien geschaffen.

Anulus: Während man bei Eusporangiaten eher von einem Aufplatzmechanismus sprechen sollte, haben alle Leptosporangiaten einen regelrechten Aufreißmechanismus der Sporangienkapsel. Bei den *Osmundaceae* trägt die Kapselwand (sub)apico-lateral eine Gruppe von verdickten Zellen, die beim Schrumpfen einen Querriß über den Scheitel der Kapselwand entstehen läßt (Abb. 8 d). Bei allen anderen Familien ist eine meist um die Kapsel herum verlaufende Reihe von verdickten Zellen vorhanden, die als An(n)ulus bezeichnet wird. Bei ursprünglichen Familien ist sein Verlauf recht verschieden, bei den *Schizaeaceae* verläuft er subapikal-

quer (Abb. 8 e), bei den *Dicksoniaceae, Cyatheaceae* und *Loxomataceae* fast median längs, etwas schräg (Abb. 8 h), und bei den *Hymenophyllaceae* und *Plagiogyriaceae* schräg-äquatorial (Abb. 8 g, i). Abgeleitete Familien besitzen einen median-längs verlaufenden Anulus, der an der Ansatzstelle des Kapselstieles unterbrochen ist und der in einem Teil seines Verlaufes aus stark verdickten Zellen besteht (Abb. 8 k–n). Diese verdickten Zellen allein werden oft als Anulus bezeichnet, aber das ist nicht ganz korrekt, da auch die sich daran anschließenden, unverdickten Zellen nach ihrer Gestalt deutlich zum Anulus gehören. Man sollte den verdickten Teil richtiger den Bogen (engl. bow) nennen (43). In ihrer veralteten, sehr weiten Umgrenzung waren die *Polypodiaceae* einzig durch diese Form des Anulus definiert (z. B. 29). Heute wird eine solche, auf ein einziges Merkmal begründete Umgrenzung als ganz künstlich betrachtet. Dieser „Polypodiaceae"-Typ des Anulus ist sicher mehrmals parallel entstanden. Von ursprünglichen Farnen besitzen ihn nur *Dipteris* und *Cheiropleuria.* Im verdickten Teil des Anulus sind einige schmale, querverlängerte, weniger stark verdickte Zellen auszumachen, die *Stomium* genannt werden, da zwischen ihnen der mehr oder weniger genau lokalisierte Querriß präformiert ist, mit dem die Kapsel aufspringt (z. B. Abb. 8 k). Die unverdickten Zellen, die das Stomium vom Bogen des Anulus trennen, werden (43) als Epi- bzw. Hypostom bezeichnet. Ein unverdicktes Epistom kann auch fehlen, wie bei *Asplenium, Dipteris* u. a. (Abb. 8 m, n). Das Aufspringen wird durch Austrocknen und Schrumpfen der Bogenzellen verursacht, die einen starken Zug auf den distalen Teil der Sporangienwand ausüben, wodurch eben der im Stomium beginnende Querriß entsteht, der sich auf die Zellen der „Wangen" des Sporangiums fortsetzt, so daß die Sporen ausgestreut werden können. Man hat einen Druck von bis zu 300 at gerade vor dem Aufreißen gemessen. Nach dem Aufspringen kehrt der zurückgeklappte Teil des Sporangiums häufig plötzlich in seine ursprüngliche Lage zurück, wodurch die darin enthaltenen Sporen aktiv ausgeschleudert werden. Indehiszenz des Sporangiums ist außerordentlich selten (18).

Trotz der relativen Konstanz im Bau des Anulus ist dieser Typ des Farnsporangiums durchaus nicht so einförmig im Bau der Struktur, wie man früher meinte. Es schwanken z. B. die Zahl der Zellreihen im Stiel zwischen 1–3 (–4), die Länge des Stieles im Verhältnis zur Kapsel, das Vorhandensein oder Fehlen von Anhängseln (s. oben unter Paraphysen), die Zahl der Bogenzellen, die Zahl der Stomium-Zellen und ihre Lage im Verhältnis zum Ende des Bogens, usw. (vgl. Abb. 8, s. auch 43). Mit etwas Übung kann man durchaus ein Sporangium von z. B. *Asplenium* von dem einer *Grammitidacee*, einer *Vittariacee* usw. unterscheiden. Eine eigentümliche, verlängerte und verschmälerte Form der Sporangienkapsel kommt bei Farnen vor, deren Sori in Taschen des Blattgewebes eingesenkt sind, etwa bei *Goniophlebium*- (Abb. 21) und *Thylacopteris*-Arten.

Bei allen Farnen differenziert sich das im Sporangium enthaltene Gewebe zu einem äußeren, bei höheren Farnen einschichtigen, dem *Tapetum* (s. S. 23) und den innerhalb davon gelegenen Zellen des *Archespors*. Bei ursprünglichen Farnen sind diese recht zahlreich, bei abgeleiteten sind es oft nur 16; es sind die Sporenmutterzellen. Bei der Reduktionsteilung (Meiose) bilden sich dann, abgesehen von Sonderfällen (s. S. 150) aus jeder Sporenmutterzelle vier Sporen.

Ontogenie des Sporangiums: Wie schon lange bekannt ist, entsteht das sogenannte Eusporangium aus einer *Gruppe* oberflächlicher Zellen auf dem Blatt; es besitzt eine *mehrschichtige* Wand und ist (fast) ungestielt oder sogar eingesenkt. Eusporangiat sind unter den Farnen die *Ophioglossaceae* und *Marattiaceae*, unter den Farnverwandten besonders ausgeprägt die *Psilotaceae*. Das Leptosporangium dagegen entsteht aus einer einzigen Oberflächenzelle, hat eine einschichtige Wand und meist einen mehr oder weniger langen, schlanken Stiel. Bei ursprünglichen Leptosporangiaten wie den *Osmundaceae* sollen allerdings einige Zellen an der Bildung des Sporangium-Primordiums beteiligt sein.

Bezüglich der Ontogenie des Sporangiums sind die Daten nicht sehr zahlreich (s. besonders 16, 140–143 für neuere Daten). Die Ontogenie des Eusporangiums bedarf noch moderner Untersuchungen und einer zusammenfassenden Darstellung.

Bei der Entwicklung des Leptosporangiums wird der Stiel bzw. seine Anlage zuerst gebildet, aber das weitere Wachstum findet nicht, wie erwartet, durch Teilungsaktivität der Apikalzelle, sondern durch Quer- bzw. schräge Teilungen im ganzen Primordium statt. Es differenzieren sich dann drei Segmente, aus denen sich durch weitere Differenzierung die Kapsel und

ein weiterer Teil des Stieles bilden. Die starke Asymmetrie der Kapsel, deren beide „Wangen" (43) nicht gleich gestaltet sind, ist unter anderem auf ihre Entstehung aus verschiedenen Segmenten zurückzuführen. Das Tapetum entsteht aus einer inneren Schicht der Wand und hat ontogenetisch einen anderen Ursprung als das Archäspor, das aus der innersten Zelle der Kapsel als Ganzes hervorgeht.

Sporen: Die aus dem Archespor gebildeten Sporenmutterzellen teilen sich bekanntlich (im Normalfall) meiotisch in vier Tochterzellen, von denen jede eine Spore bildet. Die Teilung kann nach zwei verschiedenen Mustern verlaufen. Beim ersten bilden sich simultan im Inneren der kugelförmig gedachten Sporenmutterzelle drei Flächen, die wie drei der vier Flächen eines Tetraeders in einem Punkt zusammenstoßen, der im Zentrum der Sporenmutterzelle liegt. So werden vier neue, kleinere, ungefähr tetraedrische Zellen gebildet, deren vierte, distale Fläche aus einem Sektor der Kugel der Sporenmutterzelle besteht. Die drei internen Flächen der Sporen bilden dort, wo sie in einem Punkt zusammenkommen, mit ihren Kanten eine dreischenkelige Figur, die dem Mercedes-Markenzeichen gleicht (Abb. 9 a, c, d). Diese bei Sporenpflanzen überhaupt weit verbreitete Figur wird als Tetradenfigur bezeichnet; sie stellt eine der beiden Ausprägungsmöglichkeiten der Laesura dar. Bei der Reife runden sich solche Sporen oft ± stark ab, aber zumindest auf der Proximalseite ist die Tetradenfigur noch zu erkennen (Abb. 9 c, 10 a). Solche Sporen heißen *trilet*. Beim zweiten Teilungsmodus bilden sich nacheinander zwei senkrecht zu einander verlaufende Äquatorialebenen, und aus dieser Teilung resultieren vier längliche, etwa wie Apfelviertel geformte Sporen (Abb. 9 b). Ihre internen Grenzflächen stoßen an einer Kante zusammen, die Laesura ist eine einfache Linie, und demzufolge nennt man solche Sporen *monolet*. Auch sie können sich bei der Reife etwas abrunden, bleiben aber doch meistens länglich bis schwach bohnenförmig (Abb. 9 e, f). Die Laesura stellt bei beiden Typen den Ort dar, an dem die Sporenwand bei der Keimung aufplatzt: die *Apertur*. Pteridophytensporen zeigen stets proximale Keimung.

Der Besitz von trileten oder aber von monoleten Sporen ist ein systematisch wichtiges Merkmal. Trilete Sporen treten bei den meisten ursprünglichen Familien auf. Unter den stärker abgeleiteten Familien haben nur die *Grammitidaceae* trilete Sporen, die meisten anderen zeichnen sich durch monolete Sporen aus. Aufgrund der Häufung in ursprünglichen Verwandtschaftskreisen und auch wegen des Vorherrschens trileter Sporen in älteren geologischen Schichten wird der trilete Typ als plesiomorph, der monolete als apomorph betrachtet (s. 126). Ausnahmen sind aber bestimmt vorhanden. Es gibt aber auch ursprüngliche Farne mit monoleten Sporen, wie die Gattungen *Schizaea, Dipteris, Sticherus* und *Stromatopteris*. Sporen, deren Laesura nicht deutlich äußerlich wahrnehmbar ist, werden *alet* genannt.

Die Größe der Sporen schwankt erheblich. Sehr klein sind sie bei den *Ophioglossaceae* und *Marattiaceae*, wo sie in jedem Sporangium in großer Zahl gebildet werden; sie messen etwa 15–20 µm. Bei abgeleiteten Familien, die nur zwischen 128 und 32 Sporen pro Sporangium bilden, sind sie oft größer, in der Größenordnung von 30 µm und darüber. Die größten Sporen kommen bei apogamen Taxa mit unreduzierten Sporen und bei heterosporen Farnen vor.

Die moderne Technik der Transmissions- und besonders der Rasterelektronenmikroskopie hat eine kaum zu überschätzende Erweiterung unserer Kenntnisse über den Bau der Sporenwand der Pteridophyten gebracht. Über ihre Ontogenese ist etwas weniger, über ihre chemische Zusammensetzung immer noch wenig bekannt (Abb. **10**).

Die Wand der Pteridophytensporen ist dreischichtig. Die zarte innerste, aus Zellulose bestehende Schicht, das *Endospor*, bildet sich allerdings bei den meisten Pteridophyten erst bei der Keimung der Spore und stellt die Wand der ersten Protonemazelle dar. Nur die *Lycopodiopsida* besitzen bereits in der ungekeimten Spore ein voll entwickeltes Endospor. Die Sporen der *Hymenophyllaceae*, die bei der Reife und beim Ausstreuen bereits (immer?) mehrzellig sind, weisen dann ebenfalls ein Endospor auf.

Stets vorhanden ist die mittlere, d. h. die bei der Sporenreife tatsächlich innere Schicht, das *Exospor*. Sie besteht aus einer sehr säure- und verwitterungsresistenten Substanz, die Sporopollenin genannt wird und aus Polymeren von Karotinoiden und Karotinoidestern besteht (96). Sie bildet sich nach der Meiose um die Sporen, entsteht also aus diesen. Ein wichtiger Teil des Exospors ist die Apertur (s. S. 22).

Die dritte, äußerste Schicht, das *Perispor*, bildet sich nicht aus der Spore selbst, sondern aus der das Archespor umgebenden, innersten Wandschicht des Sporangiums, die nicht an der meiotischen Teilung des Archespors beteiligt ist. Diese als *Tapetum* bezeichnete Schicht ist meist azellulär, außer bei den *Lycopodiopsida*. Diese zerfließende Schicht umgibt die neugebildeten Sporen, die sich aus der Tetrade gelöst haben, und lagert das Perispor darauf ab (93). Das Perispor ist für systematische Zwecke die weitaus interessanteste Schicht. Während heute über seine Struktur und Ultrastruktur zahlreiche Daten vorliegen (z. B. 116), ist über seine Zusammensetzung wenig Neues bekannt, außer daß sie sich von der des Exospors unterscheidet (74).

Viele Autoren wenden die aus der Terminologie der Pollenkörner stammenden Bezeichnungen „Intine", „Exine" und „Perine" auch auf die Schichten der Sporenwand bei Pteridophyten an. Wie aber neuerdings stark betont wird (73, 116), sind die Schichten der Sporenwand von denen der Pollenwand so verschieden, daß sie nicht ohne weiteres zu homologisieren sind. Deshalb ist vom Gebrauch der Begriffe „Perine" usw. bei Farnartigen dringend abzuraten.

Daß sich das Perispor nach dem Exospor bildet, zeigt sich unter anderem darin, daß es keine Apertur aufweist und sich oft relativ leicht vom Exospor ablöst. Bei abgeleiteten Farnen stellt das Perispor die mächtigste Schicht der Sporenwand dar. Längere Zeit, bis noch vor wenigen Jahrzehnten, teilte man die Farne in solche mit und solche ohne Perispor ein (z. B. noch in 126). Doch konnte Lugardon (71 und zahlreiche spätere Arbeiten; s. 74) zeigen, daß im Prinzip *alle* Pteridophyten ein Perispor besitzen. Je nach Verwandtschaftskreis bestehen aber starke Unterschiede darin, wie stark es sich vom Exospor abhebt. Heterospore Farne und *Equisetum* weisen übrigens noch eine vierte Schicht auf, das *Epispor*, das zwischen dem Tapetum und dem Exospor entsteht (70, 75).

Ist die Oberflächenstruktur der Spore durch das Exospor bestimmt, dessen Struktur das Perispor folgt, so spricht man von einem konformen, ansonsten von einem nicht-konformen Perispor (weitere Angaben, 115). Hand in Hand mit einer Diversifizierung des Perispors geht eine Vereinfachung des Exospors (74).

Der relativ lockere Zusammenhalt von Perispor und Exospor hat eine bedauerliche Konsequenz. Beim Fossilisieren löst sich das Perispor meistens ab. Da gerade bei den abgeleiteten Farnen, wie sie in unseren Breiten überwiegend vorkommen, das Exospor wenig Skulptur und damit wenig charakteristische Züge aufweist, sind solche Sporen für die Palynologie wertlos, da sie nicht einmal bis zur Familie bestimmt werden können.

Plausible funktionelle Interpretationen von Sporenstruktur und -skulptur gibt es bisher kaum. Obwohl monolete Sporen bereits bei karbonischen Marattiales vorkommen, nehmen im ganzen im Laufe der Fossilgeschichte die trileten Farnsporen ab und die monoleten zu. Wie schon erwähnt, haben die heutigen abgeleiteten Farne überwiegend monolete Sporen. Was zu dieser Tendenz geführt hat, ist völlig unklar. Das gleiche gilt für die Tendenz des Ausbaus des Perispors und der Vereinfachung des Exospors. Sogar die höchst eigenartige Oberflächenstruktur der Sporen gewisser myrmekophiler Farne ist in ihrer Funktion umstritten. Es wurde sowohl an Anheftung an Ameisen (114) als auch an Synaptosporie (65) gedacht (131).

Die Einzelheiten der Struktur der verschiedenen Schichten der Sporenwand und ihrer Entstehung können hier nicht besprochen werden. Es sei auf die Literatur verwiesen (101, 116 und dort zitierte Literatur).

Wie neuerdings betont wird (74), werfen die Ontogenie und die Feinstruktur der Sporenwand ein gewisses Licht auf die gegenseitige Verwandtschaft der einzelnen Klassen der Pteridophyten. Es überrascht, daß in diesem Merkmalskomplex die *Pteridopsida*, *Equisetopsida* und *Psilotopsida* einander am ähnlichsten sind, während die *Lycopodiopsida* mehr für sich stehen. Sie haben unter anderem ein zelluläres Tapetum, ein aus Lamellen bestehendes Exospor und ein auch in der Spore vorhandenes Endospor). Die *Isoëtales* und die *Selaginellales* stehen innerhalb der *Lycopodiopsida* etwas für sich, sind aber untereinander recht ähnlich. Die Meinung, *Psilotum* stelle einen, wenn auch stark abgeleiteten, echten Farn dar (9), konnte durch Studium der Sporenwand-

struktur nicht bestätigt werden, obgleich gewisse Ähnlichkeiten bestehen (72).

Die Morphologie der Sporen heterosporer Farne (Marsileales und Salviniales) wird im Abschnitt Systematik bei diesen Gruppen besprochen.

Grüne Sporen: Während reife Farnsporen hyalin (als Masse blaßgelb) bis tiefschwarz sind, kennt man in einigen Verwandtschaftskreisen grüne, das heißt chlorophyllhaltige Sporen. Sie stellen ein systematisch wichtiges, weil konsequent vorhandenes Merkmal folgender Gruppen dar: *Equisetales, Osmundaceae, Hymenophyllaceae, Grammitidaceae* und *Dryopteridaceae-Onocleeae*. Vereinzelt kommen sie vor bei den *Polypodiaceae* (Gattungen *Christiopteris* und *Marginariopsis* = Teil von *Pleopeltis*), vereinzelt auch bei Arten von *Lomariopsis, Blechnum* u. a. (Zusammenstellung in 69). Das Merkmal ist nicht ganz leicht festzustellen, da es nur an ganz frischen Sporen sichtbar ist und das Chlorophyll sehr schnell verblaßt. Allen grünen Sporen ist gemeinsam, daß sie dünnwandig und nach dem Ausstreuen nur kurze Zeit keimfähig sind. Die der *Hymenophyllaceae* teilen sich, wie schon erwähnt, bereits vor dem Auskeimen. Während die Keimfähigkeit nichtgrüner Farnsporen in Monaten oder Jahren, in extremen Fällen in Jahrzehnten gemessen wird (s. S. 119), beträgt die der chlorophyllhaltigen wenige Wochen, in Extremfällen sogar nur einige Tage. Die Keimung erfolgt dann allerdings schnell innerhalb weniger Tage, und die weitere Entwicklung ist oft auch bei niedriger Temperatur möglich (s. S. 119).

2.3.   Heterospore Farne

2.3.1. Marsileales

Die Morphologie der Vertreter dieser deutlich mit anderen Farnen verwandten Ordnung, die nur eine Familie enthält, weicht nicht sehr erheblich von der der homosporen Farne ab, außer im Bereich der Fortpflanzungsorgane. Das Rhizom enthält außerhalb der Stele Luftkanäle mit Diaphragmen, wie sie auch unter den An-

giospermen bei Helo- und Hydrophyten häufig sind (39, 61) (s. S. 85, 86).

2.3.2. Salviniales

Diese Ordnung mit ihren zwei Gattungen in je einer Familie ist morphologisch so stark von den übrigen rezenten Farnen verschieden, daß sie innerhalb der Leptosporangiaten als eine

Gruppe „incertae sedis" zu betrachten ist (schon z. B. in 16). Fossilien, die Aufschlüsse über ihre Abstammung geben könnten, sind nicht bekannt; Vorstellungen, wonach sie mit den Marsileales verwandt sein und mit ihnen eine Ordnung „Hydropteridales" bilden sollten (noch z. B. in 13–15 zu finden), sind als unhaltbar und gänzlich veraltet zu betrachten.

Entsprechend der Reduktion der Stele, wie sie sehr viele Wasserpflanzen zeigen, ist das Leitbündel im Rhizom der Salviniales stark vereinfacht. Die mehr oder weniger einzeln für sich verlaufenden Tracheiden von *Salvinia*, die in einem Kreis oder auch in einem Halbkreis liegen, werden als reduzierte, aber mit Mark versehene Protostele interpretiert. Deutlicher ist die etwas weniger reduzierte Stele von *Azolla*, eine medullierte Protostele („Siphonostele" nach einer anderen Einteilung). Bei *Salvinia* liegen im Rhizom außerhalb der Stele große Luftkammern. Diese Gattung ist bekanntlich wurzellos, während *Azolla* normale, aber unverzweigte Wurzeln trägt.

Die Struktur der Blätter ist bei beiden Gattungen so verschieden, daß man mit einiger Berechtigung an der Verwandtschaft selbst auf dem Niveau zweier benachbarter Familien zweifeln könnte. Die in einen dorsalen und einen ventralen Lappen tief quergeteilten Blätter von *Azolla* (Abb. **11 a**) sind bei den Farnen ohne Gegenstück. Beide Lappen enthalten in ihrer Basis einen Ast des gegabelten Blattspurbündels. Der mehrschichtige, amphistomatische obere Lappen, der sich über die Wasseroberfläche erhebt, ist nach einigen Autoren morphologisch umgekehrt plaziert, wie die Schwimmblätter von *Salvinia*. Ein in seine Unterseite eingesenkter Hohlraum enthält die symbiotischen Kolonien des Cyanobakteriums (der Blaualge) *Anabaena* (s. auch S. 109). Das Palisadenparenchym ist chlorophyllhaltig. Die Epidermis trägt Papillen, die wie bei *Salvinia* Unbenetzbarkeit hervorrufen, aber sehr viel einfacher im Bau sind. Der Ventrallappen ist größtenteils einschichtig und fast chlorophyllfrei.

Bei *Salvinia* sind die Blätter (22, 23, 24) sechszeilig angeordnet, in je vier abwechselnden dorso-lateralen und zwei abwechselnden ventro-lateralen Reihen; durch sekundäre Verschiebungen ergeben sich Wirtel von jeweils zwei dorsalen Blättern und einem ventralen Blatt, die die Luft- bzw. Wasserblätter darstellen. Die Luftblätter erheben sich mindestens mit ihrer Oberseite über das Wasser; sie sind rundlich bis elliptisch-zungenförmig und entlang der medianen Hauptader mehr oder weniger gefalzt; die Seitenadern bilden einfache Maschen. Auch diese Blätter sind von großen Luftkammern durchzogen. Es hat sich gezeigt (22, 23), daß die Oberseite dieser Blätter ihre morphologische Unterseite ist; die Umkehrung dürfte mit der Verteilung der Stomata zusammenhängen, die nur auf der Oberseite stehen: morphologisch gesehen ist *Salvinia*, wie die meisten Farne, hypostomatisch. Außerdem trägt die Oberseite mehrzellige Haare, deren Gestalt für jede Art charakteristisch ist. Bei manchen Arten stehen sie auf säulenförmigen Papillen (Abb. **57**). Ihre Funktion ist, die Blattoberseite unbenetzbar zu machen. Während diese Blätter mit einem normalen Randmeristem wachsen, ist das Wachstum der untergetauchten Blätter, die tief in fadenförmige Segmente mit verschiedener Verzweigungsordnung zerteilt sind, durch kleine, zerstreute Meristeme sehr unregelmäßig, und folgt keinem bestimmten Muster. Daß sie Blattorgane sind, geht schon daraus hervor, daß sie die Sporokarpe tragen. Neuerdings werden sie eher als stabilisierende denn als absorbierende Organe betrachtet.

Bei der Blastogenie sind die ersten Schwimmblätter nicht gegenständig, und sie sind auch nicht mit einem untergetauchten Blatt assoziiert (104).

Für den Bau der Sporokarpe, den Lebenszyklus und den Gametophyten (s. S. 86).

2.4.   Blastogenie

Während die „Farnverwandten" meist eine homoblastische Ontogenie haben, ist die Mehrzahl der Farne – soweit bekannt – heteroblastisch; das heißt, aus Prothallien oder auch aus Brutknospen hervorgegangene Jungpflanzen haben bei der Gestalt der Blätter, oft auch in der Anatomie der Stele, eine Struktur, die sich von der der Adultpflanzen stark unterscheidet. Leider fehlt bisher eine zusammenfassende Darstellung des Themas.

Über die Wandlungen der Stele im Verlauf der Blastogenie ist wenig bekannt. Wie verschiedene Autoren hervorgehoben haben, besitzen Jungpflanzen protostelische Rhizome, eventuell mit internem Phloemstrang, während die Adultformen solenostelisch bzw. dictyostelisch sind. Dies ist in phylogenetischer Hinsicht nicht unwichtig, wie auf S. 5 erklärt ist; der in dieser und anderer Beziehung einfache Bau könnte auf einer Pädomorphose (Beibehaltung von Juvenilmerkmalen) statt auf Ursprünglichkeit beruhen. Schon Goebel (37) erkannte die Wichtigkeit der Pädomorphose, als er schrieb „. . . daß Blattformen, welche bei den einen Farnen nur als Jugendformen auftreten, bei den anderen auch die Folgeform bilden".

Bezüglich der Blätter haben alle Autoren an ganz verschiedenen, systematisch breit gestreuten Gattungen übereinstimmend festgestellt, daß die jüngsten Stadien gegabelte Adern und, falls die Spreite überhaupt eingeschnitten ist, dichotome Blattspreiten haben (Abb. 7 a 2) (s. z. B. 37, 47, 63, 102, 113, 122, 123, 144). Schwach zweilappige Jugendblätter treten sogar dort auf, wo zwischen den jüngsten Stadien und der fiederspaltigen Adultform ein Stadium mit einfachen, ganzrandigen Blättern eingeschaltet ist, wie bei *Aglaomorpha* und *Drynaria* (82, s. auch 47). Sehr selten sind die Fälle, in denen die Juvenilblätter stärker zerschnitten sind als die der Adultstadien, wenn man von *Bathyphyllen* (s. S. 11) absieht; dies ist bei *Metaxya* (103) und *Lindsaea repens* (64) der Fall. (Für eine sehr globale Übersicht s. 102.)

Nach dem Stadium mit gegabelten Adern folgt eines mit gefiederter Architektur, das durch Übergipfelung entsteht (Abb. 7 a 1–4). Anastomosen der Adern, falls bei Adultformen vorhanden, stellen sich allmählich von jüngeren zu späteren Entwicklungsstadien ein und nehmen an Zahl zu; Randkommissuren treten dagegen sehr früh auf (bei *Marsilea*; 37). Zuletzt kommen eventuell freie eingeschlossene Adern hinzu (47, 54, 82, 122, 123).

2.5. Morphologie des Gametophyten

2.5.1. Homospore Pteridopsida

Die Morphologie des Farngametophyten war lange ein Stiefkind der Farnkunde, teils, weil Prothallien in der Natur schwer zu finden und noch schwerer einer bestimmten Art zuzuordnen sind, teils, weil man glaubte, die immer wieder als Modell verwendeten *Prothallien* des Wurmfarns stellten sozusagen den Normalfall dar, und andere Arten zeigten nur geringfügige Abweichungen. Obwohl das nicht völlig von der Hand zu weisen ist, haben spätere Beobachtungen doch eine Fülle neuer, teilweise systematisch relevanter Daten ergeben. Untersuchungen von Prothallien nicht-einheimischer Farne auf breiter Basis wurden erst richtig möglich, als man frische Farnsporen innerhalb relativ kurzer Frist vom Naturstandort importieren und anschließend in Kultur nehmen konnte, besonders bei tropischen Arten, und als man die Technik des Kultivierens so weit beherrschte, daß man bequem Prothallien ohne Verunreinigung und aus Sporen genau bekannter Herkunft sowie mit gesicherter systematischer Zugehörigkeit züchten konnte. Ein erheblicher Teil der Daten über den Bau der Farngametophyten und ihre Entwicklung stammt von Material aus Kultur, und es ist nicht völlig auszuschließen, daß gewisse Besonderheiten ihrer Form unter natürlichen Wuchsbedingungen etwas anders ausgeprägt sind. Die Dichte der Prothallienkulturen beeinflußt, wie man weiß, ihre Gestalt nicht unerheblich. Die Prothallien schwer kultivierbarer Farne sind verständlicherweise bis heute noch am wenigsten bekannt, z. B. die stark mykotroph lebenden.

Wichtige Daten über die Merkmale der Prothallien der verschiedenen Familien und Gattungen der Farne sind besonders von der amerikanischen Forscherin A. Stokey zwischen 1930 und 1958 und von ihrer Mitarbeiterin L. Atkinson von 1952 bis 1970 erarbeitet worden (Bibliographie s. 3). Nayar & Kaur (89) geben eine gute Zusammenfassung der ziemlich verstreuten Daten. Die Prothallien von Farnen aus dem Himalaya sind von Mehra & Gupta (78) untersucht worden. Die beste Sammlung von Illustrationen und – leider nur japanisch abgefaßter – Beschreibungen von Prothallien gibt es für die Farnflora Japans (83).

Prothallien sind übrigens seit längerer Zeit ein beliebtes Objekt für morphogenetische und morphophysiologische Experimente (33, 80, 101).

Die Merkmale der Prothallien und ihrer Geschlechtsorgane, wie sie für die verschiedenen

Farnfamilien und eventuell -gattungen charakteristisch sind, werden im systematischen Teil dieses Buches behandelt, und es genügt, hier die Ontogenie und die Hauptsachen der Morphologie zu besprechen.

Global kann man *vier Haupttypen von Prothallien homosporer Farne* unterscheiden (89): knollige, fädige, herzförmig-thallöse und riemenartig-bandförmige. Der dritte Typ ist weitaus der häufigste: er kommt bei der Mehrzahl der früher unter den *Polypodiaceae* zusammengefaßten Farne und außerdem bei den *Cyatheaceae, Dicksoniaceae, Matoniaceae* und *Metaxyaceae* vor (Abb. **12 a**). Das erwachsene Prothallium ist ungefähr herzförmig, hat einen mehrschichtigen Mittelstreifen und aus einer Zellschicht bestehende, flache oder gewellte Flügel; zuweilen ist es auch vorne und hinten ausgeschnitten. Das Meristem, mit deutlicher, zweischneidiger Scheitelzelle, liegt am Grunde der vorderen Ausrandung, die die Herzform bedingt. Rhizoide sind auf der Unterseite des Mittelstreifens konzentriert. Sie sind einzellig und oft dunkel gefärbt. Ihre Wand zeigt nicht selten papillenartige Verdickungen. Am Grunde der Ausrandung stehen allermeist auch die *Archegonien*. Die *Antheridien* sind in vielen Fällen etwas diffuser verteilt und kommen ausnahmsweise auch auf der Oberseite vor. Der Rand, etwas weniger oft auch die Oberfläche, kann papillen-, haar- oder drüsenartige Anhängsel tragen, die systematischen Wert haben können. Nadelartige Haare oder Drüsenhaare, wie sie in der Regel auf den Sporophyten z. B. der *Thelypteridaceae* zu finden sind, kommen vielfach auch auf den *Prothallien* vor (111). Riemen- oder bandförmige und dann oft asymmetrische Prothallien finden sich in vielen epiphytischen Verwandtschaftskreisen, wie bei *Lomariopsidaceae, Oleandraceae, Polypodiaceae* und *Grammitidaceae* (Abb. **12 c**). Solche Prothallien sind oft verzweigt bzw. sie verzweigen sich unter experimentellen Bedingungen, und vegetative Vermehrung durch Fragmentierung dürfte in der Natur nicht selten vorkommen.

Gewisse Prothallien, besonders die der *Vittariaceae*, tragen regelmäßig *Gemmen* an ihren Rändern. Ähnliche ein- oder mehrzellige Gemmen kommen auch bei einigen *Hymenophyllaceae* und *Grammitidaceae* vor, die ebenfalls bandförmige, zuweilen sich aufteilende Gametophyten besitzen (35 und darin zitierte Literatur). Diese Gemmen befähigen manche Vertreter dieser Familien, ganze Populationen ihrer weit nach Norden vorgeschobenen, sporophytenlosen

Prothallien zu bilden, was bis vor kurzem nur aus Nordamerika bekannt war, aber kürzlich auch bei einem europäischen Hautfarn entdeckt wurde; s. S. 148. Auch einige *Polypodiaceae* tragen Gemmen auf ihren Prothallien. Die bandförmigen Gametophyten der Hautfarne entwickeln sich sehr langsam; bei einigen Vertretern sind sie fadenförmig, wie bei gewissen *Schizaea*-Arten.

Prothallien apogamer Farne tragen zuweilen Organe wie Schuppen oder enthalten Tracheiden, die sonst zum Sporophyten gehören. Tracheiden werden zuweilen aber auch in sexuellen Prothallien gebildet, wenn diese besonders gut mit Assimilaten versehen sind (120).

Knollige Prothallien haben unter den Farnen nur gewisse *Schizaea*-Arten und die *Ophioglossaceae* (94); allerdings sind sie meist eher von ± zylindrischer Form. Bei beiden Gruppen sind sie chlorophyllfrei und mykotroph, wie auch bei den *Psilotaceae* und einigen *Lycopodiaceae* (s. S. 88, 90).

Einen besonderen, als sehr ursprünglich betrachteten Typ des herzförmigen Gametophyten besitzen die *Marattiaceae*, die *Plagiogyriaceae* und die *Osmundaceae*, erstere am ausgeprägtesten. Diese Prothallien sind relativ groß (bis mehrere Zentimeter), massiv mit dickem, allmählich gegen die schmalen Flügel auslaufendem Mittelstreifen, schwach entwickelter Herzform und haben bei der Reife einen oft eher länglichen Umriß. Sie leben meist lange, bis zu mehreren Monaten oder sogar Jahren. Bei *Marattiaceae* ist öfter Polyembryonie beobachtet worden, was sonst selten bis kaum vorzukommen scheint. Hierbei wachsen mehrere befruchtete Eizellen des gleichen Prothalliums nebeneinander zu Sporophyten aus.

Gametangien: Die Gametangien zeigen eine interessante organphyletische Tendenz: bei beiden Geschlechtern sind sie bei ursprünglichen Sippen relativ groß und vielzellig, bei abgeleiteten vereinfacht. Ursprüngliche Archegonien wie die der *Dipteridaceae, Marattiaceae* und *Plagiogyriaceae* sind breit, relativ umfangreich, mit kurzem, dickem Hals und haben mehrere Halskanalzellen (Abb. **12 c**). Die Antheridien vieler ursprünglicher Gattungen usw. Familien sind vielzellig und produzieren zahlreiche Spermien, wie bei *Marattiaceae, Osmundaceae* und *Plagiogyriaceae* (Abb. **12 d, e**). Bei abgeleiteten Familien findet eine Reduktion auf nur noch drei Wandzellen statt, und es werden meist weniger Spermien gebildet (Abb. **12 f**). Weniger ursprüngliche, aber doch noch nicht stark abgeleitete Familien wie *Cyatheaceae*, *Dicksoniaceae* und *Metaxyaceae* besitzen oft eher ursprüngliche Antheridien, dagegen Archegonien vom vereinfachten, abgeleiteten Typ. Diese sind schlanker, haben einen deutlich hervorstehenden, meist gekrümmten, längeren Hals mit nur einer einzigen Halskanalzelle (Abb. **12 g, h**). Stark abgeleitete Familien haben kleine, vereinfachte Gametangien in beiden Geschlechtern.

Rasterelektronenmikroskopische Untersuchungen an Prothallien und Gametangien liegen erst in geringer Zahl vor, haben aber bereits vielversprechende Daten ergeben (z. B. 90 und 111).

Ontogenie: Bei der Keimung der Spore bildet sich zunächst das Endospor, das, wie oben erwähnt, meist vor der Keimung noch nicht vorhanden ist. Es fungiert als Wand der ersten Protonemazelle. Das Protonema ist der aus der Spore hervortretende Keimungsfaden, der nur selten fehlt, z. B. bei den meisten *Osmundaceae* (120). Bei vielen Farnen entsteht bei der ersten Teilung des Sporeninhaltes die *Rhizoid-Initialzelle*, während die Initialzelle des Protonemas erst bei der zweiten abgeschnürt wird. Die *Protonema-Initialzelle* ist ungewöhnlich reich an Chlorophyll und ist mehr oder weniger schlauchförmig. Es werden sechs bis neun Typen von Keimungsmustern unterschieden (88, 89, 101), die sich hauptsächlich durch die Richtung des Wachstums des Protonemafadens in bezug auf die Stellung der ersten Zellwand bzw. auf die räumlichen Verhältnisse zwischen Rhizoid- und Protonema-Initialzelle unterscheiden (Abb. **12 i–k**). Am stärksten weichen bei der Keimung die Hautfarne ab, bei denen als Folge von Zellteilungen innerhalb der Spore ein Wachstum in drei Richtungen einsetzt, mit einer bzw. zwei Protonema-Initialzelle(n) und zwei bzw. einer Rhizoid-Initiale(n) (Abb. **12 k**).

Das Protonema wächst über eine kürzere oder längere Distanz als Faden weiter. Dann führen Zellteilungen fast parallel zur Wachstumsrichtung zur Abgrenzung einer zweischneidigen Scheitelzelle, die nach zwei Seiten Tochterzellen abgibt und so ein Scheitelmeristem und ein flächiges Prothallium bildet. Es hat sich erwiesen, daß das Licht einen starken Einfluß auf die Teilungsvorgänge ausübt; bei schwachem Licht findet nur fädiges (Längen-)Wachstum statt, während größere Lichtmengen das flächige Wachstum stark fördern. Die ökologische Bedeutung liegt auf der Hand.

Die Entwicklung von der Zygote zum Sporophyten wird unten im Abschnitt Embryogenie besprochen.

Gameten: Die Entwicklung von der Sporenkeimung zur Gametogenese nimmt je nach Verwandtschaftskreis unterschiedlich viel Zeit in Anspruch. Bei den heterosporen „Wasserfarnen" geht die Entwicklung äußerst rasch vor sich (s. oben); ähnlich verhält es sich beim einzigen homosporen wasserbewohnenden Farn, *Ceratopteris* (s. S. 109). Bei landbewohnenden Farnen dauert das gametophytische Stadium mehrere Wochen oder Monate, wie erwähnt bei *Marattiaceae* viele Monate, bei mykotrophen Gametophyten sogar einige bis viele Jahre.

Das Aufspringen des reifen Antheridiums ist wohl in erster Linie zurückzuführen auf den Druck, den die schwellende Spermienmasse auf die Wand ausübt. Die Deckelzelle wird einseitig abgehoben, ganz abgestoßen, oder es bildet sich in ihr eine Öffnung bzw. ein Riß (44, 111). Der nach innen gerichtete Druck der Basal- und der Ringzelle des Antheridiums läßt dann die Spermienmasse austreten. Zumindest bei den abgeleiteten Farnen ist jedes Spermatozoid in eine Membran eingehüllt, die nach dem Freikommen platzt und es freigibt. Die Einzelheiten der Struktur der Spermien sind erst seit der Einführung der Transmissions-Elektronenmikroskopie besser bekannt (vgl. 2 mit 31). Die Unterschiede zwischen den einzelnen Klassen und Ordnungen sind beträchtlich. Die Spermien von *Lycopodiales* und *Selaginellales* sind biziliat, die anderen Farnartigen und alle Echten Farne haben polyziliate Spermien; die Zahl der Geißeln schwankt allerdings erheblich. Es sind etwa 12 bei *Isoëtes*, 40 bei homosporen Farnen, bis zu etwa 120 bei *Equisetum*. Allen gemeinsam ist, daß sie stark asymmetrisch und (bei der Betrachtung von vorn) gegen den Uhrzeigersinn gekrümmt sind (31). Die Geißeln liegen vorne, der gekrümmte Kern hinten; beide Teile werden durch einen Strang von Mikrotubuli verbunden, der bei der Reife den Kern mehr oder weniger umgibt und dessen schlängelnde Bewegungen die Vorwärtsbewegung des Spermiums im engen Archegonienhalskanal bewirken. In wenigen Fällen ist das Eindringen mehrerer Spermienkerne in die Vertiefung über der Eizelle beobachtet worden. (s. S. 1).

Für die teilweise eingeschlechtlichen Prothallien von *Platyzoma* siehe unter Geschlechtsbestimmung, S. 141. Kleine, eingeschlechtliche, d. h. rein männliche Prothallien werden bei vielen Farnen unter dem Einfluß eines Antheridiogen-Systems, das heißt bedingt durch die Aktion von Nachbarprothallien gebildet, daneben gibt es größere, zweigeschlechtliche (s. S. 142).

Embryogenie: Hier wird nur die der Echten Farne kurz behandelt; für die der Farnverwandten siehe bei den jeweiligen Gruppen.

Der Embryo der Farne bildet sich normalerweise aus der Zygote. Nur bei apogamen Farnen entsteht er im vegetativen Bereich des Prothalliums, und zwar im Zellkissen des Mittelstreifens. Nur ganz selten bildet er sich aus einem Teil der Archegoniumhülle, noch seltener aus einer unbefruchteten Eizelle (Parthenogenese; s. S. 151).

Die beiden „eusporangiaten" Familien *Ophioglossaceae* und *Marattiaceae* stimmen darin überein, daß ein Suspensor vorhanden ist und daß die erste Teilung der Zygote quer verläuft. Bei ersteren entwickelt sich die untere (von der Archegoniumöffnung abgewandte) Tochterzelle zur Wurzel, die obere zu Achse und Keimblatt, der Fuß des Embryos vielleicht auch aus ersterer. Bei den *Marattiaceae* dagegen differenziert sich die obere Zelle zum Fuß, die untere zur Achse und zum Keimblatt. Die Differenzierung des Embryos in seine verschiedenen Organe findet übrigens erst mit ziemlicher Verspätung statt, nachdem er bereits eine erhebliche Größe erreicht hat. Bei den *Marattiaceae* mit ihren flächigen, massiven, oberirdischen Prothallien wächst der Sproß mit dem Keimblatt quer durch das Prothallium nach oben.

Bei den Leptosporangiaten fehlt ein Suspensor. Die erste Teilung der Zygote verläuft längs, dann folgt eine Querteilung, so daß vier Quadranten entstehen. Es ist nicht in jedem Fall genau bekannt, welches Organ aus jedem der Quadranten hervorgeht. Jedenfalls ist der Embryo im Verhältnis zum – dem Substrat anliegenden – Prothallium ungefähr horizontal orientiert; der nach unten gerichtete Teil differenziert sich früh in die schräg nach unten wachsende Primärwurzel und, auf der gegenüberliegenden Seite, in die Sproßachse mit dem Keimblatt, die bald durch die Apikalkerbe des Prothalliums nach oben zum Licht streben.

Die Gametophyten der anderen Klassen der Pteridophyten und der heterosporen Farne werden im Abschnitt Systematik bei den betreffenden Gruppen bzw. unten bei den Farnverwandten behandelt.

2.6.   Farnverwandte

Die vier Klassen der Pteridophyten sind morphologisch so verschieden, daß sie gesondert behandelt werden müssen. Wenn wir hier eine einheitliche Terminologie für Organe wie Stengel, Blätter, Sporophylle usw. verwenden, so darf daraus nicht automatisch geschlossen werden, daß diese Organe unbedingt von einer Klasse zur anderen als homolog betrachtet werden können. Da wir über die Zusammenhänge in der Phylogenie der Klassen noch wenig wissen und da dies nicht der Ort ist, verschiedene Theorien darüber und die Fossilien, auf die sie sich stützen, zu erörtern, soll hier von einer weiteren Besprechung des Themenkreises abgesehen werden (s. auch die Schlußbetrachtung am Ende dieses Kapitels, S. 36).

Im Gegensatz zu den Pteridopsida bestehen die Klassen der sogenannten Farnverwandten jeweils nur aus einer oder wenigen Familien, von denen keine mehr als vier Gattungen zählt. Trotz Artenreichtums in einigen Fällen ergibt sich aus der kleinen Gattungszahl doch eine erhebliche Homogenität, so daß die Morphologie der Farnverwandten in kleinerem Rahmen behandelt werden kann als die der Farne; das gleiche gilt für die Anatomie. Ein Teil der Daten ist auch im systematischen Teil dieses Buches zu finden.

2.6.1. Equisetopsida

Sporophyt: Die Achsen der Schachtelhalme sind dimorph; sie sind in kriechende, unterirdische Rhizome und aufrechte Stengel differenziert. Die Rhizome tragen die Wurzeln, bei einigen Arten auch knollenartige Speicherorgane. Rhizome und oberirdische Stengel ähneln sich im Bau, aber bei Rhizomen sind die Blattscheiden schwach entwickelt und die Blattspreiten gar nicht. Die Wurzeln und die aufrechten Stengel entspringen an den Knoten des Rhizoms. Je nach Art können die Knoten oder auch die Internodien behaart sein.

Die Achsen werden von einem Kranz aus einzelnen, gleichgestalteten Leitbündeln durchzogen, die in je zwei benachbarten Internodien alternieren und an den Knoten miteinander in Verbindung treten. Ihr anatomischer Bau wird unten beschrieben. Der Stengel ist außen ± stark gerippt; jede Rippe liegt unterhalb eines Blattes des nächsthöheren Knotens (Abb. 11 c). Die Rippen begleiten die Leitbündel und alternieren folglich wie diese an je zwei benachbarten Internodien. Die Blätter sind klein („mikrophyll") und mit einer einzigen Ader versehen; sie sind basal zu einer Scheide verschmolzen, die distalen Teile sind frei und zahnförmig, und diese freien Teile bieten oft Merkmale zur Artunterscheidung. Nicht selten fallen sie an ausgereiften Stengelteilen ab oder es persistieren nur ihre basalen Teile.

Die Scheiden tragen Hydathoden, die flüssiges Wasser absondern können (Guttation). Seitenzweige der Hauptachse, falls vorhanden, entspringen exogen an den Knoten zwischen je zwei Blättern am Grunde einer Furche des Stengels. Bei der Entwicklung durchbrechen sie die Scheide. Die Äste sind meist deutlich kantig, wie der Hauptstengel, aber die Zahl der Rippen ist kleiner. Weitere Verzweigungen der Äste kommen nur bei wenigen Arten regelmäßig vor. An der Basis der Internodien liegt ein interkalares Meristem.

Die Stengel sind immergrün, oder, bei mehreren Arten der Untergattung *Equisetum*, sommergrün. Daneben bringen einige Arten dieser Untergattung unverzweigte, chlorophyllfreie Stengel hervor, die im Frühling erscheinen und einen einzigen, endständigen Strobilus tragen. Nach dem Ausstreuen der Sporen sterben sie ab, worauf die grünen, sterilen Stengel erscheinen. Eine Art, *E. sylvaticum*, stellt einen Übergang dar; nach dem Sporulieren fällt der Strobilus ab, aber der Rest des Stengels bleibt, ergrünt und bringt grüne Verzweigungen hervor.

Die Spaltöffnungen sind je nach Art in 1–4 Reihen auf der Seite der Furchen angeordnet; auf den Ästen ist ihre Anordnung weniger regelmäßig. Bei der Untergattung *Hippochaete* sind sie eingesenkt (kryptopor) und fast stets einreihig angeordnet, aber Formen, die zu den phaneroporen Stomata der Untergattung *Equisetum* überleiten, kommen vor (62).

Die Sporophylle sind zu zapfenähnlichen Strobili angeordnet und tragen die Sporangien. Die Strobili sind am Hauptstengel endständig, beschließen bei großen, stark verzweigten Arten wie *E. giganteum* aber auch Seitenachsen. Die Sporophylle stehen in abwechselnden, superponierten Quirlen, wie die Blätter, sind aber fast stets voneinander getrennt. Bei der Untergattung *Equisetum* ist die Strobilus-Achse bis zur Spitze mit Sporophyllen besetzt; bei der Untergattung *Hippochaete* dagegen ist die Spitze nackt, fest und dunkel gefärbt und stellt ein gutes Erkennungsmerkmal dar.

Es ist die Meinung vertreten worden, die Blattnatur der Sporophylle sei unsicher, und man solle lieber von Sporangiophoren sprechen. Die Anordnung der Organe und gelegentlich auftretende Mißbildungen lassen aber mit großer Wahrscheinlichkeit auf ihre Phyllom-Natur schließen.

Jedes Sporophyll besteht aus einem zur Achse ± senkrecht stehenden Stiel, der am Ende einen meist ungefähr sechseckigen Schild trägt. Auf diesem sind an der Unterseite meist (5 oder) 6 Sporangien angeheftet, die rings um den Stiel stehen bzw. hängen. Ihre Wand ist zweischichtig, und ihre Zellen sind mit ring- oder spiralförmigen Verdickungsleisten versehen. Bei der Reife springen sie auf der inneren Seite mit einem Längsriß auf. Jedes entsteht aus einer einzigen oberflächlichen Zelle (leptosporangiat).

Die zahlreichen Sporen sind kugelförmig, dünnwandig, chlorophyllhaltig und alet. Ihre Oberfläche ist glatt, aber das Perispor teilt sich in zwei in der Mitte angeheftete, spiralförmig um die Spore herum laufende Bänder auf, so daß vier Streifen entstehen, die hygroskopische Bewegungen ausführen. Diese sogenannten Hapteren dienen wohl dem Auflockern der Sporenmasse und dem Zusammenhaften mehrerer Sporen bei der Verbreitung. Wie bei allen chlorophyllhaltigen Sporen ist die Lebensdauer kurz, etwa eine Woche, und die Keimung kann sehr rasch erfolgen; dafür ist Licht erforderlich.

Gametophyt: Der Gametophyt ist autotroph, grün, thallös und mehr oder weniger flächig. Sein eigentlicher Körper wird von einem am Rande meristematischen Kissen gebildet, das ventral Rhizoide und dorsal Archegonien trägt; es wächst besonders an seinen aufrechten Fortsätzen, die auf der Dorsalseite eingefügt sind und bei der Untergattung *Hippochaete* säulenförmig, bei der Untergattung *Equisetum* flächig aber stark gewellt sind. Bei den meist etwas kleineren männlichen Gametophyten sitzen auf diesen Auswüchsen die Antheridien. Sie sind rundlich bis ellipsoidisch, oberflächlich oder etwas eingesenkt und haben eine mehrzellige Wand mit zwei bis mehreren Deckelzellen. Bei der Reife trennen diese sich, und es werden zahlreiche Spermatidenzellen freigesetzt. Diese tragen 6–12 fibrillenartige Anhängsel, die durch ihre Streckung die Spermatidenzellen aus dem Antheridium heraustreiben. Dann schlüpft durch einen Schlitz in der Wand der Spermatidenzelle ein Spermatozoid heraus, das sie ganz ausgefüllt hat und das bis über 100 Flagellen trägt (11). Die Archegonien befinden sich auf dem Prothalliumkörper und haben einen eingesenkten Bauch und einen relativ kurzen, starken Hals aus drei Etagen zu je vier Zellreihen mit wenigen Halskanalzellen (30, 32). Früher hielt man trotz des Fehlens von Heterosporie die Prothallien von *Equisetum* für streng eingeschlechtlich. Heute ist bekannt, daß bei ausbleibender Befruchtung die archegonientragenden Prothallien häufig Lamellen mit Antheridien hervorbringen; unter experimentellen Bedingungen können antheridientragende Prothallien dazu gebracht werden, Archegonien hervorzubringen. In einem kurzen, zweigeschlechtlichen Stadium wäre Selbstbefruchtung dann theoretisch möglich, aber in der Natur dürfte sie kaum vorkommen. Polyembryonie scheint häufig zu sein. Die erste Teilung der Zygote ist quer oder schräg.

Anatomie und Ontogenie: Beim Längenwachstum des jungen Stengels wächst das Markgewebe nicht mit, wodurch die Zentralhöhle des Stengels entsteht. Zugleich wird das sehr früh differenzierte Protoxylem der Leitbündel zerrissen, was zur Bildung der Karinalkanäle führt. Dagegen entstehen die Vallekularkanäle durch die allmähliche Vergrößerung schizogener Interzellularräume. In den Leitbündeln differenziert sich das Metaxylem zentrifugal, das Metaphloem zentripetal; sie treffen nie zusammen, sondern sind durch eine aus dem Prokambium hervorgegangene Parenchymzone getrennt (38).

Die Karinalkanäle sollen zusätzlich zum – meist auffallend schwach entwickelten – Xylem dem Wassertransport dienen. Die Xylemelemente sind sehr vielgestaltig; die Ringtracheiden zeigen oft eigenartige Verdickungen oder Verbreiterungen, zuweilen auch vernetzte

Ringe; spiralige Verdickungen sind seltener. Gelegentlich sind Hoftüpfel beobachtet worden, die sonst bei Farnen und Farnverwandten sehr selten sind (6); einige Arten besitzen echte Holzgefäße (5). Je nach Art wird jedes Leitbündel für sich von einer gut differenzierten Endodermis umschlossen, oder alle Leitbündel sind von einer gemeinsamen Endodermis umgeben, und zwar nur außen oder aber außen und innen. Unter den Wülsten oder Rippen liegt ein Streifen von stark entwickeltem Kollenchym, das auch – in wenigen Fällen ausschließlich – unter den Furchen vorhanden ist. Die Epidermiszellen zeigen bei den meisten Arten streifenförmige Verkieselungen; ähnliche, aber stabförmige Verkieselungen, die ein kompliziertes Muster bilden, finden sich in den Nebenzellen der Spaltöffnungen (62). Chlorenchym ist in Streifen unter den Rillen konzentriert, wo es von den Spaltöffnungen überlagert ist, die nur hier liegen.

2.6.2. Lycopodiopsida

Die Achsen der *Lycopodiopsida* sind ungegliedert; nur einige Selaginellen haben gegliederte Stengel, die aber mit denen der Schachtelhalme nicht zu vergleichen sind. Im Prinzip ist eine Protostele vorhanden, aber gewisse Modifikationen treten hier und da auf (s. S. 33). Die mikrophyllen, fast stets mit einer einzigen Ader versehenen Blätter stehen einzeln, abwechselnd, oder gegenständig an der Achse. Sekundäre Verschiebungen können aber zu scheinbar anderen Blattstellungs-Typen führen. Die Sporangien sind stets einzeln mit einem einzigen Sporophyll assoziiert. Trilete Sporen überwiegen stark.

Lycopodiaceae:

Sporophyt: Der Hauptsproß ist oft kriechend und meist verzweigt; das Verzweigungsmuster ist stark mit der Ökologie der Arten korreliert (91, 92). Es ist dichotom-isotom oder anisotom, seltener trichotom; zuweilen kommen verschieden gestaltete Sprosse vor, häufig mit Differenzierung in solche mit beschränktem und andere mit unbeschränktem Längenwachstum. Besonders hängende, epiphytische Arten von *Huperzia* besitzen oft eine kriechende Hauptachse und davon abzweigende, parallele Seitenachsen mit beschränktem Wachstum; eine Serie solcher Achsen verschiedenen Alters erinnert oft an einen Satz von Orgelpfeifen (Abb. 58).

Die Seitenachsen können mit der Hauptachse Winkel von 90° oder auch andere Winkel bilden oder mit ihr in einer Ebene liegen. Adventivsprosse sind nicht häufig.

Das Xylem der Hauptachse ist bei *Huperzia* und *Lycopodiella* radiär im Bau aber im Querschnitt stark gelappt; bei *Lycopodium* besteht es aus einer Anzahl getrennter, hier und da in Verbindung tretender Platten oder Streifen (Abb. 1e). Die Seitenachsen zeigen einfachere Muster. Einige *Huperzia*-Arten haben eine Protostele mit einem inneren Phloemstrang. Die Wurzeln dieser Gattung entstehen endogen und wachsen ein Stück weit durch den Stengel nach hinten, bevor sie nach außen durchbrechen.

Die Blätter stehen meist in niedrigen Spiralen, aber durch Aggregation kann es zur Bildung von Scheinwirteln kommen, die für gewisse Arten charakteristisch sind. Bei einigen Arten sind sie in Reihen angeordnet. Das einzige, recht schwache Leitbündel ist stets unverzweigt und besteht nur aus Xylem. Die Spaltöffnungen liegen je nach Art nur auf der Unterseite, beiderseits, oder – seltener – nur auf der Oberseite der Blätter. Meist sind die Blätter nur einige Millimeter bis wenige Zentimeter lang. Sie sind an der Basis direkt, ohne Stiel oder scheidenartigen Fuß, am Sproß eingefügt. Einige Arten von *Lycopodium* und *Lycopodiella* sind anisophyll, das heißt, die Blätter der Dorsal- und Lateralreihen bzw. Lateral- und Ventralreihen variieren etwas im Bau, wie bei den meisten Selaginellen. Behaarte Blätter sind eher selten, aber Zähne am Rand und hyaline Spitzen (wie bei *L. clavatum*) kommen vor.

Außer bei vielen *Huperzia*-Arten sind die Sporophylle zu Zapfen vereinigt, die oft gestielt und scharf von der vegetativen Zone abgesetzt oder aber *(Huperzia)* durch Übergangszonen damit verbunden sind. Die Stiele gestielter Zapfen tragen oft hypsophyll-(Hochblatt-)artig reduzierte Blätter. Bei *Lycopodium* und *Lycopodiella* enthalten die Blätter und die Sporophylle Schleimkanäle. Im Gegensatz zu den Trophophyllen sind die Sporophylle einiger Arten gestielt. Je nach Art sind die Sporophylle grün und bleibend oder dünnhäutig und hinfällig.

Die Sporangien sitzen stets einzeln in der Achsel oder auf der Basis eines Sporophylls, jedenfalls bei der Reife; zu Beginn der Ontogenie befinden sie sich stets ganz an der Basis des Sporophylls. Sie sind bohnen- bis nierenförmig, seltener fast kugelförmig und kurz gestielt bis beinahe sitzend. Sie entstehen „eusporangiat" aus mehreren Oberflächenzellen, und vor der Reife besteht ihre Wand auch aus einigen (wenigen) Zellschichten, von denen bei der Reife aber nur eine einzige bestehen bleibt. Die Zellen dieser Schicht sind meist wenigstens an den inneren und den tangentialen Wänden verdickt. Die Form der Zellen und der Wandverdickungen und der Grad ihrer Verholzung sind systematisch wichtige Merkmale (91). Bei der Reife springt das Sporangium mit einem Querriß über dem Scheitel auf, der es in zwei gleiche oder seltener *(Lycopodiella)* ungleiche Klappen zerteilt. Die Oberfläche der sehr zahlreichen, trileten Sporen zeigt sehr verschiedene Muster, die ebenfalls für die Systematik wichtig sind (139).

Gametophyt: Die morphologischen Unterschiede der Gametophyten innerhalb der Familie sprechen ebenso wie manche Merkmale der Sporophyten für die neuerdings übliche Aufteilung in mehrere Gattungen (s. S. 88). Die Prothallien von *Huperzia* und *Lycopodium* leben unterirdisch bzw. im Substrat, sind holomykotroph und in der Form zylindrisch, scheiben- oder rübenförmig, usw., verzweigt oder nicht. Die von *Lycopodiella* und *Phylloglossum* sind teilweise exponiert und grün, während der unterirdische Teil rübenförmig, chlorophyllfrei und mykotroph ist.

Die Gametophyten sind leider erst bei relativ wenigen Vertretern bekannt. In Kultur sind sie äußerst schwer zu erzeugen, und ihre Entwicklung – über die Morphogenese ist höchst wenig bekannt – verläuft im allgemeinen sehr langsam, über viele Monate bis mehrere Jahre hinweg, außer bei *Lycopodiella*. Die Archegonien sind stark eingesenkt und besitzen einen kurzen, starken Hals. Die Antheridien sind relativ groß, mit einer Deckelzelle versehen, und enthalten zahlreiche Spermatozoiden. Diese sind, wie die der *Selaginellaceae*, aber anders als bei allen anderen Pteridophyten, zweigeißelig.

Selaginellaceae:

Die Achse wächst kriechend bis aufsteigend, aufrecht, oder sie ist vielfach in einen kriechenden, wenig verzweigten rhizomartigen Teil und einen mehr oder weniger farnblattartigen, aufrechten, stark verzweigten Teil mit begrenztem

Wachstum differenziert. Die Stele ist sehr viel variabler als bei den *Lycopodiaceae*. Jungpflanzen, Verzweigungen höheren Grades und einige kleine Arten enthalten eine einfache Protostele. Größere Pflanzen bzw. Arten zeigen meistens eine stark modifizierte, hier und da in verbundene Stränge aufgelöste sogenannte *Plectostele* (Abb. **1 f**). Die Meristelen sind im Querschnitt platten- oder bandförmig und sind mit ihrem kleinsten Durchmesser senkrecht zum Substrat orientiert; U- oder sogar ringförmige Querschnitte kommen ebenfalls vor (45). Stelen mit gewundenen, im Querschnitt T- oder X-förmigen Meristelen sind als Actino-Plectostelen beschrieben worden (79). Echte Solenostelen sind bei der Untergattung *Ericetorum* gefunden worden (59, 60). Erstaunlicherweise besitzen (alle?) Arten mit radiär-symmetrischen, homophyllen Sprossen eine dorsiventrale, bandförmige Stele. Das Metaxylem besteht meist aus Leitertracheiden, aber bei einigen Arten sind auch echte Gefäße gefunden worden (86).

Die Verzweigungsweise der Achsen ist grundsätzlich dichotom, doch kann die Gabelung so stark anisotom sein, daß direkt „pseudobipinnate" (scheinbar doppelt gefiederte) Strukturen entstehen (145). Bei einigen Arten kommen an der kriechenden Achse schlanke, schwach beblätterte, kriechende Ausläufer („Soboli") vor, die der vegetativen Vermehrung dienen. Einige Arten der Untergattung *Stachygynandrum* haben an bestimmten Stellen der aufrechten Achse schmale Bänder, an denen die sonst stark sklerotische Rinde nur dünn ausgebildet ist. Bei getrocknetem Material sehen diese Stellen dunkel aus, und der Stengel wirkt wie gegliedert; doch scheinen sie kaum je als Abgliederungsstellen zu funktionieren. Ein als Spreizklimmer kletternder oder sogar windender Hauptsproß kommt bei einigen tropischen Arten wie *S. grallipes* (tropisches Afrika) und *S. willdenowii* (S.O.-Asien) vor. Epiphytische Arten sind ausgesprochen selten; die relativ großen Megasporen erreichen ein epiphytisches Substrat wohl nur schwer.

Die Bewurzelung der Selaginellen ist für rezente Pflanzen einmalig. Die Wurzeln entspringen nie direkt dem Stengel, sondern gehen von speziellen Organen, den *Rhizophoren*, aus. Diese werden von der Achse hervorgebracht, je nach Verwandtschaftskreis in der Gattung auf der Dorsal- oder auf der Ventralseite, und zwar in der Achsel eines Seitentriebes, selten adven-

tiv. Es sind nackte, fadenartige Organe, die bei aufrecht wachsenden, farnblattartigen Selaginellen meist auf die Basis beschränkt sind, bei rasig wachsenden, isophyllen sogar auf die Region unterhalb der Primärblätter. Bei kriechenden oder aufsteigenden, anisophyllen Arten sind sie auf einem großen Teil des Stengelsystems anzutreffen. Die Wurzeln entstehen endogen dicht unter der Spitze eines Rhizophors. Man hat den Rhizophor mit einem Achsenorgan homologisieren wollen, doch ist er blattlos; auch mit Wurzeln, aber es fehlt die Wurzelhaube. Am besten betrachtet man ihn wohl als ein Organ *sui generis*, das am ehesten mit dem Rhizom der *Psilotaceae* und den wurzeltragenden Organen der fossilen Schuppenbäume *(Lepidodendrales)* zu vergleichen ist (56).

Die Blätter der Selaginellen sind meist kleiner als die der Bärlappe, bis etwa 8 mm lang, oft eher kleiner. Isophyll sind nur die Vertreter weniger Untergruppen; solche Pflanzen sind oft äußerst moosähnlich (Abb. **34** , 60). Die große Mehrzahl der Arten ist entweder ganz oder an ihren distalen Teilen anisophyll. Die Blätter sind hier jeweils in Paaren angeordnet und gegenständig, aber je zwei Paare sind nicht kreuzweise gegenständig, da die Divergenzwinkel stark vom 90°-Winkel abweichen. Von jedem Paar ist das eine Blatt latero-dorsal plaziert und steht stark von der Tragachse ab; das andere steht latero-median, ist viel kleiner und meist auch spitzer und kann fast parallel zur Achse orientiert sein. In der Form und meist auch in der sonstigen Struktur unterscheiden sich die Lateral- und die Dorsalblätter ziemlich stark. Diese Unterschiede bestehen in der Ontogenie von Anfang an, die Dorsalblätter reifen früher (27, 28). Beide Typen sind etwas bis stark asymmetrisch. Ein dritter Typ wird von den sogenannten Axillärblättern gebildet, die auf der Ventralseite der Sprosse gerade unterhalb von einer Verzweigung (Gabelung) stehen, kaum von der Oberseite her sichtbar und symmetrisch sind.

Der Bau der Blätter ist relativ einfach; mit wenigen Ausnahmen ist eine einzige, unverzweigte Ader vorhanden, die im Gegensatz zu denen der Bärlappe neben Xylem- auch Phloem-Elemente enthält. Das Mesophyll ist nicht in Schwamm- und Palisadenparenchym differenziert. Die Blattader ist kollateral und enthält Spiraltracheiden. Bei einigen Arten wird sie von Epidermalfasern begleitet. Die Zellen des Chlorenchyms enthalten einen einzigen großen, schalenförmigen Chloroplast oder bis zu sechs kleinere Chloroplasten.

Die Spaltöffnungen sind meistens regellos in die umgebenden Epidermiszellen eingebettet (anomocytisches Muster), seltener von einem Ring aus schwach differenzierten Zellen umgeben. Zuweilen liegen sie nur den Adern entlang, in anderen Fällen fehlen sie gerade dort. Nicht selten trägt die Blattunterseite wenige oder gar keine Stomata (81).

Direkt oberhalb der Blattbasis tragen die Blätter, auch die Sporophylle, auf der Adaxialseite eine *Ligula*, die sehr klein und zart ist. Sie ist ungefähr rechteckig, fächer- oder auch zungenförmig, nicht selten gewimpert. Manchmal ist sie in einer Grube angeheftet. Ihre Basis im Blatt besteht aus speziellen, keilförmigen Zellen, die als *Glossopodium* bezeichnet werden. Ein Fortsatz der Blattader kann dem Glossopodium angelagert sein. Der Rand der Ligula ist einschichtig und die Zellen enthalten Schleim. Die Funktion der Ligula war lange Zeit ganz rätselhaft. Man vermutete in ihr ein schleimabsonderndes Organ (46), was neuerdings bestätigt werden konnte (10; s. auch 53).

Die Sporophylle der Selaginellen sind stets zu ± scharf abgesetzten, sitzenden, endständigen Strobili zusammengefügt. Bei den Arten mit farnblattartigem Sproß-System, aber auch bei einigen anderen, bilden zu einem bestimmten Zeitpunkt der Entwicklung alle aufrechten Achsen einen endständigen Strobilus, so daß weiteres Längenwachstum unmöglich wird. Bei homophyllen Arten sind die Strobili oft wenig deutlich vom vegetativen Bereich abgegrenzt, auch weil die Sporophylle den Trophophyllen ziemlich stark gleichen. Heterophylle Arten tragen meist deutlich vierkantige Strobili mit vier Reihen gleichmäßig verteilter, dekussierter, symmetrischer Sporophylle. Die Megasporophylle, die oft im Basalteil konzentriert sind, können etwas größer als die mehr im distalen Teil gelegenen Mikrosporophylle sein. Oft sind beide an der Dorsalseite stark gekielt. Bei einigen Arten besitzen die Megasporophylle eine Art Flansch („Pteryx"), der das Sporangium umfaßt (100). Bei anderen heterophyllen Arten setzt sich die Heterophyllie im Strobilus fort. Dieser ist dann stark dorsiventral gebaut, mit einer Ebene von größeren Megasporophyllen und einer anderen aus kleineren Mikrosporophyllen. Die Megasporophylle liegen entweder in der Dorsal- oder in der Ventralebene. Heterophyllie im Strobilus kommt bei altweltlichen Arten sehr viel häufiger vor als bei neuweltlichen.

Die Sporangien entstehen aus zwei bis einigen wenigen Oberflächenzellen der Achse gerade oberhalb der Sporophyllbasis oder auf der Basis des Sporophylls. Bei der Reife ist die Wand meistens zweischichtig. Bis zur Meiose verläuft die Entwicklung der Mega- und der Mikrosporangien weitgehend gleich.

Die Wand der Spore enthält außer Sporopollenin viel Kieselsäure. Sie ist bei beiden Sporentypen auffallend stark skulpturiert. Es gibt Hinweise dafür, daß die oft sehr verschiedene Oberflächenskulptur bei Mega- und Mikrosporen der gleichen Art eine biologische Bedeutung hat: die Mikrosporen wären dann so strukturiert, daß sie der Wand der Megaspore leicht anhaften, so daß die Befruchtung der Archegonien sehr erleichtert wird (25).

Der Embryo ist endoskopisch und besitzt einen Suspensor (weitere Daten s. S. 89 ff.).

Isoëtaceae:

In morphologischer Hinsicht besitzt die einzige Gattung, *Isoëtes*, viele sehr eigenartige, ja einzigartige Züge. Eine Abstammung von sehr viel größeren rosettenbaumähnlichen mesozoischen Gattungen wie *Pleuromeia* und *Nathorstiana* wird von vielen Autoren angenommen (s. aber 97).

Das kurze, aufrechte, seltener kriechende Achsenorgan der Gattung wird meistens als Kormus bezeichnet. Im Querschnitt ist es dreilappig oder seltener zweilappig. Die Stele hat eine eigenartige Form: das Xylem ist im oberen Teil zylindrisch, im unteren stark plattenförmig verbreitert und konkav, so daß es im Längsschnitt fast wie ein Anker aussieht (Abb. **11 d**). Das Phloem liegt peripher; eine Endodermis ist nicht vorhanden. Die Stele enthält ein Kambium, das in zwei Teile differenziert ist: das Lateralmeristem oder sekundäre Gefäßgewebe, welches nach außen nur sekundäres Rindengewebe hervorbringt, nach innen ohne deutliche Ordnung Parenchym, Tracheiden und Siebzellen, sowie das Basalmeristem, welches das laterobasale Grundgewebe erzeugt, in dem die Wurzelprimordien entstehen (95).

Die Wuchsspitze liegt auf dem Grunde einer konischen Vertiefung; die Blattbasen werden später durch Anschwellen der Rinde emporgehoben. Die Wurzeln entstehen endogen, verzweigen sich dichotom und sind in am Kormus herablaufenden Gruben oder auf der Unterseite eingefügt; sie haben einen großen Luftkanal, in dem das eine Leitbündel ganz exzentrisch in einem einseitig angehefteten Gewebestrang liegt. Zuweilen ist es von etwas Transfusionsgewebe begleitet (7).

Die Blätter sind durch ihre einzige, unverzweigte Ader mikrophyll, können aber bis zu mehrere Dezimeter lang sein. Um das Leitbündel herum liegen vier längsverlaufende, gefächerte Luftkanäle. Die Spaltöffnungen sind in Streifen außerhalb dieser Luftkanäle angeordnet, sind aber, besonders bei völlig untergetaucht lebenden Arten, häufig funktionslos, rudimentär oder fehlen ganz.

Auf der Ventralseite liegt die Ligula, gerade oberhalb (distal) vom Sporangium; im Gegensatz zu der von *Selaginella* ist sie ein verhältnismäßig großes, zungenförmiges, fest gebautes Organ, wenn sie auch bei älteren Blättern für gewöhnlich schrumpft und vertrocknet. Sonst gleicht sie der von *Selaginella*. Wie dort ist ein Glossopodium vorhanden, mit dem sie in einer Vertiefung angeheftet ist, und unter ihrer Basis liegt eine Gruppe von Tracheiden, die mit dem Leitbündel des Blattes in Verbindung stehen kann. Vom übrigen Blattgewebe ist die Ligula durch endodermisartige Zellen abgegrenzt. Man hat Aufnahme von Flüssigkeit, Abgabe davon und Schleimabsonderung bei der Ligula von *Isoëtes* festgestellt, ohne daß ganz klar ist, welche Funktion in der Natur eine Rolle spielt (133). Sie könnte bei terrestrischen, amphibischen und aquatischen Arten auch verschieden sein.

Die in eine Aushöhlung des Blattfußes eingesenkten, stets einzeln vorhandenen, sehr großen Sporangien werden von einem Lappen des Blattes wenigstens teilweise, an der distalen Seite, überdeckt, der gerade unterhalb (proximal von) der Ligula ansetzt und *Velum* genannt wird. Das Sporangium ist in seiner Entstehungsweise und in der aus einigen Zellschichten bestehenden Wand eusporangiat. Mega- und Mikrosporangien divergieren erst spät in der Ontogenie. Die sterilen Stränge oder Trabeculae, die das Sporangium durchziehen, teilen es nicht in Kammern ein; sie sind, wie die innere Sporangiumwand, vom Tapetum bedeckt. Pro Sporangium werden schätzungsweise ein- bis mehrere hundert Megasporen bzw. mehrere hunderttausend Mikrosporen gebildet (s. ferner S. 90).

2.6.3. Psilotopsida

Die Hauptachse ist bei dieser Gruppe kriechend, oft dichotom verzweigt und enthält eine endotrophe Mykorrhiza, die die fehlenden Wurzeln ersetzt. Die Stele ist protostelisch. Eine Endodermis ist nur in der kriechenden Achse vorhanden. Die oberirdischen Sprosse, die am „Rhizom" entspringen, sind einfach oder dichotom verzweigt und ebenfalls protostelisch; aber ältere Sprosse von *Tmesipteris* besitzen einen besonderen Typ von medullierter Protostele, bei dem einige Gruppen von Tracheiden um ein parenchymatisches oder sklerenchymatisches Mark herum gruppiert sind (17). Den oberirdischen Sprossen fehlt eine Scheitelzelle (41). Sie sind grün, kantig bis abgeflacht und kahl und tragen spiralig oder zweizeilig angeordnete Blätter, die im Basalteil der Sprosse rudimentär sind. Die Blätter sind mikrophyll, sehr klein bis einige Zentimeter lang, einfach, schmal, aderlos (!) oder mit einer einzigen Ader versehen. Die Sporophylle stehen am distalen Teil des Stengels, sind gegabelt und tragen auf oder etwas über ihrer Basis je ein einziges, sitzendes Sporangium. Die Sporangien sind dickwandig, eusporangiat, 2- oder 3fächerig mit Furchen an der Oberfläche zwischen den Fächern; jedes Fach springt mit einem Längsschlitz auf. In die Mitte des Sporangiums tritt ein Leitbündel ein, das zwei bzw. drei Äste abgibt. Ob es sich um zwei bzw. drei zu einem Synangium verschmolzene Sporangien handelt oder um ein einziges, sekundär unterteiltes, ist noch strittig. In jedem Fach werden zahlreiche hyaline, chlorophyllfreie, monolete, bohnenförmige Sporen gebildet.

Gametophyt: Das Prothallium wächst im Substrat, ist chlorophyllfrei und lebt rein mykotroph, ist ungefähr zylindrisch in der Form und oft verzweigt. Es besitzt eine schwach entwikkelte, zentral gelegene Stele (!) und trägt oft Brutknospen. Antheridien und Archegonien sind in großer Zahl über die Oberfläche verstreut. Die Antheridien sind relativ groß, kugelig-vorspringend, mit zahlreichen Wandzellen und einer Deckelzelle. Sie enthalten viele multiziliate Spermatozoiden. Die Archegonien sind eingesenkt und besitzen einen kurzen, dicken Hals, der bei der Reife abgeworfen wird. Der Embryo ist bei beiden Gattungen exoskopisch. Sein Fuß sendet Haustorien in den Gametophyten.

Die Ähnlichkeit des Sporoderms der Psilotales mit dem der Farne wurde von A. Tryon & Lugardon (116) betont, die daraus den Schluß zogen, auch die Psilotales müßten Farne sein. In ihren übrigen Merkmalen weichen sie aber so stark von allen bekannten Farnen ab, daß diese Folgerung etwas voreilig erscheint.

2.7. Schlußbetrachtung

Farne als ursprüngliche und geologisch sehr alte Kormophyten haben vielfach spezielles Interesse erregt, weil man meinte, ihre Struktur könnte eine Antwort auf die Frage nach dem organphyletischen Ursprung des Kormus geben. Verschiedene Theorien über diese Frage haben sich stark an Farnen und anderen Pteridophyten orientiert, z. B. die bekannte Telomtheorie von Zimmermann (148, 149), auf die hier nicht näher eingegangen werden kann. Die zusammengesetzten Blätter der Farne wurden häufig als durch Planierung und Begrenzung des Wachstums direkt von Sproß-Systemen abzuleitende Organe interpretiert, und man bemühte sich, bei ihnen Anklänge an die Herleitung von Sproß-Systemen zu finden. Wenn es auch Argumente dafür gibt, die Trennung zwischen Sproß und Blatt bei den Echten Farnen als weniger streng realisiert zu betrachten als bei den Samenpflanzen, weisen doch neuere Ergebnisse und Interpretationen eher darauf hin, daß dieser Trennungsprozeß so weit in der Vergangenheit zurückliegen muß, daß auch die Farnblätter nicht mehr, oder nur andeutungsweise hier und da Eigenschaften von Achsensystemen aufweisen.

Vieles spricht dafür, daß die in einer Ebene verzweigten, nur zu begrenztem Längenwachstum fähigen Blätter von Farnen einmal aus „Blättern" hervorgegangen sind, wie sie die sogenannten *Coenopteridales* besessen haben. Diese spät-paläozoische Pflanzengruppe wird von manchen Autoren als Pteridophytenklasse für sich betrachtet, während andere sie als ein künstlich definiertes Sammelsurium ursprünglicher, farnähnlicher aber untereinander nicht näher verwandter Pflanzengruppen ansehen. Diese Organismen hatten zwar laterale Anhängsel mit beschränktem Längenwachstum an ihren aufrechten, oft kletternden Sproßachsen, aber die „Blätter" waren dreidimensional verzweigt. (Die dreidimensionale Architektur der Blätter von *Botrychium* ist übrigens ein gewich-

tiges Argument dafür, die *Ophioglossaceae* aus den Farnen und sogar den Pteridophyten auszuschließen; 57.) Ob die *Marattiales* mit ihren auch bei den frühen fossilen Vertretern, den *Psaroniaceae* aus dem oberen Paläozoikum, gänzlich planierten Blättern sich aus *Coenopteridales*-ähnlichen Vorfahren ableiten lassen, kann nicht als gesichert gelten.

Was für Züge finden wir nun bei den Farnen, die auf eine eventuelle weniger rigorose Trennung von Sproß und Blatt hinweisen könnten? Da sind zunächst die sehr wesentlichen Ergebnisse der Versuche von Wardlaw und Mitarbeitern (132, 135) zu nennen. Sie konnten durch das Anbringen von Einschnitten an jungen Sproßgipfeln von *Dryopteris* und *Osmunda* zeigen, daß sehr junge Primordien lateraler Organe noch nicht so weit determiniert sind, daß unbedingt entweder Blätter oder aber Seitenachsen daraus entstehen. Wurden sie durch Einschnitte von benachbarten Primordien isoliert, so entwickelten sich Primordien, die ihrer Lage zufolge Blätter hätten werden müssen, zu Achsen. In seltenen Fällen ist es auch gelungen, bei den beiden gleichen Gattungen experimentell blattartige, aber dreidimensional verzweigte Organe zu erzeugen.

Eine Artengruppe von *Trichomanes* oder *Crepidomanes*, als Sektion *Gonocormus* genannt und zuweilen unter dem gleichen Namen als Gattung abgetrennt, zeigt ein eigentümliches morphologisches Verhalten ohne mikrochirurgische Eingriffe. Der Blattstiel oder die Blattspindel, zuweilen auch das Ende einer Blattader oder ein proximaler Teil davon, erzeugt Adventivknospen. Diese gleichen aber nicht den normalen, wie sie von Gattungen wie *Asplenium, Tectaria* oder *Woodwardia* bekannt sind, wo eine Jungpflanze mit gestauchter Achse und Blättern vom Primärblatt-Typ gebildet wird. Bei „*Gonocormus*" geht aus einer Adventivknospe ein Sekundärblatt hervor, das seinem Trägerblatt mehr oder weniger ähnelt, oder aber es bildet sich zunächst eine schlanke Achse, die wie das Rhizom bzw. der Blattstiel der Pflanze aussieht und ihrerseits ein Blatt oder auch mehrere trägt (8, 50, 119, 147). Hier ist die Grenze zwischen appendikulären und achsenartigen Organen höchst unscharf. Bierhorst (8) hat übrigens darauf hingewiesen, daß nicht lateral sondern endständig angeheftete, blattartige Organe bei Farnen und anderen Pteridophyten vorkommen, z. B. bei weiteren *Hymenophyllaceae*, ferner bei *Schizaeaceae*, *Gleicheniaceae*, *Psilotaceae* u. a. Es ist wohl kaum ein Zufall, daß es nur Vertreter ursprünglicher Familien sind, die sich so „unorthodox" verhalten; nur bei den *Psilotaceae* könnte es auch eine Folge starker sekundärer Vereinfachung sein (s. S. 91).

Der Kormophyten-Kormus wurde von Hagemann (40) nach ganz neuen Ideen abgeleitet, wobei wiederum die Farne eine wesentliche Rolle spielten. Er betonte die bifaziale Natur der horizontalen Rhizomes von *Hypolepis* und verwandten Farngattungen. Die darauf eingefügten Blätter stehen hier nicht transversal, das heißt sie wenden ihre Oberseite nicht parallel zur Längsachse, wie dies bei lateralen Anhängseln der Fall sein sollte, sondern quer dazu. Hagemann verglich die Organisation solcher Farne mit der eines kriechenden *Prothalliums* und stellte die Hypothese auf, der Kormus der Farne hätte sich durch Elaboration daraus entwickelt, also nicht durch Modifikation eines ursprünglich dreidimensionalen Sproß-Systems. Diese Idee hat bisher aber wenig Widerhall gefunden. Bei Jungpflanzen von *Pteridium* entsteht zunächst ein aufrechter, radiärer Sproß, der dann sein Wachstum einstellt und zwei dorsiventrale, horizontale Sprosse hervorbringt. Wenn dies auch nicht bei allen *Dennstaedtiaceae* mit kriechendem, dorsiventralem Rhizom der Fall zu sein scheint, muß man sich doch fragen, ob letzteres überhaupt den ursprünglichen Zustand verkörpert oder ob diese Wuchsform erst sekundär als Anpassung an die pionierhafte Lebensweise dieser Neulandkolonisatoren entstanden ist.

Eine weitere Frage, die im Zusammenhang mit der Morphologie und besonders der Morphogenese der Farne aufgetaucht und auch etwas polemisch erörtert worden ist, ist das Problem der Natur der Sproßachse. Ist sie ein Organ *sui generis*, sozusagen das basale Organ der Kormophyten, das die Blätter als daraus differenzierte, laterale, gleichsam sekundär der Sproßnatur verlustig gegangene Organe trägt? Oder ist vielleicht gerade das Blatt das basale Organ, und ist die Achse eigentlich nichts weiter als gleichsam eine Verkettung von hinter-(über-)einander angeordneten Blattbasen? Letztere Ansicht ist allen Ernstes vertreten worden, besonders weil man am Sproßgipfel bei der Ontogenese feststellen kann, daß die Differenzierung des Leitgewebesystems in akropetaler Richtung sehr stark unter dem Einfluß der Differenzierung der Leit-

bündel in den Blattbasen steht (136, 137, 138). Letztere differenzieren sich in basipetaler Richtung und erlangen den Anschluß an die Achsenstele dadurch, daß sich diese nach vorn, auf sie zu, entwickelt; so ziehen die primoridalen Leitbündel der Blattbasen gewissermaßen die Stele in ihrer Entwicklung zu sich hin. Die Interpretation dieser Beobachtungen ist aber angefochten worden; und die soeben beschriebene Differenzierungsfolge ist zwar häufig, aber nicht universell festzustellen.

Wie dem auch sei, eine Sproßachse ohne Blätter bzw. Blattanlagen kann man sich vorstellen, und möglicherweise gibt es auch Beispiele dafür. Die zahlreichen Perforationen in der Stele des Rhizoms der *Polypodiaceae* und *Davalliaceae*, die keine eigentlichen Blattlücken sind, da sie nicht mit Blättern bzw. Blattspuren assoziiert sind, können interpretiert werden als Regionen unterdrückter Blattanlagen – wo die Sproßachse ihr Längenwachstum trotzdem fortgesetzt hat. Ferner ist die Blattnatur der meist als Blätter bezeichneten lateralen Organe der *Psilotaceae* nicht gesichert. Dagegen sind Blätter ohne Zusammenhang mit einer Achse, die weitere Blätter und besonders auch Wurzeln trägt, kaum vorstellbar. Das Problem ist wohl eher akademisch. Überhaupt sollte man mit der Interpretation morphologischer bzw. morphogenetischer Befunde in Richtung Phylogenie bzw. Organphylese sehr zurückhaltend sein. Wardlaw (132) hat dies sehr mit Recht betont und wie folgt formuliert: „Im allgemeinen neigen Theorien über die Organisation der Pflanzen, die auf morphologischer Grundlage stehen, dazu, die Tatsachen der Embryologie und speziell der Physiologie nicht zu beachten; und das Konzept von geordneter Entwicklung als Ergebnis der Wirkung und Wechselwirkung von Faktoren während Wachstum, Determination und der weiteren Ausbildung embryonaler Regionen wird meist ungenügend beachtet" (übers. v. K. U. Kramer).

Literatur

1. Asama, K.: Evolution of the leaf through the ages explained by the successive retardation and neoteny. Sci. Rep. Tôhoku Univ., Ser. 2, Geol. Spec. Vol. 4 (1960) 252–280.
2. Atkinson, L. R.: Cytology, pp. 196–232. In: Verdoorn, F. (ed.): Manual of Pteridology. M. Nijhoff, The Hague 1938.

3. Atkinson, L. R.: The gametophyte and family relationships. Bot. J. Linn. Soc. 67 Suppl. 1 (1973) 73–90.

4. Baayen, R. P., Hennipman, E.: The paraphyses of the Polypodiaceae (Filicales). Beitr. Biol. Pfl. 62 (1987) 251–347.

5. Bierhorst, D. W.: The tracheary elements of Equisetum with observations on the ontogeny of the internodial xylem. Bull. Torr. Bot. Cl. 85 (1958) 416–433.

6. Bierhorst, D. W.: Vessels in Equisetum. Amer. J. Bot. 45 (1958) 534–537.

7. Bierhorst, D. W.: Morphology of Vascular Plants. MacMillan, New York, und Collier-MacMillan, London 1958.

8. Bierhorst, D. W.: Variable expression of the appendicular status of the megaphyll in extant ferns with particular reference to the Hymenophyllaceae. Ann. Missouri Bot. Gard. 61 (1974) 408–426.

9. Bierhorst, D. W.: The systematic position of Psilotum and Tmesipteris. Brittonia 29 (1977) 3–13.

10. Bilderback, D. E.: Association of mucilage with the ligule of several species of Selaginella. Amer. J. Bot. 74 (1987) 1116–1121.

11. Bilderback, D. E., Bilderback, D. E., Jahn, T. L., Fonseca J. R.: The release mechanism and locomotor behavior of Equisetum sperm. Amer. J. Bot. 60 (1973) 796–801.

12. Bonnet, A. L. M.: Contribution à l'étude des Hydroptéridées – I. Recherches sur Pilularia globulifera L. et P. minuta Dur. La Cellule 57 (1955) 131–239.

13. Bonnet, A. L. M.: Id.–II. Recherches sur Salvinia auriculata Aubl. Ann. Sci. Nat., Bot. XI.16 (1955) 529–600.

14. Bonnet, A. L. M.: Id.–IV. Commentaires et conclusions générales. Natur. Monspel. 138 (1956) 37–104.

15. Bonnet, A. L. M.: Id.–III. Recherches sur Azolla filiculoides Lamk. Rev. Cytol. Biol. Végét. 18 (1957) 4–88.

16. Bower, F. O.: The Ferns (Filicales). I, II, III. Cambridge Univ. Press. Cambridge, England 1923–1928.

17. Braithwaite, A. F.: Cytological and anatomical observations on Tmesipteris (Tmesipteridaceae; Pteridophyta) species from New Caledonia. Fern Gaz. 13(4) (1988) 199–208.

18. Brownsey, P. J.: An example of sporangial indehiscence in the Filicopsida. Evolution 31 (1977) 294–301.

19. Copeland, E. B.: Genera Filicum. Chronica Botanica, Waltham, Mass. 1947.

20. Cotthem, W. J. R. van: Comparative morphological study of the stomata in the Filicopsida. Bull. Jard. Bot. Nat. Belg. 40 (1970) 81–239.

21. Cotthem, W. J. R. van: Stomatal types and systematics. Bot. J. Linn. Soc. 67 Suppl. 1 (1973) 59–71.

22. Croxdale, J. G.: Salvinia leaves I. Origin and early differentiation of floating and submerged leaves. Can. J. Bot. 56 (1978) 1982–1991.

23. Croxdale, J. G.: Id. II. Morphogenesis of the floating leaf. Can. J. Bot. 57 (1979) 1951–1959.

24. Croxdale, J. G.: Id. III. Morphogenesis of the submerged leaf. Can. J. Bot. 59 (1981) 2065–2072.

25. Dahlen, M. A.: Komplementäre Oberflächenstrukturen der äußeren Sporenwand bei Selaginella. Farnblätter 22 (1990) 20–27.

26. Davies, K. L.: A brief comparative survey of aerophore structure within the Filicopsida. Bot. J. Linn. Soc. 107 (1991) 115–137.

27. Dengler, N. C.: The developmental basis of anisophylly in Selaginella martensii. I. Initiation and morphology of growth. Amer. J. Bot. 70 (1983) 181–192.

28. Dengler, N. C.: Id. II. Histogenesis. Amer. J. Bot. 70 (1983) 193–206.

29. Diels, L.: Polypodiaceae, pp. 139–339. In: Engler, A., Prantl, K. (Hrsg.): Die natürlichen Pflanzenfamilien I,4: Pteridophyta. Engelmann, Leipzig 1899.

30. Duckett, J. G.: Comparative morphology of the gametophytes of the genus Equisetum subgenus Equisetum. Bot. J. Linn. Soc. 66 (1973) 1–22.

31. Duckett, J. G.: Spermatogenesis in Pteridophytes, pp. 97–127. In: Duckett, J. G., Racey, P. A. (eds.): The Biology of the Male Gamete. Biol. J. Linn. Soc. 7 Suppl. 1, 1975.

32. Duckett, J. G., Pang, W. C.: The origin of heterospory: a comparative study of sexual behavior in the fern Platyzoma microphyllum R. Br. and the horsetail Equisetum giganteum L. Bot. J. Linn. Soc. 88 (1984) 11–34.

33. Dyer, A. F. (ed.): The Experimental Biology of Ferns. Academic Press, London, etc. 1979.

34. Faden, R. B.: Some notes on the gemmiferous species of Asplenium in tropical East Africa. Amer. Fern J. 63 (1973) 85–90.

35. Farrar, D. R.: Species and evolution in asexually reproducing independent fern gametophytes. Syst. Bot. 15 (1990) 98–111.

36. Fryns-Claessens, E., Cotthem, W. van: A new classification of the ontogenetic types of stomata. Bot. Rev. 39 (1973) 71–138.

37. Goebel, K.: Organographie der Pflanzen I., 2. Aufl. Gustav Fischer, Jena 1913.

38. Golub, S. J., Wetnore, R. H.: Studies of development in the vegetative shoot of Equisetum arvense L. II. The mature shoot. Amer. J. Bot. 35 (1948) 767–781.

39. Gupta, K. M.: Marsilea. Bot. Monogr. 5, Council of Scientif. and Indust. Res., New Delhi 1962.

40. Hagemann, W.: Sind Farne Kormophyten? Eine Alternative zur Telomtheorie. Pl. Syst. Evol. 24 (1976) 251–277.

41. Hagemann, W.: Über den Verzweigungsvorgang bei Psilotum und Selaginella mit Anmerkungen zum Begriff der Dichotomie. Pl. Syst. Evol. 133 (1980) 181–197.

42. Hagemann, W.: Acrogenous branching in pteridophytes, pp. 245–258. In: Shing, K. H., Kramer, K. U. (eds.): Proc. Internat. Symp. Syst. Pteridol. 1988. China Science & Technol. Press, Beijing 1989.

43. Haider, K.: Zur Morphologie und Physiologie der Sporangien leptosporangiater Farne. Planta 44 (1954) 370–411.

44. Hartman, M. E.: Antheridial dehiscence in the Polypodiaceae. Bot. Gaz. 91 (1931) 252–276.

45. Harvey Gibson, R. J.: Contributions towards a knowledge of the anatomy of the genus Selaginella Spr. I. The stem. Ann. Bot. 8 (1894) 123–134.

46. Harvey Gibson, R. J.: Id. II. The ligule. Ann. Bot. 10 (1896) 77–88.

47. Hennipman, E.: A Monograph of the Genus Bolbitis (Lomariopsidaceae). Leiden Bot. Ser. 2, Rijksherbarium, Leiden 1977

48. Hewitson, W.: Comparative morphology of the Osmundaceae. Ann. Missouri Bot. Gard. 49 (1962) 57–93.

49. Holttum, R. E.: A revised classification of leptosporangiate ferns. J. Linn. Soc. Bot. 53 (1947) 123–158.

50. Holttum, R. E.: A revised flora of Malaya. II. Ferns of Malaya. Govt. Printing Office, Singapore 1955.

51. Holttum, R. E.: Lomariopsis Group. Flora Malesiana II, 1,4: 255–330. Sijthoff & Noordhoff, Alphen a. d. Rijn 1978.

52. Hooker, W. J.: Species Filicum 5. Wm. Pamplin, London 1864.

53. Horner, H. T., Beltz, C. K., Jagels R., Boudreau, R. E.: Ligule development and fine structure in two heterophyllous species of Selaginella. Can. J. Bot. 53 (1975) 127–143.

54. Hovenkamp, P.: A Monograph of the Fern Genus Pyrrosia. Leiden Bot. Ser. 9, Rijksherbarium, Leiden 1986.

55. Hovenkamp, P.: The significance of rhizome morphology on the systematics of the polypodiaceous ferns (sensu stricto). Amer. Fern J. 80 (1990) 33–43.

56. Imaichi, R., Kato, M.: Developmental anatomy of rhizophore of Selaginella, p. 10, Abstracts of papers presented at the Symposium „Progress in Pteridology", Ann Arbor, Mich. 1990.

57. Imaichi, R., Nishida, M.: Developmental anatomy of the three-dimensional leaf of Botrychium ternatum (Thunb.) Sw. Bot. Mag. Tokyo 99 (1986) 85–106.

58. Iwatsuki, K., Kato, M.: Evolution of fern leaves through fusion. Phytomorph. 26 (1976) 234–239.

59. Jermy, A. C.: Subgeneric names in Selaginella. Fern Gaz. 13 (2) (1986) 117–118.

60. Jermy, A. C., Jones, K., Colden, C.: Cytomorphological variation in Selaginella. J. Linn. Soc., Bot. 60 (1967) 147–158.

61. Johnson, D. M.: Systematics of the New World species of Marsilea (Marsileaceae). Syst. Bot. Monogr. 11. 1986.

62. Kedves, M.: Untersuchung der Spaltöffnungsapparate von Equisetum. Acta Biol. Univ. Szeged N. S. 4 (1958) 149–155.

63. Kramer, K. U.: A revision of the genus Lindsaea in the New World with notes on allied genera. Acta Bot. Neerl. 6 (1957) 97–290.

64. Kramer, K. U.: Lindsaea Group. Flora Malesiana II, 1,3: 177–254. Wolfers-Noordhoff, Groningen 1971.

65. Kramer, K. U.: Synaptospory: a hypothesis. A possible function of spore sculpture in pteridophytes. Gard. Bull. Sing. 30 (1977) 79–83.

66. Kramer, K. U.: A brief survey of the dromy in fern leaves, with an expanded terminology. Bot. Helv. 97 (1987) 219–228.

67. Kramer, K. U., Green, P. S. (eds.): The Families and Genera of Vascular Plants. I. Pteridophytes and Gymnosperms. Springer, Berlin, Heidelberg 1990.

68. Linné, C.: Species Plantarum II. L. Salvius, Stockholm 1753.

69. Lloyd, R. M., Klekowski, E. J.: Spore germination and viability in Pteridophyta: evolutionary significance of chlorophyllous spores. Biotropica 2 (1970) 129–137.

70. Lugardon, B.: Sur la structure fine des parois sporales d'Equisetum maximum Lamk. Pollen & Spores 11 (1969) 449–474.

71. Lugardon, B.: La structure fine de l'exospore et de la périspore des Filicinées isosporées. I. Généralités, Eusporangiées, et Osmundales. Pollen & Spores 14 (1972) 227–261.

72. Lugardon, B.: Sur le sporoderme des isospores et microspores des ptéridophytes, et sur la terminologie appliquée à ses parois. Bull. Soc. Bot. France 122 (1975) 155–167.

73. Lugardon, B.: Comparison between pollen and pteridophyte spore walls. Proc. IVth Internat. Palynol. Conf. Lucknow 1 (1978) 199–206.

74. Lugardon, B.: Pteridophyte sporogenesis: a survey of spore wall ontogeny and fine structure in a polyphyletic plant group, pp. 95–120. In: Blackmore, S., Knox, R. B. (eds.): Microspores, Evolution and Ontogeny. Academic Press, London 1990.

75. Lugardon, B., Husson, P.: Ultrastructure exosporale et caractères généraux du sporoderme dans les microspores et les mégaspores des Hydroptéridées. Comptes-Rend. Acad. Sci. Paris 294 (1982) 789–794.

76. Martens, P.: Formations sporangiales et „parasporangiales" chez quelques fougères. Bull. Soc. Roy. Belg. 76 (1944) 45–47.

77. McVeigh, I.: Vegetative reproduction of the fern sporophyte. Bot. Rev. 3 (1937) 457–497.

78. Mehra, P. N., Gupta, A.: Gametophytes of Himalayan Ferns. Punjabi Univ., Chandigarh 1986.

79. Mickel, J. T., Hellwig, R. L.: Actino-plectostely, a complex new stelar pattern in Selaginella. Amer. Fern J. 59 (1969) 123–134.

80. Miller, J. H.: Fern gametophytes as experimental material. Bot. Rev. 34 (1968) 361–440.

81. Mital, P. L.: Epidermal studies in the genus Selaginella Beauv. Bull. Bot. Surv. India 11 (1969) 150–160.

82. Mitsuta, S.: Venation and trichomes of the Drynarioid ferns (Polypodiaceae). Acta Phytotax. Geobot. 33 (1982) 264–275.

83. Momose, S.: Prothallia of the Japanese Ferns (Filicales). [Jap.] Univ. of Tokyo Press, Tokyo 1967.

84. Morton, C. V.: Observations on cultivated ferns, VII. The mother ferns. Amer. Fern J. 53 (1963) 81–84.

85. Mukherjee, R. N., Sen, U.: A forked vein and foliar fibres in Selaginella. Fern Gaz. 12 (3) (1981) 175–177.

86. Mukhopadhyay, R., Sen, U.: On the anatomy and phylogeny of Selaginella Psalisot de Beauvois. Indian Fern J. 3 (1986) 60–69.

87. Müller, L., Starnecker, G., Winkler, S.: Zur Ökologie epiphytischer Farne in Südbrasilien. I. Saugschuppen. Flora 171 (1981) 71–138.

88. Nayar, B. K., Kaur, S.: Spore germination in homosporous ferns. J. Palynol. 4 (1968) 1–14.

89. Nayar, B. K., Kaur, S.: Gametophytes of homosporous ferns. Bot. Rev. 37 (1971) 295–396.

90. Nester, J. E.: Scanning electron microscopy of antheridia and archegonia of Anemia mexicana Klotzsch. Amer. J. Bot. 72 (1985) 777–780.

91. Øllgaard, B.: Studies in the Lycopodiaceae II. The branching patterns and infrageneric groups of Lycopodium sensu lato. Amer. Fern. J. 69 (1979) 49–61.

92. Øllgaard, B.: Lycopodium in Ecuador – habits and habitats, pp. 381–395. In: Larsen, K., Holm-Nielsen, L. B. (eds.): Tropical Botany, Academic Press, London 1979.

93. Pacini, E.: Tapetum and microspore function, pp. 213–237. In: Blackmore, S., Knox, R. B. (eds.): Microspores. Evolution and Ontogeny. Academic Press, London 1990.

94. Pant, D. D., Nautiyal, D. D., Misra, D. D.: Gametophytes of Ophioglossaceae. Phyta Monogr. 1, Soc. Indian Pl. Taxon., Allahabad 1984.

95. Paolillo, D. J.: The developmental anatomy of Isoëtes. Illin. Biol. Monogr. 31 (1963) 1–130.

96. Pettitt, J. M.: Ultrastructure and cytochemistry of spore wall morphogenesis, pp. 213–252. In: Dyer, A. F. (ed.): The Experimental Biology of Ferns. Academic Press, London 1979.

97. Pigg, K. B.: Evolution of Isoëtalean Lycopsids. Ann. Missouri Bot. Gard. 79 (1992) 589–612.

98. Pirard, N.: Sporanges, paraphyses et organes connexes chez les fougères. La Cellule 51 (1947) 153–184.

99. Presl, C. B.: Die Gefäßbündel im Stipes der Farrn. Abh. Böhm. Ges. Wiss. V, 5 (1848) 1–48.

100. Quansah, N., Thomas, B. A.: ‚Sporophyll-pteryx' in African and American Selaginella. Fern Gaz. 13 (1) (1985) 49–52.

101. Raghavan, V.: Developmental Biology of Fern Gametophytes. Cambridge Univ. Press, Cambridge, U. K. 1989.

102. Renner, O.: Zur Morphologie der Primärblätter einheimischer Farne. Flora 33 (1938) 1–55.

103. Roy, S. K., Holttum, R. E.: Cytological and morphological observations on Metaxya rostrata (H. B. K.) Presl. Amer. Fern J. 55 (1965) 158–164.

104. Schneller, J. J.: Salviniaceae, pp. 256–258. In: Kramer, K. U., Green, P. S. (eds.): The Families and Genera of Vascular Plants I. Pteridophytes and Gymnosperms. Springer, Berlin, Heidelberg 1990.

105. Sen, U., De B.: Structure and ontogeny of stomata in ferns. Blumea 37 (1992) 239–261.

106. Sen, U., Hennipman, E.: Structure and ontogeny of stomata in Polypodiaceae. Blumea 27 (1981) 175–201.

107. Sledge, W. A.: The dryopteroid ferns of Ceylon. Bull. Brit. Mus. (Nat. Hist.) Bot. 5 (1) (1973) 1–43.

108. Smith, A. R.: Thelypteridaceae, pp. 263–272. In: Kramer, K. U., Green, P. S. (eds.): The Families and Genera of Vascular Plants I. Pteridophytes and Gymnosperms. Springer, Berlin, Heidelberg 1990.

109. Smith, J.: Historia Filicum. Macmillan & Co., London 1874.

110. Sperry, J. S.: Observations on the structure and function of hydathodes in Blechnum lehmannii. Amer. Fern J. 73 (1983) 65–72.

111. Tigerschiöld, E.: Scanning electron microscopy of gametophyte characters and antheridial opening of some Ceylonese species of Thelypteridaceae. Nord. J. Bot. 8 (1989) 639–648.

112. Tindale, M. D.: The Cyatheaceae of Australia. Contr. N.S. Wales Nat. Herb. 2 (4) (1956) 327–361.

113. Tryon, A. F.: Observations on the juvenile leaves of Pellaea andromedifolia. Contr. Gray Herb. 187 (1960) 61–68.

114. Tryon, A. F.: Spores of myrmecophytic ferns, pp. 105–110. In: Dyer, A. F., Page, C. N. (eds.): Biology of Pteridophytes. Proc. Roy. Soc. Edinb. B 86, 1985.

115. Tryon, A. F.: Stasis, diversity and function in spores based on an electron microscope survey of the Pteridophyta, pp. 233–249. In: Blackmore, S., Ferguson, I. K. (eds.): Pollen and Spores: Form and Function. Linn. Soc. Symp. Ser. 12. Academic Press, London 1986.

116. Tryon, A. F., Lugardon, B.: Spores of the Pteridophyta. Springer, Berlin, Heidelberg 1991.

117. Tryon, R. M.: Evolution in the leaf of living ferns. Mem. Torr. Bot. Cl. 21 (1964) 73–85.

118. Tryon, R. M.: Paraphyses in the ferns. Taxon 14 (1965) 213–218.

119. Viane, R. L. L.: Trichomanes proliferum Bl. A new record for the fern flora of Singapore. Gard. Bull. Sing. 37 (1984) 111–114.

120. Von Aderkas, P., Cutter, E. G.: The role of the meristem in gametophyte development of the Osmundaceous fern Todea barbara (L.) Moore. Bot. Gaz. 144 (1983) 519–524.

121. Von Aderkas, P., Green, P. E. J.: Leaf development of the ostrich fern Matteuccia struthiopteris (L.) Todaro. Bot. J. Linn. Soc. 93 (1986) 307–321.

122. Wagner, W. H.: Types of foliar dichotomy in living ferns. Amer. J. Bot. 39 (1952) 578–592.

123. Wagner, W. H.: The fern genus Diellia. Its structure, affinities and taxonomy. Univ. Calif. Publ. Bot. 26 (1952) 1–212.

124. Wagner, W. H.: Paraphyses: Filicinae. Taxon 13 (1964) 56–64.

125. Wagner, W. H.: Fern paraphyses: comments on recent papers.Taxon 14 (1965) 299–301.

126. Wagner, W. H.: Structure of spores in relation to fern phylogeny. Ann. Missouri Bot. Gard. 61 (1974) 332–353.

127. Wagner, W. H.: Venuloid idioblasts in Pteris and their systematic implications. Acta Phytotax. Geobot. 29 (1978) 33–40.

128. Wagner, W. H., Johnson, D. M.: Trophopod, a commonly overlooked storage structure of potential systematic value in ferns. Taxon 32 (1983) 268–269.

129. Wagner, W. H., Wagner, F. S.: Fertile-sterile leaf dimorphy in ferns. Gard. Bull. Sing. 30 (1977) 251–267.

130. Wagner, W. H., Wagner, F. S., Gómez, L. D.: The singular origin of a Central American fern, Pleuroderris michleriana. Biotropica 10 (1978) 254–264.

131. Walker, T. G.: Spore filaments in the ant-fern Lecanopteris mirabilis – an alternative viewpoint, pp. 111–114. In: Dyer, A. F., Page, C. N. (eds.): Biology of Pteridophytes. Proc. Roy. Soc. Edinb. B 86, 1985.

132. Wardlaw, C. W.: Organization and Evolution in Plants. Longmans, London 1965.

133. Weber, U.: Anatomie und Systematik der Gattung Isoëtes L. Hedwigia 63 (1922) 219–262.

134. Wessels Boer, J. G.: The New World species of Trichomanes sect. Didymoglossum and Microgonium. Acta Bot. Neerl. 11 (1962) 277–330.

135. Wetmore, R. H., Wardlaw, C. W.: Experimental morphogenesis in vascular plants. Ann. Rev. Pl. Physiol. 2 (1951) 269–292.

136. White, R. A.: Experimental and developmental studies of the fern sporophyte. Bot. Rev. 37 (1971) 509–540.

137. White, R. A.: Experimental investigations of fern sporophyte development, pp. 505–549. In: Dyer, A. F. (ed.): The Experimental Biology of Ferns. Academic Press, London 1979.

138. White, R. A.: Comparative development of vascular tissue patterns in the shoot apex of ferns, pp. 53–107. In: White, R. A., Dickison, W. C. (eds.): Contemporary Problems in Plant Anatomy. Academic Press, Orlando 1984.

139. Wilce, J. H.: Lycopod spores I. General spore patterns and the generic segregates of Lycopodium. Amer. Fern J. 62 (1972) 65–79.

140. Wilson, K. A.: Ontogeny of the sporangium of Phlebodium (Polypodium) aureum. Amer. J. Bot. 45 (1958) 483–491.

141. Wilson, K. A.: Ontogeny of the sporangia in Xiphopteris serrulata and Pyrrosia nuda. J. Arn. Arbor. 39 (1958) 478–493.

142. Wilson, K. A.: Sporangia of the fern genera allied with Polypodium and Vittaria. Contr. Gray Herb. 185 (1959) 97–127.

143. Wilson, K. A.: The leptosporangium of the New Zealand fern Anarthropteris dictyopteris. Contr. Gray Herb. 187 (1960) 53–59.

144. Windisch, P. G., Pereira-Noronha, M.: Notes on the ecology and development of Plagiogyria ficalhoi. Amer. Fern J. 73 (1983) 79–84.

145. Wong, K. M.: Critical observations on peninsular Malaysian Selaginella. Gard. Bull. Sing. 35 (1983) 107–135.

146. Xia, Q.: Study on the family Cyatheaceae of China, pp. 73–74. In: Shing, K. H., Kramer, K. U. (eds.): Proc. Internat. Symp. Syst. Pteridol. 1988. China Science & Technol. Press, Beijing 1989.

147. Yoroi, R., Iwatsuki, K.: An observation on the variation of Trichomanes minutum and allied species. Acta Phytotax. Geobot. 28 (1977) 152–159.

148. Zimmermann, W.: Die Telomtheorie. Der Biologe 7 (1938) 385–391.

149. Zimmernann, W.: Die Telomtheorie. Fortschritte der Evolutionsforschung I. Gustav Fischer, Stuttgart 1965.

3. Systematik

3.1. Geschichtlicher Rückblick und Ausblick

3.1.1 Die Vorgeschichte der modernen Farnforschung

Schlägt man ein Buch über Farne oder eine Gefäßpflanzenflora aus dem 19. Jahrhundert auf, dann springt sofort ins Auge, daß nur ein kleiner Teil der Farnarten den gleichen Namen wie heute trägt – sehr viel weniger als bei den Blütenpflanzen; und die Unterschiede in der Namengebung betreffen auch besonders häufig die Gattungen. Dies hat nur teilweise nomenklatorische Gründe. Die Hauptursache liegt im starken Wandel der Auffassungen darüber, welche Merkmale zur Einteilung herangezogen werden müssen. Bei den „Farnverwandten" ist die Situation allerdings erheblich besser. Eine so vollständige Umkrempelung der Systematik und demzufolge auch der Nomenklatur, wie sie in den letzten 150 Jahren bei den Farnen stattgefunden hat, kennt man sonst nur von Moosen, Thallophyten und Pilzen. Die „Blütenlosigkeit" der Farne hat die Aufstellung einer, wie wir heute meinen, natürlichen Einteilung besonders auf dem Familien- und Gattungsniveau lange Zeit stark erschwert. Zum erheblichen Teil war es nicht einmal der Mangel an dazumal verfügbaren, das heißt bekannten und auswertbaren Merkmalen, der dafür verantwortlich war; es war eher die Fixierung auf einen bestimmten beschränkten, für die Klassifikation nur bedingt und nicht isoliert von anderen Merkmalen brauchbaren Merkmalskreis.

Bereits Linné (1753) (49) erkannte, daß die Anordnung der Sporangien auf dem Farnblatt ein für die Aufstellung von Gattungen brauchbares Merkmal darstellt. Die Bedeutung des Schleiers (Indusiums) – falls vorhanden – für die Klassifikation wurde dann von James E. Smith (1793) (66) und Olof Swartz (1806) (68) betont und ausgewertet. Die Wichtigkeit „vegetativer", das heißt nicht der Sporenproduktion mittelbar oder unmittelbar dienender Teile der Pflanze für das Feststellen ihrer Verwandt-

schaftsverhältnisse wurde zuerst von dem hervorragenden böhmischen Forscher Carl Boriwog Presl [1794–1852; Hauptwerke 1836 (59) und 1848 (60)] erkannt. Die rasche Zunahme der für die Filices aufgestellten Gattungen charakterisiert diese Zeitspanne: Linné unterschied noch deren 11, J. E. Smith 20, Swartz 33, Presl bereits 117 (später 59 weitere). Das Verdienst des letztgenannten Autors war es besonders, die Bedeutung des Leitbündelmusters im Blattstiel der Farne (1848) (60) erkannt zu haben, obgleich dieses Merkmal bei Herbarmaterial nicht ganz leicht zu beobachten ist. Im Laufe des 19. Jahrhunderts nahm die Kenntnis der Floren anderer Kontinente durch den Überseehandel und besonders durch die Gründung und Erforschung von Kolonialreichen enorm zu, und bessere, neue Transportmöglichkeiten erlaubten es, viele interessante Pteridophyten – und andere Pflanzen – lebend in die jetzt auch besser eingerichteten Gewächshäuser botanischer Gärten und wohlhabender Privatleute einzuführen und am Leben zu erhalten. Besonders in Großbritannien nahm die Zahl der im Handel verfügbaren Arten und „Spielarten" der Farne stark zu, und es entstand das, was man die Pteridomanie des viktorianischen Zeitalters („The Victorian Fern Craze") (1) genannt hat. Entsprechend wuchs die Nachfrage nach auch für Laien verständlicher Farnliteratur.

Eine der größten, vielleicht die allergrößte Sammlung an Herbarexemplaren von Farnen, besonders aus dem damaligen britischen Weltreich, befand und befindet sich in Kew bei London. Der Kurator dieser Sammlung, William Jackson Hooker (1785–1865), hatte es sich zum Ziel gesetzt, aufgrund seiner umfangreichen, anhand dieser und anderer Sammlungen gewonnenen Kenntnis der Farne, ein Werk über diese Pflanzengruppe in ihrer Gesamtheit zu verfassen; es sollte gleichermaßen für den Botaniker wie für den farnbegeisterten Laien brauchbar sein. Dieses Werk erschien von 1844 bis

1864 in fünf Bänden unter dem Titel „Species Filicum" (38) in englischer Sprache. Die Verwendung anatomischer oder auch anderer, nur mit etwas anspruchsvolleren optischen Geräten sichtbarer Merkmale für die Klassifikation wurde darin fast ganz vermieden. Hooker kehrte zur Systematik von der Wende des 18. zum 19. Jahrhundert zurück, in der Gattungen fast ausschließlich aufgrund der Gestalt und Anordnung der Sori und des Indusiums bzw. auf dem Fehlen dieser Strukturen, begründet und definiert wurden. Ob er dies tat, um den zahlreichen an Farnen interessierten Laien entgegenzukommen, die auf mühelos zu beobachtende Merkmale angewiesen waren, oder ob er tatsächlich vom größeren wissenschaftlichen Wert seiner Einteilung überzeugt war, muß dahingestellt bleiben; doch darf man aus dem Vorwort zu seinem Hauptwerk eher auf letztere Ansicht schließen. Durch den Umfang, den allesumfassenden Rahmen und die Verbreitung seines Werkes, und auch durch das Prestige von Hookers Stellung, hat diese Klassifikation, obwohl sie einen Rückschritt um 4–5 Jahrzehnte bedeutete, einen enormen Einfluß ausgeübt, der bis gegen das Ende des 19. Jahrhunderts und darüber hinaus wirkte und der für die Entwicklung des Faches geradezu eine Katastrophe darstellte. Zeitgenössische Arbeiten wie die seines engen Nachbarn John Smith (1789–1888), der die lebende Sammlung der Kew Gardens betreute und sich dadurch einen ganz anderen Blick für Ähnlichkeiten und Verwandtschaftsverhältnisse hatte erwerben können (Hauptwerk 65), blieben im Schatten von Hookers Pfuscharbeit. Hooker fehlte auch der Blick für wichtige Merkmale zur Unterscheidung von Farn*arten*, und so gehen auch auf diesem Niveau der Klassifikation zahlreiche gravierende, heute nur schwer zu überwindende Irrtümer auf ihn zurück. Das Zusammenwerfen von nicht Zusammengehörigem wurde mit seinem Kollegen J. G. Baker (1834–1920) fortgesetzt und von diesem nach Hookers Tod fortgeführt (3,39).

Kontinentale Autoren, unter denen besonders die Deutschen Georg Mettenius (1823–1866) und Gustav Kunze (1793–1851), ferner der Franzose Antoine L. A. Fée (1789–1851) herausragten, folgten den Hooker-Bakerschen Irrtümern nicht, fanden aber zu wenig Beachtung. Besonders die Féeschen Arbeiten, die mit ihren hervorragend illustrierten morphologischen Analysen ihrer Zeit erheblich voraus waren, sind noch heute sehr wertvoll.

Das erste Handbuch, das endlich von Hookers Gedankengut abrückte und das alle Gattungen und wenigstens die wichtigeren Arten behandelte, war „Die Farnkräuter der Erde" (12), verfaßt vom Schweizer Farnforscher Hermann Christ (1833–1933). In diesem Werk wurden für die Einreihung in Gattungen verschiedene miteinander korrelierte Merkmale verwendet. Die Art aber, wie die Gattungen selbst miteinander in systematischen Zusammenhang gebracht wurden, beruhte noch immer (viel zu) stark auf Merkmalen aus dem Sorus-Bereich. Wenigstens war jetzt ein einigermaßen zeitgemäßer Gattungsbegriff geschaffen, den Ludwig Diels (1874–1945) seiner Bearbeitung des (größten Teils des) Farnbandes für Engler und Prantls „Natürliche Pflanzenfamilien" zugrunde legte (20). Dieses System bildete seinerseits wieder die Basis, auf der der Däne Carl Christensen (1872–1942) weiter arbeitete, als er seinen monumentalen „Index Filicum" (13; Ergänzungsbände werden laufend herausgegeben) verfaßte. Mit diesem hervorragenden Werk, das ein Nachschlagewerk parallel zum „Index Kewensis" für die Samenpflanzen darstellt, aber sehr viel gehaltvoller ist, hat er die Arbeit der Pteridologen ganz enorm erleichtert. Die kritische Sichtung und Auflistung aller zuvor beschriebenen Farngattungen und -arten, ein vorzüglich fundiertes Urteil über ihren Wert und eine fast erschöpfende bibliographische Untermauerung stellen eine von keinem einzigen späteren Farnforscher erreichte Leistung dar. Und dieser Index ist nur eine von vielen, ebenso qualitätvollen Publikationen dieses Autors.

Das Inkorporieren morphologisch-anatomischer Daten in die Grundlagen der Farnklassifikation erhielt neuen Auftrieb durch das Erscheinen von F. O. Bowers dreibändigem Werk „The Ferns" (9). Dieses Buch ist wiederum eine Pionierleistung, da darin erstmals die fossilen Pteridophyten stark mitberücksichtigt und sofern möglich ins System integriert sind. Die Einteilung in Familien erfuhr gegenüber früheren Werken aber nur eine unwesentliche Verbesserung. Die viel zu stark auf Sorus- und Sporangienmerkmalen fußende Klassifikation wurde erstmals durchbrochen von dem chinesischen Farnforscher Ren-Chang Ching (1898–1986), der besonders mit seinem Artikel „On natural classification of the familiy Polypodiaceae" (10) den Anstoß zu einer erneuerten, sozusagen integralen Klassifikation gab, die im wesentlichen heute noch gilt, wenn sie auch seit Chings zitierter Arbeit stark ausgebaut worden ist. Weniger innovativ ist das Handbuch „Genera Filicum" (17) des amerikanischen Pteridologen Edwin B. Copeland (1873–1964), der eine große Zahl von Gattungen aufstellte bzw. wiederbelebte. Sein System enthält noch viel zu viele Ideen aus der Zeit der „Sorus-Systematik" und muß als überholt angesehen werden, wenn es auch noch häufig zitiert wird.

Kurz nach dem Erscheinen von Copelands Buch wurde ein ganz neuer Komplex von Merkmalen für die Klassifikation zugänglich, als Irene Manton (1904–1988) neue Techniken zur genauen Zählung der meist recht kleinen und zahlreichen Chromosomen der Farne (s. S. 128 ff.) entwickelte. Ihr hervorragendes Buch „Problems of Cytology and Evolution in the Pteridophyta" (50) legte den Grundstein für die seitdem jedes Jahr zahlreicher werdenden Studien über die Karyologie (Cytologie) der Pteridophyten. Die karyologischen Erkenntnisse erlaubten es nicht nur, die Verwandtschaftsverhältnisse innerhalb polymorpher und lange Zeit ungeklärter Artkomplexe zu entwirren, sie führten darüber hinaus zu einer viel natürlicheren Umgrenzung gewisser Familien und auch Gattungen, indem stark abweichende Chromosomenzahlen ein Indiz dafür darstellten, daß manche solcher Taxa künstlich definiert waren und enger umgrenzt werden mußten. Andererseits zeigten übereinstimmende Chromosomenzahlen auch oft, daß man gewisse morphologische Merkmale zur Gattungsabgrenzung überbewertet hatte. Da morphologische Konvergenz im Reich der Farne so besonders verbreitet ist, stellen die Chromosomen(grund)zahlen eine höchst wertvolle „Probe aufs Exempel" dar.

Es bleibt eine der Hauptaufgaben der heutigen Pteridologie, ein System besonders der abgeleiteten leptosporangiaten Farne zu erarbeiten, bei dem alle verfügbaren Merkmale gebührend gewichtet und berücksichtigt werden; viele dieser Merkmale sind in zahlreichen Verwandtschaftskreisen noch ganz ungenügend untersucht und bekannt. Wer die zeitgenössische Literatur durchsieht, wird schnell erkennen, wie weit wir noch von einem auch nur einigermaßen allgemein akzeptierten Familien- und Gattungssystem der Farne entfernt sind. Den neuesten Versuch einer Synthese der Daten, die beim aktuellen Wissensstand verfügbar sind, stellt das Werk von Kramer und Mitarbeitern (48) dar.

3.1.2. Heutiger Stand und Ausblick

Neben den schon länger bekannten, aber noch ungenügend untersuchten Merkmalen oder Merkmalskomplexen gibt es neuentdeckte, in die man anfangs große Hoffnungen setzte, die aber im Ergebnis eher enttäuschend waren, oder solche, deren Wert noch sehr genau geprüft werden muß. In der Welt der Wissenschaftler kann man oft die Neigung beobachten, methodische Neuerungen anfangs in ihrer Tragweite stark zu überschätzen. Nach der Meinung des Verfassers ist die Kladistik ein Beispiel. Andere, deren anfangs überbewertete Bedeutung man jetzt realistischer einschätzt, sind z. B. das Zellmuster der die Spaltöffnungen umgebenden Zellen (18, 22, 62) und die Einzelheiten der Struktur des Prothalliums. Beide sahen als fast unbeackerte Gebiete der Pteridophytenmorphologie sehr vielversprechend aus. Sie haben auch Anlaß zu vielen wertvollen Beobachtungen und Publikationen gegeben; aber die Tragweite der Schlüsse bezüglich der Verwandtschaftsverhältnisse, die man daraus gezogen hat, ist nicht überwältigend. Eher haben sie bereits bestehende Klassifikationen bestätigt bzw. bereits überholte zusätzlich widerlegt – etwa die Familienumgrenzung von Copelands (17) Pteridaceae, die ganz künstlich ist –, als daß sie Anstoß zu neuen Vorstellungen bzw. Hinweise gegeben hätten, wo „taxa incertae sedis" einzureihen sind.

Sehr viel ist dagegen von einer breiteren Anwendung der (besonders Raster-)Elektronenmikroskopie zu erwarten. Obwohl pro Gattung meist erst einige Arten untersucht worden sind, sind die aus der Feinstruktur der Sporen mit REM und TEM gewonnenen Erkenntnisse für die Systematik der Farne von eminenter Bedeutung (besonders 69). Es bleiben aber noch zahlreiche Lücken zu füllen. Weitere Organe, die mit dieser Technik untersucht werden sollten, sind die Epidermalanhängsel (s. z. B. 76), die Sporangien und die Paraphysen. Erste Resultate von REM-Untersuchungen an Spermatozoiden erscheinen vielversprechend (51).

Die Wichtigkeit fortgesetzter karyologischer Analysen braucht kaum betont zu werden (s. S. 130, 132). Sobald neben der Feststellung der Chromosomengrundzahl, der Ploidiestufe und des Verhaltens der Chromosomen bei der Meiose eine Analyse auch der Chromosomen*porträts* möglich wird, sind ganz grundlegende neue Erkenntnisse zu erwarten (75).

Übliche Bewertung von Merkmalen der Farne als plesiomorph bzw. apomorph (Ausnahmen bei vielen Merkmalen nicht selten)

	Plesiomorph	Apomorph
Dimensionen der Pflanze	Groß	Mittelgroß bis klein
Standort	Terrestrisch	Epiphytisch, epilithisch
Blattschnitt	Stark zerteilt	Wenig bis nicht zerteilt
Blattarchitektur	Katadrom	Anadrom
Disposition der Spaltöffnungen	Unterschiedlich	Anomocytisch, polocytisch
Aderung – falls frei – falls verbunden	Frei Gabelig Ohne eingeschlossene freie Adern	Verbunden bis vernetzt Gefiedert Mit eingeschlossenen freien Adern
Sporangienstiel	Kurz, dick, vielreihig	Lang, schlank, 3- bis 1reihig
Sporangienkapsel	Groß, mit vielen Sporen	Kleiner, mit 128 oder weniger Sporen
Anulus-Zellen	Eine kleine Gruppe bildend	Ein Band (Reihe) bildend
Verlauf des Anulus-Bandes (falls vorhanden)	Quer oder schräg, (fast) vollständig verdickt	Längs, mit Unterbrechung aus unverdickten Zellen bzw. Stomium
Sporangienanordnung	Nicht in Sori, auf modifizierten Teilen des Blattes; oder in Sori	Individualität der Sori eingeschränkt oder fehlend
Sori, falls vorhanden	Kurz, rund oder länglich	Verlängert, strichförmig
Form der Sporen	Trilet	Monolet
Perispor	Konform mit dem Exospor	Stark vom Exospor differenziert, von komplexer Struktur
Prothallium	Groß, massiv, langlebig	Klein, zart, aus einer bis wenigen Zellschichten, hinfällig
Antheridien	Groß, gestielt, mit mehreren Wandzellen (Abb. **12e**)	Klein, sitzend, mit 2 Wand- und einer Deckelzelle (Abb. **12f**)
Archegonien	Massiv; Hals dick, mit mehreren Zelletagen (Abb. **12g**)	Klein; Hals schlank, mit wenigen Zelletagen (Abb. **12h**)

Schließlich sind auch von der Chemotaxonomie höchst bedeutsame neue Erkenntnisse zu erwarten (s. S. 159 ff.). Auch hier gilt aber, daß erst sehr breit gefächerte Kenntnisse uns die Möglichkeit geben, die Tragweite zahlreicher heute schon vorliegender Einzelbeobachtungen richtig zu bewerten.

Ein praktisches und auch theoretisches Problem stellt die Gewichtung der einzelnen Merkmale dar. Manche zeitgenössischen Forscher neigen dazu, Unterschiede, besonders neu gefundene, sehr stark – nach Ansicht des Verfassers zu stark – zu bewerten, sie zur Aufstellung neuer, übergeordneter Taxa zu verwenden und so die Zahl der Gattungen und Familien aufzublähen. Die ebenfalls vorhandenen und bekannten Gemeinsamkeiten werden dabei häufig zu wenig berücksichtigt. So aufgestellte „splitter taxa" werden oft unbesehen übernommen, statt daß sie kritisch geprüft werden; wegen der nomenklatorischen Konsequenzen, besonders auf dem Gattungsniveau, wird so die Verständigung erheblich erschwert. Man vergleiche etwa die von Pichi Sermolli (58) akzeptierten 58 Familien und ca. 440 Gattungen mit den in Kramer u. Mitarb. (48) aufrecht erhaltenen 33 bzw. 215. Man könnte direkt von einer Kommunikationskrise in der Pteridologie sprechen.

Früher wurden folgende Merkmale der Klassifikation der leptosporangiaten Farne auf Gattungs- und Familienniveau zugrundegelegt, besonders im 2. und 3. Drittel des 19. Jahrhunderts, während sie heute eher als Merkmale zur Artunterscheidung betrachtet werden:
- Bau des Sporangiums und Einzelheiten der Struktur des Anulus
- Form des Sorus und (falls vorhanden) des Schleiers
- Monomorphismus bzw. steril-fertiler Dimorphismus der Blätter
- Freie bzw. vernetzte Adern

Heute stehen folgende Merkmale im Vordergrund:
- Typ der Stele im Rhizom
- Leitbündelmuster im Blattstiel
- Art der Epidermalanhängsel (Haare, Schuppen usw.) und Einzelheiten ihrer Struktur
- Gestalt der Achsen des Blattes: Rinnen, Wülste, usw.
- Blattarchitektur: Katadromie, Anadromie usw.
- Einbettung der Spaltöffnungen in das Zellmuster der Epidermiszellen
- Form der Sporen: monolet oder trilet und Einzelheiten der Struktur der Wand
- Chromosomen(grund)zahlen

Ohne daß einer diktatorischen Gleichmacherei nur im geringsten das Wort geredet werden soll – sie würde den Tod der freien Forschung bedeuten –, wäre es doch wünschenswert, wenn ein gewisser Konsens gefunden würde in bezug auf das, was als eine Gattung bzw. eine Familie der Pteridophyten aufzufassen ist (47).

In diesem Zusammenhang stellt auch die Belastung durch die oben skizzierte Geschichte der Farnsystematik im 19. Jahrhundert einen negativen Faktor dar. Die Plastizität von Merkmalen wie die Struktur der Sori und Indusien ist heute zur Genüge bekannt, aber die Konsequenzen, die man daraus für die Klassifikation gezogen hat, sind ganz unzureichend. Es werden noch stets Gattungen aufrechterhalten, die sich nur durch geringfügige Merkmale wie das Fehlen eines Indusiums, verlängerte gegenüber kurzen, runden Sori, freie gegenüber vernetzten Adern usw. von ihren nächsten Verwandten unterscheiden. Die Erfahrung lehrt aber, daß Merkmale, die sich im einen Verwandtschaftskreis als wenig wertvoll weil instabil erwiesen haben, häufig auch in anderen wenig Aussagekraft haben (47). Das Aufteilen von Gattungen und Familien aufgrund des Studiums regionaler Floren, ohne daß der Autor eine genügende Übersicht über die Taxa auf weltweiter Basis hat, ist eine auch heute noch geübte Unsitte. Was wir benötigen, sind neue monographische Bearbeitungen, nicht neue Namen (31).

3.2. Klassifikation

3.2.1. Einführung

Wie oben angedeutet, sind die grundlegenden Änderungen in den Auffassungen über die Abgrenzung und Verwandtschaft der Farngattungen und -familien nicht ausschließlich, und nicht einmal in erster Linie, zurückzuführen auf die stark erweiterte Kenntnis ihrer Struktur der Merkmale. Der Hauptgrund liegt eher in der stark verschobenen Gewichtung der Merkmale. Die Verschiebung betrifft die Verlagerung des Schwergewichts vom soralen Bereich zur Gesamtheit der Merkmale, mit starkem Nachdruck auf „vegetativen" Merkmalen, wie Struktur des Rhizoms, speziell der Stele; der epidermalen Anhängsel (Haare, Schuppen usw.); der Achsen der laubigen Teile; usw. Wenn in einem Bestimmungsschlüssel für Farngattungen auch heute noch viel die Rede von Indusien und Sori ist, dann liegt das daran, daß diese Organe bequem auch mit einer Lupe, ohne anatomische Präparationsmethoden, studiert werden können, und daß in einem Gebiet mit relativ beschränktem Gattungssortiment wie der nördlichen gemäßigten Zone dieser Merkmalskomplex ziemlich „narrensicher" eine Bestimmung erlaubt.

Die Einteilung in Gattungen und Familien ist trotz neuerer Fortschritte von einer – auch nur relativ bescheidenen – Einheitlichkeit noch weit entfernt. Das liegt zum Teil daran, daß der eine Autor mehr die Unterschiede, der andere mehr die Gemeinsamkeiten betont – in der englischsprachigen Literatur heißen sie schon seit langem „splitter" bzw. „lumper". Teils liegt es daran, daß die Bedeutung gewisser Merkmale noch ungenügend bekannt und bei zu wenigen Vertretern der fraglichen Pflanzengruppe genauer untersucht ist. Die Entdeckerfreude verleitet manchen dazu, ein neu gefundenes Merkmal in seiner Bedeutung zu überschätzen. Andere, schon länger bekannte, sind zuweilen für lange Zeit unterschätzt worden und halb in Vergessenheit geraten, wie z. B. die Dromie (46).

Nachdem feines Aufteilen lange Zeit Mode war (siehe z. B. 11 und 58), ist heute eher eine Tendenz zum Integrieren bemerkbar (48, 72). Jedenfalls gilt dies für die dem Artniveau übergeordnete Taxa; auf dem Artniveau ist das Gegenteil zu beobachten: karyologisch-biosystematische, neuerdings besonders auch chemosystematische (im weiteren Sinne) Untersuchungen erlauben es, Taxa zu unterscheiden, die morphologisch oft nur sehr mühsam zu trennen waren. Hinweise auf genetische Isolation führen oft dazu, solche Taxa als Unterarten bzw. Arten anzuerkennen. Weitere, heute noch als „kryptisch" bezeichnete Arten dürften in vielen Fällen erst zu entdecken bzw. scharf abzugrenzen sein (24, 56; s. ferner S. 135).

3.2.2. Echte Farne

Die klassische Einteilung der Farne in *Eusporangiatae* und *Leptosporangiatae* ist heute *verlassen*. An eine nähere oder überhaupt nur stammesgeschichtlich zu begründende Verwandtschaft zwischen *Ophioglossatae* und *Marattiales* denkt kaum jemand mehr; ja erstere werden nicht einmal mehr unbedingt als Farne betrachtet (43, 44; s. dagegen aber 69). Ob die *Marattiales* eine gemeinsame Wurzel mit den anderen *Filicatae* („*Leptosporangiatae*") haben, ist ebenfalls unsicher.

Dagegen dürften letztere eine monophyletische, natürliche Gruppe darstellen. Eine Einteilung in Ordnungen stößt allerdings auf erheb-

liche Schwierigkeiten. Wie z. B. Tryon & Tryon (72) und Kramer & Tryon (in 48) betont haben, sind bei den ursprünglichen Familien, die oft selbst nur relikthaft vertreten sind, zweifellos so zahlreiche verbindende Glieder ausgestorben, daß die Zusammenhänge schwer erkennbar werden. Sind die *Schizaeaceae* z. B. tatsächlich näher mit den *Pteridaceae* verwandt, die einzelnen Gattungen der traditionellen *Schizaeaceae* sogar näher mit gewissen *Pteridaceae* als untereinander (67)? Sind die *Marsileaceae* von *Schizaeaceae* abzuleiten? Haben die *Plagiogyriaceae* etwas mit *Osmundaceae* zu tun? Sind die *Thelypteridaceae* mit den *Cyatheaceae* (27, 30, 33), mit den dryopteridoiden Farnen (ältere Auffassungen; und noch 17) oder mit keinen von beiden in Verbindung zu bringen? Gibt es eine „ursprünglich exindusiate" Gruppe von Familien wie *Gleicheniaceae, Dipteridaceae, Cheiropleuriaceae*, und –abgeleitet – *Polypodiaceae* und *Grammitidaceae*, oder ist das eine künstliche Zusammenstellung? Haben die *Aspleniaceae* etwas mit abgeleiteten „indusiaten" Familien wie *Dryopteridaceae* und Verwandten zu tun, oder stehen sie isoliert? Wo sind die *Hymenophyllaceae* und die *Hymenophyllopsidaceae* einzureihen, und wo leiten sich die *Salviniales* ab? Fragen über Fragen, auf die heute so wenige, allgemein akzeptierte Antworten vorliegen, daß es kaum Sinn hat, sie näher zu erörtern. Auch die Unterteilung der *Leptosporangiatae* in eine Untergruppe mit randständigen und eine solche mit flächenständigen Sori, die auf Bower zurückgeht und auf die sich z. B. die längst überholte Umschreibung der *Pteridaceae* im Sinne von Copeland (17) stützt, ist kaum reell. *Pteridaceae* sensu Tryon & Tryon (72) und Tryon (in 48) enthalten Gattungen mit laminalen bis marginalen Sori; und die heute wieder angenommene, relativ enge Verwandtschaft von *Dicksoniaceae* und *Cyatheaceae* stellt eine „marginale" und eine „laminale" Familie direkt nebeneinander.

Eine viel wiederholte, um nicht zu sagen: abgeschriebene, Theorie über die Lokalisierung des Sorus auf der Blattspreite wurde von dem britischen Botaniker Bower (8) aufgestellt. Danach sollte der Sorus ursprünglich, d. h. stammesgeschichtlich, eine marginale Position eingenommen haben und im Laufe der Evolution bei verschiedenen Verwandtschaftskreisen unabhängig eine Verschiebung auf die Fläche der Blattunterseite durchgemacht haben. Diese *Theorie des sogenannten phyletischen Rutsches* (phyletic slide) kann heute kaum mehr aufrecht erhalten werden. Bower führte ontogenetische Beobachtungen, paläobotanische Befunde und theoretische Überlegungen zur Stützung seiner Theorie an. Was erstere betrifft, so steht man heute der Aussagekraft von Verschiebungen im Laufe der Ontogenese bezüglich der Phylese eher reserviert gegenüber. Da noch so wenige Fossilfunde von Vorfahren der rezenten, abgeleiteten Familien vorliegen, so gilt auch das zweite Argument kaum. Zum dritten wäre schließlich zu sagen, daß man heute, und auch schon zu Bowers Zeiten, sehr ursprüngliche Farnfamilien mit flächenständigen Sori wie *Matoniaceae, Dipteridaceae* und *Gleicheniaceae* kennt. Somit muß eine „einfache", pauschale Interpretation wie die von Bower abgelehnt werden, wenn sie in manchen Einzelfällen auch zutreffen mag.

Wollten wir unangefochtene oder doch überwiegend angenommene, engere Verwandtschaftsbeziehungen zwischen einzelnen Familien so ausdrücken, daß wir sie zusammen in eine Ordnung stellten, so kämen an Ordnungen mit mehr als einer oder zwei Familien nur die *Dryopteridales* heraus, die – abgesehen von schwankender Abgrenzung einiger Familien gegeneinander – nach allgemeinem Konsensus die *Davalliaceae, Nephrolepidaceae, Oleandraceae, Lomariopsidaceae, Dryopteridaceae* und – bereits weniger gesichert – die *Blechnaceae* enthalten; ferner die *Pteridales* mit den *Schizaeaceae, Pteridaceae* und *Vittariaceae*; schließlich die *Dicksoniales* mit den *Cyatheaceae, Dicksoniaceae, Lophosoriaceae, Metaxyaceae* und – vielleicht – den *Dennstaedtiaceae*. Alle anderen Ordnungen würden nur eine oder zwei Familien enthalten, oder aber ihr Zusammenhang wäre zweifelhaft (siehe auch Abb. **39**).

Aus diesem Grunde wird in der folgenden Übersicht auf das Aufstellen von Ordnungen fast ganz verzichtet. Stattdessen werden unter jeder Familie die wahrscheinlichen oder doch erwägenswerten Verwandtschaftsbeziehungen erörtert, falls überhaupt zur Zeit eine sinnvolle Aussage möglich ist. Die Reihenfolge führt im allgemeinen von ursprünglichen zu abgeleiteten Familien, soweit das in einer linearen Sequenz überhaupt zum Ausdruck gebracht werden kann.

Ophioglossatae

Die drei Gattungen der einzigen Familie dieser Unterklasse werden von manchen Autoren in zwei oder sogar in drei verschiedene Familien gestellt, was aber keinen Fortschritt in der Klassifikation darstellt. Sie sind deutlich untereinander verwandt, haben aber sonst keine lebenden Verwandten.

Eine Reihe ihrer Merkmale kommt bei anderen Farnen überhaupt nicht vor, und deshalb zweifeln manche Autoren (43, 44, 45), ob es sich überhaupt um Farne handelt. Da ist in erster Linie das Merkmal, daß ein fertiles Blatt in einen sterilen und einen fertilen Abschnitt, den Sporophor, geteilt ist, die sich gegenseitig ihre Oberseite zuwenden (45). Ferner besitzt das Rhizom ein System kollateraler Leitbündel, das einer Eustele gleicht; und in den Tracheiden kommen Hoftüpfel vor. Das Xylem von *Botrychium* zeigt sekundäres Dickenwachstum (!), und in der Rinde der Wurzeln findet sich ein Korkkambium. Die Blattspurbündel sind ebenfalls kollateral. Ferner ist der Mangel an Stützgewebe außergewöhnlich, kommt aber auch bei zum Beispiel den *Marattiaceae* und den *Vittariaceae* vor. Die Karyologie hilft nicht weiter, da die Basiszahlen schwanken und die von *Ophioglossum* überhaupt nur mit erheblicher Unsicherheit zu erschließen ist (s. S. 128, 129).

Daß Pflanzen ohne Stützgewebe keine reiche Fossilgeschichte haben, leuchtet ein; im Mesozoikum sind sie vertreten, aber ohne daß man aus den relativ spärlichen Funden stammesgeschichtliche Schlüsse ziehen könnte. Die Ansicht, daß es sich um reduzierte Abkömmlinge der Progymnospermen handelt, ist mindestens plausibel (43, 44). *Progymnospermae* waren ja devonische Kormophyten mit gymnospermenartiger Anatomie aber farnartigem Lebenszyklus. Die mykotroph geprägte Biologie der *Ophioglossaceae* mag zur starken Vereinfachung beigetragen haben. Die Struktur der Sporenwand spricht andererseits (69) für Verwandtschaft mit farnartigen Pflanzen.

Einzige Familie: *Ophioglossaceae*.

Ophioglossaceae:

Terrestrische, seltener epiphytische, kleinere bis sehr kleine Pflanzen von fleischiger Textur, ohne Stützgewebe. Rhizom kurz, oft ± knollenartig, meist aufrecht. Wurzeln fleischig, zuweilen verkorkt, ohne Wurzelhaare, mit stark entwickelter endotropher Mykorrhiza. Blätter pro Wachstumsperiode oft nur einzeln hervorgebracht, mit verbreiterter Basis, die jüngeren Blattprimordien jeweils in die Basis des nächstälteren Blattes eingeschlossen (eingeschachtelt). Epidermalanhängsel in Form von Haaren oder fehlend. Blattspreite und Aderung je nach Gattung verschieden (siehe unten); Spreite allermeist in einen flächigen, assimilierenden Teil (Trophophor) und einen zylindrischen bis traubig verzweigten, sporenerzeugenden, hinfälligen Teil (Sporophor) differenziert, deren Stiele sich an oder unterhalb der Basis des Trophophors voneinander trennen; Sporophor aber oft fehlend. Spaltöffnungen cyclocytisch (Abb. 5 f), daneben zuweilen oft auch anomocytisch (Abb. 5 a); Blätter oft amphistomatisch. Blattanlagen nicht ciricinat, sondern meist konduplikat. Sporangien sitzend bis eingesenkt im distalen Teil des Sporophors, eusporangiat, das heißt mit mehrschichtiger Wand; Anulus fehlend. Dehiszenz mit Seiten- oder Längsriß. Sporen sehr zahlreich, meist trilet, bei einigen Vertretern relativ groß. Exospor dreischichtig, Perispor konform, faserig.

Gametophyt unterirdisch, chlorophyllfrei, mykotroph, sehr langlebig, radiär im Bau, zylindrisch, kugelig oder kissenförmig, zuweilen verzweigt, Oberfläche behaart. Geschlechtsorgane relativ groß, eingesenkt; Antheridien mit sehr zahlreichen Spermatozoiden, Archegonien mit ziemlich kurzem, aus mehreren superponierten Zellreihen bestehendem Hals.

Drei Gattungen; von einigen Autoren aufgeteilt, besonders *Botrychium;* aber die Unterschiede zwischen den Untergattungen nicht so erheblich, daß es nötig wäre, sie zu Gattungen zu erheben (Wagner in 48).

Gattungen:

1. *Botrychium* Swartz (einschließlich *Botrypus, Japanobotrychium* und *Sceptridium*:
Rhizom aufrecht. Trophophor fiederig verzweigt, mit freien Adern, allermeist katadrom; Sporophor ebenfalls fiederig verzweigt, mit einzelnen, sitzenden Sporangien. n = 92 oder 94.
Über 50 Arten, in den gemäßigten und tropisch-montanen Zonen der ganzen Welt. Viele Arten sind sehr plastisch und schwer zu trennen, am besten durch Vergleich im lebenden Zustand (74).

2. *Helminthostachys* Kaulfuss:
Rhizom kriechend. Trophophor gefiedert bis fußförmig verzweigt, mit freien Adern; Sporophor ährenförmig, mit kurzen Auswüchsen, die die freien Sporangien in Gruppen tragen, diese mit kurzen Fortsätzen vermischt. n = 94.
Eine Art, *H. zeylanica*, im tropischen Asien bis Australien.

3. *Ophioglossum* L.:
Rhizom aufrecht. Trophophor einfach oder gelappt, bandförmig, lineal, oder rundlich bis elliptisch-eiförmig, mit vernetzten Adern, oft mit eingeschlossenen freien Adern, ohne Mittelrippe; Sporophor meist einzeln auf dem Trophophor, einfach, ährenförmig, die Sporangien zweireihig auf seinem distalen Teil, in die Achse eingesenkt. n = 120 bis ca. 660; x = 30 (?).
Etwa 30 Arten, weltweit vorkommend; Systematik durch die große Plastizität sehr schwierig, wenig konstante Merkmale vorhanden. Die enorme Polyploidie, mit den höchsten bekannten Chromosomenzahlen der Natur, trägt sicher dazu bei.

■ Filicatae

Gegenüber den Ophioglossatae zeichnet sich diese Unterklasse durch folgende Merkmale aus: Rhizom mit Proto-, Soleno- oder Dictyostele, gelegentlich polycyclisch; sekundäres Dickenwachstum und Hoftüpfel nie vorhanden. Stützgewebe in den meisten Fällen anwesend. Sporangien stets auf (Teilen von) Organen mit deutlicher Blattnatur hervorgebracht. Gametophyt autotroph, oder, falls mykotroph, fadenförmig, nicht knollig oder zylindrisch.

Marattiales

Während einige Autoren diese Ordnung in mehrere Familien aufgeteilt haben, haben neuere Untersuchungen (z. B. 26) gezeigt, daß ein enger Zusammenhang zwischen den Gattungen besteht und daß man sie zu einer einzigen Familie zusammenfassen sollte. Die *Marattiales* haben eine lange, bis ins untere Karbon zurückreichende Fossilgeschichte. Die bekannteste paläozoische Gattung ist *Psaronius*, die in vieler Hinsicht große Ähnlichkeit mit den rezenten *Marattiaceae* zeigte, aber aus kleinen Rosettenbäumen bestand und in die nahe verwandte Familie *Psaroniaceae* gestellt wird. Die in der Größe deutlich reduzierten rezenten Vertreter bilden die einzige lebende Familie.

Marattiaceae:

Rhizom meist unverzweigt, schlank und kriechend oder häufig stark bis massiv und aufrecht, bis einige Dezimeter hoch, aber nicht wirklich baumförmig, durch das Fehlen von Sklerenchym von weicher Struktur, bei größeren Arten polycyclisch, mit mehreren, „nestartig" ineinander geschachtelten Kreisen von Meristelen, wie bei der fossilen Gattung *Psaronius* bei kleineren Vertretern solenostelisch bis dictyostelisch, je nach dem Annäherungsgrad der Blattstiele. Auch der Blattstiel, der meist ungefähr zylindrisch ist, bei größeren Arten mit mehreren konzentrischen Kreisen von Meristelen (Abb. **1 m**). Am Blattgrund zwei dicke, plattenförmige, abgerundete Organe, je eines auf jeder Seite, die man als Stipeln zu bezeichnen pflegt; bei rezenten Farnen gibt es nichts Vergleichbares. Ihre Gestalt scheint artspezifisch zu sein, ist aber noch zu wenig untersucht (32). Der unterste Teil des Blattstieles und, je nach Taxon, Knoten weiter oben im Blattstiel oder die Basis der Fiedern bzw. Fiederchen sind angeschwollen, oft heller. Eine solche Schwellung wird als *Pulvinus* bezeichnet, obwohl die Funktion als Gelenk nicht erwiesen ist (Abb. **41, 42**). Nur bei gewissen *Danaea*-Arten können Pulvini ganz fehlen. Achsen der größeren Arten mit zahlreichen länglichen, hellen Pneumathoden, die zerstreut stehen und nicht in kontinuierlichen oder unterbrochenen Linien angeordnet sind, wie bei *Cyatheaceae* und anderen Farnen (Abb. **42**). Epidermalanhängsel zarte Schuppen, seltener Gliederhaare. Blattspreite der meisten Vertreter fleischig, zuweilen mehr lederig, nur bei *Danaea trichomanoides* hautfarnartig, in der Architektur einfach, handförmig zusammengesetzt oder häufiger ein- bis vierfach gefiedert, katadrom. Eigenartig ist die Ausbildung der Blattspitze: nicht selten ist das Blatt paarig gefiedert, das heißt es fehlt eine Endfieder, was sonst bei rezenten Farnen nie vorkommt; oder aber die oberste Seitenfieder kann eine Position zwischen terminal und lateral einnehmen. Normale, unpaarige Fiederung ist aber auch häufig. Innerhalb eines Blattes kann die Architektur anscheinend regellos zwischen einfacher und doppelter Fiederung schwanken (Abb. **44**), für Farne ebenfalls ein einmaliges Phänomen.

Spaltöffnungen cyclocytisch (Abb. **5 f**), auf die Dorsalseite beschränkt; die von *Christensenia* gehören zu den größten bekannten, sie sind über 80 μm lang und können anscheinend nicht geschlossen werden. Adern frei und gegabelt, nur bei *Christensenia* vernetzt. Bei einigen *Angiopteris*-Arten kommen „falsche Adern" (Faserbündel) zwischen den Adern vor.

Größe und Gestalt der Fiedern schwanken stark unter dem Einfluß der Größe der Pflanze bzw. des individuellen Blattes, eine gute Charakterisierung der Arten wird dadurch erheblich erschwert.

Sporangien relativ groß, ungestielt, mit starker, mehrschichtiger Wand, in einem Kreis oder zweireihig auf der fertilen Ader stehend oder zu Synangien verschmolzen, stets ohne Schleier. Anulus fehlend, Sporangien oder Kammern der Synangien mit Längsschlitzen oder Poren aufspringend, und zwar alle eines Blattes ungefähr gleichzeitig [„Simplices" nach Bower (9)]. Sporen je Sporangium(kammer) sehr zahlreich, mehrere Tausend, dünnwandig, monolet, trilet (oder intermediär), oder alet. Exospor dreischichtig, wie bei *Ophioglossaceae*, die äußerste Schicht tuberkulat, rugat oder echinat, mit dünnem, konformem Perispor.

Gametophyt oberirdisch, grün (aber stark mykotroph), relativ groß und massiv, langsam wachsend und langlebig, mit Antheridien auf beiden Seiten, diese mit sehr zahlreichen Spermatozoiden (Abb. **12 d**); Archegonien auf die Unterseite beschränkt, eingesenkt, ihr Hals kaum über die Oberfläche (Abb. **12 c**) ragend. Der Embryo wächst quer durch das Prothallium nach oben. Polyembryonie scheint häufig zu sein.

Pantropisch, meist an schattigen Orten, auf dem Waldboden, in Schluchten wachsend, kaum in sekundären Vegetationen. Allerdings kann *Angiopteris* in großer Zahl offene Standorte wie die Seiten von Hohlwegen und Erdrutschstellen besiedeln.

Gattungen:

1. *Angiopteris* Hoffmann (einschl. *Archangiopteris*, *Macroglossum* und *Protomarattia*) (Abb. **40–42, 44**).
Meist große Farne mit aufrechtem Rhizom. Blätter lang gestielt, oft mit einem Pulvinus mitten im Blattstiel (Abb. **41**) Spreite einfach gefiedert oder öfter doppelt gefiedert, mit relativ großen, langen und schmalen, oft gesägten Abschnitten. Adern dicht, parallel, frei. Sori aus einer doppelten Reihe freier oder fast freier Sporangien bestehend, diese ungefähr kugelig. Sporen trilet, warzig bis stachelig. x = 40.
Paläotropisch, von Madagaskar und Vorderindien bis Australien und Polynesien. Zahl der Arten zur Zeit nicht zu schätzen.

2. *Christensenia* Maxon:
Mittelgroße Farne mit kurz-kriechendem Rhizom. Blattspreite handförmig, 3–5zählig, mit eilanzettlichen, freien Abschnitten. Adern stark vernetzt, ohne freie Adern. Synangien dorsal oder kompital, halbkugelig, aus bis ca. 20 einzelnen Sporangien bestehend. Sporen monolet, stachelig. n = 40 oder 80.
Eine Art, *Ch. aesculifolia*, im tropischen Asien bis Melanesien.

3. *Danaea* J. E. Smith:
Mittelgroße bis große Farne; Rhizom schlank, oft kriechend. Blätter einfach gefiedert, bei einer Art einfach; Blattstiel und/oder Spindel meist mit einem bis mehreren Pulvini. Adern frei, gegabelt, dicht, parallel. Synangien dorsal, lineal, stark genähert, oft ± eingesenkt, mit zahlreichen Fächern, die Synangien tragenden Blätter oft mit etwas verschmälerten Abschnitten. Sporen monolet, stachelig. n = 40 oder 80.
   Neotropisch; vielleicht ein Dutzend tatsächlich verschiedener Arten.

4. *Marattia* Swartz:
Meist große Farne mit aufrechtem, massivem Rhizom. Blätter ein- bis vierfach gefiedert; fiederntragende Spindeln oft geflügelt. Fiedern relativ klein, elliptisch, bis groß, lanzettlich bis zungenförmig, meist gesägt. Adern frei, gegabelt. Synangien dorsal, schmal-elliptisch bis lineal, zweiklappig, mit mehreren bis zahlreichen Fächern. Sporen monolet, schwach skulpturiert bis stachelig. x = 39.
   Pantropisch; vielleicht etwa 50 Arten. Habituell oft *Angiopteris* sehr ähnlich.

„Filices Leptosporangiatae"

Die sogenannten leptosporangiaten Farne zeigen in ihrem Bau deutlichen Zusammenhang, und eine Einreihung in eine Gruppe ist durchaus vertretbar. Wie oben ausgeführt (s. S. 47, 48), ist es aber sehr schwierig, sie in natürliche Ordnungen einzuteilen, weshalb im folgenden die Familien in lockerer Reihenfolge nach vermuteter Verwandtschaft, mit den ursprünglichen am Anfang und den abgeleiteten am Ende behandelt werden.

   Die ursprünglichste Familie, die *Osmundaceae*, zeigt in einigen Merkmalen Anklänge an eusporangiate Vorfahren, ohne daß es jedoch möglich ist, ihre – sicher ausgestorbene – Wurzel zu ermitteln. Während einige der rezenten, ursprünglichen Familien eine bis ins obere Paläozoikum zurückreichende Fossilgeschichte haben, ist von den ausgestorbenen (?) Vorfahren der abgeleiteten Farngruppen noch sehr wenig bekannt (siehe z. B. 23 und dem gegenüber 52). Fossilfunde von Farnen aus der Zeit, die für die Differenzierung der „modernen" Familien kritisch sein dürfte – das obere Mesozoikum, das Paläogen – sind spärlich, fragmentarisch und schwer zu klassifizieren. Daher muß man sich beim Aufstellen eines Systems fast ganz auf Rückschlüsse aus morphologischen, cytotaxonomischen und neuerdings auch chemotaxonomischen Daten stützen (siehe z. B. 48, S. 49 ff.). Obwohl die Ableitung der beiden

Ordnungen der „*Hydropteridales*", *Marsileales* und *Salviniales*, die die einzigen heterosporen Farne darstellen, von anderen Leptosporangiaten gesichert scheint, ist ihre Herkunft im einzelnen ganz ungeklärt.

   Das von Kramer (48) 1990 vorgelegte Schema über mögliche Verwandtschaftsverhältnisse zwischen den leptosporangiaten Familien wird hier unverändert reproduziert (Abb. **39**).

Osmundaceae:

Zweifellos die ursprünglichste Familie der rezenten leptosporangiaten Farne, die einige Anklänge an eusporangiate Vorfahren zeigt, z. B. im Besitz relativ großer, fast ungestielter Sporangien mit sehr zahlreichen Sporen und besonders in der Tatsache, daß mehr als eine Epidermiszelle an der Bildung eines Sporangiums beteiligt sein kann (9), so daß streng genommen nicht mehr von echten Leptosporangiaten die Rede sein dürfte. Doch ist die Wand des Sporangiums stets einschichtig, ein wohl wichtigeres Kriterium. Ferner sind die großen, verhältnismäßig massiven, langlebigen, oft polyembryonischen Prothallien der *Osmundaceae* eher für *Marattiales* charakteristisch. Weitere ursprüngliche Züge: das voluminöse Rhizom mit einem einzigartigen, etwas Eustele-artig anmutenden Leitbündelmuster (Abb. **1c**), der nicht einmal andeutungsweise ringförmig gestaltete Anulus, die bipolare Keimung der Sporen und die großen Gliederhaare der Oberfläche der Blätter.

   Meist eher große Farne, Rhizom bis armdick, sich bei alten Exemplaren von *Todea* und *Leptopteris* so weit über den Boden erhebend, daß die Pflanze baumfarnartig wirkt, meist unverzweigt, auch bei kleineren Arten stets aufrecht. Sklerenchym in großer Mächtigkeit in allen Achsenorganen enthalten. Blattstielbasen flanschartig verbreitert, wie sonst nur bei *Plagiogyria*. Wie bei vielen ursprünglichen Farnen fällt das einfache Leitbündelmuster des Blattstieles auf: auch bei sehr großen Arten ist nur ein einziges, im Querschnitt U-förmiges Leitbündel vorhanden. Spreite einmal bis doppelt gefiedert, stark katadrom in der Architektur. Reste von Behaarung oft auf den Spindeln auch erwachsener Blätter vorhanden. Adern frei, gabelig bis fast fiederig verzweigt. Je nach Gattung sind die – nie zu deutlichen Sori vereinigten – Sporangien auf nicht abgewandelten oder aber auf stark zusammengezogenen („skelettierten") Teilen der fertilen Blätter zu finden, mit sehr kurzem, dickem Stiel, großer Kapsel und einem für rezente Farne einmaligen Anulus, einer Gruppe verdickter Zellen auf einer Seite der stark asymmetrischen Kapsel (Abb. 8 d), die bei der Reife mit einem über den Scheitel verlaufenden Riß aufspringt. Reifung der Sporangien eines Blattes ± simultan, mit je mehreren hundert bis tausend kugelförmigen, trileten, chlorophyllhaltigen Sporen, die nur kurz keimfähig sind. Antheridien groß, vielzellig mit zahlreichen Spermatozoiden. n = 22.

Die Familie ist bis ins Perm zurückzuverfolgen. Die heutigen Vertreter haben Reliktcharakter, können aber an geeigneten Standorten – oft Sümpfe, Bachufer, überrieselte Felsen usw. – recht häufig sein.

Gattungen:

1. *Todea* Willd.:
Große Farne mit dickem, oft stammartigem Rhizom und bis zweifach gefiederten, derben Blättern mit zungenförmigen Endabschnitten. Sporangien auf kaum kontrahierten Teilen der Blätter, häufig nur auf ihrer Basis, in kleinen Gruppen den Adern dorsal aufsitzend.

2 Arten der Südhalbkugel, nicht in Amerika. *T. barbara* weit verbreitet in Südafrika, Australien und Neuseeland.

2. *Osmunda* L. (einschl. *Osmundastrum* und *Plenasium*):
Mittelgroße bis große Farne; Blätter ein- bis zweifach gefiedert, derb. Sporangien auf stark kontrahierten, basalen (Abb. 45), apikalen oder (seltener) mittelständigen Fiedern der Blätter; oder zuweilen ganze Blätter fertil mit stark reduzierter, „skelettierter" Spreite. Etwa 10–12 Arten; Systematik ungenügend bekannt, Abgrenzung der Arten schwierig besonders im Komplex von *O. regalis*.

Subkosmopolitisch, aber fehlend an trockenen und/oder kühlen Standorten. Stark Ost-Südostasien konzentriert.

3. *Leptopteris* C. Presl:
Mittelgroße bis große Farne mit oft stammartigem Rhizom. Blattspreite zweifach gefiedert, groß, zart, hautfarnartig, ohne Epidermis und Spaltöffnungen, aus wenigen Zellschichten bestehend. Sporangien ähnlich wie bei *Todea* angeordnet.

6 Arten von Neuguinea bis Australien, Neuseeland und Samoa.

Plagiogyriaceae:

Mittelgroße Farne mit kriechendem bis aufrechtem, dictyostelischem Rhizom, das in voll entwickeltem Zustand weder Schuppen noch Haare trägt; aber Sproßgipfel und junge Stadien der Blätter mit sekretorischen Gliederhaaren bekleidet, die später zu Schleim zerfließen (25). Die basal flügelartig verbreiterten Blattstiele erinnern an die der *Osmundaceae* und enthalten auch nur ein einziges, im Querschnitt U- oder V-förmiges Leitbündel, oder deren 3 an der Basis, die weiter oben verschmelzen. Blattstiel und -spreite tragen in der Jugend knopfartige Aerophore, die wahrscheinlich im Zusammenhang mit der Anwesenheit einer Schleimschicht tatsächlich als Atemorgane fungieren. Blattspreite einfach gefiedert, mit oft breit sitzenden Fiedern; Adern frei, oft isodrom. Mittelrippe oberseits konvex, nicht gefurcht (leichte Unterscheidung von *Blechnum*). Stomata anomocytisch. Fertile Blätter mit stark kontrahierten Fiedern; Sporangien gedrängt auf den verbreiterten, distalen Teilen der Adern, bei der Reife die Unterseite der fertilen Fiedern bedeckend. Schleier vollständig fehlend. Sporangien mit relativ langem Stiel aus mehreren Zellreihen; Anulus schwach schräg, am Stiel vorbei verlaufend, nur vom vielzelligen Stomium unterbrochen (Abb. 8 g). Sporen trilet, chorophyllfrei. Prothallium und Geschlechtsorgane denen der *Osmundaceae* nicht unähnlich. Chromosomengrundzahl nicht sicher bekannt.

Einzige Gattung:

Plagiogyria (Kunze) Mettenius:
Stark disjunkt verbreitet in den Gebirgen Ost-, Süd- und Südostasiens bis Neuguinea; ferner in den Neotropen einschließlich der Großen Antillen. Artenzahl unsicher, etwa zwischen 15 und 25.

Matoniaceae:

Kleine, sehr altertümliche Reliktfamilie der Paläotropen. Rhizom lang-kriechend, mit 2 oder 3 konzentrischen Stelen, die innerste protostelisch, die äußeren solenostelisch; Besatz mit Gliederhaaren. Das einzige Leitbündel des Blattstiels hat als sehr ursprüngliches Merkmal im Querschnitt eingerollte Ränder. Sporangien groß, sehr kurz gestielt, dorsal oder kompital auf den Adern, gleichzeitig reifend, in der Jugend von einem schirmförmigen, zentral angehefteten Indusium bedeckt. Anulus schräg, unvollständig, ohne Stomium. Sporen trilet. n = 26.

Die Familie war im Mesozoikum gattungs- und artenreicher und fast weltweit verbreitet.

Gattungen:

1. *Matonia* R. Brown:

Blattspreite fußförmig, mit tief fiederschnittigen Fiedern (Abb. 43); Adern schwach vernetzt.

Eine oder zwei Arten im westlichen Malesien.

2. *Phanerosorus* Copeland:
Blätter lang, hängend, pseudodichtotom; Adern (fast) frei.

Sehr lokal verbreitete, kalkbewohnende Farne des zentralen und östlichen Indonesien; eine oder zwei Arten. Entfernte Verwandtschaft der Familie mit *Gleicheniaceae* und *Dipteridaceae* nicht unwahrscheinlich.

Dipteridaceae:

Auch diese Familie stellt den Rest eines einst größeren, größtenteils ausgestorbenen, fossil bis weit ins Mesozoikum zurückreichenden Verwandtschaftskreises dar. Rhizom kriechend, sogenannte Borsten tragend, d. h. aus mehreren Zellreihen gebildete, haarartige Trichome, die getrocknet wie Schuppen aussehen aber zylindrisch sind. Blattstiel mit nur einem, im Querschnitt U-förmigem Leitbündel, das unten aufgeteilt sein kann. Blattspreite sehr eigenartig gebaut, bis zur Basis zweiteilig, die beiden – bei einigen Arten wiederholt – weiter zweigeteilten Abschnitte an ihrer Basis um 90° gedreht, bei gepreßtem Material meist um weitere 90° gedreht, somit im Herbar um 180° tordiert (Abb. 2 a). Blattspreite mit zum größten Teil abfallenden, blassen Haaren. Aderung stark vernetzt, mit vielen eingeschlossenen freien Adern, an ursprüngliche *Dikotyledonen* erinnernd, wodurch die Familie ein eigentümliches Gemisch von sehr ursprünglichen und stark abgeleiteten Merkmalen besitzt. Sori rund, nackt, kompital auf den kleineren Adern. Sporangien mit kurzem, vierreihigem Stiel. Anulus recht ursprünglich, vertikal, kurz vom Stiel unterbrochen, mit kaum vom Bogen abgesetztem Stomium. Sporen monolet. x = 33. Prothallium herzförmig, wie bei abgeleiteten Familien, aber durch die dicke Mittelrippe, das langsame Wachstum, die vielzelligen Antheridien und die Archegonien mit langem, geradem Hals ursprünglich.

Nur eine rezente Gattung:

Dipteris Reinwardt:
Etwa 8 rezente Arten, von NO-Indien bis Australien und Melanesien; am bekanntesten *D. conjugata.*

Früher zu den *Polypodiaceae* gestellt, neuerdings von einigen Autoren noch in deren Nähe; aber die Anatomie des Rhizoms und des Blattstieles, die paracytischen Spaltöffnungen (Abb. 5 d), der Bau der Sporangien und der Prothallien usw., schließen eine nähere Verwandtschaft völlig aus. Heute wird eine weitläufige Verwandtschaft mit *Matoniaceae, Gleicheniaceae,* und besonders mit der folgenden Familie vermutet.

Cheiropleuriaceae:

Trotz des Fehlens sicherer Fossilfunde ebenfalls als Relikt zu betrachten. Rhizom kriechend, protoste-lisch, mit Gliederhaaren. Blattstiel mit zwei Leitbündeln. Spreite stark dimorph; sterile einfach oder häufiger 2(-4)-lappig; Aderung und Spaltöffnungen wie bei *Dipteris,* fertile lang und schmal, diplodesmisch, unterseits dicht „acrostichoid" mit Sporangien bedeckt, diese denen von *Dipteris* ähnlich aber mit deutlich abgesetztem Stomium. Sporen trilet. n = 33.

Einzige Gattung:

Cheiropleuria C. Presl:
Eine einzige, in Ost-Südost-Asien weit verbreitete Art, *Ch. bicuspis.* Deutlich *Dipteris* ähnlich, aber mit einer größeren Zahl von abgeleiteten Merkmalen. Auch hier kann nicht an eine, früher oft angenommene, Verwandtschaft mit *Polypodiaceae* gedacht werden.

Loxomataceae:

Eine weitere kleine Familie mit Reliktcharakter. Rhizom kriechend, solenostelisch, mit Borsten wie bei *Dipteris.* Leitbündel im Blattstiel wie bei *Matoniaceae.* Blattspreite zwei- bis dreimal gefiedert mit gelappten Abschnitten, katadrom, meist kahl. Adern frei, einfach oder gegabelt. Spaltöffnungen paracytisch (Abb. 5 d). Sori randständig, auf dem Ende einer Ader, mit säulenförmigem Rezeptakulum und urnenförmigem Schleier. Sporangien mit mehrzelligen Haaren vermischt, mit sehr kurzem, dickem Stiel und großer, birnenförmiger Kapsel. Anulus fast längs verlaufend, aber nur der kleinere, distale Teil verdickt (Abb. 8 h). Sporen trilet. Prothallium dem von *Dipteris* nicht unähnlich, mit mehrzelligen Anhängseln.

Gattungen:

1. *Loxsomopsis* Christ:
Fiedern stark asymmetrisch; Sporangien quer aufspringend. n = 46.

Wahrscheinlich nur eine Art, *L. costaricensis,* in den Gebirgen Mittel- und Südamerikas.

2. *Loxoma* R. Brown:
Fiedern mehr oder weniger symmetrisch; Sporangien längs aufspringend. n = 50. Eine Art, *L. cunninghamii,* im nördlichen Neuseeland. „Loxoma" ist die ursprüngliche Schreibweise. Oft in „Loxsoma" abgeändert; sprachlich korrekt wäre aber „Loxozoma".

Gleicheniaceae:

Eine ursprüngliche, nachweislich geologisch alte Familie, noch heute weit verbreitet, stellenweise sehr häufig, und mäßig artenreich, ursprünglich durch ihr (größtenteils) kriechendes, proto- oder sehr selten solenostelisches Rhizom, das einzige, im Querschnitt C-förmige Leitbündel des Blattstieles, die stets freien, gabelig verzweigten, fast stets katadromen Adern, und die Sori mit relativ wenigen, großen, simultan reifenden Sporangien; auch der robuste Gametophyt mit vielzelligen Antheridien ist ursprünglich. Das eigenartigste der allermeisten *Gleicheniaceae* ist das Verzweigungssystem der Blätter. Segmente letzter Ordnung einer verlängerten Spindel mit breitem Grund angewachsen, Spindeln letzter, vorletzter, oder vorvorletzter Ordnung scheinbar gabeligen Verzweigungen entspringend; scheinbar, weil die beiden Gabeläste, wie ihre Innervation zeigt, nicht genau gegenständig sind, und weil sich zwischen ihnen eine schlafende Endknospe befindet, die sich nur bei Juvenilpflanzen und bei einigen wenigen, etwas abweichenden Arten weiter entwickelt und das darunter liegende Achsenglied geradlinig fortsetzt. Eine solche Wuchsform findet sich sonst nur bei den Primärfiedern von *Lygodium* (*Schizaeaceae*) und bei *Phanerosorus* (*Matoniaceae*). Blätter stets derb; die meisten *Gleicheniaceae* wachsen an exponierten, oft voll besonnten Stellen, häufig auf sehr mineralarmen Böden, wo sie große Bestände bilden können. Mit den sparrigen, gegabelten Blättern hängen sie sich in der umgebenden Vegetation auf und steigen oft recht hoch in die Bäume hinauf. Die sehr stark sklerotisierte Rinde der Achsen erlaubt es wenigstens kleineren Blättern, auch ohne Stütze steif-aufrecht zu stehen. Spaltöffnungen anomocytisch und diacytisch (Abb. 5 a, c). Epidermalanhängsel und Sporen bei den Gattungen verschieden. Sori dorsal, rund, ohne Schleier, mit relativ großen, sehr kurz gestielten Sporangien mit etwas schräg verlaufendem, fast ununterbrochenem Anulus (Abb. 8 f).

Die Einteilung der Familie in natürlich anmutende Gattungen hat lange Schwierigkeiten bereitet. Ältere Autoren unterschieden meist nur eine einzige Gattung, *Gleichenia* (früher illegitim *Mertensia* genannt); später wurde es Mode, Arten mit lineal-zungenförmigen Abschnitten als *Dicranopteris* abzugliedern. Erst Holttum (28, 29) stellte die Klassifikation auf eine solide Basis, indem er scharf getrennte Merkmalskorrelationen zur Unterscheidung natürlicher Verwandtschaftskreise benutzte. Einige seiner Untergattungen werden seither oft als Gattungen betrachtet, was durch die Chromosomenzahlen gestützt wird.

Die *Gleicheniaceae*, deren Fossilgeschichte bis ins Mesozoikum, vielleicht sogar noch weiter, bis ins Karbon, zurückreicht, sind weit verbreitet in den tropischen und südlich-gemäßigten Zonen der ganzen Welt, nur in Afrika sind sie wenig zahlreich. Welchen der anderen ursprünglichen „Leptosporangiaten"-Familien sie am nächsten stehen, ist bisher nicht geklärt.

Gattungen:

1. *Diplopterygium* Nakai (*Hicriopteris* auctt.):
Rhizom und laubige Teile peltate Schuppen tragend. Blätter kletternd oder aufrecht, neben Schuppen oft verzweigte Haare tragend, verkahlend. Segmente vorletzter Ordnung in gefiederter (nicht gegabelter) Anordnung einer verlängerten Achse aufsitzend; Segmente letzter Ordnung linealisch – schmal zungenförmig, nur auf den Achsen letzter Ordnung. Sori zahlreich pro Segment, aus sehr wenigen, großen Sporangien bestehend. Sporen trilet. n = 56.
    Etwa 25 Arten im wärmeren Asien bis Polynesien; eine Art im tropischen Amerika.

2. *Sticherus* C. Presl:
Rhizom und laubige Teile mit peltaten Schuppen. Blätter meist kletternd, bei ausgewachsenen Pflanzen von der ersten Verzweigung der Spindel an gabelig; Spreite auch verzweigte Haare tragend. Die beiden Abschnitte einer „Gabelung" oft ungleich. Segmente auf den Achsen vorletzter und letzter Ordnung, zuweilen auch tiefer auf der Spreite, länglich bis schmalzungenförmig. Sori aus wenigen, großen Sporangien bestehend, mehrere je Segment. Sporen monolet. n = 34.
    Gegen 80 Arten, pantropisch und südlich-gemäßigt.

3. *Gleichenia* J. E. Smith (einschl. *Calymella*):
Rhizom peltate Schuppen und verzweigte Haare tragend. Ausgewachsene Pflanzen mit gabeliger Verzweigung am ersten oder zweiten Knoten der Hauptachse, meist auch an den Seitenspindeln. Blätter oft nicht kletternd. Segmente letzter Ordnung nur auf den Spindeln letzter Ordnung, rundlich, mit wenigen Adern, je einen Sorus tragend. Sori aus wenigen großen Sporangien bestehend. Sporen trilet. n = 20 bzw. 22.
    Etwa 10 Arten, Afrika bis Neuseeland.

4. *Dicranopteris* Bernhardi (einschl. *Acropterygium*):
Rhizom bei einer Art nicht proto- sondern solenostelisch, statt Schuppen nur mehrzellige, verzweigte Haare tragend. Blätter kletternd oder nicht; gabelige Verzweigungen oft mit einem Paar gelappter akzessorischer Fiedern. Segmente letzter Ordnung lang und schmal, mit mehreren Sori. Sporangien kleiner und zahlreicher, bis etwa 15 je Sorus. Sporen monolet oder trilet. n = 39 bzw. 43 (44?).
    Etwa ein Dutzend Arten, pantropisch und südlich-gemäßigt. *D. linearis* ist ein verbreitetes Unkraut der Paläotropen.

5. *Stromatopteris* Mettenius:
Durch das Vorhandensein aufsteigender Äste am Rhizom, die die Blätter tragen, nicht-peltater Schuppen,

einfach gefiederter, ungegabelter Blätter, anadromer Aderung und schlanker Sporangienstiele eine Sonderstellung einnehmend. Sporen monolet, denen von *Gleichenia* sehr ähnlich. n = ?

Eine Art, *S. moniliformis*, in Neukaledonien.

Schizaeaceae:

Eine weitere ursprüngliche, nachweislich alte Familie von unsicherer Verwandtschaft. Drei der vier Gattungen sind nur weitläufig miteinander verwandt und könnten (und werden) auch in besondere Familien gestellt werden. Die rezenten Vertreter sind ökologisch recht stark spezialisiert. Sehr ursprünglich ist der solide, schwach C-förmige oder dreilappige Xylemstrang des Blattstieles. Epidermalanhängsel meistens Gliederhaare. Echte Sori kommen fast nicht vor, dagegen werden die Sporangien allermeist auf modifizierten Blattabschnitten getragen, wie bei den *Osmundaceae*, mit denen aber kaum eine nähere Verwandtschaft bestehen dürfte. Manche Autoren leiten die sogenannten „gymnogrammoiden" Farne (Untergruppen der *Pteridaceae*) und die *Marsileaceae* von den *Schizaeaceae* ab. Was die Familie in erster Linie zusammenhält, sind die kurz gestielten, flaschenförmigen bis ellipsoidalen Sporangien mit ihrem subapikalen, ununterbrochenen, vollständig verdickten Anulus mit deutlichem Stomium (Abb. 8 e).

Gattungen:

1. *Lygodium* Swartz:
Rhizom kriechend, protostelisch, Gliederhaare tragend. Primäre Blattspindel windend, mit sehr kurzen Primärverzweigungen, die mit einer schlafenden Knospe abschließen und zwei gegenständige, fiederig oder handförmig zusammengesetzte Sekundäräste tragen, diese ihrerseits noch einmal gefiedert oder direkt die laubigen Teile letzter Ordnung tragend, diese meist derb, oft etwas behaart, zungenförmig bis länglich-dreieckig, zuweilen zerteilt. Adern meistens frei. Spaltöffnungen diacytisch und anomocytisch (Abb. 5 a, c). Fertile Abschnitte oft etwas verschmälert. Sporangien einzeln auf randständigen Fortsätzen der (oder nur der basalen) Adern, die eine Art kleiner Ähren bilden (Abb. 48); Sporangien asymmetrisch, lateral zweireihig darauf sitzend, jedes von einem abaxialen, distal freien, indusiumartigen Lappen bedeckt. Sporen trilet. Prothallium herzförmig, grün, mit vielzelligen Antheridien. n = 29, 30 oder doppelt soviel.

Etwa 40 Arten, meist tropisch und südlich-gemäßigt, nördlich-gemäßigt nur in Ostasien und dem östlichen Nordamerika.

2. *Anemia* Swartz (oft fälschlich „*Aneimia*" geschrieben) (einschl. *Coptophyllum*, *Hemianemia* und *Trochopteris*):
Rhizom kriechend, solenostelisch oder dictyostelisch, dicht mit oft hellbraunen oder rötlichen Gliederhaaren besetzt. Blattspreite meist ein- bis dreimal gefiedert, oft heterodrom. Abschnitte letzter Ordnung sehr verschieden gestaltet, lineal, zungenförmig, keilförmig, länglich usw. Adern frei, gegabelt bis gefiedert, seltener vernetzt. Spaltöffnungen peri-, desmo- und polocytisch (Abb. 5 i–k). Sporangien meist auf zwei an oder unter der Basis der sterilen Spreite sitzenden, aufrechten, stark abgewandelten („skelettierten") Fiedern getragen (Abb. 49), diesen in Gruppen oder ± homogen aufsitzend, ungefähr symmetrisch; selten spreitenlose, nur fertile Fiedern tragende Blätter vorhanden, oder die Sporangien am Rande kaum modifizierter Basalfiedern eingefügt. Sporen trilet, mit starker Skulptur. Prothallium wie bei *Lygodium*, aber behaart. x (n) = 38; Polyploidie häufig, ebenso Bastardierung, Artunterscheidung dadurch stark erschwert.

Etwa 100 Arten, die meisten im wärmeren und besonders trockeneren Amerika, wenige in Afrika, Madagaskar und Südindien; fossil auch weiter östlich nachgewiesen.

3. *Mohria* Swartz:
Rhizom kriechend, dictyostelisch, basifixe Schuppen tragend. Blattspreite ein- bis zweimal gefiedert und gelappt, heterodrom, manchen *Cheilanthes*-Arten gleichend. Adern frei, gegabelt. Sporangientragende Abschnitte nicht abgewandelt. Stomata wie bei *Anemia*. Sporangien in kleinen Gruppen nahe den Aderenden, anfangs vom schwach modifizierten Blattrand bedeckt, mit wenigzelligem Anulus. Sporen trilet, stark skulpturiert. n = 76.

Etwa 5 Arten im südlichen und östlichen Afrika und in Madagaskar.

4. *Schizaea* J. E. Smith (einschl. *Actinostachys*, *Lophidium* usw.):
Farne mineralarmer Standorte von eigenartiger Gestalt. Rhizom kurz-kriechend, mit markhaltiger Protostele und Gliederhaaren. Blattspreite oft nicht deutlich vom Stiel abgesetzt oder auf zwei schmale Flügel an der Spindel reduziert, zuweilen schmal bis breit fächerförmig, einfach oder einmal bis mehrfach gegabelt, von fester Struktur, zuweilen grasartig. Spaltöffnungen hypocytisch (Abb. 5 h). Sporangien ungestielt in zwei Reihen auf sehr schmalen, endständigen fertilen Segmenten, diese entweder in fiederiger Anordnung auf einer verlängerten Achse oder fingerförmig auf einer stark verkürzten Spindel. Sporen monolet. Prothallium fadenförmig, teilweise grün, oder unterirdisch, knollenartig, chlorophyllfrei, rein mykotroph. n = 72 bis ca. 540; x =?.

Etwa 30 Arten, tropisch und südlich-gemäßigt, eine im östlichen Nordamerika.

Die folgenden Familien sind weniger ursprünglich als die vorausgehenden, und die meisten besitzen neben altertümlichen auch abgeleitete Merkmale. Die 2. bis 5. Familie, *Dicksoniaceae* bis *Cyatheaceae*, bilden deutlich einen Verwandtschaftskreis.

Hymenophyllaceae:

Die Hautfarne wurden wegen ihres einfachen Baues früher zuweilen an den Anfang der Leptosporangiaten gestellt, doch ist dieser deutlich auf Vereinfachung durch starke ökologische Spezialisierung zurückzuführen.

Mit einigen wenigen, zerstreuten Gattungen bzw. Arten anderer Familien haben die Hautfarne gemein, daß ihre laubigen Teile, abgesehen von den Leitbündeln (Adern), wenig- bis meistens einschichtig sind und keine Epidermis oder Kutikula besitzen; dagegen können Epidermalanhängsel vorhanden sein. Diese Farne kommen entweder an immerfeuchten, nie stark austrocknenden bzw. der Sonne ausgesetzten Orten vor, oder sie sind beim Auftreten intermittierenden Wassermangels zu einem Trockenschlaf befähigt (s. S. 112 ff.). Niedrige Temperaturen vertragen die meisten nicht, soweit bekannt.

Abgesehen von diesen Eigenheiten der Struktur ist die Organisation der Pflanzen ziemlich verschieden. Nicht wenige Arten von *Trichomanes* und die ganze Gattung *Cephalomanes* sind terrestrisch und besitzen ein aufrechtes, normal bewurzeltes, behaartes Rhizom und eine Rosette ± aufrechter Blätter, deren Achsen oft recht starr sind (Abb. 50). Andere Vertreter, besonders *Hymenophyllum*- und *Crepidomanes*-Arten, haben lange, sehr schlanke Rhizome, wobei letzteren oft echte Wurzeln fehlen und sie nur Haare tragen. Die Protostele, besonders das Xylem, ist dann schwach bis sehr stark reduziert. Die Blätter sind zart, oft kurz gestielt, meist stark zerteilt. Die stärkste Reduktion finden wir bei gewissen *Trichomanes*-Arten mit winziger, ganzrandiger oder gelappter Spreite, die wie Lebermoose anmuten und deren Leitelemente im Laub ebenfalls reduziert sind; die Stützelemente der Adern können dann als „falsche Adern" erhalten sein. Solche „falschen Adern" können auch an Orten auftreten, wo sie nicht als Reste rückgebildeter Adern gedeutet werden können, wie innerhalb des Blattrandes oder als Querspangen zwischen den Adern.

Dunkle „Wurzelhaare" finden sich auch oft auf dem Blattstiel solcher kleinen Arten, manchmal sogar auf der Spreite (Abb. 4 c). Einige *Hymenophyllum*-Arten besitzen skelettierte Blätter, deren Mesophyllzellen auf ganz schmale Anhängsel an den Adern beschränkt sind. Relativ einförmig sind die Sori; sie sitzen am Ende der Adern, randständig, und das Rezeptakulum ist schlank, säulen- bis borstenförmig und wächst, falls es verlängert ist, durch interkalares Wachstum an der Basis weiter, wodurch die dort gebildeten Sporangien allmählich emporgehoben werden und in basipetaler Folge reifen. Indusium stets vorhanden, hier oft Involukrum genannt, den Sorus von beiden Seiten umfaßend, bei *Hymenophyllum* zweilippig, bei *Trichomanes* und Nachbargattungen röhren-, trompeten- oder trichterförmig (Abb. 51). Sporangien kurz gestielt; Anulus schräg, asymmetrisch um das Sporangium verlaufend, ohne Unterbrechung, mit wenig differenziertem Stomium (Abb. 8 i). Sporen trilet, chlorophyllhaltig, kurzlebig. Prothallium fädig oder einschichtig-bandförmig. Gegen 600 Arten, in tropischen und warm-gemäßigten Gebieten der ganzen Welt, auch in kühl-gemäßigten mit ozeanischem Klima; die größte Formenmannigfaltigkeit in feuchten Gebirgswäldern der Tropen.

Über die Zahl der Gattungen herrscht eine große Vielfalt von Meinungen. Einige Autoren unterscheiden bis über 40. Die neueste Klassifikation (40, 41) erhält noch 8 aufrecht. Chromosomenzahlen sehr verschieden; n = 46 ist nicht selten und durch die ganze Familie verbreitet. Die Chromosomenzahlen haben aber zur Klärung der Gattungsverhältnisse bisher wenig beigetragen.

Wichtigere Gattungen:

1. *Hymenophyllum* J. E. Smith (einschl. *Mecodium*, *Meringium*, *Sphaerocionium* usw.):
Rhizom sehr schlank, lang-kriechend. Blätter deutlich gestielt, fiederschnittig bis vierfach gefiedert, anadrom; Endabschnitte oft lineal, eine einzige Ader enthaltend. Adern stets frei; „falsche Adern" fehlend. Fertile Blätter gleichgestaltet; Involukrum tief zweispaltig (-lippig); Rezeptakulum selten stark verlängert. Untergattung *Hymenophyllum*: Blätter unbehaart; Untergattung *Sphaerocionium*: Blätter Haare tragend, diese oft verzweigt. n = sehr verschieden, Zahlen zwischen 11 und 72 bisher bekannt.
Etwa 330 Arten, Verbreitung wie die Familie.

2. *Crepidomanes* C. Presl (einschl. *Gonocormus*, *Vandenboschia* usw.):

Rhizom schlank, lang-kriechend. Blätter deutlich gestielt, Spreite fächerförmig bis vierfach gefiedert, anadrom (Abb. **50, 51**). Fertile Blätter ganz oder fast konform. Involukrum mit röhren- oder schüsselförmiger Basis, der Saum gestutzt bis seicht zweilippig. Rezeptakulum oft stark verlängert. n (x) = 36.

Etwa 120 Arten, besonders altweltlich.

3. *Cephalomanes* C. Presl (einschl. *Davalliopsis, Selenodesmium* usw.):
Rhizom kurz, aufrecht oder kriechend, relativ stark, normale Wurzeln tragend. Blätter mit deutlichem, oft behaartem Stiel; Spreite einfach bis mehrfach gefiedert, meist kahl, anadrom; Abschnitte letzter Ordnung mit einer Ader (Abb. **50**). Adern frei. Fertile Blätter konform oder schwach dimorph. Involukrum schüssel- bis glockenförmig; Rezeptakulum meist stark verlängert. n = 32, 33, 36.

Etwa 60 Arten, die meisten altweltlich.

4. *Trichomanes* L. (im engerem Sinn) (einschl. *Didymoglossum, Feea, Microgonium* usw.):
Rhizom kurz und aufrecht bis lang-kriechend. Blätter zuweilen (fast) ungestielt; Spreite ungeteilt bis einfach gefiedert, dann katadrom. Fertile Blätter zuweilen stark verschmälert. Adern frei oder seltener vernetzt; „falsche Adern" oft vorhanden. Involukrum glocken- bis schüsselförmig, der Saum nicht gelappt. Rezeptakulum verlängert. n = 64, 68.

Etwa 80, größtenteils neuweltliche Arten.

5. *Cardiomanes* C. Presl:
Rhizom lang-kriechend. Blätter kahl, lang gestielt; Spreite nierenförmig-rundlich, ungeteilt, aus 4 Zellschichten, relativ fest. Adern gegabelt, frei. Fertile Blätter konform; Sori sehr zahlreich, dicht. Involukrum an der Basis eingesenkt, trichterförmig mit gestutztem Saum; Rezeptakulum verlängert. n = 36.

Eine Art, *C. reniforme*, in Neuseeland.

Weitere Gattungen:

Hymenoglossum, Serpyllopsis (beide südl. Südamerika).

Dicksoniaceae:

Die *Dicksoniaceae* stellen eine der beiden Familien der Baumfarne dar. Die meisten sind groß bis sehr groß, aber im Verhältnis zur anderen Baumfarnfamilie, den *Cyatheaceae*, gibt es mehr Vertreter mit nicht oder kaum stammförmig ausgebildetem Rhizom. Von letzteren unterscheiden sich die Dicksoniaceae sofort durch das Fehlen von Schuppen und durch die randständigen Sori. Sie sind eine geologisch alte Familie, denen in der Stammesgeschichte der modernen Farne vielleicht eine wichtige Rolle zu-

kommt. Die heutigen Gattungen, die meist nur wenige Arten enthalten, sind als Relikte zu betrachten. Viele Gattungen sind wahrscheinlich bereits ausgestorben, und dadurch stehen die rezenten, überlebenden oft etwas isoliert. Das hat dazu geführt, daß manche Autoren die Familie aufgeteilt haben, wofür aber keine gewichtigen Argumente anzuführen sind. Übrigens sind auch die Chromosomenzahlen ziemlich divergent.

Rhizom kriechend, meist solenostelisch, oder aufrecht, stammartig, dictyostelisch. Häufig mit einer Hülle von Adventivwurzeln um den Stamm. Laterale Oberfläche des Blattstieles meist mit deutlichen Pneumathoden. Leitbündelmuster des Blattstiels meist recht kompliziert (wie in Abb. **2 c**). Blattspreite (fast) doppelt bis mehrfach gefiedert, je nach Gattung anadrom oder katadrom, oft sehr groß. Gliederhaare auf dem Stamm (Rhizom) und der Blattstielbasis, spärlicher auch auf anderen Teilen der Blätter. Adern stets frei. Stomata paracytisch oder anomocytisch (Abb. **5 a, d**). Sori rund bis etwas quer verlängert, endständig auf einzelnen Adern; fertile Blattabschnitte nicht selten etwas verschmälert. Schleier proximal vom Sorus, submarginal angeheftet und mehr oder weniger lappenförmig, nach außen frei. Je nach Gattung kann ihm gegenüber ein modifizierter Lappen des Blattrandes liegen, der dann mit dem eigentlichen Schleier zusammen ein zweiklappiges, schachtelähnliches oder ein schüssel- bis schwach röhrenförmiges Involukrum bildet (Abb. **52**). Rezeptakulum manchmal zapfenförmig verlängert. Sporangien oft mit Gliederhaaren vermischt, „gradat" reifend, mit kurzen bis langen Stielen aus mehreren Zellreihen. Kapsel mit längs bis etwas schräg verlaufendem Anulus, der am Stiel vorbeizieht und somit von diesem nicht unterbrochen wird, wohl aber von dem deutlich abgesetzten Stomium. Sporen trilet. Prothallium mit wenig besonderen Zügen, mit Ausnahme der vielzelligen, ursprünglich gebauten Antheridien.

Weit verbreitet in tropischen bis warm-gemäßigten Gebieten der ganzen Welt, aber Areal stark aufgesplittert, auch das einiger individueller Gattungen, ein weiterer Reliktcharakter der Familie. Mehr als die meisten *Cyatheaceae* wachsen *Dicksoniaceae* an offenen Stellen und weniger im Unterwuchs dichter Wälder.

Gattungen:

1. *Thyrsopteris* Kunze:
Baumfarne mit solenostelischem Stamm mit Ausläufern. Blattstiel mit einem einzigen Leitbündel; Spreite
bis zu fünffach gefiedert, anadrom. Fertile Abschnitte im unteren Teil der Spreite, ohne Mesophyll,
nur aus den Achsen und den Sori bestehend, Indusium asymmetrisch schüsselförmig. n = ± 76–78.
    Eine Art, *Th. elegans*, als Relikt auf den Juan
Fernández-Inseln im südöstlichen Pazifik.

2. *Culcita* C. Presl:
Rhizom solenostelisch, nicht stammartig. Blattstiel
mit einfachem Leitbündel und knotenartigen Pneumathoden. Spreite bis zu fünffach gefiedert, katadrom, ± kahl; fertile Abschnitte oft etwas verschmälert. Rezeptakulum querverlängert, ebenso das Indusium; kein modifizierter Lappen des Blattrandes gegenüber dem Indusium. n = 68.
    Zwei Arten, eine auf der iberischen Halbinsel
und den nordatlantischen Inseln, eine zweite verbreitet im tropischen Amerika.

3. *Calochlaena* (Maxon) White & Turner:
Rhizom kriechend-aufsteigend, solenostelisch. Blattstiel unten mit mehreren, oben mit einem Leitbündel,
mit unterbrochenen, strichförmigen Pneumathoden.
Spreite bis fast vierfach gefiedert, anadrom, oft bleibend behaart. Gegenüber dem Indusium ein etwas
modifizierter Randlappen, der schwach mit ihm verwachsen ist, die so gebildete Schüssel nach unten um-
gebogen. n = 55–58.
    Fünf Arten, von Ost-Malesien bis Südost-Au-
stralien und Polynesien. Früher zu *Culcita* gestellt.

4. *Cibotium* Kaulfuss:
Große Baumfarne mit solenostelischem oder dictyostelischem Stamm, der Adventivwurzeln trägt und
dicht gelb behaart ist. Blattstiel mit drei stark gefurchten Leitbündeln; Pneumathoden strichförmig.
Spreite bis fast vierfach gefiedert, katadrom oder
pseudoanadrom. Blattspindeln behaart. Fertile Abschnitte gleichgestaltet; Sori stark nach unten gebogen, mit zweiklappigem Indusium, d. h. der Lappen
des Blattrandes stark modifiziert und mit dem Indusium verwachsen (Abb. 52). n = 68.
    11 sehr disjunkt verbreitete Arten, in Ost- und
Südostasien, Zentralamerika und Hawaii.

5. *Cystodium* J. Smith:
Rhizom dictyostelisch, kriechend oder aufrecht.
Blattstiel mit zwei nach oben vereinigten Leitbündeln. Spreite doppelt gefiedert, katadrom. Fertile Abschnitte schwach verschmälert. Sori wie bei *Dicksonia*. n = ?
    Eine Art im zentralen und östlichen Malesien.

6. *Dicksonia* L'Héritier:
Große Farne mit liegendem oder aufrechtem, dictyostelischem, mit Adventivwurzeln bekleidetem
Stamm. Blattstiel mit 3 stark gefurchten Leitbündeln;
Pneumathoden strichförmig, durchgehend. Spreite
bis vierfach gefiedert, katadrom, oft behaart. Fertile
Abschnitte schwach bis stark verschmälert. Indusium wenig derb, nur wenig mit dem kaum differenzierten, gegenüberliegenden Randlappen verwachsen. n = 65.
    Etwa zwei Dutzend Arten; fast pantropisch-süd-
lich-gemäßigt verbreitet, aber in Afrika nur auf St.
Helena.

Lophosoriaceae:

Monotypische Familie, die einzige Art wegen ihrer
flächenständigen Sori früher zu *Alsophila* gestellt,
aber durch den Mangel an Schuppen hinlänglich verschieden. Rhizom aufsteigend, bis wenige Meter
hoch, sehr massiv, soleno- bis dictyostelisch, mit langen, vielzelligen Haaren bekleidet. Blattstiel mit drei
stark gefurchten Leitbündeln. Spreite bis fast vierfach gefiedert, katadrom, unten oft (pseudo-?)ana-
drom; Achsen ± behaart. Adern frei, meist einfach.
Stomata paracytisch (Abb. 5 d). Sori einzeln auf dem
Rücken einer Ader, rund, ohne Schleier, aber mit zahlreichen Gliederhaaren auf dem Rezeptakulum. Sporangien mit kurzem, dickem Stiel und einem wenig
schrägen, längs verlaufenden, vollständigen Anulus
mit schwach abgesetztem Stomium. Sporen trilet, mit
eigenartiger Wandstruktur. Prothallium ähnlich dem
der *Cyatheaceae*. n = 65.

Einzige Gattung:

Lophosoria C. Presl:
Mit einer Art, *L. quadripinnata*, im tropischen bis
südlich-gemäßigten Amerika; fossil auch von anderen Kontinenten bekannt. Die Gattung nimmt eine
Art Mittelstellung zwischen den *Dicksoniaceae* und
den *Cyatheaceae* ein.

Metaxyaceae:

Wie die vorige Familie monotypisch, früher zu den
Cyatheaceae gestellt aber auch Merkmale der *Dicksoniaceae* besitzend. Von *Lophosoria* unter anderem
durch den Besitz nur eines Leitbündels im Blattstiel
und die einfach gefiederte Spreite mit konformer Endfieder verschieden. Stomata wie bei *Lophosoria*. Die
runden, nackten, dorsalen Sori sitzen zuweilen zu
mehreren zusammen auf einer Ader (einmalig bei Farnen). Sporangien stark mit Gliederhaaren durchsetzt.
Stomium deutlich vom Anulus differenziert. Die Sporen stark verschieden von denen von *Lophosoria*. n =
zwischen 94 und 96.

Einzige Gattung:

Metaxya C. Presl:
Eine Art, *M. rostrata*, verbreitet im tropischen Amerika.

Cyatheaceae:

Die größte der beiden Baumfarnfamilien unterscheidet sich von den *Dicksoniaceae* auf den ersten Blick durch den Besitz echter Schuppen, zumindest auf dem Stamm und der Blattstielbasis, ferner durch flächenständige, dorsale Sori. Das Rhizom ist fast stets aufrecht und schwach bis ausgesprochen stammartig, bis etwa 25 m hoch aber meist kürzer, fast immer unverzweigt. Es enthält eine radiär-symmetrische Dictyostele von kompliziertem Bau. Das Leitbündelsystem wird beiderseits von Sklerenchym flankiert; oft sind zusätzliche, kleinere Leitbündel in der Rinde und im Mark vorhanden. Die Oberfläche des Stammes wird vielfach von einem dichten Mantel von Adventivwurzeln bedeckt, der sogar umfangreicher als der eigentliche Stamm sein kann. Obwohl keine Artikulationsstellen vorhanden sind, werden die abgestorbenen Blätter häufig an ihrer Basis mit einem glatten Bruch abgetrennt, wobei sie charakteristische Narben hinterlassen, in denen besonders das komplizierte Leitbündelmuster und die Sklerenchymstränge auffallen (Abb. 47).

Leitbündel im Blattstiel sehr zahlreich, oft in zwei ungefähr halbkreisförmigen Gruppen angeordnet, einer dorsalen und einer ventralen (Abb. 2 b, c); die Ränder dieser Gruppen ± eingeschlagen. Blattstielbasis mit wenigen bis sehr zahlreichen, bleibenden Schuppen (Abb. 46), deren Struktur, besonders am Rande und an der Spitze, für die Systematik von großer Wichtigkeit ist (s. unten). Bei vielen Arten sitzen sie auf warzen- bis stachelförmigen Emergenzen (Abb. 4 b), die nach dem Abfallen der Schuppen besonders auffällig werden und nicht selten auch weiter oben auf den Achsen der Blattspreite zu finden sind. Neben den Schuppen allermeist auch borstige Gliederhaare, zumindest in den adaxialen Furchen der Achsen und der größeren Adern, vorhanden. Seiten der größeren Achsen des Blattes mit unterbrochen-strichförmigen Pneumathoden (Abb. 46), die ebenfalls wichtig für die Systematik sein können. Spreite sehr selten einfach, meist einfach bis (am häufigsten) doppelt gefiedert oder auch stärker zusammengesetzt; Abschnitte letzter Ordnung oft zungen- bis etwas sichelförmig oder länglich, häufig gesägt bis eingeschnitten, an der Basis breit angesetzt bis zusammenfließend. Bei einigen Arten sitzen die Basalfiedern weit unten am Blattstiel und sind zu spreitenlosen, verzweigten Organen mit fädigen Abschnit-

ten rückgebildet, den sogenannten Aphlebien, deren Funktion nicht geklärt ist. Blattarchitektur stets katadrom. Adern frei, einfach oder gegabelt, seltener entlang der Hauptader bogig verbunden, stets ohne eingeschlossene freie Adern. Auf der Abaxialseite der Hauptadern nicht selten bullate Schuppen. Spaltöffnungen anomo-, para- und polocytisch (Abb. 5 a, d, k).

Sori rückenständig, oft an einer Gabelungsstelle einer Ader. Rezeptakulum ± über das Blattgewebe emporgewölbt bis halbkugelig meistens mit Gliederhaaren. Sporangien mit kurzem, vierreihigem Stiel und ziemlich kleiner, oft etwas länglicher Kapsel. Anulus längs, etwas schräg verlaufend, am Stiel vorbei, mit deutlich differenziertem Stomium aus einer Gruppe stark querverlängerter Zellen. Sporen trilet.

Nach der Gestalt des Indusiums unterschied man früher drei Gattungen: *Cyathea* mit becher-, urnen- oder schüsselförmigem, unterständigem, allseitigem Indusium mit in einigen Fällen nur kleiner, apikaler Öffnung; *Hemitelia* mit an der vom Blattrand abgewandten Seite einseitig angeheftetem, auch unterständigem, schuppenförmigem Indusium, und *Alsophila* (zu der man auch *Lophosoria* und *Metaxya* stellte) mit rudimentärem oder fehlendem Schleier. Diese schon 1930 (21) kritisierte Einteilung ist ganz verlassen worden, da sie sich als künstlich herausstellte. Die heutigen Einteilungen – es gibt bereits wieder mehrere verschiedene – fußen in erster Linie auf der Struktur des Randes und der Spitze der Schuppen des Blattstieles. Wichtige Kriterien sind: Trägt die Schuppe eine endständige Borste? Sind randständige Zähne vorhanden? Ist das Zellmuster des Randes grundsätzlich verschieden von dem der Fläche (Abb. 6 d)? Ist der Rand der Schuppen ausgefranst und/oder heller als der Reste des Organes? Ist die Basis der Schuppen scharf von ihrem (nicht stets vorhandenen!) warzen- oder stachelförmigen Stiel (Abb. 4 b) abgesetzt? Weitere Merkmale, die zur Unterscheidung von Gattungen herangezogen wurden, sind z. B. Sporen mit Äquatorialporen und das Fehlen von Haaren auf den Mittelrippen der Blätter. R. Tryon (70, 71) kam so zu einer Einteilung in sechs Gattungen, deren Indusium-Merkmale nur teilweise konstant waren. Andere Autoren haben diese Einteilung aus verschiedenen Gründen abgelehnt, z. B. weil sie unpraktisch ist – viele Herbarexemplare haben keine Blattstielbasen mit Schuppen und sind so gar nicht bis zur Gattung zu bestimmen; es gibt schwer zu plazierende Grenzfälle; und besonders kommen Bastarde zwischen verschiedenen der so abgetrennten Gattungen vor, was wohl durch die fast stets konstante Chromosomenzahl von n = 69 ermöglicht wird.

So gibt es neben dem Tryonschen System eines mit einer einzigen Gattung, in der aber ein Teil seiner Gattungen auf dem Untergattungs- bzw. Sektionsniveau erhalten bleibt (34, 48). So wird auch der verwirrende, fortgesetzte Gebrauch des Namens *Alsophila* vermieden, der sich im Umfang seiner Anwendung im Tryonschen Sinne nur sehr teilweise mit seiner historischen Anwendung für alle schleierlosen Baumfarne deckt.

Prothallium herzförmig, mit dickerer Mittelzone und mehrreihigen, grünen, haarartigen Emergenzen. Die langhalsigen Archegonien und die vielzelligen Antheridien sind Zeichen für die relativ ursprüngliche Position der Familie im System. Mit den Baumfarnen der Steinkohlenzeit haben die *Cyatheaceae* nichts zu tun; sie stellen eine vermutlich relativ rezente, auf dem Artniveau stark differenzierte und wahrscheinlich sich noch stets weiter differenzierende, erfolgreiche Farngruppe dar, ganz im Gegensatz zu den reliktartigen *Dicksoniaceae*.

Nach der hier gehandhabten Systematik nur eine Gattung:

Cyathea J. E. Smith (einschl. *Alsophila, Cnemidaria, Gymnosphaera, Hemitelia, Nephelea, Schizocaena, Sphaeropteris* und *Trichipteris*):
Mit gegen 650 Arten, in den wärmeren und südlichgemäßigten Teilen der ganzen Welt verbreitet, soweit sie nicht zu trocken sind. Große Artenkonzentrationen im tropischen Amerika und in Ost- und Südostasien; nur wenige im kontinentalen Afrika. Viele Arten sind geographisch stark lokalisiert, und nur ganz wenige bewohnen mehr als einen Kontinent.

Hymenophyllopsidaceae:

Eine kleine, nur aus einer Gattung mit sehr beschränkter Verbreitung bestehende Familie von unsicherer systematischer Stellung. Kleine, zarte Farne mit kriechendem, solenostelischem Rhizom ohne sklerotisches Gewebe mit Bekleidung von nicht-peltaten Schuppen. Der Blattstiel enthält unten zwei, oben ein Leitbündel. Die ein- bis dreimal zusammengesetzten, anadromen Spreiten bestehen, abgesehen von den Achsen und Adern, nur aus 3 oder 4 Zellschichten, deren äußerste chlorophyllhaltig sind; keine Spaltöffnungen. Adern frei und gegabelt. Sori einigermaßen denen von *Hymenophyllum* ähnlich, mit dem die Gattung zuerst auch verwechselt worden ist, aber Sporangien denen von *Cyathea* ähnlicher. Sporen trilet, chlorophyllfrei.

Nur eine Gattung:

Hymenophyllopsis Goebel:
Mit etwa 8 Arten, auf dem Sandstein der Roraima-Formation im nördlichen Südamerika. Gametophyt und Chromosomenzahl bisher unbekannt. In der Tracht *Hymenophyllum* nicht unähnlich, aber unter anderem durch die Anwesenheit von Schuppen problemlos zu unterscheiden.

Die nun folgenden Familien stellen die „abgeleiteten Leptosporangiaten" dar, die (fast) alle lange Zeit, teilweise bis in die Gegenwart in eine riesige Familie *Polypodiaceae* gestellt wurden, die nur durch die mehr oder wenige konstante Form des Anulus zusammengehalten wurde. Dies gilt heute als gänzlich überholt. Verbesserte Einteilungen verdanken wir besonders Ching (10), Holttum (27) und Tryon & Tryon (71), zusammengefaßt bei Kramer (48).

Dennstaedtiaceae:

Dies ist wahrscheinlich die ursprünglichste Familie unter den abgeleiteten Leptosporangiaten. Jedenfalls ist sie auch relativ alt und reicht bis mindestens ins obere Mesozoikum zurück. Am nächsten dürfte sie mit den *Dicksoniaceae* verwandt sein. Sie ist in verschiedener Weise aufgeteilt worden. Aber obwohl einige Gruppen deutlich etwas isoliert stehen, ist doch der Zusammenhang aller klar erkennbar.

Rhizom kriechend, solenostelisch, oder mit einem speziellen Typ von Protostele versehen, oder aber aufrecht und dictyostelisch; Bekleidung von Schuppen oder häufiger von Gliederhaaren. Blattstiel oft mit deutlichen, lateralen, strichförmigen Pneumathoden und einem, gelegentlich auch zwei Leitbündeln. Spreite anadrom oder katadrom, nicht selten beide Typen im gleichen Verwandtschaftskreis; erwachsene Blätter kahl oder behaart, aber kaum je beschuppt. Adern frei, oder, falls vernetzt, ohne eingeschlossene freie Adern. Stomata anomocytisch (Abb. 5 a). Sori immer terminal, auf dem Ende einer Ader oder auf einer submarginalen, zwei bis alle Aderenden eines Blattabschnittes verbindenden Kommissur. Indusium längs der Kommissur bzw. am Aderende angeheftet, sich gegen den Rand öffnend oder ersetzt durch einen modifizierten, umgeschlagenen Teil des Blattrandes; seltener beide Arten von Schleier vorhanden, oder die Sori nackt. Sporangium vom „Polypodiaceae"-Typ (Abb. 8 k), mit meist deutlich differenziertem Stomium. Sporen monolet oder trilet. Gametophyt vom Typ der „höheren Leptosporangiaten", kahl.

Die *Dennstaedtiaceae* wurden früher mit den *Pteridaceae* zusammengeworfen [z. B. noch bei Copeland (17)], unterscheiden sich aber in einer Reihe von Merkmalen, wie ursprünglichem anatomischem Bau, Gliederhaaren und anderen Chromosomenzahlen. Ein nicht aus dem Blattrand gebildetes Indusium ist bei *Dennstaedtiaceae* häufig vorhanden, aber nie bei den *Pteridaceae*.

Wichtigere Gattungen:

1. *Saccoloma* Kaulfuss (einschl. *Orthiopteris*):
Rhizom kurz, dictyostelisch, beschuppt. Blattspreite ein- bis vierfach gefiedert, anadrom, ohne Gliederhaare. Adern frei. Sori kurz, auf dem Ende je einer Ader, mit taschenförmigem Indusium. Sporen trilet. Chromosomengrundzahl?
Etwa ein Dutzend Arten, pantropisch, nicht im kontinentalen Afrika.

2. *Dennstaedtia* Bernhardi:
Rhizom lang-kriechend, solenostelisch, Gliederhaare tragend. Blattstiel stark entwickelt, auf seiner Basis Knospen tragend, die Seitenzweige des Rhizoms bilden können. Spreite einmal, häufiger mehrfach gefiedert, bis stark zusammengesetzt, anadrom oder katadrom, auf den Achsen und den größeren Adern wenigstens adaxial Gliederhaare tragend. Sori kurz, nahe dem Blattrand auf dem Ende einer Ader, das taschenförmige Indusium zusammen mit einem Lappen des Blattrandes eine flache Schüssel oder eine ± zylindrische Tasche bildend, der Sorus oft ± stark auf die Unterseite gebogen. Sporen trilet. Chromosomenzahlen sehr vielfältig, Grundzahl(en) unbekannt.
Vielleicht 45 Arten, systematisch schlecht bekannt. Weit verbreitet außer im größten Teil der nördlich-gemäßigten Zone und im kontinentalen Afrika.

3. *Microlepia* C. Presl:
In vieler Beziehung der vorigen Gattung ähnlich; Blattstiel keine Knospen tragend. Sori etwas weiter vom Blattrand entfernt, kein modifizierter Randlappen mit dem Indusium zusammen ein Involukrum bildend, sondern das den Blattrand nicht erreichende Indusium schuppen- bis muschelförmig, an den Seiten ± angewachsen. Spreite einmal bis mehrfach gefiedert. Von *Saccoloma*, das in der Tracht ähnlich sein kann, durch das Fehlen von Schuppen und die Anwesenheit von Gliederhaaren zu unterscheiden. Chromosomengrundzahl wahrscheinlich x = 43.
Vielleicht 45 Arten, systematisch sehr unvollkommen bekannt. Asiatisch-pazifisch, nur *M. speluncae* auch in Afrika und der Neotropis (ursprünglich?) verbreitet.

3. *Pteridium* Scopoli:
Rhizom kriechend, mit Lang- und Kurztrieben, mit Gliederhaaren bekleidet, zwei konzentrische Solenostelen enthaltend. Blattstiel mit mehreren Leitbün-

deln in einem im Querschnitt hufeisenförmigen Muster. Spreite lang gestielt, sehr stark zerteilt, poecilodrom. An der Abzweigungsstelle der größeren Sekundärachsen des Blattes sitzen Nektarien, die später als dunkle, kallöse Stellen sichtbar bleiben. Segmente letzter Ordnung ± zungenförmig, breit angewachsen, oft mit kleinen, freien Lappen dazwischen. Blattunterseite oft stark mit Gliederhaaren bekleidet. Sori auf einer alle Aderenden eines Abschnittes verbindenden Kommissur, mit vom umgeschlagenen, stark modifizierten Blattrand gebildetem „falschem" Indusium und zartem, darunter liegendem, „echtem" Indusium, das „falsche" auch bei fehlendem Sorus vorhanden (!). Sporen trilet. n = 52 (selten polyploid).
Vielleicht 6 Arten, weltweit verbreitet, die am weitesten verbreitete Farngattung. Zuweilen als Unterarten und Varietäten einer einzigen Art, *Pt. aquilinum*, betrachtet.

4. *Hypolepis* Bernhardi:
Vegetativ *Dennstaedtia* ähnlich und leicht damit zu verwechseln. Rhizom und Epidermalanhängsel ungefähr wie dort. Blätter mit intermittierender Entwicklung und oft halb kletternd, doppelt bis fast fünffach gefiedert, anadrom oder häufiger katadrom, behaart; Achsen des Blattes manchmal stachelig. Adern fiederig verzweigt, frei. Sori allermeist endständig auf einer Ader, von einem kurzen, modifizierten Lappen des Blattrandes bedeckt oder schleierlos. Sporen monolet. Chromosomenzahl stark schwankend, Grundzahl unbekannt.
Etwa 40 Arten beschrieben (wahrscheinlich mehr vorhanden); Systematik ungenügend bearbeitet. Pantropisch und südlich-gemäßigt, hier und da auch nördlich-gemäßigt. Von *Dennstaedtia* und *Microlepia* leicht am ganz anders gestalteten Indusium und an den monoleten Sporen zu unterscheiden.

5. *Blotiella* R. Tryon (= *Lonchitis* auctt., p. p.):
Mittelgroße bis große Farne; Rhizom aufsteigend bis aufrecht, massiv, dictyostelisch, mit Gliederhaaren. Blattstiel mit einem einzigen, stark gefurchten Leitbündel. Spreite einmal oder meist mehrfach gefiedert, katadrom oder anadrom, Gliederhaare tragend. Blattabschnitte oft gelappt mit stark abgerundeten Lappen. Adern stark vernetzt, ohne freie Adern. Sori submarginal, kurz und in den Einschnitten oder länger und größere Teile des Randes einnehmend, aber die Enden der Abschnitte freilassend; nur ein „falsches", aus dem Blattrand differenziertes Indusium vorhanden. Zwischen den Sporangien zahlreiche haarförmige, mehrzellige Paraphysen. Sporen monolet. n (x) = 38.
Etwa ein Dutzend Arten in Afrika und auf den ostafrikanischen Inseln, eine neotropische Art.

6. *Histiopteris* (Agardh) J. Smith:
Rhizom lang-kriechend, solenostelisch, mit Borsten bekleidet. Blätter entfernt; Blattstiel mit einem Leitbündel. Spreite mindestens zweifach gefiedert, sich intermittierend entwickelnd, mit mehr oder weniger ge-

genständigen Fiedern, isodrom oder katadrom (Abb. 55). Adern oberseits nicht rinnig, meist mehr oder weniger vernetzt ohne eingeschlossene freie Adern, seltener ganz frei. Sori submarginal, auf einer ununterbrochenen Kommissur; Indusium auf dem Blattrand gebildet. Sporangien mit zahlreichen mehrzelligen, haarförmigen Paraphysen vermischt. Sporen monolet. n (x) = 48 (?).

Etwa 6 Arten in Malesien, eine, *H. incisa*, pantropisch.

7. *Odontosoria* Fée (einschl. *Sphenomeris*):
Rhizom kriechend, solenostelisch oder häufig mit lindsaeoider Protostele, schmale, manchmal haarartige Schuppen tragend. Blattstiel mit einem Leitbündel; Achsen des Blattes zuweilen stachelig. Spreite meist stark zusammengesetzt, anadrom, kahl, bei einigen Arten kletternd; Abschnitte meist keilförmig bis lineal; Adern frei, gabelig. Sori endständig auf einer Ader oder häufiger auf einer einige Aderenden verbindenden Kommissur, submarginal; Indusium am Rezeptakulum und lateral angeheftet, sich gegen den Rand öffnend, ± taschenförmig. Sporen trilet oder monolet. Chromosomengrundzahl nicht sicher bekannt.

22 Arten in den wärmeren Gegenden der ganzen Welt.

8. *Tapeinidum* (C. Presl) C. Chr.:
Rhizom kriechend, mit lindsaeoider Protostele, schmale Schuppen tragend. Blattstiel mit einem Leitbündel. Spreite einmal bis vierfach gefiedert, anadrom, kahl; Abschnitte letzter Ordnung meist lanzettlich. Adern frei, gegabelt. Sori endständig auf einer einzigen Ader, selten auf einer Kommissur von 2 oder 3 Adern, submarginal. Indusium wie bei der vorigen Gattung. Paraphysen zahlreich, haarartig, mehrzellig. Sporen monolet. n = ?

Siebzehn Arten im tropischen Südostasien bis Polynesien.

9. *Lindsaea* Dryander:
Rhizom kriechend, schlank, mit lindsaeoider Protostele, diese bei epiphytischen Arten dorsiventral; Oberfläche lange, schmale bis kurze, breite Schuppen tragend. Blattstiel mit einem Leitbündel. Spreite anadrom, kahl, meist einmal bis doppelt gefiedert, selten einfach oder stärker zusammengesetzt; Abschnitte letzter Ordnung oft dimidiat oder auch lineal bis fächer- oder lanzettförmig. Adern frei, oder wenn vernetzt, ohne freie Adern. Sori auf einzelnen Aderenden oder häufiger auf einer Kommissur, die im Extremfall alle Aderenden einer Fieder bzw. der Spreite verbindet. Indusium, wenn kurz, nur basal angeheftet, sonst lineal und auch lateral angeheftet, gegen den Rand offen. Sporen trilet, seltener monolet.

Etwa 150 Arten in den wärmeren Teilen der ganzen Welt, bis Neuseeland; nur wenige in Afrika.

Weitere Gattungen:

Leptolepia (Neuseeland), *Lonchitis* (trop. Amerika, Afrika), *Oenotrichia* (Neukaledonien), *Ormoloma* (nördl. trop. Amerika), *Paesia* (trop. Amerika, Asien westl. Pazifik), *Xyropteris* (westl. Malesien).

Monachosoraceae:

Eine kleine asiatische Familie, möglicherweise mit der vorhergehenden verwandt, aber das ist zweifelhaft.

Rhizom kurz-kriechend bis aufsteigend, dictyostelisch, nur mit winzigen, wenigzelligen Drüsenhaaren bekleidet, ebenso wie die Blätter. Blattstiel mit zwei bandförmigen, nach oben verschmelzenden Leitbündeln. Blattspindel Knospen tragend. (Abb. 15). Spreite ein- bis vierfach gefiedert, ana- oder katadrom. Adern frei, den Rand erreichend. Stomata polo- und anomocytisch (Abb. 5 a, k). Sori endständig auf den Adern aber nicht unbedingt dem Rand genähert, rund, schleierlos. Sporen trilet. n = 56.

Nur *Monachosorum* Kunze mit etwa 3 Arten im wärmeren Asien.

Pteridaceae:

Auch diese Familie ist sicher recht alt; sie ist weit verbreitet, stark diversifiziert, und ihr Anschluß an andere Familien ist nicht recht klar. Verwandtschaft mit *Schizaeaceae* ist mit guten Gründen verteidigt worden; und daß die *Vittariaceae* spezialisierte, epiphytische Abkömmlinge der *Pteridaceae* sind, ist ebenfalls nicht unwahrscheinlich. Die Mehrzahl der Farne trockener Standorte gehört zu den *Pteridaceae* im weiteren Sinn, aber das Umgekehrte gilt nicht: viele andere *Pteridaceae* bewohnen den schattigen Boden tropischer Wälder, und die einzige vorwiegend aquatische *homospore* Farngattung, *Ceratopteris*, kann als – wenn auch ziemlich isolierte – Pteridacee betrachtet werden.

Kleine bis große Farne, typisch Erd- oder Felsbewohner; obligate Epiphyten nicht bekannt. Rhizom meist kurz, aufrecht bis kriechend, allermeistens – je nach Abstand der Blätter – solenostelisch. Epidermalanhängsel entweder Haare oder Schuppen; die Kombination bei einer Familie ist nicht sehr häufig und erinnert an *Dennstaedtiaceae* und *Schizaeaceae*. Das Vorkommen von Haaren und Schuppen beim gleichen Taxon ist ebenfalls nicht selten; gelegentlich finden sich sogar Übergänge. Rhizom, Blattstiel und Achsen oft stark mit Stützgewebe versehen, dieses hell bis dunkel, letzteres besonders bei Arten trockener Standorte. Blattstiele nicht gegliedert, adaxial meist rinnig, mit einem oder zwei, seltener mehr Leitbündeln. Ist ein einziges vorhanden, so ist das Xylem im Querschnitt U- oder V-förmig (wie in Abb. 2 d). Wenn zwei Leitbündel vorhanden sind, verschmelzen sie oft weiter oben im Blattstiel oder in der Rhachis. Leitbündel bandförmig bis elliptisch im Querschnitt, ohne eingeschlagene Enden („hippokampiform") wie die der *Dryopteridaceae*. Gestalt der Blätter außerordentlich vielförmig, wenigstens teilweise mit der Ökologie zusammenhängend. Adern frei bis vernetzt; eingeschlossene freie Adern fast nie vorhanden. Spaltöffnungen polo- und/oder anomocytisch (Abb. 5 a, k). Sporangien nur sehr selten zu Sori von bestimmter Form und Größe vereinigt, sondern den Adern folgend als „sorale Linien" (Abb. 7 d, e) oder auf einer submarginalen Aderkommissur, gelegentlich auch acrostichoid verteilt. Ein „echtes" Indusium nie vorhanden, aber bei submarginaler Position der Sori ist der Blattrand oft umgeschlagen und ± modifiziert und bedeckt wenigstens die jungen Sporangien, eine Parallelentwicklung zu gewissen *Dennstaedtiaceae*; manche Gattungen wie *Histiopteris*, *Pteridium* und *Blotiella (Lonchitis)* sind deswegen auch zwischen den beiden Familien hin- und hergeschoben worden. Sporangien meistens lang gestielt, Stiel zwei- oder dreireihig. Anulus längs oder schwach schräg, vom Stiel unterbrochen. Sporen chlorophyllfrei und fast stets trilet. Chromosomen(grund)zahlen sehr häufig 29 oder 30.

Die Umgrenzung der Familie (und auch ihr Name) schwankt ziemlich, je nach der Auffassung des Autors. Copeland (17) schloß die *Dicksoniaceae* und *Dennstaedtiaceae* mit ein, was als unrichtig gelten darf. Andere Autoren stellen abweichende Gattungen wie *Platyzoma* und *Ceratopteris*, manchmal auch *Adiantum*, oder auch alle „gymnogrammoiden" Gattungen, in eigene Familien. Das ist in erheblichem Maße Geschmacksache. Der Zusammenhang der *Pteridaceae* ist recht deutlich, und es erscheint logischer, Unterfamilien zu unterscheiden.

Unterfamilie Platyzomatoideae: Rhizom kurzkriechend, protostelisch, rötliche Gliederhaare tragend. Blätter fast trimoph; Blattstiel mit einem Leitbündel. Sterile Blätter teils klein, fadenförmig, ungeteilt, teils größer, lineal, einfach ge-

fiedert, mit bis zu mehreren hundert rundlichen, gegliederten, fast beutelförmigen Fiedern. Adern frei. Fertile Fiedern größer, zonenweise an der Spindel zwischen den sterilen angeheftet, die Sporangien in kurzen soralen Linien im äußeren Bereich innerhalb des Randes tragend. Sporangien kurz gestielt, mit etwas schrägem, fast vollständigem Anulus, in zwei Größen durcheinander vorkommend: kleinere Sporangien 32 kleine Sporen enthaltend, aus denen sich fast ganz fadenförmige, nur Antheridien tragende Prothallien entwickeln; und größere, mit 16 größeren Sporen, aus denen größere, löffelförmige Prothallien mit randständigen Archegonien hervorgehen. Die Trennung der Geschlechter ist aber nicht absolut, da die größeren Prothallien zuweilen zweigeschlechtlich sind (s. S. 141). n = 38.

Monotypisch:

1. *Platyzoma* R. Brown:
Mit einer Art, *P. microphyllum*, an wechselfeuchten Standorten im Nordosten Australiens.

Unterfamilie Ceratopteridoideae: Frei schwimmende oder an feuchten Orten terrestrisch wurzelnde Farne mit kurzem, aufrechtem, dictyostelischem Rhizom, das wenige blasse Schuppen trägt. Blattstiel oft schwammig, mit mehreren Leitbündeln. Blätter stark dimorph; sterile Spreite gelappt bis dreifach gefiedert, ± ausgebreitet, die fertilen aufrecht, bis fünffach gefiedert, mit sehr schmalen Abschnitten; Spreite katadrom, kahl, zart, krautig bis etwas fleischig. Sterile Spreite manchmal Brustknospen tragend. Adern vernetzt. Sporangien ziemlich zerstreut auf den Adern der fertilen Blätter, zumindest anfangs vom umgeschlagenen, modifizierten Blattrand bedeckt, sehr kurz gestielt; Anulus schwach entwickelt bis rudimentär, vertikal, n = 39, 77, 78, vielleicht auch 40.

Einzige Gattung:

Ceratopteris Brongn.:
Drei oder vier Arten in den warm-gemäßigten bis tropischen Zonen der ganzen Welt. Zuweilen in eine eigene Familie, *Parkeriaceae*, gestellt.

Unterfamilie Adiantoideae: Rhizom kriechend bis aufrecht, solenostelisch oder dictyostelisch, dunkle Schuppen tragend. Blattstiel mit einem oder zwei Leitbündeln. Spreite einfach (Abb. 32) oder ein- bis sechsfach gefiedert, stark anadrom, zuweilen fußförmig; Achsen meist braun- bis schwarz-sklerotisch, glänzend, oft behaart oder sehr schmale, fibrillenartige Schuppen tragend. Abschnitte letzter Ordnung oft dimidiat oder keilförmig, manchmal an der Basis gegliedert. Adern frei, seltener vernetzt, meist gabelig verzweigt, bis zum Rand laufend, in den meist vorhandenen Zähnen des Randes oder öfter dazwischen endend. Fertile Fiedern (Blätter) fast stets gleich gestaltet, der ganze Rand oder lappenartige Teil des Randes zurückgeschlagen, die Sporangien auf den Aderenden auf diesen Lappen, selten auch zwischen den Adern. n (x) = 29 oder 30; Polyploidie und Bastardierung häufig.

Eine einzige, etwas isolierte Gattung:

Adiantum L.:
Fast weltweit verbreitet, in nördlich-gemäßigten Gegenden aber auf weiten Strecken fehlend. Vielleicht 150 Arten, die größte Zahl im tropischen Amerika.

Unterfamilie Taenitidoideae: Erd- oder felsbewohnende Farne mit solenostelischem oder dictyostelischem Rhizom, das Haare, Borsten oder Schuppen trägt. Blattstiel meistens mit einem oder zwei Leitbündeln. Spreite einfach bis sehr stark zusammengesetzt, oft unterseits drüsig oder behaart; Adern meist frei. Sporangien in soralen Linien auf den Adern, manchmal auf ihre Enden beschränkt und dann in einem submarginalen Band, oder auf einer submarginalen Kommissur; oft Haare zwischen den Sporangien (Abb. 8 a). Sporen mit Äquatorialwulst.

Wichtigere Gattungen:

1. *Jamesonia* Hooker & Grev. (einschl. *Eriosorus*): Rhizom kriechend bis aufsteigend, meist dunkle Haare oder Borsten, selten Schuppen tragend. Blattstiel mit einem Leitbündel. Spreite ein- bis sechsfach gefiedert, von verschiedener Form, anadrom, meist Gliederhaare und/oder Drüsen tragend, manchmal kletternd; Spindel dann hin- und hergebogen. Achsen oft dunkel-sklerotisch. Abschnitte letzter Ordnung rundlich, zerschlitzt-fächerförmig, oder bis schmal-lineal. Adern frei, gabelig. Fertile Blätter gleich gestaltet. Sporangien in kurzen, zuweilen verzweigten soralen Linien auf dem Rücken der Adern, manchmal mit Haaren vermischt. n (x) = 87.
44 Arten im tropischen Amerika und auf den Tristan da Cunha-Inseln. Die Hochgebirge bewohnenden Arten mit kleinen, rundlichen, stark genäherten, einfachen Fiedern, die dem Blatt ein geldrollenartiges Äußeres verleihen, und deren Blätter sich sehr langsam entrollen, werden oft als Gattung *Jamesonia*

sensu strictu den übrigen, die dann *Eriosorus* heißen, gegenübergestellt, aber dies ist eine künstliche Trennung nach dem Aussehen, wie auch natürliche Hybriden zwischen den beiden „Gattungen" belegen.

2. *Pityrogramma* Link (= *Ceropteris*; einschl. *Trismeria*):
Terrestrische Farne mit kurzem, braun beschupptem Rhizom. Blattstiel mit 2–4 Leitbündeln, adaxial meist rinnig, vorwiegend dunkel-sklerotisch. Spreite zwei- bis vierfach gefiedert, selten einfach gefiedert oder mit handförmig geteilten Primärfiedern, anadrom; Endabschnitte meistens lanzettlich bis lineal; Unterseite der Spreite häufig mit weißem, gelbem oder orangerotem, körnigem, wachsartigem Belag (Abb. 37), manchmal behaart, selten ganz kahl. Adern frei, gabelig oder fiederförmig verzweigt; kein Blattdimorphismus. Sporangien in zuweilen verzweigten soralen Linien auf dem Rücken der Adern, meist mit „Wachs"-(Flavonoid-)Drüsen vermischt. n (x) = 29 oder 30.
Etwa 16 Arten, die meisten tropisch-amerikanisch, einige in Afrika und auf benachbarten Inseln. Die amerikanische *P. calomelanos* ist in den Paläotropen eingebürgert.

3. *Anogramma* Link:
Zarte Farne, terrestrisch oder Felsspalten bewohnend, mit oft kurzlebigem Sporophyt. Rhizom sehr kurz, wenige blasse Haare oder Schuppen tragend. Blattstiel mit ein oder zwei Leitbündeln. Spreite monomorph, ein- bis vierfach gefiedert, anadrom, meist kahl. Fiedern letzter Ordnung fächerförmig bis lineal. Adern frei, ohne verdickte Enden. Sporangien in kurzen, rückständigen soralen Linien nahe den Enden der Adern. n (x) = 29.
Etwa 6 Arten, in den Tropen und lokal in den gemäßigten Zonen der ganzen Welt; in Süd- und West-Europa *A. leptophylla*. *Pityrogramma* sehr nahe stehend.
Bei einigen Arten lebt der Sporophyt nur wenige Monate, während der bleibende Gametophyt mit knöllchenartigen Verdickungen überdauert.

4. *Onychium* Kaulfuss:
Erd- oder felsbewohnende Farne mit kriechendem Rhizom; Schuppen schmal, braun. Blattstiel mit zwei Leitbündeln, adaxial rinnig. Spreite schwach bis stark dimorph, drei- bis fünfmal gefiedert, anadrom, mit meist strohfarbenen Achsen. Sterile Blätter mit eirunden bis (schmal) keilförmigen Abschnitten, kahl, mit freien Adern. Fertile Blätter mit ± verschmälerter Spreite, zuweilen unterseits mit gelbem „Wachs"belag; Abschnitte sehr spitz. Sporangien auf einer submarginalen Kommissur, vom umgerollten, modifizierten Blattrand bedeckt, ohne Paraphysen. n (x) = 29.
Etwa 8 Arten, von Nordostafrika und Iran bis Japan und Malesien.

5. *Actiniopteris* Link:
Felsbewohnende Farne zeitweilig trockener Stand-

orte mit kurz-kriechendem Rhizom; Schuppen schmal, braun oder zweifarbig. Blattstiel mit einem Leitbündel, adaxial rinnig, nicht dunkel-sklerotisch. Spreite nicht bis mäßig dimorph, ± fächerförmig, mehrmals dichotom in wenige bis viele Segmente zerschlitzt, diese lineal, blaßgrün, starr, am Ende spitz oder gezähnt (Abb. 33). Adern ebenfalls dichotom, Stomata hypocytisch (Abb. 5 h). Fertile Blätter zuweilen etwas länger, mit verschmälerten Abschnitten. Sporangien in einer langen soralen Linie auf einer Kommissur, die die Aderenden verbindet, vom modifizierten, umgeschlagenen Blattrand bedeckt. n = 58.

5 Arten in Afrika, auf den ostafrikanischen Inseln und in Südwestasien.

Bei Austrocknung legen sich die Blattsegmente zusammen und die Spreite wird nach unten umgeschlagen (Abb. 33).

6. *Syngramma* J. Smith:
Rhizom kriechend, dunkle, starre Borsten tragend. Blattstiel mit 1–3 Leitbündeln; Spreite nicht oder schwach dimorph, einfach, gefingert oder fußförmig, mit bis zu 6 Fiedern, anadrom, kahl. Adern frei im proximalen, vernetzt im distalen Teil, dort eine Kommissur oder eine bis wenige Serien von Maschen ohne freie Adern bildend. Sporangien in kurzen bis langen soralen Linien dorsal auf den Adern, meist auf ihrem freien Teil, mit kleinen Haaren mit knopfiger Endzelle vermischt. n (x) = 58.

Etwa 15 Arten in Malesien und dem westlichen Pazifik.

7. *Taenitis* Willd. (einschl. *Holttumiella* und *Schizolepton*):
Rhizom kriechend, dunkle starre Borsten tragend. Blattstiel mit 1–4 Leitbündeln, adaxial rinnig. Spreite ungeteilt oder einfach gefiedert, nicht bis stark dimorph, kahl. Adern im proximalen Teil oder überall vernetzt. Sporangien in kurzen bis langen soralen Linien oder Flecken auf den Adern, oder durch das Zusammenfließen kurzer soraler Flecken ein intramarginales oder medianes Band bildend, das zuweilen in eine Grube eingesenkt ist, mit Haaren vermischt (Abb. 8 a). n = 44, 108, 114 (Grundzahl ?).

Etwa 15 süd-südostasiatische Arten, bis Australien und Melanesien.

Weitere Gattungen:

Afropteris, Austrogramme, Cerosora, Nephopteris, Pterozonium.

Unterfamilie Cheilanthoideae: Boden- oder oft felsbewohnende Farne mit solenostelischem bis dictyostelischem, beschupptem Rhizom. Blattstiel mit ein oder zwei Leitbündeln. Spreite von verschiedener Gestalt und mit verschiedenartiger Bekleidung. Adern frei oder vernetzt. Sporangien in soralen Linien dorsal oder terminal, oder auf einer submarginalen Kommissur, oder in kleinen, fast randständigen sorusartigen Flecken; falls dem Rande genähert, meist vom umgeschlagenen, modifizierten Blattrand oder einem Lappen davon bedeckt. Paraphysen fast stets fehlend. Sporen ohne Äquatorialwulst.

1. *Pentagramma* Yatskievych et al.:
Erd- oder felsbewohnende Farne. Rhizom kurz, aufsteigend, mit zweifarbigen Schuppen. Blattstiel ungefurcht, dunkel-sklerotisch, mit einem Leitbündel. Spreite ein- bis zweifach gefiedert und fiederspaltig, fünfeckig, mit stark basitonisch geförderten Basalfiedern, wenigstens teilweise katadrom. Fiedern sitzend bis breit angeheftet, mindestens abaxial mit „Wachs"-Belag. Sporangien in soralen Linien, die den Adern folgen. x = 30.

2 Arten von Südwestkanada bis Nordwestmexiko. Früher zu *Pityrogramma* gestellt, aber trotz des Vorhandenseins soraler Linien eher mit *Cheilanthes* verwandt.

2. *Cheilanthes* Swartz (einschl. *Aleuritopteris, Aspidotis, Cheiloplecton, Cosentinia, Mildella, Negripteris, Sinopteris* usw.):
Kleinere erd- oder öfter felsbewohnende Farne mit kriechendem Rhizom; Schuppen schmal, oft mit dunklem Mittelstreifen oder ganz dunkel. Blattstiel mit einem oder zwei Leitbündeln, adaxial rinnig oder nicht; Spreite nicht bis mäßig dimorph, ein- bis fünffach gefiedert, selten handförmig zerteilt, meist anadrom, oft fest, kahl, behaart, drüsig oder mit „Wachs"-Überzug auf der Unterseite. Adern meist frei, seltener vernetzt. Fertile Blätter zuweilen etwas stärker zerteilt und/oder mit schmäleren Abschnitten. Sporangien in kleinen, runden Gruppen am Ende der Adern, seltener einzeln oder auf einer submarginalen Kommissur oder in kurzen soralen Linien auf den distalen Teilen der Adern, sehr kurz bis lang gestielt. Blattrand unverändert bis stark modifiziert und umgeschlagen, schleierartig. Sporen mit verschiedener Oberflächenskulptur, aber nicht echinat. n (x) = 29 oder 30.

Über 150 Arten, fast weltweit aber in kühleren Gebieten meist fehlend, dafür in halbariden Zonen vertreten; wenige Arten in Südeuropa.

Verschiedene Artengruppen sind als eigene Gattung abgetrennt worden, z. B. die mit wachsartigem Belag als *Aleuritopteris*; doch erscheint dies erst sinnvoll im Rahmen einer alle Arten umfassenden Studie, die auch Nachbargattungen berücksichtigt. Die Abgrenzung gegen *Notholaena, Pellaea* und andere Gattungen bereitet Schwierigkeiten.

3. *Adiantopsis* Fée:
Meist terrestrisch; Rhizom kriechend bis aufrecht; Schuppen meistens zum Teil dunkel. Blattstiele genähert, mit 1–3 Leitbündeln, wie die Blattspindeln dunkel-sklerotisch. Spreite ein- bis vierfach gefiedert oder hand- bzw. fußförmig zusammengesetzt

(Abb. **19**), anadrom. Adern frei. Sporangien in kleinen terminalen Sori, mit rundlichem bis länglichem „falschem" Schleier. Sporen echinat. n = 60.

Etwa 7 Arten im tropischen bis subtropischen Amerika.

In der Tracht oft an *Adiantum* erinnernd, aber die Sporangien sitzen unter, nicht auf dem umgeschlagenen Randlappen.

4. *Argyrochosma* (J. Smith) Windham (*Notholaena* auctt., p. p.):
Oft felsbewohnende, eher kleine Farne. Rhizom kriechend bis aufsteigend, mit dünnen, rötlichen oder zweifarbigen, teils dunklen Schuppen. Blattstiel meist nicht rinnig, mit einem Leitbündel. Spreite ein- bis vierfach gefiedert oder fußförmig und fiederspaltig, oft katadrom, nicht schuppig, unterseits meist mit „Wachs"-Belag. Adern frei. Sporangien auf den Aderenden, seltener dorsal auf den Adern, der Blattrand nicht oder kaum als „falsches Indusium" modifiziert und zurückgeschlagen. n = 27, 29 oder 30.

Etwa 40 Arten im tropischen und warm-gemäßigten Amerika.

5. *Pellaea* Link (einschl. *Ormopteris*):
Boden- oder oft felsbewohnende Farne mit kriechendem bis aufsteigendem Rhizom; Schuppen dünn, hell oder teilweise dunkel-sklerotisch. Blattstiel mit einem Leitbündel, adaxial rinnig oder nicht. Spreite ein- bis vierfach gefiedert, anadrom oder seltener katadrom, mit deutlich abgesetztem, oft gegliedertem Endsegment; Lateralsegmente oft ebenfalls mit gegliederter Basis. Abschnitte von verschiedener Form, oft ganzrandig und von fester Struktur (Abb. **34**), gelegentlich schwach behaart oder beschuppt oder mit dünnem „Wachs"-Belag. Adern meist frei, bei einigen Arten vernetzt. Sporangien auf den äußeren Teilen oder den Enden der Adern oder auf einer submarginalen Kommissur, ohne Paraphysen. Blattrand nicht bis deutlich umgeschlagen, dann als „falsches Indusium" modifiziert. n (x) = 29 oder 30.

Etwa 35 Arten, weit verbreitet in den wärmeren Zonen der Welt, eine Art in Südwesteuropa. Abgrenzung gegen *Cheilanthes* noch nicht genügend geklärt.

6. *Notholaena* R. Brown (einschl. *Paraceterach*):
Erd- oder felsbewohnende Farne trockener Standorte mit kurz-kriechendem Rhizom; Schuppen hell oder teils dunkel und zweifarbig. Blattstiel mit einem Leitbündel, nicht rinnig. Spreite ein- oder zweifach gefiedert, isodrom, fest, dicht behaart oder beschuppt, besonders unterseits; Adern frei oder mit wenigen Anastomosen. Sporangien dorsal in soralen Linien. n = 29 oder 30.

Etwa 7 Arten, zerstreut in wärmeren, trockenen Regionen der Alten Welt von den Atlantischen Inseln bis Ostafrika, China und Australien. Die Dazugehörigkeit der früher zu *Gymnopteris* gestellten, zentralasiatischen Arten und der beiden sonst zu *Parace-*

terach gestellten australischen Arten bedarf noch der Bestätigung.

7. *Doryopteris* J. Smith:
Erd- oder felsbewohnende Farne mit kriechendem bis fast aufrechtem Rhizom; Schuppen starr, schmal, dunkel oder zweifarbig. Blattstiel mit einem oder zwei Leitbündeln, adaxial rinnig oder nicht; Spreite kaum bis deutlich dimorph, einfach, fuß- oder handförmig ein- oder zweimal zerteilt, meist von fester Konsistenz, nicht selten mit Adventivknospen an der Basis. Adern frei oder teilweise bis vollständig vernetzt, oft mit Hydathoden am Ende nahe dem Rand. Fertile Spreite oft mit verschmälerten Abschnitten, zuweilen stärker zerteilt. Sporangien auf einer kurzen bis langen, dann vollständig kontinuierlichen submarginalen Kommissur, vom umgeschlagenen, modifizierten Blattrand bedeckt; keine Paraphysen. n (x) = 29 oder 30.

25 tropische oder südlich-subtropische Arten, die meisten in Südamerika. Abgrenzung gegen *Cheilanthes* etwas unsicher.

8. *Hemionitis* L. (einschl. *Gymnopteris*):
Erd- oder felsbewohnende Farne mit kurzem Rhizom, das Schuppen mit Übergängen zu Haaren trägt. Blattstiel mit einem Leitbündel, adaxial rinnig oder nicht, meist dunkel. Spreite einfach bis tief hand- oder fußförmig zerteilt oder ein- bis dreifach gefiedert, mit deutlicher Terminalfieder, ungefähr isodrom, mindestens unterseits behaart. Adern frei oder teilweise bis ganz vernetzt. Fertile Blätter nicht oder kaum verschieden gestaltet. Sporangien in dorsalen, oft verzweigten oder vernetzten soralen Linien, ohne Paraphysen. n (x) = 30.

7 tropisch-subtropische Arten der Neuen Welt. Die altweltliche *H. arifolia* ist auszuschließen, aber von unsicherer Verwandtschaft.

9. *Coniogramme* Fée:
Mittelgroße bis recht große, erdbewohnende Farne mit kriechendem Rhizom; Schuppen starr, schmal, braun. Blattstiel mit einem Leitbündel, adaxial rinnig, meist strohfarben. Spreite ein- bis dreifach gefiedert, mit ziemlich großen, länglichen bis ei-lanzettlichen Fiedern; Dromie verschieden; Textur meist krautig; Oberfläche kahl oder schwach behaart. Adern frei oder proximal vernetzt, mit verbreiterten, Hydathoden tragenden Enden. Fertile Blätter konform. Sporangien dorsal in langen, manchmal verzweigten soralen Linien, oft mit sehr kleinen Gliederhaaren vermischt. n (x) = 30.

Zwischen 20 und 30 Arten in den altweltlichen Tropen und Subtropen von Westafrika bis Japan und Polynesien.

10. *Cryptogramma* R. Brown:
Felsbewohnende, kleinere Farne mit kurz-kriechendem Rhizom; Schuppen zart, hellbraun. Blattstiel mit einem Leitbündel, adaxial rinnig. Spreite doppelt bis fast dreifach gefiedert, anadrom, kahl oder unterseits mit „Wachs"-Belag, dimorph. Sterile Spreite mit ei-

lanzettlichen Fiedern; Adern frei. Fertile Spreite mit ± verschmälerten bis fast linealen Fiedern; Sporangien in soralen Linien dorsal auf den Adern oder nahe ihren Enden, nicht auf einer Kommissur, vom umgerollten, ± modifizierten Blattrand bedeckt. n (x) = 30.

Vier oder fünf Arten, davon zwei in Europa; nördlich-gemäßigt und extratropisch-südamerikanisch.

11. *Llavea* Lagasca:
Erd- oder felsbewohnende, mittelgroße Farne mit kurzem, fast aufrechtem Rhizom; Schuppen groß, dunkel, starr. Blattstiel mit einem Leitbündel, adaxial rinnig, strohfarben, am Fuß mit großen, hellgelben Schuppen besetzt. Lamina mit internem Dimorphismus, zwei- bis vierfach gefiedert, mit konformer Terminalfieder, anadrom; sterile Fiedern eilanzettlich, gesägt, mit freien Adern; fertile Fiedern im oberen Teil des Blattes, stark zusammengezogen, lineal. Sporangien in kurzen soralen Linien dorsal auf den freien Adern, vom umgeschlagenen, etwas modifizierten Blattrand bedeckt. n = 29.

Eine Art, *Ll. cordifolia*, in Mexiko und Guatemala. Tracht einmalig, unverwechselbar.

Weitere Gattungen:

Astrolepis (wärmeres Amerika), *Bommeria* (Nord- und Mittelamerika), *Trachypteris* (Südamerika, Madagaskar).

Unterfamilie Pteridoideae: Rhizom solenostelisch oder dictyostelisch; Schuppen basifix, selten schwach gegittert. Blattstiel adaxial rinnig, mit einem oder zwei, zuweilen einigen zusätzlichen, kleineren Leitbündeln. Sori auf einer submarginalen Kommissur, vom umgeschlagenen, modifizierten Blattrand bedeckt, oder acrostichoid über die fertile Spreite verteilt. Paraphysen fast stets vorhanden.

12. *Pteris* L. (einschl. *Copelandiopteris, Hemipteris, Idiopteris* usw.):
Erd- oder felsbewohnende Farne, zuweilen sehr groß, Rhizom solenostelisch oder dictyostelisch (manchmal polyzyklisch), kurz-kriechend oder aufrecht. Schuppen basifix, kahl, nicht-clathrat, zuweilen zweifarbig. Blattstiel mit einem, seltener zwei oder zwei plus einigen kleineren, zusätzlichen Leitbündeln; Spreite kaum bis stark dimorph, einmal bis etwa vierfach gefiedert, selten einfach, meist unbehaart, am häufigsten heterodrom, seltener ganz katadrom; basale Fiedern oft basitonisch gefördert. Fiedern lanzettlich, oft kammartig fiederschnittig, nicht selten asymmetrisch. Adern frei, costale Maschen bildend, oder stärker vernetzt, sehr selten mit freien, eingeschlossenen Adern; Costa (und Costulae) adaxial oft mit stachelartigen Fortsätzen (Abb. **3 e**). Fertile Fiedern kaum bis stark verschmälert. Sori meist sehr lang, auf einer submarginalen Kommissur, vom umgeschlage-

nen, stark modifizierten Blattrand bedeckt. Haarartige Paraphysen fast stets vorhanden. Sporen mit starkem Äquatorialwulst. n (x) = 29, sehr selten 27.

Viel Apogamie und Bastardierung, auch Hybridschwärme bekannt (Abb. **69**). Schätzungsweise 250 Arten, pantropisch bis in warm-gemäßigte Gegenden, 4 Arten in Südeuropa.

13. *Acrostichum* L.:
Große Sumpf- oder Mangrovefarne mit kurzem, massivem, dictyostelischem Rhizom mit kleinen markständigen Leitbündeln; Schuppen groß, mehrschichtig. Blattstiele genähert, mit 2 großen und einem Ring kleiner Leitbündel. Spreite groß einfach gefiedert, heterodrom, mit konformer Endfieder, kahl, mit mäßig ausgeprägtem Dimorphismus oder internem Dimorphismus. Sterile Fiedern zungenförmig bis lanzettlich, Adern ganz vernetzt, die Maschen gleichförmig, schmal, schräg. Fertile Fiedern im oberen Teil des Blattes (Abb. **24**) oder auf besonderen Blättern, etwas verschmälert oder nicht stark verschieden, unterseits außer auf der Mittelrippe gleichmäßig mit Sporangien bedeckt. Paraphysen haarförmig, mit dunkler, angeschwollener Endzelle. n = 30.

Drei Arten, pantropisch-subtropisch; eine Art, *A. aureum*, weltweit auf schwach salzigem, sumpfigem Boden.

Weitere Gattungen:

Anopteris (Antillen), *Neurocallis* (karibisch), *Ochropteris* (Madagaskar, Maskarenen), *Pleurosoriopsis* (Ostasien).

Vittariaceae:

Eine stark epiphytisch geprägte Familie von winzigen bis mittelgroßen Farnen, die im Habitus gelegentlich an *Grammitidaceae* oder Arten von *Elaphoglossum* erinnern. Typisch ist das Fehlen von Stützgewebe und das Vorhandensein von sogenannten Spikulärzellen (s. S. 15) in der Epidermis. Rhizom kriechend bis aufrecht, Stele von verschiedener Gestalt; Schuppen basifix, stark clathrat, oft scheinbar gezähnt durch marginal vorspringende Zellwände, häufig mit Metallglanz. Blattstiel ungegliedert, mit einem oder zwei Leitbündeln, aber nicht immer deutlich von der Basis der Spreite abgesetzt, nackt wenn ausgereift. Spreite einfach oder gespalten, kaum je gefiedert. Adern frei und gabelig oder vernetzt ohne eingeschlossene freie Adern. Stomata verschieden. Sporangien in soralen Linien, selten in rundlichen Sori oder diffus über die fertile Spreite verstreut; Indusium fehlend. Stiel der Sporangien basal ein- oder zweireihig; Paraphysen allermeist vorhanden. Anulus longitudinal, stark unterbrochen,

Stomium deutlich differenziert vierzellig. Sporen meist hyalin, glatt, trilet oder monolet. Gametophyt bandförmig, mit randständigen Gemmen. Geschlechtsorgane vom „höheren leptosporangiaten" Typ; Antheridien mit stielartiger Fußzelle.

Eine sehr natürliche Farnfamilie, die sich möglicherweise von „gymnogrammoiden" *Pteridaceae* herleitet.

Wichtigere Gattungen:

1. *Antrophyum* Kaulfuss (einschl. *Polytaenium* und *Scoliosorus*):
Kleine bis mittelgroße, epiphytische oder felsbewohnende Farne mit kurz-kriechendem Rhizom. Blätter genähert; Spreite einfach, krautig bis fleischig oder lederig, oft lanzettlich oder spatelförmig aber auch rautenförmig oder lineal, sitzend oder in den Blattstiel verschmälert, nackt. Mittelrippe wenigstens im Basalteil der Spreite vorhanden; Sekundäradern nicht differenziert; Tertiäradern stark vernetzt, die Maschen oft verlängert-sechseckig; keine freien Adern außer am Rand. Sorale Linien oberflächlich oder eingesenkt, verzweigt oder vernetzt. Paraphysen oft vorhanden, einfach, haarförmig. Sporen je nach Art monolet oder trilet. x = wahrscheinlich 30.
Etwa 50 Arten, pantropisch.

2. *Anetium* Splitgerber (= *Pteridanetium*):
In vielem einem mittelgroßen *Antrophyum* gleichend, aber das Rhizom lang-kriechend, mit entfernten Blättern. Spreite schmal-elliptisch bis breit-lanzettlich, krautig; Mittelrippe nur im Basalteil vorhanden. Sporangien größtenteils oder ganz über die fertile Spreite verstreut. Sporen trilet. n = ?.
Eine Art im tropischen Amerika.

3. *Vittaria* J. E. Smith (einschl. *Ananthacorus*):
Sehr kleine bis mittelgroße, epiphytische oder epipetrische Farne. Rhizom kurz, kriechend, dorsiventral, oder aufrecht, radiär, dictyostelisch oder solenostelisch. Blattstiel oft schlecht abgesetzt; Spreite lang und schmal, fast fadenförmig bis schmalelliptisch, mit durchgehender Mittelrippe (Abb. 38 a). Adern stark aufwärts gerichtet, durch eine submarginale Kommissur verbunden; sehr selten mehrere Reihen von Maschen vorhanden. Sorale Linien auf der Kommissur, oberflächlich oder eingesenkt oder anfangs vom nicht modifizierten, etwas umgeschlagenen Blattrand bedeckt. Paraphysen zahlreich, haarförmig, zuweilen verzweigt, mit modifizierter Endzelle. Sporen je nach Art monolet oder trilet. n (x) = 60.
Systematisch ungenügend bekannte Gattung der tropischen und warm-gemäßigten Zonen der ganzen Welt, nicht in Europa; schätzungsweise zwischen 50 und 80 Arten.

4. *Monogramme* Schkuhr (einschl. *Vaginularia*):
Kleine bis winzige Epiphyten. Rhizom kriechend, protostelisch. Blätter entfernt bis genähert, einfach, lineal, krautig, oft nur mit einer Mittelrippe. Eine sorale Linie pro Blatt, über der Mittelrippe oder auf einer Seitenader, eingesenkt oder von einem Gewebeflügel bedeckt. Paraphysen einfach. Sporen trilet. n = 30.
Sieben Arten, von Madagaskar bis Melanesien.

5. *Hecistopteris* J. Smith:
Sehr kleine Epipyten. Rhizom kriechend, protostelisch, winzige Schuppen tragend. Blätter mit schmal-elliptischer bis breit-linealer, am Ende gezähnter, oder ein- bis mehrmals dichotom gespaltener Spreite, nur mit dichotomen Adern, ohne Mittelrippe. Sorale Linien distal auf den Adern. Paraphysen fadenförmig. Sporen trilet. n = ?
Eine Art, *H. pumila*, im tropischen Amerika.

Weitere Gattung:

Rheopteris (Neuguinea).

Thelypteridaceae:

Eine der größten Farnfamilien und dazu eine der am weitesten verbreiteten, von unsicherer Verwandtschaft. Die Vertreter wachsen auf dem Boden, oft an schattigen und/oder feuchten Orten, selten direkt im Wasser. Rhizom langkriechend bis kurz und aufrecht, gelegentlich sogar bis schwach stammartig, oft stark sklerotisch, mit radiärer Dictyostele. Schuppen nicht gegittert, basal angeheftet, meist am Rand und/oder auf der Fläche behaart. Blattstiel unten mit zwei bandartigen Xylemsträngen mit eingeschlagenen Enden („hippokampiform") (Abb. 1 o), die nach oben zu einem rinnigen Strang verschmelzen. Seitlich auf dem Blattstiel, der meistens strohfarben bis mittelbraun gefärbt ist, Pneumathoden von verschiedener Form. Die Achsen des Blattes, zumindest die größeren, oberseits meist rinnig. Spreite selten einfach und dann lang und schmal, viel häufiger länglich bis dreieckig oder lanzettlich, gefiedert, die Fiedern meistens gelappt bis fiederteilig, seltener noch stärker zusammengesetzt, mit katadromer Architektur und Aderung. In den Furchen der Achsen oft kurze Haare. Behaarung ist überhaupt ein wichtiges Merkmal in der Familie, die Beschaffenheit der Haare von großer systematischer Bedeutung: einfach, ein- oder mehrzellig, drüsentragend, verzweigt (Abb. 8 c), hakenförmig eingebogen usw. Die reife Blattspreite ist meistens nur spärlich beschuppt oder sogar praktisch schuppenlos. Die Costulae tragen einfache oder gegabelte Seitenadern, die frei oder teilweise vernetzt sind; die

Maschen enthalten keine freien Adern oder nur solche, die gegen den Rand laufen. Seltener sind die Adern viel stärker vernetzt (Abb. **4 c**). Sporangien normalerweise zu auf einer Ader rückenständigen Sori vereinigt; gelegentlich diese dem Blattrand genähert, meist rund bis elliptisch und mit hufeisenförmigem Indusium oder ohne eines, zuweilen strichförmig und dann den vernetzten Adern folgend, oder sogar selbst vernetzt, dann ohne Schleier. Sporangien auf schlanken Stielen aus drei Zellreihen; Anulus längs, unvollständig und mit ± deutlich abgesetztem Stomium. Sporen chlorophyllfrei, monolet oder recht selten trilet, mit stark entwickelter Oberflächenskulptur. Prothallium vom herzförmigen „Normaltyp", Oberfläche oft drüsig und/oder behaart. Chromosomengrundzahlen zwischen 27 und 36.

Epidermalanhängsel, die denen der laubigen Teile gleichen, oft zwischen den Sporangien oder sogar auf ihren Stielen bzw. Kapseln vorhanden (Abb. **8 c**). Sitzende Drüsen kommen oft an verschiedenen Teilen der Blätter vor, z. B. auch auf den Indusien. An der Ansatzstelle der Fiedern, gelegentlich auch der größeren Abschnitte 2. Ordnung, sind oft knopf- bis pflockoder schwanzförmige Aerophore zu finden, die beim erwachsenen Blatt abfallen oder vertrocknen und dann dunkel und kallös werden. Vegetative Vermehrung durch Knospen auf dem Blatt kommt hier und da vor.

Die Einteilung der Familie in Gattungen ist stark umstritten. Holttum (30, 33) teilte die altweltlichen Vertreter in 25 Gattungen ein; für die Familie als Ganzes ergäbe das etwa 30. Diese Einteilung wird von einigen neueren Autoren zugunsten einer mit viel weniger Gattungen verworfen. Bei Smith (63) bleiben nur fünf; hier werden 6 anerkannt.

Viele *Thelypteridaceae* gleichen im Habitus stark gewissen *Dryopteridaceae* wie *Athyrium*, *Matteuccia* und im Bau der Sori besonders auch *Dryopteris*. Die allermeisten Arten wurden während langer Zeit zu *Dryopteris* (bzw. synonymen Gattungen) gestellt. Durch die Art der Behaarung, das Vorhandensein zweier Leitbündel im Blattstiel, die Katadromie usw. sind sie meist leicht zu unterscheiden.

Gattungen:

1. *Macrothelypteris* (H. Itô) Ching:
Rhizom kurz, dick. Blattspreite zweifach gefiedert und fiederteilig. Untere Primärfiedern gegenständig, nicht verkürzt, unterste Fiederchen meist verkürzt.

Achsen des Blattes oberseits nicht rinnig, lange Gliederhaare tragend. Adern frei, den Blattrand nicht erreichend. Sori rund, meist mit nierenförmigem Schleier. Sporangien mit kurz gestielten Drüsen. Sporen monolet. n = 31.

Etwa 10 Arten in den wärmeren Zonen der Alten Welt. Eine Art, *M. torresiana* (besser bekannt als „*Dryopteris setigera*"), oft als Zierpflanze kultiviert, stellenweise im wärmeren Amerika eingebürgert.

2. *Phegopteris* (C. Presl) Fée:
Rhizom lang bis kurz. Spreite zwei- bis dreifach fiederschnittig, die Abschnitte breit angeheftet und mit einem Flügel verbunden. Auf der Spreite einzellige Haare, oft auch Schuppen. Achsen und Adern oberseits nicht rinnig. Adern frei, wenigstens einige den Blattrand (fast) erreichend. Sori rund, schleierlos oder mit winzigem Schleier. Sporangien oft Haare oder gestielte Drüsen tragend. Sporen monolet. n (x) = 30.

3 nördlich-gemäßigt-subtropische Arten, worunter die in Europa weit verbreitete *Ph. connectilis*.

3. *Pseudophegopteris* Ching:
Rhizom kurz bis lang. Blattspreite gefiedert und fiederschnittig oder stärker zusammengesetzt. Fiedern (fast) gegenständig, sitzend oder breit angewachsen; Haare der Spreite einzellig. Achsen des Blattes und Adern oberseits nicht rinnig; Adern frei, den Blattrand nicht erreichend. Sori dorsal bis subterminal, rund oder länglich, schleierlos. Sporangien oft Haare oder Stieldrüsen tragend. Sporen monolet. n = 31.

Etwa 20 Arten in den wärmeren Teilen der Alten Welt.

4. *Thelypteris* Schmidel (= *Lastrea*; einschl. *Amauropelta*, *Coryphopteris*, *Oreopteris* usw.):
Rhizom kriechend bis aufrecht. Spreite meist einfach gefiedert und fiederteilig, seltener doppelt oder nur einfach gefiedert; Achsen und Adern oberseits rinnig; Haare einzellig. Adern frei, den Blattrand meist oberhalb des Sinus erreichend. Sori dorsal bis subterminal, meist rund und mit nieren- bis hufeisenförmigem Schleier. Sporen monolet. n (x) = 27–35.

Etwa 270 Arten, auf der ganzen Welt verbreitet; in Europa *Th. limbosperma* und *Th. palustris*.

5. *Metathelypteris* (H. Itô) Ching:
Wie *Thelypteris*, aber die Achsen und Adern der Spreite oberseits nicht rinnig, die Adern den Blattrand nicht erreichend. Sori rund, mit Schleier. Sporen monolet. n = meist 35.

Etwa ein Dutzend Arten in den wärmeren Gegenden der Alten Welt.

6. *Cyclosorus* Link (einschl. *Ampelopteris*, *Amphineuron*, *Christella*, *Dictyocline*, *Goniopteris*, *Leptogramma*, *Meniscium*, *Pneumatopteris*, *Pronephrium* = *Abacopteris*, *Sphaerostephanos*, *Stegnogramma*, *Steiropteris*, *Trigonospora* usw.):
Rhizom kriechend bis aufrecht. Blattspreite einfach oder häufig gefiedert (und fiederteilig). Haare ein-

fach, manchmal verzweigt (Abb. 8 c). Adern frei bis vernetzt, in ersterem Fall am Sinus endend. Sori rund und mit Indusium bis verlängert und schleierlos oder sogar linienförmig und vernetzt. Sporangien und ihre Stiele oft Borsten und/oder Drüsen tragend. Sporen monolet, seltener trilet. n (x) = 36 (auch 35?).

Gegen 700 Arten, weltweit, aber besonders in wärmeren Zonen; in Europa C. pozoi.

Polypodiaceae:

Früher war es üblich, in diese Familie alle Farne zu stellen, deren Sporangien vom „höheren leptosporangiaten Typ" sind: ± lang und schlank gestielt, Kapsel mit längs verlaufendem, am Stielansatz stark unterbrochenem Anulus und meist vom Bogen abgesetztem, deutlich differenziertem Stomium (Abb. 8 j–n). Diese Umgrenzung wurde seit etwa 1940 von den allermeisten Pteridologen als unnatürlich erkannt und verlassen; in Floren und dergleichen hat sie sich aber bis in die Gegenwart erhalten. Heute werden die Polypodiaceae im engeren Sinn wie folgt umschrieben:

Meist epiphytische oder epilithische, seltener terrestrische, kleine bis ziemlich große Farne mit kriechendem Rhizom, dessen Rinde kaum oder nicht sklerotisch ist; dagegen häufig Sklerenchym in Strängen in der Rinde verstreut oder als Scheide um die einzelnen Leitbündel herum (Abb. 11). Leitbündelsystem im Rhizom eine perforierte Dictyostele darstellend; das heißt, die Stele ist stark in einzelne, vernetzte Stränge aufgelöst, wobei viel mehr Lücken vorhanden sind als Blätter. Blattstiel an der Basis meist deutlich gegliedert, einem Phyllopodium aufsitzend (Abb. 30), das in der Struktur am meisten dem Rhizom gleicht. Leitbündelsystem im Blattstiel ein nach oben offener Halbkreis von Leitbündeln, deren zwei ventrale größer sind (wie in Abb. 2 e); die kleineren dorsalen bei kleinen Farnen oft auf wenige oder sogar nur ein einziges reduziert. Das Rhizom (und oft auch die Spreite) trägt Schuppen, die sehr oft peltat, weniger häufig pseudopeltat oder basal angeheftet sind; oft sind sie wenigstens teilweise clathrat. Haarartige Fortsätze können an ihrem Rand vorhanden sein, niemals aber echte Haare oder flächenständige Anhängsel. Spreite oft einfach oder fiederschnittig mit breit angehefteten, nicht selten durch einen Flügel verbundenen Fiedern; Achsen des Blattes oberseits konvex, zuweilen abgeplattet oder schwach vertieft. Auf den Blättern manchmal makroskopische Haare. Dromie stark wechselnd. Blattdi-

morphismus relativ häufig. Adern frei und gabelig, häufig vernetzt mit eingeschlossenen freien Adern, Muster stark wechselnd bei den verschiedenen Verwandtschaftskreisen. Stomata überwiegend polocytisch (Abb. 5 k). Sori im Prinzip rund(lich) stets schleierlos; doch sind sie relativ häufig verlängert, elliptisch bis lineal, und in nicht wenigen Fällen sind die Sporangien gar nicht zu Sori vereinigt, sondern bedecken die fertilen Teile der Spreite acrostichoid. Wie es bei schleierlosen Farnen oft der Fall ist, enthalten die Sori meist sterile Anhängsel, die sehr verschiedene Formen annehmen können; diagnostisch sind sie von großer Wichtigkeit (z. B. 2). In einigen Fällen gleichen sie den Epidermalanhängseln der Blätter, in anderen sind sie stark modifiziert. Es lassen sich z. B. clathrate, hyaline, peltate, basifixe Schuppen, einfache oder verzweigte Drüsenhaare, Gliederhaare usw. unterscheiden; auch Kombinationen sind möglich. Daneben gibt es auch Anhängsel der Sporangien selbst; diese sind meist lang gestielt, mit dreireihigem Stiel und mit einem Anulus des „Normaltyps" der höheren Leptosporangiaten (Abb. 8 k, l); Stomium zweizellig, vom Bogen abgesetzt. Sporen mit verschwindenden Ausnahmen monolet, oft gelb bis braun, meist mit relativ wenig Oberflächenskulptur. Die Chromosomenzahlen basieren meistens auf n (x) = 36 oder 37. Prothallium herz-, seltener bandförmig.

Die *Polypodiaceae* stehen systematisch relativ isoliert. Verwandtschaft mit *Grammitidaceae* wird oft angenommen; manchmal werden die beiden Familien sogar vereinigt (72). Andere Autoren nehmen diese Verwandtschaft aber nicht an. Man kennt zwischen 650 und 700 Arten in vielleicht 30 Gattungen; Zahl und Abgrenzung der Gattungen sehr unvollkommen bekannt und oft noch kontrovers.

Wichtigere Gattungen:

1. *Pyrrosia* Mirbel (= *Cyclophorus, Niphobolus*; einschl. *Drymoglossum* und *Saxiglossum*):
Epiphytische oder epilithische, kleine bis mittelgroße Farne mit lang-kriechendem, stark beschupptem Rhizom; Schuppen (pseudo)peltat. Blätter an der Basis gegliedert, einfach eiförmig bis lineal, selten am Fuß gelappt oder fußförmig zerschnitten, fest, ± fleischig, mit stark vernetzten Adern mit eingeschlossenen freien Adern; Hydathoden oft auf der Oberseite vorhanden. Epidermalanhängsel aus mehrzelligen Sternhaaren bestehend. Fertile Blätter (bzw. Teile der Blätter) manchmal mit verschmälerter Spreite. Sori rund,

meist auf den freien Adern, in mehreren Reihen zwischen Mittelrippe und Rand, bei einigen Arten zu einem bandförmigen submarginalen „Coenosorus" vereinigt. n (x) = 36 oder 37.

Gut 50 Arten in den Tropen und Subtropen und der südlich-gemäßigten Zone der Alten Welt.

2. *Platycerium* Desv.:
Epiphytische, seltener epipetrische, oft große Farne mit kurz-kriechendem, starkem Rhizom; Schuppen basifix oder peltat. Blätter genähert, stark dimorph; die sogenannten Nischenblätter ungegliedert, sitzend, einfach oder am oberen Rand gelappt, kurzlebig aber nicht abfallend, das Rhizom und die Wurzelmasse bedeckend; Laubblätter gegliedert, ± gestielt, aufrecht bis hängend, mit schwach zweilappiger bis mehrmals seicht bis tief zweispaltiger Spreite (Abb. **28**). Epidermalanhängsel wie bei *Pyrrosia*. Adernetz kompliziert, mit eingeschlossenen freien Adern. Sporangien nicht zu eigentlichen Sori vereinigt sondern bestimmte Stellen des Blattes, „sorale Flecken", dicht acrostichoid bedeckend, diese an den Spitzen oder im Sinus der Blattabschnitte, auffallend braun, mit Sternhaaren zwischen den Sporangien. Unter den soralen Flecken ein besonderes Adernetz (Diplodesmie) (Abb. **3 a**). n = 37.

16 Arten, eine in Südamerika, die anderen in den Tropen der Alten Welt von Westafrika bis Ostaustralien.

3. *Aglaomorpha* Schott (einschl. *Drynariopsis, Merinthosorus, Pseudodrynaria, Thayeria* usw.):
Große, meist epiphytische Farne mit kurz kriechendem, starkem, dicht beschupptem Rhizom. Blätter an der Basis nicht gegliedert; Spreite meist kahl, häufig mit verbreiterter, kaum geteilter, nischenblattähnlicher, humussammelnder Basis (Abb. **17 b**) und gelapptem bis tief fiederteiligem Oberteil. Nervatur stark vernetzt, mit eingeschlossenen freien Adern; in den Einschnitten zwischen den Lappen Nektarien am Ende je einer Ader, die später als kallöse Drüsen erscheinen. Sori ein- bis vielreihig zwischen den stark differenzierten Sekundäradern, rund bis quadratisch oder lineal, auf konformen, oder aber auf verschmälerten bis skelettierten, distalen Abschnitten des Blattes; Sporangien mit kurzen Drüsenhaaren vermischt. n = 36 oder 37.

Etwa 30 Arten im wärmeren Asien.

4. *Photinopteris* J. Smith:
Wie *Aglaomorpha*, aber ohne humussammelnde Blattbasen. Blätter meist deutlich gestielt, mit zerstreuten, mehrzelligen, teils drüsentragenden Haaren, einfach gefiedert; Fiedern lederig, elliptisch, gestielt, der Stiel an der Basis gegliedert und gegen unten ein Nektarium tragend. Aderung mit deutlich differenzierten Sekundär- und Tertiäradern. Fertile Blätter mit stark verschmälerten distalen Fiedern, die acrostichoid von den Sporangien bedeckt sind. Sporangien mit Haaren vermischt. n = 36.

Eine Art, *Ph. speciosa*, im tropischen Südost-

asien. – Neuerdings (61) zu *Aglaomorpha* gezogen, aber in mehreren Merkmalen deutlich abweichend.

5. *Drynaria* (Bory) J. Smith:
Ziemlich große, epiphytische oder felsbewohnende Farne mit starkem, kriechendem, mit peltaten Schuppen besetztem Rhizom. Blätter ungegliedert, dimorph. Nischenblätter sitzend, ganzrandig bis fiederig gelappt, fest, kurzlebig, bleibend, abwechselnd mit Laubblättern, diese mit langem, meist geflügeltem Stiel und tief fiederspaltiger Spreite. Abschnitte breit angeheftet, meist schmal verbunden, lang und schmal, fest ± kahl, bei gewissen Arten ganz getrennt; Endfieder meist fehlend oder durch eine fast in terminale Position verschobene Seitenfieder ersetzt. An Aderenden zwischen den Fiedern Nektarien (kallöse Drüsen) vorhanden. Sori zweireihig zwischen je zwei Sekundäradern, oder einreihig an jeder Seite der Mittelrippe, selten zerstreut, rund. Sporangien mit Schuppen, Haaren und Zwischenformen davon vermischt. n = 36 oder 37.

16 Arten in den wärmeren Teilen der Alten Welt, von Westafrika bis Australien und Polynesien.

6. *Selliguea* Bory (einschl. *Crypsinus, Grammatopteridium, Holcosorus, Oleandropsis, Pycnoloma* usw.):
Epiphytische oder epilithische Farne mit lang-kriechendem Rhizom, das peltate Schuppen trägt. Blätter an der Basis gegliedert, gestielt, bei einigen Arten dimorph; Spreite einfach bis tief fiederteilig mit breit angehefteten Abschnitten, selten vollständig gefiedert, oft von fester Textur, mit sklerotischem, oft gekerbtem Rand, kahl oder mit wachsartigem Belag. Adern stark vernetzt, mit allseitswendigen eingeschlossenen freien Adern. Sekundäradern stark differenziert. Fertile Blätter bzw. fertiler distaler Teil des Blattes zuweilen schwach bis stark verschmälert. Sori einreihig zwischen den Sekundäradern oder zu beiden Seiten der Mittelrippe oder zerstreut, rund oder elliptisch bis bandförmig, mit Drüsenhaaren zwischen den Sporangien. n = 33, 35 oder 36.

Etwa 60 Arten in den tropischen bis warm-gemäßigten Zonen der Alten Welt, besonders in Asien, nicht in Afrika.

7. *Belvisia* Mirbel (= *Hymenolepis*):
Ziemlich kleine Epiphyten mit kurzem Rhizom, das peltate, gegitterte Schuppen trägt. Blätter ± genähert, an der Basis gegliedert, kurz gestielt bis sitzend; Spreite einfach, länglich bis bandförmig, ganzrandig, kahl, zuweilen mit wachsartigem Belag, mit internem Dimorphismus. Adern stark vernetzt, mit ziemlich deutlich differenzierten Sekundäradern und allseitswendigen freien eingeschlossenen Adern. Fertile Blätter mit abrupt und stark verschmälertem bis fadenförmigem Apikalteil, dem die Sporangien in fast acrostichoider Art aufsitzen und dessen Rand anfangs umgeschlagen ist. Zwischen den Sporangien Schuppen oder auch Haare. n (x) = 33.

Etwa 10 Arten, in den wärmeren Zonen der Alten Welt.

8. *Lepisorus* (J. Smith) Ching (einschl. *Paragramma*): Epiphytische, seltener epilithische oder terrestrische Farne von mittlerer Größe mit kriechendem, peltate und gegitterte Schuppen tragendem Rhizom. Blätter kurz gestielt, am Fuß gegliedert, mit undeutlich abgesetztem Stiel, meist fest, ganzrandig, lang und schmal, zuweilen schwach beschuppt; Mittelrippe deutlich, die Aderung oft verborgen, stark vernetzt, mit allseitswendigen freien Adern. Sori in einer Reihe zwischen Costa und Rand, manchmal dem Rand genähert, rund bis länglich, manchmal eingesenkt, mit peltaten, clathraten Schuppen zwischen den Sporangien. n (x) = 23, 25, 26, 35, ? 36.

Etwa 30 Arten in den Tropen, stellenweise bis in die gemäßigten Zonen, der Alten Welt bis Hawaii und dem Ussuri-Gebiet, wenig in Südostasien. Oft verwechselt bzw. zusammengefaßt mit der fast rein neuweltlichen Gattung *Pleopeltis*.

9. *Lecanopteris* Reinw. (einschl. *Myrmecopteris*): Epiphyten mit kriechendem, hohlem, verzweigtem Rhizom, dessen Äste dem Substrat angedrückt sind, die Hohlräume von Ameisen bewohnt; Oberfläche dicht beschuppt bis fast kahl, die Schuppen peltat, in der Mitte clathrat. Oft dornartige Auswüchse auf der Oberfläche. Blätter am Fuß gegliedert, entfernt, sitzend bis gestielt; Spreite einfach bis tief fiederteilig, kahl, die Abschnitte meist gerundet. Adern stark vernetzt, mit eingeschlossenen freien Adern. Sori rundlich, kompital, zuweilen eingesenkt, bei einigen Arten auf halbkreisförmigen Lappen des Blattrandes sitzend, die gegen die Blattoberseite umgeschlagen sind; Sporangien mit Drüsenhaaren vermischt. Sporen blaß, Perispor zuweilen ein Fadengewirr um die Sporen bildend, bis zu 16 Sporen in einem Paket zusammenhaltend. n = ?

Etwa ein Dutzend Arten im indo-malaiischen Gebiet.

Die drei folgenden Gattungen und *Neocheiropteris* sind sehr nahe verwandt und schwer zu trennen; vielleicht wären sie besser in eine einzige zusammenzufassen:

10. *Colysis* C. Presl (einschl. *Dendroglossa* und *Paraleptochilus*): Erd- oder felsbewohnende oder epiphytische Farne mit kriechendem Rhizom und (pseudo)peltaten, clathraten Schuppen. Blätter am Fuß gegliedert, meist deutlich gestielt; Spreite einfach bis tief fiederteilig, meist krautig, mit stark vernetzten Adern, die tertiären anadrom; freie Adern allseitswendig. Fertile Blätter manchmal stark verschmälert. Sori dorsal, rund bis strich- oder bandförmig, seltener die Sporangien acrostichoid verteilt; meist keine clathraten Schuppen zwischen den Sporangien. n (x) = 36.

Zwischen 30 und 40 Arten im wärmeren Asien.

11. *Leptochilus* Kaulfuss: Ziemlich kleine Epiphyten mit lang-kriechendem Rhizom; Schuppen peltat, clathrat. Blätter entfernt, gegliedert, krautig, einfach, schwach bis ausgesprochen dimorph. Sterile Blätter kaum gestielt. Adern stark vernetzt, die tertiären katadrom; eingeschlossene freie Adern allseitswendig. Fertile Blätter länger gestielt, mit schwach bis stark reduzierter Spreite. Sori auf tertiären Adern, rund bis linienförmig oder die Sporangien acrostichoid verteilt. Drüsenhaare zwischen den Sporangien. n = 36.

Etwa 6 Arten im tropischen Asien.

12. *Microsorum* Link („*Microsorium*"; einschl. *Diblemma* u. a.): Erd- oder felsbewohnende oder epiphytische Farne mit kriechendem, oft abgeflachtem Rhizom. Schuppen clathrat, meist pseudopeltat. Blätter meist monomorph; Spreite einfach oder fiederteilig, selten gefiedert. Adern stark vernetzt, mit allseitswendigen freien Adern; tertiäre Adern katadrom. Sori dorsal, in zwei oder mehr Reihen parallel zu den sekundären Adern oder zerstreut, rund bis länglich, zuweilen zusammenfließend, auch Drüsenhaare enthaltend. Sporen blaß. n = 36 oder 37.

20 paläotropische Arten.

13. *Phymatosorus* Pichi Sermolli (= *Phymatodes*): Epiphytische, seltener fels- oder erdbewohnende Farne. Rhizom lang-kriechend, zuweilen mit wachsartigem Belag, peltate, clathrate Schuppen tragend. Blätter entfernt, gestielt, gegliedert; Spreite einfach bis (öfters) tief fiederteilig, beide Formen manchmal an der gleichen Pflanze, meist kahl, ganzrandig. Adern stark vernetzt, mit allseitswendigen freien Adern; tertiäre Adern anadrom. Fertile Blätter manchmal etwas verschmälert. Sori in einer bis wenigen Reihe(n) zu beiden Seiten der Primär- oder Sekundäradern, kompital (das Rezeptakulum besondere sorale Adern enthaltend), rund bis elliptisch, oft schwach bis stark eingesenkt; Sporangien mit Drüsenhaaren vermischt. n = 36 oder 37.

Etwa ein Dutzend Arten in den wärmeren Teilen der Alten Welt bis ins gemäßigte Australien. Die am weitesten verbreitete Art, *Ph. scolopendria*, eingeführt und verwildert im tropischen Amerika.

14. *Campyloneurum* C. Presl: Meist epiphytische Farne mit kriechendem Rhizom, das (pseudo)peltate, clathrate Schuppen trägt. Blätter gegliedert, nicht dimorph, sitzend bis gestielt; Spreite am Fuß stark verschmälert, einfach, selten gefiedert mit breit angehefteten Fiedern, meist kahl und ganzrandig. Mittelrippe, meist auch Sekundäradern, stark entwickelt; tertiäre Adern stark vernetzt, mit deutlichen Querverbindungen zwischen den Sekundäradern, die costale Masche mit einer, die anderen mit zwei oder etwas mehr freien, randwärts gerichteten eingeschlossenen Adern, die zuweilen auch die nächste Querader erreichen (Abb. **4 f**). Sori dorsal bis subterminal auf den freien Adern, meistens 2- oder 3reihig zwischen je zwei Sekundäradern, rund, nicht eingesenkt, ohne Paraphysen. Sporen blaß. n (x) = 37.

Etwa 20, oft recht ähnliche Arten in den Tropen und Subtropen Amerikas.

15. *Niphidium* J. Smith (= *Pessopteris*):
Baum- oder felsbewohnende, größere Farne mit kriechendem Rhizom; Schuppen peltat, clathrat. Blätter gegliedert, monomorph; Spreite lang und schmal, zungenförmig, zum Stiel hin stark verschmälert, fest, mit starker Mittelrippe, manchmal, wie auch das Rhizom, mit wachsartigem Belag, die adaxiale Seite mit Hydathoden. Sekundäradern stark entwickelt; Tertiäradern verborgen, unregelmäßig vernetzt, mit allseitswendigen freien Adern. Sori groß, rund bis elliptisch, in je einer Reihe zwischen zwei Sekundäradern, kompital, mit einem Ring von speziellen Adern unter dem Rezeptakulum. Paraphysen fehlend. Sporangienkapsel mit kurzen Haaren nahe dem Anulus. Sporen hyalin. n = 74.
10 oder etwas weniger Arten im tropischen und subtropischen Amerika.

16. *Polypodium* L. (einschl. *Lepicystis, Pecluma, Phlebodium* usw.):
Erd-, fels- oder baumbewohnende Farne mit kriechendem Rhizom; Schuppen basifix, pseudopeltat oder peltat, clathrat oder nicht. Blätter entfernt bis genähert, gestielt, an der Basis gegliedert; Spreite tief fiederspaltig bis gefiedert, seltener einfach, gelegentlich doppelt gefiedert, am Grunde meist gestutzt, kahl, behaart oder (besonders abaxial) beschuppt; Abschnitte mit deutlicher Mittelrippe. Seitenadern frei oder vernetzt, meist mit wenigen Reihen von Maschen beiderseits der Mittelrippe; freie eingeschlossene Adern vorhanden, meist zum Rand laufend, gelegentlich allseitswendig; distale Adern oft frei. Adaxiale Seite oft mit Hydathoden. Fertile Blätter gelegentlich etwas verschieden, länger oder schmäler. Sori in einer bis wenigen Reihen beiderseits der Mittelrippe, terminal oder compital, oberflächlich oder etwas eingesenkt, rund bis elliptisch, meist Paraphysen enthaltend, diese sehr verschieden gestaltet. Sporen meist deutlich gelb. n (x) = 37.
Grob geschätzt 200 Arten, besonders in der Neuen Welt, nur wenige in Asien und Europa (*P. vulgare*-Komplex), kaum in Afrika.

17. *Pleopeltis* Humb. & Bonpl. ex Willd.:
Kleinere, epiphytische oder epilithische Farne; Rhizom lang-kriechend, mit peltaten, höchstens teilweise clathraten Schuppen. Blätter am Grunde gegliedert; Spreite einfach, seltener fiederteilig, wie der Blattstiel zerstreut bis dicht beschuppt; Schuppen meist zweifarbig, mit dunklerem Zentrum. Adern vernetzt, mit allseitswendigen freien Adern. Fertile Blätter bzw. Blatt-Teile zuweilen etwas verschmälert. Sori kompital, rund oder länglich, in einer oder zwei Reihen beiderseits der Hauptader(n), neben Sporangien peltate, clathrate Schuppen enthaltend. Sporen gelb. n (x) = 35 oder 37.

Etwa 10 Arten, bis auf eine auf das wärmere Amerika beschränkt. Oft verwechselt mit der nicht näher verwandten altweltlichen Gattung *Lepisorus*.

18. *Microgramma* C. Presl:
Kleine, meist epiphytische Farne mit lang-kriechendem, dicht beschupptem, oft ± abgeflachtem Rhizom; Schuppen zart, meist peltat, oft zweifarbig, in der Mitte clathrat. Blätter gegliedert, entfernt, einfach, meist elliptisch bis schmal-lanzettlich, ganzrandig, schwach beschuppt bis (in erwachsenem Zustand) schuppenlos. Fertile Blätter bei einigen Arten mit längerer bzw. schmälerer Spreite. Adern stark vernetzt, mit randwärts gerichteten oder allseitswendigen freien Adern. Sori in einer oder in wenigen Reihen beiderseits der Mittelrippe, compital oder terminal, rund, seltener länglich; im Sorus verschiedene Typen von oft langen, schmalen Schuppen. Sporen blaß bis gelb. n (x) = 36 oder 37.
Etwa 22 tropisch-subtropische Arten in der Neuen Welt, eine in Afrika und auf den ostafrikanischen Inseln.

19. *Goniophlebium* C. Presl:
Größere, meist epiphytische Farne mit lang-kriechendem, oft grünem Rhizom (Abb. **30**) mit wachsartigem Belag; Schuppen meist peltat, größtenteils oder ganz clathrat. Blätter auf deutlichen Phyllopodien, lang gestielt, Spreite fiederteilig oder einfach gefiedert, ± kahl; Fiedern lang und schmal, an der Basis gegliedert (Abb. **21**), am Fuß verschmälert oder adnat, gelegentlich gefiedert. Adern mit 1–4 Reihen von Maschen beiderseits der Mittelrippe, jede Masche mit einer randwärts gerichteten, freien Ader; distale Adern frei, in Hydathoden endend. Sori terminal auf den eingeschlossenen freien Adern, meist einreihig, rund bis elliptisch, nicht selten eingesenkt; haar- und schuppenförmige Paraphysen meist vorhanden, letztere clathrat. n = 36 oder 37.
23 Arten im wärmeren Zentral-, Ost- und Südostasien, bis Australien und Polynesien. Amerikanische Arten, die man zu dieser Gattung gestellt hat, gehören zu *Polypodium*.

20. *Loxogramme* (Blume) C. Presl:
Kleine bis mittelgroße Farne mit kriechendem Rhizom; Schuppen basifix, clathrat. Blätter auf Phyllopodien, aber nicht immer artikuliert, wie die ganze Pflanze ohne Sklerenchym; Spreite einfach, kreisrund bis lineal, oft lanzettlich, wenig fest, ganzrandig, mit stielartig verschmälerter Basis, kahl. Adern stark vernetzt, oft mit freien eingeschlossenen Adern, ohne Hydathoden. Sori länglich bis strichförmig, schräg zur Mittelrippe stehend, dorsal. Sporen monolet oder trilet, chlorophyllhaltig. n = 35 oder 36.
Über 30 Arten, in den wärmeren Teilen der Alten Welt bis Polynesien, eine in Mittelamerika.

Weitere Gattungen:

Anarthropteris (Neuseeland), *Arthromeris* (Asien), *Christiopteris* (Asien), *Dicranoglossum* (trop. Amerika), *Dictymia* (Australien, Melanesien), *Drymotaenium* (Ostasien), *Lemmaphyllum* (Asien), *Neocheiropteris* (Asien), *Neurodium* (trop. Amerika), *Polypodiopteris* (Borneo), *Solanopteris* (westl. trop. Amerika), *Thylacopteris* (Malesien).

Grammitidaceae:

Dies ist eine erst in neuerer Zeit abgetrennte Familie; die dazugehörenden Farne haben oft habituell große Ähnlichkeit mit kleineren *Polypodiaceae* und sind deshalb nicht nur meist in diese Familie, sondern sogar in die Gattung *Polypodium* im weiteren Sinn gestellt worden. Ob sie tatsächlich am nächsten mit den *Polypodiaceae* verwandt sind, ist noch unsicher.

Winzige bis kleine, gelegentlich mittelgroße Farne, allermeist epiphytisch an sehr feuchten Orten wachsend, weniger oft auf Steinen. Rhizom meist klein, kriechend oder aufrecht, oft sehr kurz, solenostelisch, mit basifixen, clathraten Schuppen, die oft am Rande behaart sind, zuweilen, besonders bei kleinen Vertretern, nackt. Blätter meist ohne Artikulation am Rhizom angeheftet, nicht auf Phyllopodien; Blattstiel mit nur einem Leitbündel, fast nie schuppig, dagegen oft mit ein- oder mehrzelligen Haaren, gelegentlich auch Drüsen. Spreite oft einfach bis gelappt oder fiederschnittig (Abb. **38 c**), nicht selten einfach gefiedert, weniger oft stärker zusammengesetzt, vereinzelt regelmäßig oder unregelmäßig gabelig verzweigt, anadrom. Adern frei oder schwach vernetzt, ohne eingeschlossene freie Adern. Hydathoden gelegentlich auf der Blattfläche vorhanden. Spaltöffnungen polo- und anomocytisch (Abb. **5 a, k**). Fertile Teile der Blätter zuweilen anders gestaltet als die sterilen. Sori stets nackt, rund bis strichförmig, dorsal, aber manchmal nahe dem Rand, hier und da in das schwammige Blattgewebe oder in taschenartige Vertiefungen eingesenkt oder von einem umgeschlagenen Lappen des Blattrandes bedeckt. Haarartige Paraphysen können vorhanden sein. Stiel der Sporangien meist einreihig, Kapsel manchmal mit Haaren. Sporen trilet, chlorophyllhaltig. Prothallium meist bandartig gestreckt, nicht selten behaart. n (x) = 37, zuweilen, 32, 33, oder 36.

Der sehr viel einfachere anatomische Bau, die typischen Haare, der einreihige Sporangienstiel, das weitgehende Fehlen von Abgliederungsstellen, die einfachere Aderung, die trileten, chlorophyllhaltigen Sporen usw. grenzen die *Grammitidaceae* deutlich von den *Polypodiaceae* ab. Während einige Autoren sie nach wie vor in deren Nähe stellen oder sie sogar dazu rechnen, denken andere an ganz andere Verwandtschaftsverhältnisse, zum Beispiel mit den *Thelypteridaceae*.

Die Einteilung der Familie in natürliche Gattungen bereitet die größten Schwierigkeiten. Traditionellerweise nennt man Arten mit von umgeschlagenen Randlappen bedeckten Sori *Acrosorus* bzw. *Calymmodon*, Vertreter mit verlängerten, eingesenkten Sori stellt man zu *Cochlidium*, *Scleroglossum* oder *Enterosora*. Die verbleibenden Arten werden dann oft auf drei Gattungen verteilt: *Grammitis* mit einfacher Spreite, *Xiphopteris* mit fiederspaltiger Spreite, deren Segmente nur eine, eventuell gegabelte, Ader enthalten; und *Ctenopteris* mit fiederteiliger bis mehrfach gefiederter Spreite und gefiederten Adern in den Abschnitten. Eine solche Einteilung mag zwar praktisch sein, ist aber deutlich künstlich; eine neuere, überzeugende steht noch aus. Versuche (6, 7, 64), natürliche Artengruppen herauszuarbeiten und als Gattungen zu unterscheiden, haben noch keinen allgemeinen Anklang gefunden; sie erstrecken sich auch erst auf einen relativ kleinen Teil der Familie. Andere Autoren unterscheiden eine einzige Gattung, *Grammitis* Swartz, was aber kaum befriedigt.

Zwischen 400 und 500 Arten in den Tropen (besonders in feuchten Gebirgswäldern) und den Subtropen, in südlich-gemäßigten, ozeanischen Zonen, sehr lokal in nördlich-gemäßigten Breiten; einige in letzterem Gebiet nur als permanente Gametophyten bekannt. In Europa nur *G. jungermannioides* auf der Azoreninsel Pico. Viele Arten sind einander sehr ähnlich.

Dryopteridaceae:

(Einschl. *Athyriaceae*, *Onocleaceae*, *Tectariaceae*, *Woodsiaceae* usw.).

Dies ist eine sehr große und wichtige Farnfamilie aller Klimazonen. Es sind kleine bis große, erdbewohnende, seltener kletternde, noch seltener epiphytische Farne. Rhizom kriechend bis aufrecht oder sogar schwach stammförmig, dictyostelisch, meist radiär im Bau, beschuppt, die Schuppen basifix, clathrat oder nicht. Blattstiel ohne Gliederung angeheftet, oft wenigstens am Grunde bleibend beschuppt und mindestens zwei Leitbündel enthaltend. Spreite einfach bis stark zusammengesetzt, Adern frei oder vernetzt. Sterile und fertile Blätter meist ± gleich gestaltet. Stomata überwiegend polo-, zuweilen auch anomo- oder staurocytisch (Abb. **5 a, k, l**). Sori sehr häufig rund bis länglich, dorsal, seltener terminal oder kompital, zuweilen verlängert; oder die Sporangien in soralen Linien, oder acrostichoid angeordnet. Indusium meistens vorhanden, sehr oft rundlich bis länglich. Stiel der Sporangien im allgemeinen zwei- oder dreireihig. Sporen monolet, mit stark differenziertem, diagnostisch oft wertvollem Perispor. Gametophyt herzförmig, kahl oder mit Oberflächenanhängseln. Die Chromosomen(grund)-zahlen 40 und 41 überwiegen stark.

Dies ist die größte Farnfamilie; sie ist über die ganze Welt verbreitet und auch in nördlich-gemäßigten Zonen relativ gut vertreten. Der innere Zusammenhang der hier als Unterfamilien behandelten Verwandtschaftskreise ist sehr deutlich, ebenfalls der mit den fünf folgenden Familien. Manche Autoren behandeln die Unterfamilien als selbständige Familien, oder aber sie schließen *Lomariopsidaceae, Nephrolepidaceae* usw. mit in die *Dryopteridaceae* ein. Das ist weitgehend Ansichtssache.

Unterfamilie Dryopteridoideae: Blattstiel im Querschnitt mit 3 oder (meistens) mehr, im Halbkreis angeordneten Leitbündeln.

Tribus Rumohreae: Stele des Rhizoms stark dorsiventral; Schuppen teilweise peltat; Mittelrippen der Fiedern adaxial nicht rinnig. x = 41.

Eine Gattung:

1. *Rumohra* Raddi:
Erd-, fels- oder baumbewohnende Farne mit lang-kriechendem, fleischigem Rhizom, die Schuppen darauf teils basifix, teils peltat. Blätter in zwei Reihen auf der Dorsalseite, ungegliedert; Blattstiel lang, mit mehreren Leitbündeln im Halbkreis. Spreite länglich-dreieckig, mindestens zweifach gefiedert, anadrom; Abschnitte stumpf; Adern frei. Sori groß, rund, dorsal oder terminal, in einer Reihe zwischen Mittelrippe und Rand; Indusium schildförmig. Etwa sieben Arten; eine, *R. adiantiformis*, weit verbreitet in tropischen und südlich-gemäßigten Gegenden, die meisten anderen in Madagaskar. Zuweilen zu den *Davalliaceae* gerechnet, zu denen sicher auch Beziehungen bestehen, aber wohl besser bei den *Dryopteridaceae* einzureihen. Viele *Archniodes*-Arten wurden eine zeitlang fälschlich zu *Rumohra* gestellt.

Tribus Dryopterideae: Stele des Rhizoms radiär oder schwach dorsiventral; Schuppen nie peltat; Mittelrippe adaxial rinnig, keine „ctenitoiden" Gliederhaare vorhanden. x = 41.

Wichtige Gattungen:

2. *Peranema* D. Don (einschl. *Diacalpe*):
Rhizom aufrecht; Blattstiele genähert. Spreite drei- bis vierfach gefiedert, größtenteils katadrom. Sori dorsal, rund, sitzend oder gestielt (!) mit haarförmigem Stiel von wenigen mm; Indusium unterständig, anfangs kugelig, später unregelmäßig von der Spitze her aufreißend.
Etwa 4 Arten im wärmeren Asien.

3. *Nothoperanema* (Tagawa) Ching:
Erdbewohnende Farne mit aufrechtem Rhizom. Blattspreite dreifach gefiedert und fiederteilig, größtenteils katadrom; Adaxialseite wurmförmige Haare aus mehreren subquadratischen Zellen tragend. Adern frei. Sori dorsal, rund, meist mit nierenförmigem Indusium.
Etwa 3 Arten in Afrika, Indien, China und Japan.

4. *Dryopteris* Adanson (einschl. *Acrorumohra*):
Erdbewohnende Farne mit fast stets aufsteigendem oder aufrechtem Rhizom, das die Basen alter Blattstiele und nicht-clathrate, hell- bis dunkelbraune Schuppen trägt. Blattstiele meist stark entwickelt, genähert, wenigstens am Fuß schuppig; Spreite meist gefiedert und fiederteilig, bis mehrfach gefiedert, selten nur einfach gefiedert, mindestens im distalen Teil katadrom, oft fest, haarlos, zuweilen aber beschuppt, auch in den Rinnen der Achsen ohne Haare, in der Form oft dreieckig oder länglich bis lanzettlich, die Basalfiedern 2. Ordnung nicht selten basitonisch gefördert. Abschnitte der Blätter oft asymmetrisch, meist gekerbt bis gezähnt aber ohne endständigen Fortsatz; sitzende Drüsen, bullate Schuppen oder sehr schmale, fast haarartige Schuppen manchmal vorhanden. Fertile Blattspreite selten etwas verschmälert. Sori meist dorsal, rund, mit nieren- bis herzförmigem Indusium, dieses gelegentlich früh abfallend, rudimentär, oder völlig fehlend.
Etwa 230 Arten, deren Systematik nur unvollkommen bekannt ist, teils wegen des sehr häufigen Auftretens von Hybriden, hybridogenen allopolyploiden Taxa, apogamen Sippen usw. Fast auf der ganzen Welt verbreitet, besonders aber in der nördlich-gemäßigten bis subtropischen Zone, auch in tropischen (Hoch-)Gebirgen, kaum in Australien. Früher viel breiter gefaßt (z. B. 13, 14, 15,) und dann nicht nur Gattungen wie *Ctenitis, Stigmatopteris* usw. enthaltend, sondern auch die Mehrzahl der *Thelypteridaceae*.

Gut charakterisiert durch folgende Merkmale, von denen es nur selten oder nie Ausnahmen gibt: Rhizom nicht kriechend; keine echten Haare vorhanden;

Spreite teilweise oder ganz katadrom; Indusium nierenförmig. Nahe verwandt mit den beiden folgenden Gattungen.

5. *Arachniodes* Blume (= *Byrsopteris*; einschl. *Polystichopsis* und *Leptorumohra*):
Eher größere, erdbewohnende Farne mit kriechendem, seltener aufsteigendem Rhizom mit radiärsymmetrischer Stele; Schuppen nicht gegittert. Blattstiel lang, blaß bis bräunlich; Spreite meist zwei- bis mehrfach gefiedert und fiederschnittig, 3- oder 5eckig, anadrom, die Basalfiedern sehr oft basitonisch gefördert, oft von fester Textur, kahl bis wenig schuppig, seltener Gliederhaare tragend. Abschnitte letzter Ordnung oft asymmetrisch, geöhrt, Rand scharf gezähnt bis begrannt, meist mit endständigem Zahn oder kurzer Granne. Adern frei. Sori dorsal bis terminal, rund; Schleier wie bei *Dryopteris*.

Vielleicht 60 Arten, die sich oft recht stark gleichen und auch bastardieren und deren Systematik deshalb unvollkommen bekannt ist; tropische und warmgemäßigte Zonen der ganzen Welt, besonders Asiens; je eine in Afrika und auf Madeira. Früher zu *Polystichum*, dann zu *Rumohra* gestellt, aber von beiden verschieden, ebenso von *Dryopteris*, mit der sie neuerdings zuweilen (72) vereinigt wird.

6. *Polystichum* Roth (einschl. *Cyrtogonellum*, *Cyrtomium*, *Papuapteris*, *Phanerophlebia*, *Plecosorus* usw.):
Erd- oder felsbewohnende Farne, klein bis recht groß, mit aufrechtem, gelegentlich etwas stammartigem Rhizom; Schuppen nicht clathrat, oft von artspezifischer Färbung. Blattstiele in einer Rosette, oft stark beschuppt, sehr kurz bis lang, kaum je dunkel; Spreite oft (fast) doppelt gefiedert aber auch einfach oder dreifach gefiedert, häufig länglich bis lanzetlich, fest, allermeist anadrom oder isodrom, nicht selten ± bleibend beschuppt, besonders auf den Achsen und Adern, die Schuppen wenn sehr schmal manchmal haarartig, aber echte Haare nie vorhanden. Abschnitte letzter Ordnung oft geöhrt oder sonst asymmetrisch, ganzrandig bis – häufiger – scharf gezähnt oder ausgesprochen begrannt, mit Endgranne. Fertile Blätter bzw. Blatt-Teile zuweilen verschmälert (Abb. 22). Adern frei oder, wenn vernetzt, mit randwärts gerichteten, freien Adern. Sori dorsal oder terminal, in einer bis mehreren Reihen, rund, mit schildförmigem, abgerundetem, sehr selten fehlendem Indusium.

Fast weltweit, aber im tropischen Tiefland fehlend; über 200 Arten, die systematisch schwierig sind und zum größeren Teil noch eingehender Untersuchungen bedürfen. Die Gründe dafür sind ähnlich wie bei *Dryopteris*.

Die Arten mit einfach gefiederten Blättern ohne Zerteilung der Fiedern, vernetzten Adern und mehrreihigen Sori werden oft als *Cyrtomium (Phanerophlebia)* abgetrennt, aber weder ergibt sich so eine natürliche, monophyletische Gruppe, noch ist eine solche Gattung (oder zwei) scharf gegen *Polystichum* abzugrenzen.

7. *Didymochlaena* Desvaux:
Große terrestrische Farne mit massivem, aufrechtem Rhizom und großer Blattrosette. Spreite doppelt gefiedert, anadrom; Sekundärachsen beim Ansatz der Fiederchen mit dornartigen Fortsätzen. Fiederchen ± dimidiat, rhombisch bis kurz zungenförmig, die größeren am Fuß mit einer Abgliederungsstelle; Hauptader nicht rinnig, am hinteren Rand der Fiederchen oder diagonal; Seitenadern frei, mit verdickten Enden. Sori endständig auf einer etwas verkürzten Ader, oft etwas eingedrückt, länglich; Rezeptakulum verlängert, lateral und apikal Sporangien tragend; Indusium verlängert bis hufeisenförmig (Abb. 2 f), entlang dem Rezeptakulum angeheftet.

Eine (?) pantropische Art, *D. truncatula*.

8. *Stigmatopteris* C. Christensen:
Erdfarne mit kurz kriechendem bis aufrechtem Rhizom, die Schuppen dunkelbraun, nicht clathrat. Blattstiel hell, ± schuppig; Spreite einfach gefiedert, seltener bis doppelt gefiedert und fiederspaltig, überwiegend katadrom, nicht sehr fest, durch interne Drüsen durchscheinend punktiert (Name!). Fiedern lang und schmal; Achsen und größere Adern rinnig. Adern frei oder etwas unregelmäßig verbunden, dann mit randwärts gerichteten freien Adern; Enden deutlich verbreitert. Sori dorsal, rund bis länglich, schleierlos.

24 Arten in den Tropen und Subtropen Amerikas.

9. *Cyclodium* C. Presl:
Der vorigen Gattung ähnlich, aber mit festeren Blättern ohne durchscheinende Punktierung, anadrom. Adern frei, zusammenneigend oder regelmäßig paarweise verbunden, dann mit randwärts gerichteten freien Adern; Aderenden nicht verbreitert. Fertile Blätter manchmal etwas verschmälert. Sori dorsal, rund, mit rundem, meist schildförmigem Schleier.

10 Arten im tropischen Amerika.

10. *Polybotrya* Willd.:
Meistens hemiepiphytische, ziemlich große Farne mit kriechendem oder kletterndem, stark verlängertem Rhizom, das sich mit auf der Ventralseite befindlichen Wurzeln an Bäumen anheftet, mit zahlreichen, von je einer sklerenchymatischen Scheide umgebenen, im Kreis angeordneten Leitbündeln. Blätter ohne Artikulation, entfernt, stark dimorph, mit hellem, festem Blattstiel. Sterile Spreite ein- bis vierfach gefiedert, fest, anadrom oder katadrom, die Adern, manchmal auch die Spreite, schwach bis stark behaart; Achsen adaxial rinnig. Adern gabelig bis fiederig verzweigt, frei oder vernetzt, ohne freie eingeschlossene Adern. Fertile Blätter „skelettiert", Spreitenteile sehr stark reduziert, stark zerteilt, mit schmalen Abschnitten (Abb. 7 c). Sporangien in runden, oft zusammenfließenden Sori oder acrostichoid und gleichmäßig auf den fertilen Abschnitten verteilt.

35 neotropische Arten.

Weitere Gattungen:

Acrophorus (wärmeres Asien bis Melanesien), *Lithostegia* (östl. Zentralasien), *Maxonia* (trop. Amerika), *Olfersia* (id.), *Stenolepia* (Malesien).

Tribus Tectarieae: Rhizom mit radiärer Dictyostele; Schuppen basifix, oft clathrat; ctenitoide Gliederhaare oft vorhanden; Mittelrippen der Fiedern adaxial nicht rinnig. x = 40 oder 41.

11. *Tectaria* Cavanilles (= *Aspidium* s.str.; einschl. *Camptodium, Cionidium, Ctenitopsis, Dictyoxiphium, Fadyenia, Hemigramma, Quercifilix, Stenosemia* usw.):
Kleine bis große, boden- oder felsbewohnende Farne mit kriechendem bis aufrechtem Rhizom; Schuppen lang, schmal, nicht clathrat. Blattstiel oft dunkelsklerotisch, adaxial rinnig, in der Rinne meistens deutliche, rötliche Gliederhaare tragend; helle, schlanke Haare können auch daneben vorhanden sein. Spreite einfach, öfter ein- oder zweifach gefiedert, daneben oft gelappt, vielfach dreieckig, fünfeckig oder länglich; fertile Spreite gelegentlich verschmälert. Behaarung wie beim Blattstiel angegeben. Adventivknospen auf den Achsen der Spreite nicht selten vorhanden. Basalabschnitte (-fiederchen) der untersten Fiedern oft basitonisch vergrößert. Spreite wenn geteilt heterodrom; die basale (hintere) Ader distaler Abschnitte oft nicht von der Costula sondern von der Costa abzweigend („hyperkatadrom"). Costae adaxial nicht rinnig, sehr oft ctenitoide Haare tragend. Adern selten ganz frei, öfter schwach bis stark vernetzt, meist mit allseitswendigen eingeschlossenen freien Adern. Sori dorsal, terminal oder sehr oft kompital, zuweilen verlängert und dem Adernetz als sorale Linien folgend, am häufigsten rundlich und dann meist mit hufeisen- oder schildförmigem Indusium; sehr selten die Sporangien acrostichoid; oder die Sori lineal, dem Rand genähert und parallel und mit *Lindsaea*-artigem Indusium. n (x) = 40.
Große Gattung von etwa 150, meist den Waldboden bewohnende Arten, in den Tropen und Subtropen, lokal auch in warm-gemäßigten Breiten, auf der ganzen Welt, nicht in Europa.
Die erhebliche Variabilität der Aderung und der Form der Sori hat zur Aufstellung einer Reihe von Nachbargattungen geführt (s. Synonymie), die aber alle künstlich definiert bzw. ausgegrenzt sind.

12. *Pleocnemia* C. Presl (einschl. *Arcypteris*):
Größeren *Tectaria*-Arten ähnlich; Leitbündelmuster im Blattstiel bei größeren Arten kompliziert. Spreite gefiedert und fiederteilig bis fast dreifach gefiedert, dreieckig, heterodrom. Alle Achsen ctenitoide Haare tragend. In den Einschnitten zwischen je zwei Lappen der Fiedern ein Zahn, der eine kleine Ader enthält und sich beim lebenden Blatt über die Ebene der

Spreite erhebt (wie in Abb. 2 j). Adern mindestens teilweise vernetzt; costale Maschen außen mit randwärts gerichteten freien Adern. Sori rund, mit nierenförmigem Schleier oder nackt. n = 41.
Etwa 20 Arten im wärmeren Asien, bis Polynesien.

13. *Triplophyllum* Holttum:
Oft große, terrestrische Farne mit schlankem, kriechendem Rhizom; Schuppen nicht clathrat. Blattstiel lang, meist spärlich beschuppt und dicht mit ctenitoiden Haaren besetzt. Spreite länglich oder öfter drei- bis fünfeckig, oder aus drei ± äquivalenten Teilen bestehend, ein- bis fast fünffach gefiedert, heterodrom, meistens mit stark basitonisch geförderten Basalfiedern. Endabschnitte asymmetrisch, meist stumpf. Adern auf der Adaxialseite gelegentlich „intestiniforme" Haare tragend. Adern frei, seltener schwach bis stark vernetzt, dann ohne eingeschlossene freie Adern, katadrom (nicht „hyperkatadrom"). Sori dorsal bis terminal, mit nierenförmigem Schleier, selten nackt und länglich. n = 41.
20 Arten im tropischen Amerika und Afrika.

14. *Ctenitis* (C. Christensen) C. Christensen (einschl. *Atalopteris* und *Ataxipteris*):
Terrestrische, oft recht große Farne, mit aufrechtem Rhizom; Schuppen braun, clathrat, ganzrandig. Blätter genähert, deutlich gestielt; Spreite gefiedert und fiederspaltig bis fast vierfach gefiedert, heterodrom oder öfter katadrom, dreieckig bis länglich, oft clathrate Schuppen tragend; Achsen des Blattes adaxial nicht rinnig, kurze, rötliche, sehr stumpfe Gliederhaare tragend, die beim Trocknen etwas eingeschnürt werden („Ctenitis-Haare" oder „ctenitoide Haare"). Adern frei, katadrom (nicht „hyperkatadrom"), die Enden nicht verdickt. Oberfläche oft mit einzelligen, zylindrischen Drüsen besetzt. Fertile Blattabschnitte kaum je verschmälert. Sori dorsal oder fast terminal, rund; Indusium nieren- bis hufeisenförmig, selten fehlend. n (x) = 41.
Über 100 oft schlecht bekannte Arten in den wärmeren Teilen der ganzen Welt außer in Australien.

Früher sehr viel breiter umgrenzt; neuerdings ausgegrenzte GATTUNGEN sind *Aenigmopteris, Dryopsis, Lastreopsis, Megalastrum, Triplophyllum*.

15. *Megalastrum* Holttum:
Große terrestrische Farne mit aufrechtem, zuweilen etwas stammartigem Rhizom; Schuppen schwach clathrat, oft gezähnt. Blätter genähert, mit starkem Blattstiel; Spreite oft stark behaart, länglich-dreieckig, gefiedert und fiederteilig bis vierfach gefiedert, heterodrom, die Achsen Schuppen tragend; Adaxialseite der Achsen und größeren Adern mehrzellige, spitze, helle Haare tragend, die sich beim Trocknen nicht einschnüren wie bei *Ctenitis*. Adern frei, die basalen Adern katadrom, Enden deutlich verdickt. Sori dorsal, rund, mit hufeisenförmigem Indusium. n (x) = 41.

Etwa 50 Arten im wärmeren und südlich-gemäßigten Amerika, wenige im tropischen Afrika und auf
den ostafrikanischen Inseln.

16. *Lastreopsis* Ching (= *Parapolystichum*):
Boden- oder felsbewohnende oder auch auf Baumstämmen wachsende, mittelgroße Farne; Rhizom
meist kriechend; Schuppen dunkel, lang und schmal,
nicht clathrat. Blattstiel ± beschuppt, nicht dunkel-
sklerotisch; Spreite krautig, fünfeckig, zwei- bis fünffach gefiedert, katadrom oder heterodrom, seltener
anadrom; untere Fiedern basitonisch gefördert. Achsen adaxial rinnig, die größeren in der Mitte erhaben,
Gliederhaare und zuweilen auch Drüsenhaare tragend. Freie Abschnitte letzter Ordnung asymmetrisch, ihr hinterer Rand in den lateralen Wulst der
Rhachis auslaufend (Abb. 3 f). Adern adaxial nicht
rinnig, frei. Sori dorsal oder terminal, rund oder seltener elliptisch; Indusium nieren- bis schildförmig oder
fehlend. n = 41.
Etwa 40 Arten, pantropisch und südlich-gemäßigt, besonders in Australien.

17. *Pteridrys* C. Christensen & Ching:
Oft recht große, erdbewohnende Farne mit kurzem,
aufrechtem Rhizom, das basal herzförmige Schuppen und Gliederhaare trägt. Blattstiele genähert, adaxial tief rinnig, die Rinne mit einem Wulst in der
Mitte. Spreite gefiedert und fiederteilig, krautig, katadrom oder heterodrom; Fiedern lanzettlich, tief zerteilt, geschwänzt; Mittelrippe adaxial nicht rinnig. Sinus zwischen den Segmenten mit einem Zahn wie bei
Pleocnemia. Adern frei, oft hyperkatadrom, den
Rand fast erreichend. Sori (sub)terminal, rund, mit
nierenförmigem Schleier. n = 41.
8 Arten in den wärmeren Teilen Süd- bis Ost-
asiens.

18. *Cyclopeltis* J. Smith:
Erd- oder felsbewohnende, größere Farne mit massivem, aufrechtem Rhizom; Schuppen schmal, dunkelbraun. Blattstiele genähert; Spreite einfach gefiedert
mit konformer Endfieder; Rhachis adaxial rinnig. Fiedern zahlreich, lang und schmal, sitzend, mit einer
Abgliederungsstelle auf den Lateralwülsten der Rha-
chis-Rinne eingefügt; hintere Basis oft geöhrt. Aderung isodrom bis katadrom, frei; Mittelrippe adaxial
flach. Sori dorsal bis subterminal, in einer bis wenigen Reihen, rund; Indusium schildförmig. n = 41.
Etwa ein halbes Dutzend Arten, eine im tropischen Amerika, die anderen vom tropischen Asien bis
zum westlichen Pazifik.

Weitere Gattungen:

Adenoderris (Karibik), *Aenigmopteris* (Malesien),
Coveniella (Queensland), *Dryopolystichum* (Neugui-
nea bis Melanesien), *Dryopsis* (wärmeres Asien bis
Malesien), *Heterogonium* (China bis Melanesien;
Maskarenen), *Hypoderris* (Karibik) *Olfersia* (trop.

Amerika), *Pseudotectaria* (Madagaskar), *Psomiocarpa* (Philippinen)

Unterfamilie Athyrioideae: Blattstiel im Quer-
schnitt mit zwei bandförmigen, nach oben oft
zu einem einzigen, rinnigen verschmolzenen
Leitbündeln; das Xylem hippokampiform, das
heißt an beiden Enden eingeschlagen (Abb. 2 g).

Tribus Athyrieae: Blätter nicht oder kaum dimorph; Sporen chlorophyllfrei.

19. *Athyrium* Roth (einschl. *Anisocampium, Cysto-
    athyrium, Kuniwatsukia, Pseudocystopteris*
    usw.):
Erdfarne mit kriechendem bis aufrechtem, radiär-dic-
tyostelischem Rhizom, das nichtclathrate, ziemlich
dunkle, ganzrandige Schuppen trägt. Blattstiele meist
genähert, die Basen oft zu Trophopodien verdickt,
adaxial schmal-rinnig. Spreite meist krautig, ein- bis
dreifach gefiedert, Dromie verschieden; keine kon-
forme Endfieder vorhanden. Spreite meist wenig
oder kaum beschuppt, selten deutlich behaart; dornartige Fortsätze an der adaxialen Basis der Hauptadern gelegentlich vorhanden (wie bei *Pteris*). Adern
meistens anadrom, fast immer frei. Sori dorsal, meist
asymmetrisch-hufeisenförmig und über ihre Ader
greifend, auch J-förmig oder lineal, seltener nierenförmig bis rund, der Schleier von der gleichen Form, seltener rudimentär oder fehlend. Perispor häufiger mit
kurzen Falten als mit flügelartigen Vorsprüngen. n
(x) = 40.
Fast 200 Arten, subkosmopolitisch, aber wenig
vertreten bis fehlend im tropischen Tiefland und in
südlich-gemäßigten Zonen. Eine der wichtigsten
Farngattungen der Gebirge im wärmeren Asien. Systematik der Arten und Einteilung in natürliche Untergruppen noch sehr unvollkommen bekannt; Abgrenzung gegen Nachbargattungen wie *Diplazium*
und *Deparia* nicht immer ganz deutlich.

20. *Diplazium* Swartz (einschl. *Callipteris, Rhachi-
    dosorus, Triblemma* usw.):
Meist ziemlich bis sehr große, erd- oder felsbewohnende Farne mit kriechendem bis aufrechtem, gelegentlich schwach stammförmigem Rhizom; Schuppen nicht clathrat, braun bis schwarz, nicht selten gezähnt. Blattstiel adaxial gefurcht, mit breiter Rinne.
Spreite einfach, fiederspaltig, häufiger ein- bis vierfach gefiedert, oft anadrom, wie auch die Adern; Endabschnitte häufiger symmetrisch als bei *Athyrium*.
Adern frei, fiederig verzweigt und einfach oder gegabelt, seltener die basalen oder alle verbunden, ohne
eingeschlossene freie Adern. Sori dorsal, elliptisch
oder meistens strichförmig, denen von *Asplenium*
gleichend, aber die stärkste Seitenader eines Blattseg-
mentes meistens mit einem Sorus auf beiden Seiten
(„Rücken an Rücken"); Schleier schmal-elliptisch bis
lineal, in seiner ganzen Länge der rezeptakulären

Ader angeheftet, nicht darüber greifend. Perispor oft Flügel bildend. n (x) = 40 oder 41.

Zwischen 300 und 400 Arten, die große Mehrzahl in den Tropen; Systematik noch sehr unvollkommen.

Abgrenzung gegenüber *Athyrium* manchmal schwierig aber möglich; die Chromosomengrundzahlen – 40 bei *Athyrium*, 41 bei *Diplazium* – sind nicht ganz zuverlässig, da auch *Diplazium*-Arten mit 40 bekannt sind. *Diplazium* wurde früher lange zu *Asplenium* gezogen bzw. in seine Nähe gestellt, aber abgesehen von der Ähnlichkeit der Sori unterscheiden die beiden Gattungen sich stark in ihrer Morphologie und sind zweifellos nicht nahe verwandt. Die rein konvergent ähnlichen Sori sind nicht mit anderen gemeinsamen Merkmalen assoziiert. Die ganz verschiedenen Chromosomenzahlen bestätigen dies.

21. *Deparia* Hooker & Greville (einschl. *Athyriopsis, Dryoathyrium, Lunathyrium*):
Terrestrische Farne mit kriechendem bis aufrechtem, oft fleischigem Rhizom; Schuppen oft Haare tragend. Blätter mit deutlichem Stiel, die Spreite oft ebenfalls etwas fleischig, einfach bis doppelt gefiedert, schwach ana- oder katadrom; Achsen Gliederhaare tragend, oberseits rinnig. Adern frei, anadrom. Sori dorsal, rund bis lineal, U- oder J-förmig; Indusium von gleicher Gestalt, seitlich angeheftet. n (x) = 40, selten 41.

Etwa 40 Arten in den wärmeren Zonen der Alten Welt, von Afrika bis Hawaii, eine in Nordamerika; *D. japonica* hier und da außerhalb ihres natürlichen Verbreitungsgebietes eingebürgert.

22. *Cystopteris* Bernhardi:
Kleinere, erd- oder oft felsbewohnende Farne mit kriechendem bis aufsteigendem, schlankem, zart beschupptem Rhizom. Blätter deutlich gestielt; Spreite zart, unbehaart, dreieckig bis länglich, doppelt bis fast vierfach gefiedert, meist anadrom; Basalfiedern manchmal gegen unten gefördert. Adern frei, fiederig verzweigt, ihre kaum verdickten Enden nahe dem Rand in den Zähnen oder in den Kerben endend (Abb. **4k**). Sori dorsal, rundlich; Schleier schuppenförmig, proximal einseitig hinter dem Rezeptakulum angeheftet. Sporen stachlig. x = 42.

12 Arten der gemäßigten Breiten und in tropischen Gebirgen; *C. fragilis* weit verbreitet, auch in Europa.

23. *Gymnocarpium* Newman:
Kleinere Erdfarne mit schlankem, meist kriechendem Rhizom mit sehr zarten, blassen Schuppen. Blätter entfernt, mit langem, schlankem, hellem Stiel. Spreite drei- oder fünfeckig, fiederteilig bis dreifach gefiedert, krautig, dünn, mit dem Blattstiel einen Winkel bildend, anadrom, zuweilen drüsig, sonst nackt; größere Seitenachsen des Blattes am Fuß gegliedert. Größere Fiedern gegenständig. Adern fiederig verzweigt mit einfachen, freien, den Blattrand fast erreichenden

Ästen. Sori dorsal, rund bis elliptisch, fast immer ohne Schleier. n = 40.

6 Arten, die meisten in der nördlich-gemäßigten Zone, eine in Malesien.

24. *Hypodematium* Kunze:
Meist felsbewohnende Farne mit kurz-kriechendem, fleischigem Rhizom, das einen Schopf großer, lanzettlicher, hellbrauner Schuppen trägt. Blattstiele genähert, mit fleischiger, beschuppter Basis, einige Nadelhaare tragend. Spreite dreieckig, krautig, meist anadrom, Nadel- und/oder Drüsenhaare tragend, zwei- bis fast vierfach gefiedert, die unteren Fiedern basitonisch gefördert; Abschnitte letzter Ordnung stumpf, gekerbt bis zerteilt. Adern frei, anadrom. Sori dorsal, relativ groß, rund, mit nierenförmigem, behaartem Schleier, x = 40 oder 41.

Etwa 4 Arten, asiatisch, nur eine, *H. crenatum*, von Westafrika bis Ostasien verbreitet.

25. *Woodsia* R. Brown (einschl. *Cheilanthopsis, Hymenocystis* und *Protowoodsia*):
Erd- oder oft felsbewohnende, kleinere Farne mit kurzem, braun beschupptem Rhizom. Blattstiele genähert, bei manchen Arten mit einer schrägen Abgliederungsstelle oberhalb der Basis. Spreite eiförmig bis sehr schmal lanzettlich, meist an der Basis verschmälert; Fiedern lang und schmal, ana- oder isodrom, einfach oder gekerbt bis fiederschnittig oder selten fast gefiedert. Oberfläche meist mit Gliederhaaren, oft auch mit sehr schmalen Schuppen auf den Achsen. Adern frei, gegabelt. Sori dorsal bis fast terminal, rund, mit unterständigem Indusium, dieses schüssel- bis becherförmig oder stark zerschlitzt, sogar haarringartig; zuweilen Randlappen der Fiedern über die Sori umgeschlagen. n (x) = 33, 38, 39, 41.

Etwa 25 Arten, meist nördlich-gemäßigt.

Weitere Gattungen:

Acystopteris (Asien), *Cornopteris* (id.), *Dictyodroma* (warm-gemäß. Asien), *Diplaziopsis* (Asien bis Polynesien), *Hemidictyum* (trop. Amerika).

Tribus Onocleeae: Blätter stark dimorph, die fertilen mit über die Sori umgerollten und sie ± umschließenden Rändern; Sporen chlorophyllhaltig.

26. *Matteuccia* Todaro (= *Pteretis; Struthiopteris* Willd., non al.):
Größere Farne mit aufrechtem Rhizom, das stolonenartige Ausläufer trägt; Schuppen zart, hell. Spreitenlose Kataphylle periodisch gebildet. Sterile Blätter kurz gestielt, der Stiel flügelartig verbreitert; Spreite länglich, zur Basis stark verschmälert, gefiedert und fiederschnittig, zerstreut behaart, katadrom; Mittelrippe adaxial rinnig. Adern frei, einfach, den Rand fast erreichend. Fertile Blätter im Inneren der Blattrosette, bis zu Beginn der nächsten Saison bleibend

(Abb. 35), kürzer, stark verhärtet, einfach gefiedert, chlorophyllfrei, der Rand der linealen Fiedern nach unten um- und über die runden, terminalen Sori eingerollt; Indusium zart, becherartig, extrors. n (x) = 40.

Eine Art, *M. struthiopteris*, nördlich-gemäßigt; eine zweite vielleicht als Bastard mit *Onoclea orientalis* zu interpretieren.

27. *Onoclea* L. (einschl. *Pentarhizidium*):
Mittelgroße Farne mit kriechendem, zart beschupptem Rhizom. Blattstiel lang, adaxial flach; Spreite stark dimorph. Spreite der Trophophylle dreieckig-länglich, gefiedert und fiederteilig oder nur fiederteilig; Fiedern schmal-länglich, mit verschmälerter Basis; Adern katadrom, vernetzt ohne freie Adern oder frei. Sporophylle kürzer, verhärtet, chlorophyllfrei, bis zur nächsten Saison bleibend; Spreite ein- oder zweifach gefiedert, mit rundlichen, stark konvexen, perlschnurartigen Abschnitten, ihr Rand über die Sori nach unten umgeschlagen; sonst wie *Matteuccia*. n (x) = 37 bzw. 40.

2 Arten in der nördlich-gemäßigten Zone.

Weitere Gattung:

Onocleopsis (Mittelamerika).

Oleandraceae:

Oft kletternde, seltener epiphytische oder erdbewohnende Farne. Rhizom verlängert, mit perforierter Dictyostele, peltate Schuppen tragend. Blätter mit Abgliederungsstellen im Blattstiel oder an den Basen der Fiedern; Blattstiel mit Leitbündelmuster wie bei den *Dryopteridaceae*. Spreite einfach oder einfach gefiedert. Stomata polocytisch (Abb. 5 k). Sori dorsal oder häufiger terminal, rund, mit rundem, nicht peltatem Indusium oder schleierlos. Sporen monolet, mit starker Oberflächenskulptur.

Die drei zu dieser Familie gestellten Gattungen sind zweifellos nahe verwandt. Trotzdem ist ihre Klassifikation umstritten. Sie werden oft zu den *Davalliaceae* gestellt, von denen sie sich aber durch die Gestalt der Sori und die Sporen deutlich unterscheiden. Eine Einreihung als Unterfamilie in die *Dryopteridaceae* ist auch vorgeschlagen worden. Von diesen unterscheiden sie sich aber deutlich stärker als die beiden Unterfamilien der letzteren. Es wäre eher zu vertreten, *Nephrolepis* mit einzuschließen, die aber in der Morphologie des Rhizoms und in Sporenmerkmalen abweicht.

Der Gametophyt trägt Haare, zeichnet sich aber sonst nicht aus. Die Chromosomenzahlen bestätigen die enge Verwandtschaft mit den *Dryopteridaceae*.

Wichtigere Gattungen:

1. *Oleandra* Cavanilles:
Rhizom terrestrisch, epilithisch, kletternd, epiphytisch, lang-kriechend oder gelegentlich aufrecht und strauchartig verzweigt (einziges Beispiel bei den Farnen!) (Abb. 17 a); Schuppen peltat, behaart. Blätter dorsal oder allseitig auf dem Rhizom eingefügt, einem kurzen bis sehr langen, stielartigen Phyllopodium gegliedert angeheftet; Spreite einfach, länglich-zungenförmig, ganzrandig, meist fest, oft etwas behaart, entlang der nicht rinnigen Mittelrippe oft basifixe Schuppen tragend. Adern frei, gegabelt, dicht und parallel verlaufend, in Hydathoden nahe dem Rand endend. Fertile Blätter bei wenigen Arten verschmälert. Sori einzeln auf einem akroskopischen Aderast, dorsal, auf einem Blatt gemeinsam gewöhnlich eine sehr unregelmäßige Reihe bildend, rund; Schleier nieren- bis hufeisenförmig. Sporangien mit Haaren vermischt, auf langen, 2- oder 3reihigen Stielen, die oft ein Haar tragen. Stomium scharf abgesetzt. n = 40 oder 41.

Etwa 40 einander oft recht ähnliche Arten, pantropisch, lokal bis in warmgemäßigte Gebiete.

2. *Arthropteris* J. Smith:
Rhizom lang-kriechend oder -kletternd (hemi-epiphytisch) (Abb. 29); Stele dorsiventral. Schuppen gezähnt, mit abfallenden Haaren. Blätter dorsal, zweireihig, der anfangs behaarte Blattstiel gegen ein Phyllopodium abgegliedert, mit 3 Leitbündeln. Spreite gefiedert, die Fiedern sitzend, mit gegliederter Basis der rinnigen Spindel aufsitzend; Spreite der Fiedern meist ganzrandig, seltener zerteilt, elliptisch-lanzettlich, manchmal ± dimidiat, kahl bis behaart, isodrom oder schwach katadrom, mit freien, oft verzweigten Adern, die dicht hinter dem Blattrand in Hydathoden enden, diese manchmal ein helles Exsudatschüppchen tragend. Sori terminal auf einem akroskopischen Aderast, rund, mit nierenförmigem Schleier oder nackt; Sporangien mit Haaren vermischt. n = 41.

Etwa 15 tropische und südlich-gemäßigte Arten; Alte Welt von Afrika und Südarabien bis Polynesien, östlich bis Juan Fernández.

Weitere Gattung:

Psammiosorus (Madagaskar)

Nephrolepidaceae:

Eine kleine, oft mit den *Oleandraceae, Davalliaceae* oder sogar *Dryopteridaceae* vereinigte Familie mit nur einer GATTUNG:

Nephrolepis Schott:
Terrestrische oder auch niedrig-epiphytisch wachsende, oft ziemlich große Farne; Rhizom kurz, mit radiärer Dictyostele, oft protostelische Stolonen mit stark sklerotischer Rinde tragend (Abb. **13**), zuweilen kurzlebig; einige Arten Knöllchen an den Stolonen tragend. Schuppen peltat, ± behaart, Blattstiele genähert, ungegliedert, oft stark sklerotisch wie das Rhizom, adaxial ± gefurcht; Leitbündel wie bei der vorigen Familie. Spreite lang und schmal, einfach gefiedert (außer bei Kulturformen); Spindel adaxial gefurcht, oft schuppig. Fiedern zahlreich, sitzend, asymmetrisch, oft an der vorderen Basis geöhrt, an der Basis gegliedert, meist krautig, einfach oder bis zur Mitte gelappt. Adern ± isodrom, einfach, gegabelt oder gefiedert, nahe dem Blattrand in Hydathoden endend; Oberfläche je nach Art behaart und/oder schmale Schuppen tragend oder verkahlend. Fertile Fiedern selten etwas abweichend, schmäler oder tiefer eingeschnitten. Spaltöffnungen polo- oder staurocytisch (Abb. **5 k, l**). Sori terminal auf einem akroskopischen Aderast, manchmal dem Rande stark genähert, selten in Lappen der Spreite plaziert (Abb. **25**), bei einer Art auf einer submarginalen Kommissur, lineal, *Lindsaea*-ähnlich, sonst rundlich. Schleier stets vorhanden, nieren- bis fast schildförmig aber nicht wirklich peltat, oder lineal. Sporen monolet, ohne starke Skulptur. n (x) = 41.

30–40 einander oft sehr ähnliche Arten in den Tropen und Subtropen der ganzen Welt.

Davalliaceae:

In der hier angenommenen, etwas eingeengten Umgrenzung eine der typischen Epiphytensippen, mit nur wenigen terrestrischen Vertretern; außerdem die einzige größere, auf eine Hemisphäre beschränkte Farnfamilie. Rhizom kriechend, fleischig, sehr wenig sklerotisch, mit perforierter Dictyostele, wie sie sich ähnlich nur bei den *Polypodiaceae* findet; von den Meristelen je eine ventrale und eine dorsale breiter (Abb. **1 k**). Oberfläche dicht und bleibend beschuppt, die Schuppen, wieder wie bei *Polypodiaceae*, meist peltat angeheftet. Blätter ± entfernt, zweireihig, dorsal auf dem Rhizom, kurzen Phyllopodien gegliedert angeheftet. Blattstiel sklerotisch aber selten dunkel, die Leitbündel im Muster der *Dryopteridaceae*. Spreite fest und meistens zusammengesetzt, manchmal sehr stark zerteilt, selten einfach, überwiegend anadrom; Achsen von charakteristischer Gestalt, mit einer adaxialen Rinne, die in der Mitte

von einem ± stark konvexen Wulst durchzogen wird (Abb. **3 b**); Mittelrippe und Adern adaxial nicht rinnig. Adern frei, meistens fiederig verzweigt. Sori endständig oder scheinbar in Gabelungen der äußersten Aderäste, fast stets kurz, auf dem Ende einer Ader, allermeistens mit einem basal angehefteten, sind zum Rand öffnenden, oft taschenförmigen Indusium. Paraphysen fehlen; Sporangien typisch für die höheren Leptosporangiaten. Sporen stets monolet, oft gelb, nur selten mit starker Oberflächenskulptur. Prothallien meist kurz behaart.

Früher wurden Gattungen der *Dennstaedtiaceae* wie *Dennstaedtia*, *Microlepia*, *Odontosoria* usw. aufgrund ihrer ähnlich gestalteten Sori mit den davallioiden Farnen in Verbindung gebracht (57) oder sogar zusammengeworfen, doch das muß als überholt betrachtet werden. Verwandtschaft mit den *Dryopteridaceae* ist höchst wahrscheinlich; die Davalliaceen-Gattung *Leucostegia* besitzt einige *Dryopteris*-artige, die Dryopteridaceen-Gattung *Rumohra* einige Davalliaceen-artige Züge. Die Chromosomenzahlen 40 und 41 bestätigen die Verwandtschaft. Ähnlichkeiten mit den *Polypodiaceae*, teils schon oben erwähnt, wie die perforierte Dictyostele, die peltaten Schuppen, die Phyllopodien mit Blattstielabgliederungsstelle, die gelben, monoleten Sporen, werden heute im allgemeinen als Konvergenzen betrachtet. Wenn man die *Oleandraceae* und *Nephrolepis* ausschließt, bilden die *Davalliaceae* eine der homogensten Farnfamilien. Die Einteilung in Gattungen bietet einige Schwierigkeiten und ist noch recht ungefestigt; sie beruhte viel zu lange vorwiegend auf – heute als weniger relevant betrachteten – Merkmalen des Sorusbereichs. Die Gattung *Davallia* ist hier sehr weit gefaßt (nach 48, gegenüber 42).

Gattungen:

1. *Leucostegia* C. Presl:
Meist terrestrische (!) Farne; Rhizom ringsum bewurzelt, oft neben Schuppen auch Haare tragend. Blätter lang-gestielt, fast drei- bis fast fünffach gefiedert, dreieckig-länglich, kahl, anadrom; Abschnitte letzter Ordnung ungefähr keilförmig. Sori dem Rande genähert, am Ende je einer Ader; Indusium nieren- bis fast kreisförmig, an der Basis oder auch mit einem Teil der Seiten angeheftet. n = 41.

2 Arten, wärmeres Asien bis Polynesien.

2. *Davallodes* Copeland:
Epiphyten; Rhizom nur an kurzen Seitenzweigen bewurzelt; Schuppen peltat, mit breiter Spreite und abrupt verschmälerter Spitze. Blattstiel unten mit drei, weiter oben mit einem Leitbündel, adaxial Glieder-

haare tragend. Spreite gefiedert und fiederteilig bis doppelt gefiedert, dünn, lang und schmal mit verschmälerter Basis, katadrom, behaart wie der Blattstiel; Fiedern länglich, Abschnitte letzter Ordnung stark herablaufend. Sori dem Rande genähert, mit nieren- bis beutelförmigem Indusium. n = 40.

Etwa 8 Arten im malesischen Gebiet. Die Gattung weicht durch die Behaarung, Katadromie und die verschmälerte Blattbasis von den anderen *Davalliaceae* ab.

3. *Araiostegia* Copeland:
Baum- oder felsbewohnende Farne mit weichem Rhizom, die Schuppen dünn, mit herzförmiger Basis, behaart; Wurzeln nur ventral. Blattstiel kahl, sonst wie bei der vorigen Gattung; Blattspreite zart, stark zerteilt, drei- bis fast fünffach gefiedert, fast immer anadrom, länglich-dreieckig, an der Basis gestutzt, zuweilen sehr kurze Haare tragend; Abschnitte letzter Ordnung sehr schmal, spitz, meistens mit einer Ader. Sori endständig auf einem Aderast, der andere ein benachbartes Segment durchziehend; Indusium zart, rundlich-nierenförmig, allermeist nur basal angeheftet, kürzer als der Rand. n = 41.

Etwa ein halbes Dutzend Arten im warm-gemäßigten bis tropischen Asien. Vielleicht besser als Untergattung zu *Davallia* zu stellen.

4. *Davallia* J. E. Smith (einschl. *Humata, Pachypleuria, Parasorus, Scyphularia* und *Trogostolon*):
Baum- oder felsbewohnende Farne von recht verschiedener Tracht. Rhizom schlank und lang-kriechend bis kurz, fleischig, mit peltaten, gezähnten Schuppen bekleidet, deren Spitze oft abrupt verschmälert, stark abgesetzt und abfallend. Blattstiel mit mehreren, bei kleinen Arten nur sehr wenigen Leitbündeln. Spreite einfach und lanzettlich bis groß, länglich-dreieckig, meist fest, anadrom oder isodrom, ohne deutlich sichtbare Behaarung. Fiedern letzter Ordnung von sehr verschiedener Gestalt; fertile Spreite bei einigen Arten verschmälert und/oder stärker zerschnitten (Abb. **26**). Adern meist deutlich sichtbar, frei, gabelig verzweigt, den Rand fast erreichend, bei einigen Arten mit sogenannten falschen Adern (sklerotischen, schmalen Streifen) dazwischen. Sori dem Rande stark genähert, meist deutlich endständig auf je einer Ader, aber diese manchmal so stark verkürzt, daß der Sorus scheinbar in einer Gabelung liegt; dann ist er von zahnartigen Abschnitten flankiert, die ihn überragen. Indusium an der Basis oder auch an den Seiten angeheftet, muschel- bis beutelförmig, bei einigen Arten den Rand erreichend; bei einer Art der Sorus linealisch, auf einer Kommissur dem ganzen Rand der Spreite folgend, mit *Lindsaea*-artigem Indusium. n (x) = 41.

Knapp 100 Arten in den tropischen bis warmgemäßigten Zonen der Alten Welt, von Südwesteuropa *(D.canariensis)* bis Nordjapan und Ostpolynesien; sehr wenige in Afrika.

Versuche, Gattungen wie *Humata, Scyphularia, Pachypleuria* und *Parasorus* abzuspalten, waren wenig erfolgreich, da sie auf der Anwendung von Einzelmerkmalen bzw. von mehreren, ungenügend korrelierten oder unscharfen Merkmalen beruhten.

5. *Gymnogrammitis* Griffith:
Epiphyten, im Habitus *Araiostegia* ähnlich, aber das Rhizom ohne die größere, ventrale Meristele. Sori rund, ohne Indusium. Sporen mit eigenartigen, langen, schmalen Fortsätzen.

Eine Art, *G. dareiformis*, im subtropischen kontinentalen Asien.

Lomariopsidaceae:

Eine recht große, fast rein tropische, den *Dryopteridaceae* nahe stehende Familie. Die Hauptunterschiede liegen in Merkmalen, die Anpassungen an eine (hemi)epiphytische Lebensweise darstellen, die aber nicht bei allen Gattungen vorliegt. Typisch ist auch das Fehlen von Sori – die Sporangien sind acrostichoid verteilt (ausgenommen bei der wenig bekannten monotypischen Gattung *Thysanosoria*). Die meisten Vertreter besitzen eine stark dorsiventrale Dictyostele im Rhizom, das Schuppen trägt und meistens kriecht oder klettert. Leitbündelsystem der Blattstiele dem der *Dryopteridaceae-Dryopteridoideae* sehr ähnlich. Häufig Artikulationen an der Basis des Blattstieles oder der Fiedern. Fertile Blätter allermeistens schwach bis stark von den sterilen verschieden; die Spreite in verschiedenem Maße reduziert. Außerdem können die Laubblätter in Akrophylle und Bathyphylle differenziert sein (s. S. 11). Spaltöffnungen polocytisch (Abb. **5 k**). Diplodesmie häufig. Sporen stets monolet, meist mit ausgeprägter, vom Perispor gebildeter Skulptur. Die Prothallien sind vom „Normaltyp" der höheren *Filicales*, aber bei *Elaphoglossum*, wie bei vielen Epiphyten, oft bandförmig (wie Abb. **12 b**). Das häufige Vorkommen der Chromosomen(grund)zahl 41 bestätigt die Nähe zu den *Dryopteridaceae*.

Wichtigere Gattungen:

1. *Lomariopsis* Fée:
Größere Farne mit lang-kletterndem, kantigem Rhizom; Schuppen schwach peltat, nicht clathrat, abfallend. Blätter entfernt, Blattstiel ungegliedert, Spreite dimorph, heterodrom. Sterile Spreite einfach gefie-

dert (sehr selten einfach), mit basal gegliederten, länglich-lanzettlichen, unzerteilten Fiedern; Endfieder gleichgestaltet aber ungegliedert oder abortiert. Adern frei, dicht, gabelig, parallel. Fertile Fiedern stark verschmälert, diplodesmisch, unterseits gleichmäßig von den mit kleinen Schuppen vermischten Sporangien bedeckt. n (x) = 32–41.

Etwa 45 Arten; pantropisch.

2. *Teratophyllum* Mettenius ex Kuhn:
Der vorigen Gattung ähnlich; Rhizom oft stachelartige Auswüchse tragend, Blattstielbasis ± deutlich gegliedert. Spreite oft ganz anadrom, trimorph. An der Basis der Trägerpflanze, im Schatten, mit Bathyphyllen, die kleine, gelappte bis gefiederte, gegliederte Abschnitte tragen; die Akrophylle, die oben, am Licht, hervorgebracht werden, gleichen den Laubblättern von *Lomariopsis* sind aber gelegentlich doppelt gefiedert; auch die Endfieder gegliedert. Fertile Blätter kontrahiert, einmal, selten doppelt gefiedert. n = 41.

9 Arten im wärmeren Malesien und Australasien.

3. *Lomagramma* J. Smith (Abb. 20):
Ähnlich der vorigen; Spreite oberwärts nicht anadrom; Fiedern mit stark vernetzten Adern; keine eingeschlossenen freien Adern, aber randständige Adern meist frei. Bathyphylle mit kleineren, oft gekerbten Fiedern, oder kaum von den Akrophyllen verschieden. Schmale Schuppen zwischen den Sporangien.

Etwa 20 Arten, eine tropisch-amerikanisch, die andern tropisch-asiatisch-australasisch.

4. *Bolbitis* Schott (= *Campium*; einschl. *Edanyoa* und *Egenolfia*):
Meist erd- oder felsbewohnende, seltener kletternde (hemiepiphytische) Farne mit kriechendem, stark dorsiventralem Rhizom; Schuppen clathrat. Blätter dorsal in 2–6 (!) Reihen auf dem Rhizom, dimorph. Sterile Spreite ungeteilt oder einfach gefiedert und fiederteilig, heterodrom, krautig; untere Fiedern zuweilen basitonisch gefördert; Blattspitze manchmal ausgezogen, mit wurzelnder Adventivknospe. Adern frei, gegabelt, oder schwach bis stark vernetzt, mit oder ohne eingeschlossene freie Adern. Sporophylle mit mäßig bis stark verschmälerter Spreite (Fiedern), gelegentlich „skelettiert", meist weniger stark zerteilt als die sterile; Aderung wie bei den sterilen Blättern, ohne Diplodesmie; Paraphysen fehlend. n (x) = 41.

Etwa 45 Arten, mit mehreren Hybriden, in den wärmeren Teilen der ganzen Welt. Früher mit *Leptochilus* (Polypodiaceae) verwechselt. Eine Abtrennung der Gattung *Egenolfia* aufgrund ihrer freien Adern ist künstlich.

5. *Elaphoglossum* J. Smith (einschl. *Hymenodium*, *Microstaphyla* und *Peltapteris* = *Rhipidopteris*):
Kleinere bis mittelgroße, epiphytische oder epilithische, seltener erdbewohnende Farne. Rhizom kriechend, dorsiventral, oder aufrecht, radiär; Schuppen basal angeheftet, nicht clathrat. Blätter meist auf Phyllopodien angeheftet und damit gegliedert, fast immer wenigstens in der Jugend (mehr oder weniger permanent zumindest auf dem Blattstiel) mit Schuppen besetzt, die diagnostisch sehr wichtig sind (Abb. 6 f–i). Spreite allermeist einfach, zungen- oder löffelförmig, rundlich, schmal-lineal, seltener zerteilt (s. unten), meist von fester Textur. Adern meist einfach oder gegabelt, frei, selten vernetzt ohne freie Adern, zuweilen am Rand in einer Kommissur zusammenlaufend, häufiger die Enden frei, oft Hydathoden tragend. Fertile Blätter manchmal fast gleich gestaltet, häufig schmäler und/oder länger oder nur länger gestielt, selten kürzer, nie zerteilt, unterseits dicht mit Sporangien besetzt, gelegentlich mit Schuppen oder Haaren dazwischen. Sporen mit deutlicher Skulptur.

Abweichende Formen der sterilen Blätter kommen bei einigen Arten vor, die man deswegen meist aus der Gattung herausgenommen hat: tief fiederteilige Blätter mit gegabelten Fiedern (*„Microstaphyla"*), mehrfach dichotome Blätter mit schmalen, fächerförmig angeordneten Abschnitten (*„Peltapteris"*)(Abb. 4 d) usw. So begründete „Gattungen" fußen auf zwar leicht sichtbaren, aber ziemlich willkürlich herausgegriffenen Merkmalen. n (x) = 40 oder 41.

Schätzungsweise zwischen 400 und 500 Arten, tropisch-subtropisch, speziell in der westlichen Hemisphäre, besonders artenreich in Gebirgen und südlich-gemäßigten Breiten; nur sehr lokal in nördlich gemäßigten Breiten, wie in Japan und auf den Azoren.

Die Systematik der sich oft recht stark gleichenden Arten bedarf in vielen Fällen noch der Klärung.

Weitere Gattung:

Thysanosoria (Neuguinea).

Blechnaceae:

Eine ziemlich große Familie von meist bodenbewohnenden, gelegentlich kletternden, überwiegend mittelgroßen bis großen Farnen. Rhizom lang-kriechend bis aufrecht, selten hemiepiphytisch, dictyostelisch; Schuppen basal angeheftet, nicht clathrat. Leitbündelmuster im Blattstiel meistens wie bei den *Dryopteridaceae-Dryopteridoideae*; adaxiale Seite rinnig. Spreite einfach oder ein- bis zweifach gefiedert, am häufigsten einmal tief fiederschnittig, katadrom oder heterodrom. Abweichend gebaute fertile Blätter häufig. Junge Blätter oft rot gefärbt. Adern der sterilen Blätter frei oder vernetzt, dann meistens ohne eingeschlossene freie Adern, die fertilen mit mindestens einer Reihe costaler Maschen. Stomata polocytisch oder auch anomocytisch (Abb. **5 a, k**). Sori elliptisch bis lineal, rückenständig auf längeren Adern, fast immer mit einem Schleier von der gleichen Form, der seitlich entlang dem Rezeptakulum angeheftet ist und sich gegen die Mittelrippe öffnet; gelegentlich ohne Schleier oder Sporangien acrostichoid; keine Paraphysen. Sporangien auf einem starken, dreireihigen Stiel; Stomium wenig vom Bogen differenziert. Sporen monolet, mit deutlicher Skulptur. Prothallien oft mit chlorophyllhaltigen Papillen.

Die Familie ist vermutlich am nächsten mit den *Dryopteridaceae* verwandt, hat aber größtenteils andere Chromosomenzahlen und sehr anders gebaute Sori; auch die Nervatur weicht ziemlich ab. Die Hauptverbreitung der Familie liegt in den Tropen und besonders auch in der südlich-gemäßigten Zone.

Wichtige Gattungen:

1. *Woodwardia* J. E. Smith (einschl. *Anchistea, Chieniopteris* und *Lorinseria*):
Mittelgroße bis große, erd- oder felsbewohnende Farne mit kurz- bis lang-kriechendem oder aufsteigendem Rhizom. Blattspreite fiederteilig bis gefiedert und fiederteilig, selten einfach, katadrom, bei einigen Arten bis mehrere Meter lang, zuweilen mit Adventivknospen (Abb. **14**). Rand oft gesägt oder gezähnt. Adern vernetzt, mit einer bis mehreren Reihen von Maschen zwischen Costa/Costula und Rand. Fertile Spreite gelegentlich reduziert. Sori auf Adern, die der Costa bzw. Costula parallel laufen, zuweilen eingedrückt; Indusium dem Rezeptakulum entlang angeheftet, schmal, sich gegen innen öffnend. n = 34 oder 35.
13 Arten mit stark disjunkter Verbreitung auf der Nordhalbkugel, bis ins westliche Malesien, nicht im tropischen Afrika. In Süd- und Südwesteuropa *W. radicans.*

2. *Doodia* R. Brown:
Kleinere terrestrische Farne mit kurzem, ± aufrechtem, manchmal Stolonen tragendem, dunkel beschupptem Rhizom. Blätter genähert, deutlich gestielt; Spreite tief fiederspaltig bis einfach gefiedert, länglich, am Fuß verschmälert, mit fiederspaltiger Spitze, Fiedern sitzend oder breit angewachsen, meist kahl; Rand scharf gezähnt-gesägt. Adern kata- oder isodrom, eine oder wenige Reihen kurzer Maschen zwischen Mittelrippe und Rand bildend. Fertile Blätter mit kaum bis deutlich verschmälerten Fiedern. Sori kurz, elliptisch bis lineal, in einer oder zwei Reihen zwischen Mittelrippe und Blattrand und ihnen parallel; Indusium zart, oft dunkel, gegen die Costa frei. n (x) = 32.

Etwa ein Dutzend Arten, von Ceylon und Java bis Ostpolynesien.

3. *Blechnum* L. (einschl. *Diploblechnum, Struthiopteris = Lomaria* usw.):
Kleine bis große, erd- oder felsbewohnende, gelegentlich kletternde Farne. Rhizom schlank und kriechend oder kletternd bis massiv, aufrecht, etwas stammartig, die Schuppen oft schmal und dunkel. Blattstiel kurz bis lang, zuweilen geflügelt; Spreite meist tief fiederteilig bis einfach gefiedert, selten doppelt gefiedert oder ungeteilt, schmal-dreieckig bis länglich; Fiedern meist lang und schmal, alle oder die meisten katadrom, oft sitzend bis breit angeheftet, selten an der Basis gegliedert, ± parallelrandig, mit durchgehender, adaxial rinniger Mittelrippe. Adern der sterilen Fiedern frei, einfach oder gabelig, oft gedrängt und parallel, mit verbreiterten Enden, oft Hydathoden tragend. Fertile Fiedern oft auf besonderen Sporophyllen, in der Form von den sterilen nicht bis sehr stark abweichend, dann verschmälert. Sori auf einer (fast) die ganze Länge der Fieder durchziehenden Kommissur, die beiderseits der Mittelrippe parallel läuft und ihr oft stark genähert ist; Rezeptakulum zuweilen mit diplodesmischer Aderung. Indusium meist ziemlich schmal, der ganzen Länge nach dem Rezeptakulum angeheftet, gegen die Mittelrippe frei. n (x) = 28–34.
Etwa 200 Arten, fast kosmopolitisch, aber artenarm in der nördlich-gemäßigten Zone (in Europa und dem gemäßigten Nordamerika z. B. nur *B. spicant*) und dort auf weiten Strecken fehlend; artenreich in subtropisch-südlich-gemäßigten, ozeanischen Gebieten wie Süd-Chile, Neuseeland usw.
Die Gattung ist etwas heterogen und vielleicht in der üblichen Abgrenzung nicht natürlich. Doch ist es ganz künstlich, wie es früher oft üblich war, deutlich dimorphe Arten in eine eigene Gattung *Struthiopteris* oder *Lomaria* zu stellen, da Dimorphismus in ganz verschiedenen Artengruppen innerhalb der Gattung auftritt.

4. *Stenochlaena* J. Smith:
Kletternde Farne; Rhizom stark verlängert, einige konzentrische Kreise untereinander vernetzter Leitbündel enthaltend, spärlich mit peltaten Schuppen besetzt. Blätter entfernt, heterodrom, dimorph; sterile Blätter mit einfach gefiederter Spreite mit konformer Endfieder, die Fiedern meist sitzend, an der Basis gegliedert, länglich-lanzettlich, scharf gezähnt; an der Basis jeder Fieder distal eine kallöse Drüse. Adern parallel, dicht, einfach oder gegabelt, den sklerotischen Rand erreichend, scheinbar frei, aber eine Reihe sehr schmaler, unauffälliger costaler Maschen vorhanden. Sporophylle mit einfach oder selten doppelt gefiederter Spreite mit sehr stark verschmälerten, gegliederten Fiedern, die unterseits dicht mit Sporangien besetzt sind und deren paracostale Kommissur deutlicher als bei den sterilen Blättern ist; keine Paraphysen. n = 74.
6 Arten in den wärmeren Teilen der Alten Welt. Früher mit *Teratophyllum* und besonders mit *Loma-*

riopsis verwechselt, die sich durch andere Leitbündelmuster, Schuppen, Nervatur usw. deutlich unterscheiden.

Weitere Gattungen:

Brainea (trop. Asien), *Pteridoblechnum* (Australien), *Sadleria* (Hawaii), *Salpichlaena* (Neuwelt-Tropen), *Steenisioblechnum* (Australien).

Aspleniaceae:

Eine wichtige, deutlich moderne Farnfamilie, die viele Zeichen aktiver Evolution zeigt; die Arten stehen sich oft sehr nahe und sind nur durch eingehendes Studium gut zu unterscheiden, auch deswegen, weil Bastarde und besonders zu Arten gewordene Allopolyploide (s. S. 130 ff.) häufig sind.

Asplenium, worunter neuere Autoren in steigender Zahl alle *Aspleniaceae* vereinigen, ist auch eine der wenigen Gattungen, in denen nebeneinander terrestrische und epiphytische Arten vorkommen; häufig kann man den Standort nicht einmal an der Morphologie der Pflanzen erkennen.

Rhizom schlank und lang-kriechend bis aufrecht und dann zuweilen massiv, meist stark sklerotisiert, mit Dictyostele. Schuppen basifix, schwach bis stark clathrat, abgesehen von den antiklinalen Zellwänden kaum pigmentiert, manchmal irisierend, kahl aber nicht selten mit Fortsätzen am Rande. Blätter je nach der Morphologie des Rhizoms dorsal oder allseitig eingefügt, ungegliedert, meist deutlich gestielt. Blattstiel mit charakteristischem, einmaligem Leitbündelmuster: zwei im Querschnitt ungefähr halbmondförmige Leitbündel wenden einander die konvexe Seite zu und verschmelzen weiter oben zu einem einzigen, im Querschnitt X- oder schmetterlingsförmigen (Abb. **2 h, i**); nur bei kleineren Arten ist letzteres Muster bis fast zur Basis vorhanden. Blattstiel oberseits meist rinnig, nicht selten dunkel-sklerotisch und glänzend, oder aber braun bis grün, matt, gelegentlich mit schmalen Flügeln versehen. Spreite anadrom, von sehr verschiedener Gestalt: einfach und rundlich-nierenförmig bis zungenförmig oder fast lineal; häufiger ein- bis fast fünffach gefiedert, dann oft länglich oder dreieckig. Abgliederungsstellen nicht vorhanden. Schuppen nicht selten auf der Spreite, deutliche Haare dagegen nur selten. Form der Abschnitte letzter Ordnung außerordentlich variabel; scharfe Zähnung seltener als z. B. bei *Athyrium* oder *Diplazium*. Blattspindeln(-adern) höherer Ordnung bei nicht wenigen Arten adaxial konvex statt rinnig. Adern frei, gegabelt bis gefiedert, nur in seltenen Fällen vernetzt, dann ohne eingeschlossene freie Adern. Stomata polocytisch, oft auch anomocytisch oder staurocytisch. Sori rundlich bis elliptisch oder häufiger lang und schmal, lateral (bis subterminal) auf einer Ader, meistens nur auf dem akroskopen Ast einer Ader; Indusium von gleicher Form, entlang dem Rezeptakulum angeheftet, schräg gegen die Spitze des Segmentes offen, nur selten rudimentär oder ganz fehlend (so bei den „Gattungen" *Ceterach* und *Pleurosorus*). Keine Paraphysen. Sporangienstiel relativ lang, größtenteils einreihig; Stomium deutlich abgesetzt, dem Bogen des Anulus anliegend. Sporen länglich, monolet, mit prononcierter, diagnostisch wertvoller Oberflächenskulptur, die vom Perispor herrührt. Das Prothallium zeigt kaum charakteristische Züge.

Die Verwandtschaft der Familie ist unklar. Eine breit definierte Familie *Aspleniaceae*, die z. B. die *Dryopteridaceae* mit einschließt (19), erscheint heute künstlich. Die Kombination von Blattstielanatomie, Gestalt der Schuppen und Chromosomenzahl – fast immer n (x) = 36 – hebt die *Aspleniaceae* aus den höheren Filicales heraus. Ähnliche Sorusformen, wie sie besonders bei den *Athyrioideae* vorkommen, beruhen zweifellos auf Konvergenz, da sie mit keinen anderen Gemeinsamkeiten verknüpft sind.

Nach heutiger Auffassung eine einzige GATTUNG:

Asplenium L. (einschl. *Antigramma, Camptosorus, Ceterach, Ceterachopsis, Diellia, Diplora, Holodictyum, Loxoscaphe, Neottopteris, Phyllitis, Pleurosorus, Schaffneria, Sinephropteris* usw.).

Über 700 Arten, auf der ganzen Welt verbreitet. Unterteilung noch schlecht ausgearbeitet. Versuche, Nachbargattungen auszugrenzen, werden heute meist als künstlich betrachtet. Die Systematik bedarf für eine natürliche Einteilung neuer Merkmale, die nicht aus dem Bereich des Sorus stammen; dann wäre es denkbar, daß gewisse Artengruppen in Nachbargattungen gestellt werden müßten.

Marsileaceae:

Wie oben (s. S. 51) angegeben, haben die beiden Ordnungen der sogenannten Wasserfarne *(Hydropteridales)* trotz des gemeinsamen Besitzes von Heterosporie und Sporokarpien verwandtschaftsmäßig nichts miteinander zu tun; man vergleiche die Beschreibungen.

Während die *Salviniales* sehr isoliert stehen, kann man die *Marsileaceae* noch am ehesten mit homosporen *Filicales* in Verbindung bringen, wenn ihr Anschluß eine bestimmte Familie auch umstritten ist. Entfernte Verwandtschaft mit den *Schizaeaceae* wird diskutiert.

Die *Marsileaceae* sind eher kleine bis winzige Farne periodisch feuchter Standorte mit schlankem, oft verzweigtem, kriechendem Rhizom mit Solenostele und Luftkanälen; die Epidermis trägt ebenso wie die (wenigstens die jungen) Blätter und die Sporokarpe Gliederhaare. Die meist entfernt stehenden, ungegliederten Blattstiele enthalten ein im Querschnitt V-förmiges Leitbündel. Blattspreite einfach gefiedert, aber die 2 oder 4 Segmente einander so stark genähert, daß das Blatt palmat erscheint. Stomata anomocytisch bis diacytisch (Abb. **5 a, c**). Die Adern frei oder vernetzt. Sori in kugelförmige bis ellipsoidale, gestielte Sporokarpe eingeschlossen, deren Wand sehr fest ist und die unten auf dem Blattstiel oder auf dem Rhizom nahe dem Blattstiel angeheftet sind und zweiklappig aufspringen. Jedes Sporokarp enthält zwei oder mehr Sori, deren jeder sowohl Mega- als auch Mikrosporangien besitzt. Sporangien ohne Anulus, entweder mit zahlreichen Mikrosporen oder mit je einer Megaspore; Sporen trilet. Die Mikrosporen werden ebenso wie die Megasporen einzeln verbreitet. Gametophyt stark reduziert, nicht autotroph, nur wenig aus der an der Laesura aufgeplatzten Spore hervorragend. x = 20 (bei *Regnellidium* vielleicht 19).

Gattungen:

1 *Marsilea* L. (oft fälschlich „*Marsilia*" geschrieben) (Abb. **56**):
Blattspreite aus zwei Paaren stark genäherter Blättchen bestehend (deutsch: „Kleefarn"), diese fächer- bis keilförmig, mit gedrängten, gegabelten, vernetzten Adern, deren Enden auch verbunden sind. Sporokarpe einzeln oder zu mehreren auf dem Blattstiel oder auf Stielen in seiner Nähe, selten auf einem verzweigten Stiel traubenförmig angeordnet, am Stielansatz mit einem oder zwei Zähnchen, aus zwei verschmolzenen Blattsegmenten bestehend, deren jedes eine Reihe mehrerer paralleler, verlängerter Sori trägt, die quer zur Naht verlaufen und ein zartes Indusium besitzen.
Etwa 60 Arten, die vegetativ sehr plastisch sind und deren Unterscheidung immer noch Schwierigkeiten bereitet. Weltweit verbreitet, außer in kühl- bis kaltgemäßigten Gebieten, oft besonders in periodisch trockenen Gegenden gut vertreten und zu

Trockenschlaf befähigt; die größte Artenkonzentration in Afrika, in Europa 3 Arten, am wenigsten selten *M. quadrifolia*.

2. *Regnellidium* Lindman:
Blattspreite aus nur 2 Blättchen bestehend, deren Adern (fast) frei sind. Sporokarpe gestielt, einzeln nahe der Basis des Blattstiels angeheftet, zweifächerig; die Sori in kanalartigen Hohlräumen, mit zarten Indusium.
Eine Art im östlichen extratropischen Südamerika.

3. *Pilularia* L.:
Sehr zarte, kleine bis winzige Pflanzen. Blätter entfernt, nur aus dem fadenförmigen bis binsenartigen Blattstiel bestehend, die Spreite fehlend. Sporokarpe gestielt, einzeln auf der Blattstielbasis, kugel- bis eiförmig; Sori 2 oder 4, längs (nicht wie bei den vorigen Gattungen quer) zur Naht verlaufend.
Zwischen 3 und 6 Arten an wechselfeuchten bis sumpfigen Orten, in den gemäßigten Zonen beider Hemisphären und im westlichen Südamerika, nicht im tropischen Afrika.

▌Salviniales

Die zweite Ordnung der früheren „Wasserfarne" besteht aus frei schwimmenden, recht kleinen bis winzigen Pflanzen mit verlängertem, horizontalem Rhizom. Blätter nicht zusammengesetzt. Stomata anomocytisch. Sporangien in Sporokarpe eingeschlossen, deren Wand dünn ist und die den Blättern direkt aufsitzen; sie sind von verschiedener Größe, je nachdem ob sie Mikrosporangien oder ein Megasporangium enthalten; Mikro- und Megasporen nie zusammen im gleichen Sporokarp. Sporen trilet; Megasporen einzeln im Sporangium, Mikrosporen zu mehreren bis vielen; letztere alle zusammen im gleichen Sporangium in einer sogenannten *Massula* zusammengehalten. Gametophyt nicht frei von der Spore, nicht autotroph, stark reduziert.

Salviniaceae:

Kleinere Wasserfarne mit horizontalem, protostelischem, wurzellosem Rhizom. Blätter zu dritt an jedem Knoten, eines untergetaucht, gestielt, stark zerschnitten, mit fadenförmigen, behaarten, wurzelartigen Abschnitten, zwei schwimmend, gegenständig, länglich-eiförmig, oft entlang der Mittelrippe ± eingefaltet, ihre Oberseite unbenetzbar, Gliederhaare tragend, die oft auf Papillen inseriert sind und gruppenweise an der Spitze verbunden sein können.

Adern einige Maschen bildend. Sporokarpe in größerer Zahl endständig auf Segmenten der untergetauchten Blätter, ei- bis kugelförmig, mit zweischichtiger, in der Jugend behaarter Wand ohne Dehiszenzstruktur, (ein Indusium darstellend?), eines oder einige wenige, proximale Megasporangien enthaltend, die übrigen, distalen mit Mikrosporangien. Megasporangien bis etwa 40 zusammen im Sporokarp, auf einem einfachen oder verzweigten Rezeptakulum, ohne Anulus, jedes eine Megaspore enthaltend, diese kugelförmig, mit dickem Perispor, an der Spitze mit drei Kämmen und einer dreilappigen Höhlung. Mikrosporangien in größerer Zahl auf einem stark verzweigten Rezeptakulum in jedem Sporokarp, jedes 32 oder 64 Sporen enthaltend, die von einer blasigen Substanz zu einer sogenannten Massula zusammengehalten werden. Megaprothallium aus der Spore hervortretend aber mit dem Megasporangium verbunden bleibend, ± herzförmig, wenigschichtig, mit einigen wenigen Archegonien. Mikrosporen peripher in der Massula, im Sporangium keimend; Prothallium wenigzellig, durch die Sporangienwand nach außen brechend, mit zwei stark vereinfachten Antheridien. x = 9; Polyploidie häufig; einige Bastarde bekannt.

Nur eine Gattung:

Salvinia Seguier (Abb. 57):
Mit 10 Arten in den wärmeren Teilen der ganzen Welt außer in Australasien; eine hybridogene Art, *S. molesta*, als lästiges Unkraut in Stauseen und Gräben in vielen Teilen der Tropen eingeschleppt.

Azollaceae:

Kleine bis winzige, frei schwimmende Farne mit sehr zartem, stark verzweigtem, protostelischem Rhizom, das zahlreiche unverzweigte, fadenförmige, chlorophyllhaltige Wurzeln trägt. Die Blätter stehen abwechselnd in zwei dorsalen Reihen; sie sind sitzend, ungefähr eiförmig, tief geteilt, zweilappig (Abb. 11 a); der dorsale Lappen wird über Wasser getragen, ist photosynthetisch aktiv und enthält unterseits eine Höhlung, die für gewöhnlich mit einer Blaualge (Cyanobakterien) aus der Gattung *Anabaena* besetzt ist; der ventrale Lappen pflegt etwas größer zu sein und schwimmt an der Oberfläche, enthält meist kein Chlorophyll und ist größtenteils einschichtig. Die anomocytischen Spaltöffnungen haben die Schließzellen mit ihrer Längsachse quer zum Spalt angeordnet. Die Sporo-

karpe sitzen auf dem ersten Blatt eines Seitenzweiges; der ventrale Lappen ist auf zwei (selten mehr) Sporokarpe reduziert, während der Dorsallappen eine Art Hülle um sie herum bildet. Die ein Megasporangium enthaltenden Sporokarpe sind klein, ungefähr ellipsoidisch, mit zarter, zweischichtiger Wand; das Megasporangium enthält eine einzige trilete Megaspore, die auf der proximalen Seite eine Art Schwimmapparat und Filamente trägt. Die Mikrosporangien sind in größerer Zahl in den größeren, kugeligen Sporokarpen enthalten; jedes enthält 32 oder 64 trilete Mikrosporen, die zu einigen (bis etwa 10) Klumpen (Massulae) verbunden sind und an der Oberfläche meist Fortsätze mit ankerförmiger Spitze (Glochidien) tragen, deren Form systematisch wichtig ist (Abb. 11 b). Megaprothallium stark reduziert, aus der Spore hervorquellend, mit einigen Archegonien. Mikroprothallien schwach aus der Spore und der Massula herausragend, mit einem einzigen, stark reduzierten Antheridium. n = 22, 24 (wenig Daten vorhanden).

Eine Gattung:

Azolla Lamarck (Abb. 57):
Etwa 6 Arten; weit auf der Welt verbreitet, aber in Europa nur fossil vorhanden und rezent eingeschleppt.

3.2.3. Farnverwandte

Die sogenannten Farnverwandten oder „Fern Allies" bilden eine ganz künstliche, aber bequeme Gruppe von archegoniaten Gefäßkryptogamen. Mit den eigentlichen Farnen haben sie nur den Generationswechsel mit starker Reduktion der gametophytischen Generation und den Besitz eines Sporophyten mit Kormus und Tracheiden in den Leitbündeln gemeinsam. Untereinander werden sie ausschließlich durch die *Mikrophyllie* verbunden, das heißt den Besitz meist relativ kleiner, oft schmaler Blätter, die (mit verschwindenden Ausnahmen) nur ein einziges unverzweigtes Leitbündel enthalten. Blattlücken sind in der Stele nicht vorhanden, was bei den Protostelen bzw. davon abgeleiteten Typen der *Lycopodiatae* und *Psilotatae* auch nicht gut möglich wäre. Untereinander sind die drei Klassen wahrscheinlich stammesgeschichtlich ebensowenig verwandt wie mit den *Filicatae*; nur die *Psilotatae* werden gelegentlich mit letzteren in Verbindung gebracht (s. S. 90). Alle

Farnverwandten sind als größenmäßig stark reduzierte Abkömmlinge sehr viel größer dimensionierter Vorfahren aus dem Paläo- bzw. Mesozoikum zu betrachten. Dennoch darf man die meisten kaum als lebende Fossilien ansprechen, da wenigstens die *Lycopodiatae* relativ artenreiche Verwandtschaftskreise darstellen, die noch immer (oder gerade jetzt?) in aktiver Differenzierung und Artbildung begriffen zu sein scheinen.

Equisetatae

Pflanzen mit eustelischen, gegliederten Sprossen, die in horizontale „Rhizome" mit rudimentären Blättern und Wurzeln und aufrechte „Luftsprosse" mit kleinen, zu einer Scheide verschmolzenen Blättern und Assimilationsgewebe im Stengel differenziert sind (s. S. 29). Stengel gerillt, die Rillen abwechselnd auf angrenzenden Internodien (Abb. **11 c**), mit großer Zentralhöhle, einem Ring kleinerer Kanäle unter den Furchen und meist auch einem Ring noch kleinerer, die zu den Leitbündeln unter den Wülsten gehören, verzweigt oder einfach; Blätter wirtelständig auf den Knoten, an zwei benachbarten Knoten jeweils miteinander abwechselnd, mit einer einzigen unverzweigten Ader, zum größten Teil zu einer Scheide verschmolzen, im oberen Teil frei, zahn- bis pfriemenförmig, von artspezifischer Gestalt. Sporophylle ebenfalls wirtelständig, mehrere Wirtel zu blattlosen „Zapfen" (strobili) vereinigt, die endständig am Hauptstengel, seltener an Seitenästen stehen; strobilustragende Sprosse bei einigen Arten anfangs oder stets chlorophyllfrei. Sporophylle aus einem Stiel und einer peltat angehefteten, ungefähr sechseckigen, kleinen, chlorophyllfreien Spreite bestehend, die auf ihrer Unterseite nahe dem Rand einige längliche Sporangien trägt. Sporangienwand einschichtig, ohne präformierte Aufreiß-Stelle, längs aufspringend. Sporen kugelig, chlorophyllhaltig, kurzlebig, das Perispor bei der Reife in zwei sich an der Anheftungsstelle kreuzende (also scheinbar vier), hygroskopisch bewegliche Bänder differenziert. Gametophyt klein, mit aufgerichteten, gekrausten Lappen, fast etwas kohlartig, einige Millimeter groß, potentiell zweigeschlechtig, aber tatsächlich allermeist eingeschlechtig. n = 108.

Bastarde nicht selten. Nur eine rezente Familie:

Equisetaceae:

Merkmale wie für die Klasse, mit einer GATTUNG:
Equisetum L. (einschl. *Hippochaete*).

15 fast weltweit verbreitete Arten, relativ wenige in den Tropen; nicht in Australien und Neuseeland.

Lycopodiatae

Sporophyt mit kurzem bis langem Sproß, der direkt oder auf lateralen Organen Wurzeln trägt und eine Protostele oder Polystele (Plectostele) enthält. Blätter mikrophyll, fast stets mit nur einer unverzweigten Ader, oft mit Ligula. Sporangien einzeln auf oder nahe der Basis eines Blattes; wenn heterospor mit oft etwas verschieden gebauten Sporangien. Sporen meist trilet.

3 untereinander nicht näher verwandte rezente Familien.

Lycopodiaceae:

Terrestrische, epiphytische, oder zuweilen kletternde, krautige Pflanzen. Stengel meistens verlängert, Verzweigung dichotom, anisotom, oder lateral, manchmal in eine kriechende Hauptachse und ± aufgerichtete Seitenachsen mit beschränktem Längenwachstum differenziert. Protostele oft tief gefurcht, das Xylem radiär (Abb. **1 e**) oder in Bändern oder zylindrisch angeordnet. Blätter wechselständig, aber durch sekundäre Verschiebungen oft fast wirtelständig oder dekussiert; Heterophyllie bzw. Anisophyllie gelegentlich vorhanden. Adern je einzeln und unverzweigt in jedem Blatt. Sporangien auf nicht bis sehr stark modifizierten Blättern, die in letzterem Fall meistens zu an Seitenachsen endständigen Strobili vereinigt sind. Sporangien einzeln auf der Basis eines Sporophylls oder nahe seiner Basis auf der Strobilusachse, zuweilen etwas in das Sporophyll eingesenkt, homospor, kurz oder nicht gestielt, nieren- bis kugelförmig; Wand aus zwei bis wenigen Zellschichten bestehend, mit anulusartiger Reihe von gestreckten Zellen, mit Querriß aufspringend. Sporen zahlreich, trilet, oft mit starker Oberflächenskulptur. Gametophyt s. S. 89. Spermatozoiden biflagellat.

Alle *Lycopodiaceae* sind lange in eine einzige Gattung, *Lycopodium*, gestellt worden, höchstens mit Abtrennung von *Phylloglossum*. Spätere Autoren haben die Gattung dann stark aufgeteilt; so hat Holub (35–37) acht zusätzliche Gattungen aufgestellt, die aber von den meisten anderen Autoren nicht oder nur teilweise anerkannt werden. Das System (53, 54, 55), in dem nur 4 Gattungen, daneben aber zahlreiche Untergattungen und Sektionen unterschieden werden, verdient wohl zur Zeit den Vorzug.

Gattungen:

1. *Huperzia* Bernh. (= *Urostachys*; einschl. *Phlegmariurus*):
Terrestrische, aufrechte oder häufig auch epiphytische, hängende Pflanzen mit aufrechten, isotom-dichotom verzweigten Sprossen oder auch mit kurzem „Rhizom" und Seitenästen mit beschränktem Längenwachstum (Abb. 58). Blätter zuweilen heterophyll, im Vergleich zu *Lycopodium* öfter eiförmig, das heißt weniger lang und schmal; Sporophylle gleichgestaltet wie die Trophophylle, oder anders gestaltet, mit oder ohne Übergänge, wenn anders dann meist am Ende der Sprosse auf zapfenähnlichen, oft gegabelten Stengelteilen. Schleimhöhlen fehlend. Sporangien achselständig, nierenförmig, mit kurzem, schlankem Stiel, mit zwei gleichen Klappen aufspringend. Gametophyt unterirdisch bzw. im Substrat lebend, chlorophyllfrei, mykosymbiontisch, zylindrisch, mit Gliederhaaren zwischen den Gametangien. x = ?; eine verwirrende Vielfalt von Zahlen zwischen n = 67 und 264 ist festgestellt worden; Polyploidie sehr verbreitet.

Artenzahl entsprechend schlecht bekannt, schätzungsweise zwischen 200 und 300; kosmopolitisch.

2. *Phylloglossum* Kunze:
Kleine terrestrische Pflanzen mit unterirdischer Knolle und sehr kurzem, aufrechtem Sproß mit gebüschelten, sehr schmalen Blättern und einem blattlosen Schaft mit einigen peltaten Sporophyllen im oberen Teil. Sporangien ähnlich wie bei *Huperzia*. Gametophyt oberirdisch, autotroph. n = ca. 250.

Eine Art, *Ph. drummondii*, in Australien und Neuseeland.

3. *Lycopodium* L (einschl. *Diphasiastrum, Diphasium, Lepidotis, Lycopodiastrum* usw.):
Hauptsproß unter- oder oberirdisch kriechend oder kletternd, anisotom verzweigt, mit oft aufrechten, anisotom verzweigten Ästen mit begrenztem Längenwachstum. Blätter schmal, meist gleichgestaltet. Sporophylle stets in Strobili, die endständig auf den größeren Ästen stehen, nicht selten auf spezialen Stielen mit reduzierten (Hoch-)Blättern, hinfällig, (fast) peltat, mit herablaufendem, dünnem Flügel oder basal angeheftet. Sporangien auf kurzen, dicken Stielen auf der Basis oder in der Achsel des Sporophylls, nierenförmig, mit zwei (fast) gleichen Klappen. Gametophyt rüben- oder spindelförmig, manchmal auch scheibenförmig, unterirdisch, chlorophyllfrei, myko-

troph. n = 23, ca. 90, oder oft 34 oder benachbarte Zahlen. Einige Bastarde bekannt.

Zwischen 40 und 50 Arten, meist in gemäßigten und tropisch-montanen Gegenden.

4. *Lycopodiella* Holub (einschl. *Palhinhaea, Pseudolycopodiella* usw.):
Erdbewohnende, anisotom verzweigte Pflanzen; Hauptsproß meist kriechend, mit dorsalen, einfachen bis verzweigten Ästen mit begrenztem Längenwachstum; oder Hauptsproß unterirdisch, mit lateralen Ästen. Blätter gleich oder verschieden gestaltet, meist lang und schmal. Sporophylle zu Strobili vereinigt, sitzend oder gestielt, subpeltat, mit dünner, basaler Membran bzw. Flügel, mit Schleimhöhlen im unteren Teil. Sporangium nieren- bis kugelförmig, auf der Basis des Sporophylls, mit gleichen oder ungleichen Klappen. Gametophyt knollig, im oberen Teil expandiert und grün, nur teilweise mykotroph. n = 34, 35, ± 69, 78 und 104 bis etwa 165.

Zirka 40 Arten, weltweit verbreitet.

Selaginellaceae:

Erd- oder felsbewohnende, selten epiphytische Pflanzen; Stengel verlängert, kriechend und/oder aufrecht, bei einigen Arten gegliedert; Leitbündelsystem proto-, plecto- (Abb. 1 f) oder pleiostelisch. Wurzeln nicht direkt dem Sproß entspringend, sondern auf speziellen Organen, die weder Wurzel- noch Achsennatur haben sondern etwas für sich darstellen und Rhizophore genannt werden; diese oft aus den Achseln der Äste entspringend. Hauptsproß kriechend oder aufsteigend, gelegentlich kletternd. Verzweigung kaum bis mäßig anisotom. Blätter im Prinzip dekussiert angeordnet, eiförmig bis schmal-lanzettlich oder pfriemenförmig, die einzige Ader fast stets einfach, sehr selten etwas verzweigt. Dorsiventral gebaute Arten mit Blättern in vier Reihen, zwei größere lateral, zwei kleinere auf der Oberseite des dann oft etwas abgeflachten Stengels, diese schwach bis stark asymmetrisch, oft geöhrt, gezähnt, bewimpert und/oder begrannt. Ein weiterer Typ von Blättern, die symmetrisch sind, an den Abzweigungsstellen der Äste angeheftet, die sogenannten Axillarblätter. Alle Blätter mit einer zarten, sehr kleinen (< 1/2 mm) Ligula etwas oberhalb der Basis, die früher als wasserabsorbierendes Organ, heute eher als schleimabsondernd gedeutet wird. Oberfläche der Pflanze oft kahl, seltener behaart. Viele Arten besitzen ein kriechendes, radiär gebautes „Rhizom" und einen ± aufrechten, stark und regelmäßig verzweigten, dorsiventralen, farnblattähnlichen „Spreiten"-Teil mit beschränktem Wachstum, der oft gestielt ist und dann an der Basis monomorphe Blätter trägt. Das „Rhizom" hat bei gewissen Arten stolonenartige Ausläufer. Sporophylle monomorph, weniger oft schwach bis stark dimorph, zu ziemlich kleinen, an aufrechten Ästen endständigen Strobili vereinigt, die bei isophyllen Arten zylindrisch oder kantig, bei anisophyllen vierkantig oder – falls die Sporophylle dimorph sind – abgeflacht sind. Sporangien kurz gestielt, kugel- bis eiförmig, oder Megasporangien mit vier Vorwölbungen, mit zarter Wand, meist nur zweischichtig; Dehiszenz ähnlich wie bei *Lycopodiaceae*; die eine Klappe schrumpft nach dem Aufspringen und schleudert, jedenfalls bei den Mikrosporangien einiger Arten, die Sporen aus; dies bei Megasporangien bisher erst in einem Fall festgestellt. Sporen trilet, mit starker Oberflächenskulptur; Megasporen zu viert im Sporangium, selten zu mehreren, relativ groß, $\varnothing$ 0,2–0,6 mm, blaß; Mikrosporen über 100 je Sporangium, oft gelb bis braun oder rot, $\varnothing$ nicht über 0,06 mm. Gametophyten nicht frei lebend und assimilierend, aus der an der Tetradenfigur aufgeplatzten Spore heraustretend, beim Freikommen der Sporen bereits etwas entwickelt. Megagametophyt mit einem bis mehreren Gewebekissen auf dem aus der Spore quellenden Teil, diese Rhizoide tragend, dazwischen einige eingesenkte Archegonien. Mikrogametophyt noch stärker reduziert, ein einziges, stark vereinfachtes Antheridium hervorbringend, aus der geöffneten Laesura heraustretend; Spermatozoiden biciliat. n (x) = 7, 8, 9 oder 10, vielleicht auch 12; Polyploide und Hybriden sehr selten.

Eine einzige Gattung:

Selaginella Beauv. (Abb. **59, 60**):
Über 400, meist ausdauernde, selten therophytische Arten; kosmopolitisch, am artenreichsten in feuchttropischen Gebieten, aber auch in (Halb-)Wüsten. Die Arten sind sich oft sehr ähnlich, aber im großen und ganzen weniger plastisch und dadurch sehr viel besser getrennt als die der *Lycopodiaceae*. In Europa nur 4 ursprünglich heimische Arten.

Isoëtaceae:

Terrestrische Pflanzen wechselfeuchter Standorte oder halb bis ganz untergetauchte Wasserpflanzen. Stamm kurz, säulen- oder knollenförmig, seltener rhizomartig, im Querschnitt zwei- oder dreilappig, mit Protostele (Abb. **11 d**).

Wurzeln an der Basis des Stammes oder in Längsfurchen auf dem Stamm eingefügt. Blätter ± zahlreich, in einer Spirale, lang und schmal, bis höchstens 1 m lang und etwa 1 cm breit (meistens viel kürzer und schmäler), zylindrisch mit verbreiterter Basis oder abgeflacht, mit einem einzigen, unverzweigten Leitbündel (Ader) und gekammerten Luftkanälen. Eine relativ große Ligula oberhalb der Blattbasis in einer Vertiefung eingefügt. Sporangien einzeln zuunterst auf dem Blatt, in eine tiefe Höhlung basal von der Ligula eingesenkt, heterospor, ohne Aufreißmechanismus, durch sterile Stränge (Trabeculae) teilweise unterteilt. Mega- und Mikrosporen auf der gleichen Pflanze aber in verschiedenen Sporangien, selten zusammen im gleichen. Megasporen trilet, $\varnothing$ 0,25–0,8 mm, mit starker Oberflächenskulptur. Mikrosporen monolet, 0,02–0,04 mm lang, meist etwas schwächer skulpturiert. Gametophyt ± in der Spore bleibend. Megaprothallium schwach aus der Spore hervortretend, mit einigen bis sehr wenigen eingesenkten Archegonien, oft mit Rhizoiden am hervortretenden Gewebekissen. Mikroprothallium sehr stark reduziert, fast nur aus einem Antheridium bestehend, das vier multiciliate Spermatozoiden hervorbringt, die durch die aufgeplatzte Laesura entweichen. x = 10 oder 11; Polyploidie häufig, bis zur Dodekaploidie (?); mehrere Hybriden bekannt.

Eine Gattung:

Isoëtes L. (einschl. *Stylites*):
Mit vielleicht 150 Arten über die ganze Welt verbreitet, aber auf weite Strecken fehlend; Systematik sehr schwierig und noch sehr unvollkommen bekannt.

▌Psilotatae

Terrestrische oder oft epiphytische, ziemlich kleine Pflanzen. Achsen verlängert, in unterirdische, verzweigte, wurzellose, protostelische oder sehr lokal solenostelische Rhizome mit Mykorrhiza und grüne, protostelische Luftsprosse differenziert, letztere oft hängend, dreikantig, oder abgeflacht, einfach oder dichotom verzweigt, distal beblättert. Blätter klein, spiralig oder zweizeilig angeordnet, mikrophyll, mit einer einfachen Ader oder ganz ohne eine solche. Sporophylle einmal gegabelt, je ein Sporangium auf oder etwas über ihrer Basis tragend.

Sporangien sitzend, dickwandig, gefächert, jedes Fach einzeln längs aufspringend, zahlreiche, blasse, monolete Sporen enthaltend. Gametophyt im Substrat verborgen, zylindrisch, oft verzweigt, zuweilen mit rudimentärer Stele, oft Gemmen tragend, chlorophyllfrei, mykotroph, mit zahlreichen, vielzelligen Antheridien und eingesenkten Archegonien. Spermatozoiden multiciliat. x = 52. Polyploidie häufig.

Die *Psilotatae* sind eine ganz isolierte, wahrscheinlich durch ihre Mykotrophie strukturell stark vereinfachte Gruppe von Gefäßkryptogamen ohne bekannten Anschluß an andere, rezente oder fossil bekannte Pflanzen. Gewisse Ähnlichkeiten mit den sogenannten *Psilophyten* (eine heterogene paläozoische „Klasse") haben sich als Konvergenzen bzw. Fehlinterpretationen erwiesen. Versuche, die *Psilotatae* mit Farnen in Verbindung zu bringen (besonders 4, 5), haben wenig positives Echo gefunden, obwohl die Sporen denen von Farnen nicht unähnlich sind (69). Morphologisch und auch biochemisch (s. S. 162) zeigen sie sonst keine Anklänge an Farne, bzw. an *Lycopodiatae*, mit denen sie früher gelegentlich verglichen wurden.

Eine einzige Familie:

Psilotaceae:

Zwei Gattungen:

Diese werden gelegentlich in verschiedene Familien gestellt, doch erscheint dies recht überflüssig.

1. *Psilotum* Swartz:
Rhizom stark verzweigt, Gemmen tragend. Luftsprosse bis mehrere Dezimeter lang, dichotom verzweigt, mit entfernten, pfriemlichen bis schuppenförmigen, kleinen Blättern, in die in der Basis eine kurze Ader eintritt oder die ohne ein Leitbündel sind. Sporangien kugelig, 3-lappig, 3-fächerig.
Wahrscheinlich nur zwei Arten, *Ps. nudum* (Abb. 61) und *Ps. complanatum*, die erste pantropisch-warm-gemäßigt bis Südwesteuropa, die zweite fast nur asiatisch.

2. *Tmesipteris* Swartz:
Rhizom wenig verzweigt, ohne Gemmen. Luftsprosse oft kurz bis einige Dezimeter lang, oft unverzweigt, meist ± hängend, dicht beblättert, bei einigen Arten von einem endständigen Blatt abgeschlossen. Blätter zungenförmig oder eilanzettlich, häufig bespitzt. Sporangien sitzen auf der Gabelung eines Sporophylls, mit zwei abgerundeten oder spitzen, gleichen oder ungleichen Fächern, ± abgeplattet.
Etwa 10 Arten, von Südostasien bis Australien, Neuseeland und Polynesien.

Literatur

1. Allen, D. E.: The Victorian Fern Craze. Hutchinson, London 1969.
2. Baayen, R. P., Hennipman, E.: The paraphyses of the Polypodiaceae (Filicales). Beitr. Biol. Pfl. 62 (1987) 251–347.
3. Baker, J. G.: Synopsis Filicum. 2nd ed. Hardwicke, London 1874.
4. Bierhorst, D. W.: On the Stromatopteridaceae (fam. nov.) and on the Psilotaceae. Phytomorphology 18 (1968) 232–268.
5. Bierhorst, D. W.: Non-appendicular fronds in the Filicales. Bot. J. Linn. Soc. 67 Suppl. 1 (1973) 45–57.
6. Bishop, L. E.: Ceradenia, a new genus of Grammitidaceae. Amer. Fern J. 78 (1988) 1–5.
7. Bishop, L. E.: Zygophlebia, a new genus of Grammitidaceae. Amer. Fern. J. 79 (1989) 103–118.
8. Bower, F. O.: Studies in the phylogeny of the Filicales. VII. The Pteroideae. Ann. Bot. 32 (1918) 1–68.
9. Bower, F. O.: The Ferns, I, II, III. Cambridge Univ. Press., Cambridge 1923, 1926, 1928.
10. Ching, R. C.: On natural classification of the family „Polypodiaceae": Sunyatsenia 5 (4) (1940) 201–268.
11. Ching, R. C.: The Chinese fern families and genera: systematic arrangement and historical origin. Acta Phytotax. Sin. 16 (1978) 1–37.
12. Christ, H.: Die Farnkräuter der Erde. Gustav Fischer, Jena 1897.
13. Christensen, C.: Index Filicum. Hagerup, Kopenhagen 1905/06.
14. Christensen, C.: A revision of the American species of Dryopteris of the group of D. opposita. Kongel. Danske Vidensk.-Selsk. Skr. III, IV, 4 (1907) 247–336.
15. Christensen, C.: A monograph of the genus Dryopteris. Part I. Kongel. Danske Vidensk.-Selsk. Skr. VII, X, 2 (1912) 53–282.
16. Christensen, C.: Id. Part II. Kongel. Danske Vidensk.-Selk. Skr. VIII, VI, 1 (1919) 1–132.
17. Copeland, E. B.: Genera Filicum. Chronica Botanica, Waltham, Mass. 1947.
18. Cotthem, W. van: Comparative morphological study of the stomata in the Filicopsida. Bull. Jard. Bot. Nat. Belg. 40 (1970) 81–239.
19. Crabbe, J. A., Jermy, A. C., Mickel, J. T.: A new generic sequence for the pteridophyte herbarium. Fern Gaz. 11 (2/3) (1975) 141–162.
20. Diels, L.: Polypodiaceae, pp. 139–339. In: Engler, A., Prantl, K. (Hrsg.): Die natürlichen Pflanzenfamilien I, 4. W. Engelmann, Leipzig 1899–1900.
21. Domin, K.: The species of the genus Cyathea J. E. Sm. Acta Bot. Bohem. 9 (1930) 85–174.

22. Fryns-Claessens, E., Cotthem, W. van: A new classification of the ontogenetic types of stomata. Bot. Rev. 39 (1973) 1–138.

23. Harris, T. M.: What use are fossil ferns? Bot. J. Linn. Soc. 67 Suppl. 1 (1973) 41–44.

24. Haufler, C. H.: Electrophoresis is modifying our concepts of evolution in homosporous pteridophytes. Amer. J. Bot. 74 (1987) 953–966.

25. Hennipman, E.: The mucilage secreting hairs on the young fronds of some leptosporangiate ferns. Blumea 16 (1968) 97–103.

26. Hill, C. R., Camus, J. M.: Evolutionary cladistics of Marattialean ferns. Bull. Brit. Mus. (Nat.Hist.) Bot. 14 (1986) 219–300.

27. Holttum, R. E.: A revised classification of leptosporangiate ferns. J. Linn. Soc., Bot. 53 (1947) 123–158.

28. Holttum, R. E.: Florae Malesianae Praecursores XVI. On the taxonomic subdivision of the Gleicheniaceae, etc. Reinwardtia 4 (1957) 257–280.

29. Holttum, R. E.: Morphology, growth habit and classification in the family Gleicheniaceae. Phytomorphology 7 (1957) 168–184.

30. Holttum, R. E.: Studies in the family Thelypteridaceae III. A new system of genera in the Old World. Blumea 19 (1971) 17–52.

31. Holttum, R. E.: Posing the problems. Bot. J. Linn. Soc. 67 Suppl. 1 (1973) 1–10.

32. Holttum, R. E.: The morphology and taxonomy of Angiopteris (Marattiaceae), etc. Kew Bull. 32 (1978) 587–594.

33. Holttum, R. E.: Thelypteridaceae. Flora Malesiana II, 1, 5. Nijhoff, The Hague 1981.

34. Holttum, R. E., Edwards, P. J.: The tree ferns of Mount Roraima, etc., with comments on the family Cyatheaceae. Kew Bull. 38 (1983) 155–188.

35. Holub, J.: Lycopodiella, novy rod rádu Lycopodiales. Preslia 36 (1964) 16–22.

36. Holub, J.: Diphasiastrum, a new genus in Lycopodiaceae. Preslia 47 (1975) 97–110.

37. Holub, J.: Validation of generic names in Lycopdiaceae, etc. Folia Geobot. Phytotax. 18 (1983) 439–442.

38. Hooker, W. J.: Species Filicum I.–V. Pamplin, London 1844–1864.

39. Hooker, W. J., Baker, J. G.: Synopsis Filicum. Hardwicke, London 1868.

40. Iwatsuki, K.: Studies in the systematics of filmy ferns VII. A scheme of classification based chiefly on the Asiatic species. Acta Phytotax. Geobot. 35 (1984) 165–179.

41. Iwatsuki, K.: Hymenophyllaceae, pp. 157–163. In: Kramer, K. U., Green, P. S. (eds.): The Families and Genera of Vascular Plants I. Pteridophytes and Gymnosperms. Springer, Heidelberg 1990.

42. Kato, M.: A systematic study of the genera of the fern family Davalliaceae. J. Fac. Sci. Univ. Tokyo III. 13 (1985) 553–573.

43. Kato, M.: A possible relationship between Ophioglossaceae and Progymnosperms. Abstr. XIVth Internat. Bot. Congress Berlin: 270. (1987).

44. Kato, M.: The phylogenetic relationship of Ophioglossaceae. Taxon 37 (1988) 381–386.

45. Kato, M.: Ophioglossaceae: a hypothetical archetype for the angiosperm carpel. Bot. J. Linn. Soc. 102 (1990) 303–311.

46. Kramer, K. U.: A brief survey of the dromy in fern leaves, with an expanded terminology. Bot. Helv. 97 (1987) 219–228.

47. Kramer, K. U.: Suggestions for criteria to be employed in distinguishing or merging fern genera. pp. 9–11 in: Shing, K. H., Kramer, K. U. (eds.): Proc. Internat. Symp. Syst. Pteridol. Beijing. China Science & Technol. Press, Beijing 1989.

48. Kramer, K. U., Green, P. S. (eds.): The Families and Genera of Vascular Plants I. Pteridophytes and Gymnosperms. Springer, Berlin 1990.

49. Linné, C.: Species Plantarum I, II. Stockholm/Uppsala 1753.

50. Manton, I.: Problems of Cytology and Evolution in the Pteridophyta. Cambridge Univ. Press., Cambridge 1950.

51. Miller, C. C. J., Duckett, J. G., Krikham, B.: Gametogenesis: the playground of the developmental cytologist, pp. 29–35. In: Dyer, A. F., Page, C. N. (eds.): Biology of Pteridophytes. Proc. Roy. Soc. Edinburgh B 86 (1985).

52. Nishida, H.: Late Cretaceous ferns from Japan and their relationships with extant ferns. Abstr. XIVth Internat. Bot. Congress Berlin 271 (1987).

53. Øllgaard, B.: A revised classification of the Lycopodiaceae s. lat. Opera Bot. 92 (1987) 153–178.

54. Øllgaard, B.: Index of the Lycopodiaceae, Biolog. Skr. 34, Kongel. Danske Vidensk. Selsk. Kopenhagen: 1–135, 1989.

55. Øllgaard, B.: Lycopodiaceae. pp. 31–39. In: Kramer, K. U., Green, P. S. (eds.): The Families and Genera of Vascular Plants I. Pteridophytes and Gymnosperms. Springer, Berlin 1990.

56. Paris, C. A., Wagner, F. S., Wagner, W. H.: Cryptic species, species delimitation, and taxonomic practice in the homosporous ferns. Amer. Fern J. 79 (1989) 46–54.

57. Pérez Arbeláez, H.: Die natürliche Gruppe der Davalliaceae (Sm.) Klfs. Bot. Abh. (Jena) 14 (1928) 1–96.

58. Pichi Sermolli, R. E. G.: Tentamen pteridophytorum genera in taxonomicum ordinem redigendi. Webbia 31 (1977) 313–512.

59. Presl, C. B.: Tentamen pteridographiae. Th. Haase, Prag 1836.

60. Presl, C. B.: Die Gefäßbündel im Stipes der Farrn. Abh. Böhm. Ges. Wiss. V.5 (1848) 307–356.

61. Roos, M. C.: Phylogenetic Systematics of the Drynarioideae. Diss., Univ. Utrecht 1985.

62. Sen, U., De, B.: Structure and ontogeny of stomata in ferns. Blumea 37 (1992) 239–261.

63. Smith, A. R.: Thelypteridaceae, pp. 263–272. In: Kramer, K. U., Green, P. S.: (eds.): The Families and Genera of Vascular Plants I. Pteridophytes and Gymnosperms. Springer, Berlin 1990.

64. Smith, A. R., Moran, R. C., Bishop, L. E.: Lellingeria, a new genus of Grammitidaceae. Amer. Fern J. 81 (1991) 76–88.

65. Smith, J.: Historia Filicum. Macmillan, London 1875.

66. Smith, J. E.: Tentamen botanicum de Filicum generibus dorsiferarum. Mém. Acad. Turin 5 (1793) 1–401.

67. Sota, E. R. de la, Morbelli, M. A.: Schizaeales. Phytomorphology 37 (1987) 365–393.

68. Swartz, O.: Synopsis Filicum. Kiel 1806.

69. Tryon, R. M.: The classification of the Cyatheaceae. Contrib. Gray Herb. 200 (1970) 1–53.

70. Tryon, R. M.: An exchange of views on the Cyatheaceae. Fl. Males. Bull. 20 (1977) 2839–2842.

71. Tryon, R. M., Tryon, A. F.: Ferns and Allied Plants with Special Reference to Tropical America. Springer, New York 1982.

72. Tryon, A. F., Lugardon, B.: Spores of the Pteridophyta. Springer, New York 1991.

73. Wagner, W. H.: Ophioglossaceae, pp. 193–197. In: Kramer, K. U., Green, P. S. (eds.): The Families and Genera of Vascular Plants I. Pteridophytes and Gymnosperms Springer, Berlin 1990.

74. Wagner, W. H., Wagner, F. S.: Genus communities as a tool in the study of New World Botrychium (Ophioglossaceae). Taxon 32 (1983) 51–63.

75. Walker, T. G.: Cytotaxonomic studies of the ferns of Trinidad 2. The cytology and taxonomic implications. Bull. Brit. Mus. (Nat. Hist.) Bot. 13 (2) (1985) 149–249.

76. Zimmer, B.: Frond trichomes and scales as a taxonomic tool in Adiantum, pp. 285–292. In: Shing, K. H., Kramer, K. U. (eds.): Proc. Internat. Sympos. Syst. Pteridology. China Science & Technol. Press, Beijing 1989.

4. Geographie

4.1. Einleitung und Allgemeines

Da Pteridophyten wie die Samenpflanzen zu den Gefäßpflanzen gehören und meist auch mit Samenpflanzen vergesellschaftet sind, werden sie chorologisch häufig mit dieser Pflanzengruppe verglichen (z. B. 25). Die Erwartung, daß wenigstens die homosporen Pteridophyten mit ihren extrem kleinen und leichten (Dia-) Sporen weiter verbreitet sind als die Mehrzahl der Samenpflanzen, trifft zu oder auch nicht, je nachdem, auf welchem Klassifikationsniveau der Vergleich gezogen wird (14).

Auf dem Niveau der Familie sind die Unterschiede erstaunlich gering. Ebenso wie die Mehrzahl der größeren Angiospermenfamilien kosmopolitisch bzw. pantropisch oder holarktisch verbreitet ist, nehmen auch die wichtigeren Pteridophytenfamilien sehr große Areale ein; nur die *Davalliaceae* sind nicht zugleich paläo- und neogäisch, sondern auf die Alte Welt beschränkt. Enger verbreitete Farnfamilien sind häufig Relikte, wie *Matoniaceae* und *Lophosoriaceae*, und auch dazu gibt es viele Parallelen bei den Samenpflanzen. Prozentual sind aber weniger Pteridophytenfamilien auf kleine Verbreitungsgebiete beschränkt.

Auf dem Gattungsniveau ändert sich das Bild stark. Eine Stichprobe von 1054 Blütenpflanzengattungen aus 8 großen, weit verbreiteten Familien ergab folgendes Bild:

	Nur auf einem Kontinent	Bikontinental	Weit verbreitet
Blütenpflanzen	42–70%	8–42%	8–30%
Pteridophyten	37%	22%	41%

Es sind also sehr viel weniger Pteridophytengattungen auf einen bzw. zwei Kontinente beschränkt.

Anders steht es allerdings mit der Diversität der weit verbreiteten Farnfamilien bzw. -gattungen auf beiden Hemisphären. Die Mehrzahl der Familien ist auf der Osthalbkugel, beson-

ders im tropischen (Austral)Asien, sehr viel stärker diversifiziert als in der Neuen Welt, besonders auf dem Niveau der Unterfamilie bzw. Tribus, während die Artenzahlen beider Halbkugeln vergleichbar bzw. durch stärkere Vertretung einmal im Osten, einmal im Westen etwa ausgeglichen sind. Ähnliches gilt für viele Taxa auf dem Untergattungs- bzw. Sektionsniveau (13). Beispiele für ein altweltliches Diversitätsübergewicht sind die *Cyatheaceae*, *Blechnaceae*, *Dryopteridaceae*, *Lomariopsidaceae*, *Polypodiaceae* und *Thelypteridaceae*; eines der wenigen Gegenbeispiele stellen die *Pteridaceae* im weiteren Sinne dar. Eine Erklärung des Phänomens steht noch aus.

Ein Vergleich der Verbreitungsmuster auf dem Artniveau ist sehr viel schwieriger, da repräsentative Zahlen nur schwer ermittelt werden können. Es unterliegt aber keinem Zweifel, daß es viel mehr (sub)kosmopolitisch, pantropisch oder wenigstens transatlantisch verbreitete Arten von Pteridophyten als von Samenpflanzen gibt (25). Einen gewissen Eindruck von der Verbreitung von Pteridophytengattungen und -arten im Vergleich zu der von Blütenpflanzen vermittelt Tab. **4.1.**

Daß die Kleinheit und damit leichtere Dispersibilität der Diasporen hierbei eine Rolle spielt, konnte durch einen Vergleich der Verbreitungsmuster der Arten der *Lycopodiaceae* mit denen der *Selaginellaceae* in der Flora des südlichen Mittelamerika belegt werden (Tab. **4.2**).

Trotz (wahrscheinlich zufälliger) geringerer Zahl der lokalen Endemiten zeigen die Selaginellen mit ihren relativ sehr großen Megasporen und häufig im Vergleich zu Farnsporen, auch etwas größeren Mikrosporen deutlich beschränktere Arealtypen.

Der Endemismus von Pteridophyten ist im ganzen auf Inseln wie auch in endemitenreichen Teilen der Kontinente deutlich niedriger als der der Samenpflanzen. So sind von den Blütenpflanzen der Maskarenen-Insel La Réunion 30% endemisch, weitere 30% kommen daneben nur auf der Nachbarinsel Mauritius vor.

Tabelle **4.1** Verbreitung der Gattungen und Arten der Pteridophyten und vergleichsweise zweier Angiospermen-Familien im nordöstlichen Nordamerika (Daten aus: H. A. Gleason, The New Britton and Brown Illustrated Flora, etc., 3rd ed., New York 1952)

	Weit verbreitet bis kosmopolitisch	Holarktisch	Neuweltlich	Nordamerika	Östliches Nordamerika	Lokal
Pteridophyten						
Gattungen (34)	30 (88%)	4 (12%)	0	0	0	0
Arten (112)	13 (11,5%)	47 (42%)	7 (6%)	14 (12,5%)	26 (23,5%)	5 (4,5%)
Liliaceae						
Gattungen (33)	3 (9%)	14 (43%)	1 (3%)	9 (27%)	6 (18%)	0
Arten (80)	0	4 (5%)	0	10 (13%)	64 (80%)	2 (2%)
Papilionaceae						
Gattungen (35)	18 (51,5%)	8 (23%)	4 (11,5%)	3 (8,5%)	2 (5,5%)	0
Arten (133)	0	5 (3%)	0	30 (23%)	96 (72%)	2 (2%)

Tabelle **4.2** Verbreitung der Lycopodiaceae und Selaginellaceae im südlichen Mittelamerika und nordwestlichen Kolumbien (nach D. B. Lellinger, Pteridologia 2 A, Washington 1989).

	Kosmopolitisch	Tropisches Amerika	Zirkumkaribisch	Zentralamerikanisch bis westlich südamerikanisch	Zentralamerikanisch	Endemitisch
Lycopodium sens. lat. (homospor) 41 Arten	2 (5%)	14 (34%)	6 (15%)	12 (29%)	2 (5%)	5 (12%)
Selaginella (heterospor) 43 Arten	2 (5%)	4 (9%)	4 (9%)	24 (56%)	7 (16%)	2 (5%)

Für die Pteridophyten sind die entsprechenden Zahlen 8% bzw. 15%. Auf den Azoren sind 20% der Blütenpflanzenarten endemisch aber nur etwa halb so viele der Farne.

Neben der leichteren Dispersibilität der Sporen wenigstens von homosporen Pteridophyten dürften zwei andere Faktoren eine wichtige Rolle spielen. Ein homosporer Pteridophyt kann, wenigstens theoretisch, durch die erfolgreiche Etablierung einer aus einer einzigen Spore hervorgegangenen Pflanze, Neuland kolonisieren. Bei zahlreichen Samenpflanzen ist Etablierung durch einen einzigen Samen nicht möglich, da viele Arten selbstinkompatibel

oder sogar zweihäusig sind. Ferner sind Pteridophyten für ihre Vermehrung nicht auf die Anwesenheit spezifischer Bestäuber angewiesen, wie das für zahlreiche Blütenpflanzen gilt.

Übrigens sind die Arealgrößen der einzelnen Arten in verschiedenen Verwandtschaftskreisen oft sehr verschieden. So sind z. B. im Artenkomplex von *Polypodium pectinatum* knapp die Hälfte der Arten, unter den amerikanischen Arten von *Thelypteris* Sektion *Cyclosorus* die Hälfte, bei den *Cyatheaceae* und *Grammitidaceae* aber nicht einmal 20% weit verbreitet (25). Allgemein gültige Regeln oder auch nur Tendenzen sind hier kaum anzugeben, außer daß Epiphyten häufig weniger weit verbreitet sind.

4.2. Diversität

Die größte Diversität der Pteridophyten ist in den Gebirgswäldern tropischer und warm-gemäßigter Breiten zu finden, wo auch viele eher beschränkt bis nur sehr lokal verbreitete Arten angetroffen werden. Gebiete mit großen Konzentrationen solcher Arten sind z. B. die Gebirgswälder von Costa Rica, Hispaniola, Jamaica, Venezuela, Ecuador, Madagaskar, Taiwan, Zentralchina, Nord-Borneo, Luzon und Neuguinea. Die Artenzahl in den feuchten tropischen Niederungen ist aus der Sicht der gemäßigten Zone zwar erheblich, im Verhältnis zum enormen Reichtum der Gebirgswälder an Blütenpflanzen aber überraschend klein. Besonders im Verhältnis zu der sehr großen Zahl an Holzgewächsen in Gebieten wie der amazonischen Hyläa, Indo-Malesien usw. nimmt sich die Farnflora der tiefgelegenen Teile dieser Gebiete recht bescheiden aus. Das Amazonas-Tiefland beherbergt „nur" 220 Arten von Farnen (31).

Die Farnflora der gemäßigten Breiten ist in ihrer Artenzahl und -konzentration höchst ungleichmäßig verteilt. An den Ostküsten, wo ein feucht-maritimes Klima herrscht und die gemäßigte Zone fließend in die (sub-)tropische übergeht, ist die Zahl der Farnarten (und nicht nur dieser) oft groß, und viele tropische Verwandtschaftskreise sind noch darin vertreten. Dies gilt für den Südosten Südamerikas, Afrikas (9), Australiens, für Japan und Taiwan, in viel geringerem Ausmaß auch für den Südosten der USA. An den Westküsten dagegen ist durch die Zwischenschaltung einer Wüstenzone diese Kontinuität nicht gegeben, und die Farnflora ist entsprechend ärmer, jedenfalls soweit nicht die Wüstenzone selbst reich an Pteridophyten ist. Nur das gemäßigte Chile bildet mit seinem großen Farnreichtum eine Ausnahme.

Die höchst ungleichmäßige Verteilung der Pteridophyten über die wärmeren Wüstenzonen der Welt ist eine frappante Erscheinung, die für die cheilanthoiden Farne speziell belegt ist (32); diese Farne stellen die Mehrzahl der trockenresistenten Arten. Sie zeigen großen Artenreichtum in den Trockenzonen Mexikos und dem Südwesten der Vereinigten Staaten und in der entsprechenden Zone im westlichen Südamerika, in etwas schwächerem Maße auch in Afrika und Madagaskar. Vergleichsweise arm sind die Farnfloren der Trockenzonen Austra-

liens und ganz besonders Asiens. *Cheilanthes* und *Pellaea*, in der Alten Welt dazu *Actiniopteris* und *Notholaena* sind wichtige Gattungen. Farne trockener Gebiete sind häufiger apogam als solche feuchterer Regionen (s. S. 151), was das Prothalliumstadium stark verkürzt; zusätzlich sind die Sporen solcher Farne häufig größer. Ob dies der Fernverbreitung abträglich ist, ist bisher nicht erforscht worden. Es erscheint aber wenig wahrscheinlich. Auf den Tristan da Cunha-Inseln im Südatlantik z. B. kommen Farne mit relativ großen Sporen ebenso vor wie solche mit kurzlebigen, chlorophyllhaltigen neben Arten mit „normalen", chlorophyllfreien, kleineren (31).

Südlich-gemäßigte Breiten weisen fast stets eine sehr viel reichere Farnflora auf als nördlich-gemäßigte. Die geringeren Einflüsse der pleistozänen Eiszeit und ein im ganzen eher maritim geprägtes Klima dürften dabei die wichtigsten Ursachen sein. Die Beziehungen auf Artniveau zwischen der nördlichen und der südlichen gemäßigten Zone sind bei Pteridophyten fast ebenso schwach wie bei Samenpflanzen. Beispiele bipolar verbreiteter, aber nicht auf tropischen Gebirgen als „stepping-stones" zwischen Nord und Süd vorkommender Arten sind *Polypodium vulgare*, *Cryptogramma crispa* (südliche Art nicht konspezifisch?), *Asplenium* („*Pleurosorus*") *subglandulosum* (verschiedene Unterarten) (23), *Hymenophyllum wilsonii* und *Cystopteris fragilis*. Typisch südlich-gemäßigte Gattungen sind *Todea*, *Leptopteris* und *Rumohra*. Die weiter verbreiteten unter ihnen strahlen stark in angrenzende tropische Gebiete aus.

Die Farnflora nördlich-gemäßigter Breiten besteht teils aus generell mikrothermen Sippen, d. h. solchen, die in wärmeren Regionen auf Bergregionen beschränkt oder doch dort stark konzentriert sind. Beispiele sind *Athyrium*, *Cystopteris*, *Dryopteris*, *Polystichum* und *Woodsia*. Andere sind (fast) rein gemäßigt: *Gymnocarpium*, *Phegopteris*, *Cryptogramma*, *Matteuccia*, *Onoclea*. Daneben sind auch nicht wenige (sub-)kosmopolitische Gattungen: *Adiantum*, *Asplenium*, *Cheilanthes*, *Hymenophyllum*, *Osmunda*, *Pteridium*, *Thelypteris*, *Trichomanes*. Vorposten von Gattungen, deren Hauptverbreitung außerhalb der nördlich-gemäßigten Zone liegt, ohne daß man sie kosmopolitisch nennen könnte, hat Europa nur wenige: *Blechnum spicant*, *Davallia canariensis*, *Pel-*

laea calomelanos, *Polypodium* spp., *Psilotum nudum*, *Pteris* spp. Zahlreicher sind die Beispiele in Nordamerika: neben Arten aus fast allen soeben genannten Gattungen finden sich dort noch z. B. *Dennstaedtia, Deparia, Lygodium, Schizaea, Vittaria.* Noch zahlreicher sind die Vertreter in Ostasien. Bei den Samenpflanzen ließen sich hierzu zahlreiche Parallelen finden. Auch Disjunktionsmuster der Samenpflanzen auf der Nordhalbkugel, wie die sogenannte Asa Gray-Lücke zwischen dem östlichen Nordamerika und Ostasien, sind bei Farnen vertreten, z. B. bei Arten von *Deparia* (10). Nach einigen Autoren hat sogar etwa 20% der im östlichen Nordamerika beheimateten Pteridophyten eine Asa-Gray-Lücken-Verwandtschaft, das heißt sie leiten sich von sonst in Ostasien vorkommenden Taxa ab (28).

Auf ozeanischen Inseln spielen Farne eine verhältnismäßig große Rolle in Flora und Vegetation, so weit das Klima es zuläßt (z. B. 29). Beispiele von ozeanischen Inseln bzw. Inselgruppen mit (wahrscheinlich isolationsbedingt) armer, wenn auch oft an Endemiten reicher, Samenpflanzenflora und relativ gut bestückter Pteridophytenflora sind die Azoren, Tristan da Cunha, die Maskarenen, Tahiti und Juan Fer-

nandez. Drei Faktoren könnten zur Erklärung herangezogen werden: die besseren Fernverbreitungsmöglichkeiten der Farne (s. S. 94), das maritime Inselklima und die oft vorhandenen offenen Substrate (Vulkanismus!), die gern von Farnen besiedelt werden. Das jeweilige Gewicht dieser Faktoren ist schwer abzuschätzen, sie schließen sich auch gegenseitig nicht aus.

Anteile der Pteridophyten in der Gefäßpflanzenflora von

Tristan da Cunha (ozeanisch)	La Réunion (ozeanisch)	Fernando Póo (subkontinental)
ca. 38%	ca. 30%	19%

Die progressive Verarmung der Blütenpflanzenflora von Westen nach Osten auf den Inseln des Stillen Ozeans hat eine, nicht ganz erwartete, Parallele bei den Farnen; zugleich steigt, mit größerer Abgelegenheit der Inseln, der Prozentsatz der Endemiten.

Ungefähre Zahl der Farnarten und der Prozentsatz an Endemiten in:

Fiji	% end.	Samoa	% end.	Tahiti-Arch.	% end.
303	20	218	16	ca. 150	30

4.3.   Die einzelnen Florengebiete

Holarktis:

Die Farnflora großer Teile der Holarktis ist seit dem Ende des Paläogens zweifellos stark verarmt, teils durch Temperaturrückgang, teils durch Austrocknung. Wichtige Gattungen sind *Asplenium, Athyrium, Dryopteris, Polystichum, Lycopodium, Huperzia; Selaginella* ist nur schwach vertreten. Im (süd)östlichen Nordamerika ist eine schwache, in Ostasien eine starke Einstrahlung heute eher makrotherm verbreiteter Gattungen zu beobachten, die wohl größtenteils Tertiär-Relikte darstellen dürften. Lokal reichere Farnfloren finden sich in stark ozeanisch beeinflußten Teilgebieten; im Süden des atlantischen Teils von Europa kommen z. B. *Culcita, Davallia, Hymenophyllum, Trichomanes* und *Woodwardia* vor. Die Mediterraneis hat an Farnen arme Vegetationen aber ein relativ reiches Artenspektrum, z. B. von *Asplenium* und *Cheilanthes.*

Die nordatlantischen Inseln von den Azoren bis zu den Kanaren sind nicht nur reich an – nicht selten endemischen – Arten; viele davon gehören auch zu Verwandtschaftskreisen wärmerer Breiten. Beispiele sind *Adiantum reniforme* (s. oben) und *Arachniodes webbiana.* Einige Arten zeichnen sich dadurch aus, daß sie auf den Inseln mit diploiden, als Stammformen betrachteten Rassen vertreten sind (sog. Patroendemiten nach 6), während die kontinentalen Formen polyploid sind. Beispiele finden sich bei *Asplenium, Cheilanthes* und *Dryopteris.*

Am reichsten ist das chinesisch-südjapanische Teilgebiet. Dort liegen die, oder doch eines von mehreren, Sippenzentren vieler holarktischer Gattungen wie *Athyrium, Dryopteris* und *Polystichum* (18). Beispiele der bereits erwähnten Vorposten makrotherm verbreiteter Gattungen sind *Angiopteris, Ctenitis, Dennstaedtia, Diplazium, Microlepia, Plagiogyria* u. a. Von den zahlreichen aus China neuerdings beschriebenen endemischen Gattungen halten nur wenige näherer Prüfung stand. Der Prozentsatz endemischer Arten ist gewiß hoch, wird aber von den chinesischen (wie früher von den japanischen) Autoren stark überschätzt.

Besonders ausgeprägt ist die Diversität in den am Rande des Gebietes gelegenen südlich-zentralasiatischen Gebirgen wie dem Himalaya und seinen Neben- und Nachbarketten. Dies ist das Diversitäts-, wenn nicht sogar das Ursprungszentrum vieler Sippen, von denen die meisten (warm-)gemäßigt bis weit verbreitet, einige aber sogar tropisch verbreitet sind (4). Typische Gattungen des Gebietes sind *Asplenium, Athyrium, Deparia, Dryopteris, Lepisorus* und *Polystichum* (s. auch unter Vorderindien).

Kontinentales tropisches Afrika:

Die relative Arten- und besonders auch Gattungsarmut dieses Gebietes ist schon vielfach behandelt worden. Sie gilt für Pteridophyten ebenso wie für Samenpflanzen, für erstere allerdings bedeutend stärker. Das tropische Westafrika beherbergt etwa 320 Arten von Pteridophyten (1); dagegen besitzt ein kleines Teilgebiet des tropischen Amerika wie etwa Costa Rica deren allein etwa 700. Viele sonst pantropisch verbreitete, in einigen Fällen auch in Madagaskar vertretene Familien und Gattungen fehlen ganz im kontinentalen tropischen Afrika: *Dicksoniaceae, Dennstaedtia, Polypodium* (s. str.), *Saccoloma*, andere sind nur mit wenigen Arten vertreten: *Arachniodes, Dicranopteris, Diplazium, Lygodium, Marattia*, usw. Von den weltweit ca. 700 Arten von *Cyathea* besitzt das tropische Afrika deren nur gerade 14. Andererseits scheint es, als seien die Lücken wenigstens teilweise von anderen Gattungen ausgefüllt worden, denn z. B. *Asplenium, Pteris* und *Thelypteris* zeigen eine erhebliche Artenvielfalt.

Faßt man die Gattungen nicht allzu eng, so gibt es nicht eine einzige Farngattung, die auf das kontinentale tropische (und evtl. südliche) Afrika beschränkt wäre. Fast rein afrikanisch sind *Mohria* (auch Madagaskar und Maskarenen) und *Afropteris* (auch Seychellen).

Madagaskar und Nachbarinseln:

Zu den letzteren werden die Seychellen, die Komoren und die Maskarenen gerechnet.

Der große Artenreichtum dieses Gebietes, mit ganz ungewöhnlich hohem Endemismus, ist schon mehrfach betont worden (z. B. 3). Die nicht endemischen Taxa sind zumeist auch im kontinentalen Afrika beheimatet. Daneben ist auch ein östliches Element vorhanden, das in Afrika (sekundär?) fehlt; Beispiele sind die Gattungen *Angiopteris, Humata* und *Monogramme*. Auch einige der Endemiten sind am nächsten mit asiatischen Arten verwandt. Immerhin drei endemische Gattungen hat das Gebiet aufzuweisen: *Psammiosorus* und *Pseudotectaria* in Madagaskar, *Ochropteris* in Madagaskar und auf den Maskarenen. Die Endemiten der Region dürften teils Neo-Endemiten sein, teils Sippen, die dem kontinentalen Afrika verloren gegangen sind.

Südafrika:

Die Flora der Capensis ist dadurch recht uneinheitlich, daß zahlreiche tropische Arten den Osten des Gebietes erreichen (9). Daneben ist ein autochthones Eremialelement recht stark vertreten, allerdings deutlich weniger artenreich als das neuweltliche. Gattungen wie *Cheilanthes, Marsilea, Pellaea* besitzen eine Reihe von, teils endemischen, Arten. Viele davon erreichen aber angrenzende Gebiete des tropischen Afrika wie Moçambique, Zambia, Angola oder sogar Madagaskar. Wie im tropischen Afrika sind Gattungen wie *Aspenium* und *Thelypteris* relativ artenreich. Typisch südliche Verwandtschaftskreise, wie das südliche Südamerika und /oder Australien/Neuseeland sie besitzen, sind nur schwach vertreten; sie dürften durch das trockene Klima sekundär stark verarmt sein.

Vorderindien:

Für die Chorologie der Farne ist dies ein wichtiges Gebiet, da es ein Schnittpunkt verschiedener Florenelemente ist, von denen einige vielleicht einst dort ihren Ausgang genommen haben.

Der Nordwesten mit Kashmir und Pakistan zeigt eine starke Verwandtschaft mit Europa und Vorderasien. Im trockeneren, westlichen Teil des indischen Subkontinentes finden sich nicht wenige Elemente der nordostafrikanisch-südarabischen Wüstenflora. Der Reichtum des Himalaya und benachbarten Ketten wurde schon oben betont. An der Südabdachung des östlichen Himalaya, in Assam im weiteren Sinn, ist die tropisch-indomalaiische Farnflora bereits in bedeutender Gattungs- und Artenzahl präsent; sie setzt sich in den Gebirgen Südchinas (besonders Yünnan), Burmas und Hinterindiens fort. Südindien mit Ceylon beherbergt einen weiteren, mehr oder weniger disjunkten Vorposten dieser Flora; zahlreiche indomalaiische Arten und auch Gattungen sind in der indischen Region nur hier vertreten. Die Zusammenhänge zwischen Südindien (Kerala, Tamil Nadu) und Ceylon sind recht eng, doch ist (oder war –starke Entwaldung!) Ceylon im allgemeinen etwas reicher, sowohl an Endemiten als auch an weiter verbreiteten tropisch-asiatischen Taxa. Gattungen wie *Belvisia, Calymmodon, Doodia, Monogramme* und *Teratophyllum* sind in Südostasien und in Ceylon, eventuell auch in Afrika, nicht aber in Südindien vertreten. Ceylon besitzt 314 Arten von Pteridophyten, von denen 73% auch in Indien vorkommt. Vom Rest, 85 Arten, sind 57 (67%) ceylonesische Endemiten (24). Interessanterweise hat Ceylon ferner 15 Arten mit Nord-, nicht aber mit Südindien gemeinsam. Wie groß die Artenzahl in Südindien ist, ist noch sehr ungenau bekannt (viele ergänzende Daten z. B. in 17). Die Farnflora von Burma ist sehr unvollständig bekannt; seit 1946 gibt es keine zusammenfassende Arbeit mehr (5).

Hinterindien:

Erst neuerdings ist die Farnflora von Thailand besser bekannt und zusammenfassend dargestellt worden (26). Der Norden beherbergt zahlreiche „subtropische" Elemente, die das Land mit Nordostindien, Südchina usw. gemein hat; das Zentrum und der Süden sind stark tropisch geprägt. Ebenso wie für Nordostindien gilt auch hier, daß ein Treffpunkt Vielfalt bedeutet. Indo-China schließt sich floristisch recht stark an Südchina an (27), besonders an Hainan, das botanisch eher zu Vietnam als zu China gehört und eine Reihe tropisch verbreiteter Taxa aufweist, die im eigentlichen China fehlen. Indomalaiische Elemente sind in Thailand deutlich stärker vertreten als in Indo-China.

Taiwan:

Pflanzengeographisch nimmt diese Insel eine Mittelstellung ein; ihre reiche Farnflora, etwa 620 Arten, wurde neuerdings daraufhin analysiert (15). Die Gebirgsflora ist nahe mit derjenigen Zentral- und Südchinas verwandt, was starke Disjunktionen der betreffenden Arten bedingt. Die Farne des Tieflandes zeigen eher Verwandtschaft mit Südjapan und Südostchina, nicht wenige auch mit Malesien, besonders mit den Philippinen. Die Endemiten, knapp 10%, gehören meistens der Gebirgszone an. Endemische Gattungen fehlen.

Malesien:

Dies ist möglicherweise das farnreichste Gebiet der Welt. Genauere Angaben können zur Zeit nicht gemacht werden, da viele Gattungen noch auf moderne Bearbeitungen warten. Von *Thelypteris* s. l. werden aus ganz Malesien 428 Arten angegeben (7), von *Tectaria* 105 (8), von *Lindsaea* 62 (11). In allen Fällen sind das mehr Arten als sie das ganze tropische Amerika aufzuweisen hat. Von Neuguinea allein sind 64 Arten von *Grammitis* (s. str.) bekannt, davon 44 (69%) endemisch (21); in der Revision dieser Gattung wurden 31% der Arten neu beschrieben, was illustrieren mag, wie viel noch zu tun bleibt. Zahlreiche Gattungen sind rein malesisch oder erreichen mit einigen Arten Nachbargebiete wie Hinterindien, das tropische Australien oder die pazifischen Inseln: *Calymmodon, Davallodes, Psomiocarpa, Syngramma, Teratophyllum, Taenitis* und die beiden Reliktgattungen *Matonia* und *Phanerosorus*. Wohl kaum eine andere begrenzte Region besitzt so viele (fast) endemische Gattungen. Ein starker Lokalendemismus wird auf den Philippinen angetroffen. Im Gegensatz zur großen Zahl der *Arten* auf Neuguinea (darunter sehr viele Endemiten) gibt es dort nur sehr wenige endemische *Gattungen*. Das relativ geringe geologische Alter der Insel dürfte der Hauptgrund dafür sein. Andere Zentren großen Arten- bzw. Endemitenreichtums sind Sulawesi und besonders Borneo. Die enorme Konzentration endemischer Blütenpflanzen im Kinabalu-Massiv in Sabah findet ein, wenn auch abgeschwächtes, Gegenstück in der Pteridophytenflora (22). Die Farnflora Javas ist im Vergleich eher arm, wahrscheinlich weil der mehr oder weniger immerfeuchte Westen jungvulkanisch, der Osten periodisch trocken ist.

Melanesien-Mikronesien-Polynesien:

Genau wie bei den Blütenpflanzen stellt die Farnflora der pazifischen Inseln im großen und ganzen einen Auszug aus der indomalaiischen dar, mit fortschreitender Verarmung von Westen nach Osten. Die Gattungen sind zum allergrößten Teil indomalaiisch, einige australisch bzw. neukaledonisch. Amerikanische Gattungen fehlen, außer auf Juan Fernández; amerikanische Verwandtschaft auf dem Artniveau ist zahlenmäßig sehr beschränkt und fast auf die Hawaiianischen Inseln beschränkt, wieder wie bei den Blütenpflanzen. Als einziger Archipel besitzt Hawaii mit *Sadleria* eine endemische Farngattung.

Neukaledonien nimmt eine Sonderstellung ein. Die Farnflora ist sehr reich an Arten (ca. 300) und an Endemiten (127, ca. 42%) und enthält, neben gewissen australischen Elementen, die sonst im Pazifik fehlen, einige recht isolierte Arten nicht-endemischer Gattungen. An Gattungen ist nur *Stromatopteris* mit einer Art endemisch. Der starke Endemismus ist sicher nicht nur auf die isolierte Lage der Insel, sondern – wohl in erster Linie – auf die weit verbreiteten mineralarmen, ultramafischen Böden zurückzuführen, die von Spezialisten bewohnt werden.

Australien:

Die relativ arme Farnflora dieses Kontinentes läßt sich ziemlich deutlich in ein altes, mehr oder weniger isoliertes, gemäßigtes, gondwanisches Element und ein jüngeres, stark tropisch geprägtes, indomalaiisches aufgliedern (19). Die Flora des feuchtgemäßigten Südostens hat viele Taxa mit Neuseeland gemeinsam. Zum gondwanischen Element gehören Gattungen wie *Blechnum, Doodia, Leptopteris, Todea, Gleichenia* s. str., *Platyzoma* und *Coveniella*, aber nur die beiden letztgenannten stellen endemische Gattungen dar. Als Vertreter des indomalaiischen Elementes dürfen z. B. *Platycerium, Pyrrosia, Stenochlaena* und *Taenitis* gelten. Viele der Arten sind nur im tropischen Norden/Nordosten zu finden. Die Wüstenflora ist mäßig gut entwickelt mit Gattungen wie *Cheilanthes, Notholaena* und *Pellaea*. Holarktische, aber auch in Gebirgen wärmerer Regionen weit verbreitete Gattungen wie *Dryopteris* und *Athyrium* sind sehr schwach vertreten. Auch viele pantropische oder sogar kosmopoli-

tische Gattungen sind in Australien artenarm oder fehlen ganz; am stärksten vertreten sind *Asplenium* und *Grammitis*. Im Südwesten des Kontinentes, der eines der ausgeprägtesten Endemismus-Zentren der Welt für Blütenpflanzen darstellt, kommen nur rund zwei Dutzend Arten von Pteridophyten vor, und nur eine einzige ist endemisch.

Neuseeland:

Der insuläre Charakter dieser größten Pazifik-Inselgruppe ist auch bei den Pteridophyten ausgeprägt. Von den etwa 175 einheimischen Farnen und Farnartigen sind etwa 40% endemisch. Dagegen ist die Blütenpflanzenflora in absoluten Zahlen artenarm, erreicht aber einen Endemismus von fast 80%. Gattungen, die auch sonst in ozenischen Klimabereichen der gemäßigten Zone gut vertreten sind, sind dies meist ebenfalls in Neuseeland: *Cyathea, Grammitis, Hymenophyllum, Trichomanes, Lycopodium*; dagegen gibt es keine (!) einheimischen Selaginellen. Das australe Element ist durch Gattungen wie *Dicksonia, Gleichenia* und *Sticherus* vertreten. Im Gegensatz zu Australien hat Neuseeland fast keine tropischen Sippen aufzuweisen; die wenigen vorhandenen sind auf den äußersten Norden oder auf vom Vulkanismus erwärmte Lokalitäten beschränkt. Wie in Australien sind *Asplenium* und *Blechnum* speziell artenreich. Ein Wüstenelement fehlt fast ganz. An endemischen Gattungen sind *Cardiomanes* (und *Anarthropteris*?) sowie das Relikt *Loxoma* zu erwähnen. Ebenso wie bei den Blütenpflanzen sind auch bei den Pteridophyten schwache Beziehungen zum gemäßigten Südamerika auszumachen. Am stärksten sind begreiflicherweise die Beziehungen zu Australien; damit hat Neuseeland 45% seiner Farnflora (aber nur 20% der Phanerogamenflora) gemein (2, 16, 20).

Neotropis und gemäßigtes Südamerika:

Die Pteridophytenflora dieser Region bildet eine deutliche Einheit und kann als Ganzes behandelt werden. Sie ist sehr reich an Arten, besonders auch in den Gebirgswäldern; im Vergleich zu anderen Regionen auch in den Trokkengebieten. An übergeordneten Taxa besteht dagegen deutlich kein großer Reichtum (13). Auf Familienebene ist nur die kleine Familie der *Hymenophyllopsidaceae* auf die Neotropis beschränkt. Rein neuweltliche Gattungen sind zahlreicher; Beispiele nicht allzu kleiner Gattungen sind *Adiantopsis, Astrolepis, Bommeria, Campyloneurum, Danaea, Niphidium* und *Polybotrya*. Relikte sind die Gattungen *Lophosoria, Loxsomopsis* und *Thyrsopteris* (nur Juan Fernández). Die endemischen Gattungen sind stark in wenigen Verwandtschaftskreisen konzentriert: *Pteridaceae* (10), *Dryopteridaceae* (9), *Polypodiaceae* (5). Die drei Zentren der Artenkonzentration in der Neotropis sind der andine Bereich (im weiteren Sinn), von Südmexiko bis Bolivien; das guyanisch-venezolanische Hochland; und Südostbrasilien (30).

In ihrer Farnflora haben die Antillen keinen starken insulären Charakter. Endemische Arten sind zahlreich in den Gebirgen Hispaniolas, auch auf Jamaica und in Ostkuba, aber an Gattungen ist nur *Anopteris* auf die Antillen beschränkt. Ferner sind viele der Antillen-Endemiten auf mehreren Inseln zu Hause (31). Beispiele eines zirkum-karibischen Elementes sind die Gattungen *Hypoderris, Neurocallis, Neurodium, Maxonia* und *Ormoloma* und zahlreiche Arten anderer Gattungen (12).

Geographisch oder ökologisch isolierte, kontinentale Regionen der Neuen Welt sind mindestens so reich an Endemiten wie die Antillen, z. B. die Vulkangruppen Costa Ricas oder das Chocó-Gebiet im südlichen Panama und dem angrenzenden Nordwestkolumbien. Arten- und endemitenreich sind auch die Sandstein-Tafelberge des südlichen Venezuela bis zum Mt. Roraima am Dreiländereck Venezuela-Brasilien-Guyana. Die Pteridophyten erreichen aber hier nicht den enormen Reichtum, den die Blütenpflanzen zeigen. Die schon erwähnte, kleine Familie der *Hymenophyllopsidaceae* ist auf dieses Gebiet beschränkt.

Eine stark differenzierte Farnflora beherbergen die Gebirgszüge des südlichen Mexiko, Mittelamerikas (besonders Costa Rica) und die Wälder der Anden von Venezuela bis Bolivien, soweit diese Gebiete nicht zu trocken sind. Interessant sind disjunkte Teilareale sonst rein andiner Sippen in den Bergen des südöstlichen Brasilien; Beispiele finden sich in den Gattungen *Ctenopteris, Eriosorus* und *Jamesonia*. Die Farnflora dieses Gebietes ist recht arten- und endemitenreich; nach Süden – Paraná, Santa Catarina – nimmt der Reichtum allmählich ab.

In der Gattung *Jamesonia* besitzen die Hochanden eine der habituell eigenartigsten Gestalten der Farnwelt (Abb. **38 b**) (s. S. 113).

Wie schon erwähnt, fehlen von wichtigeren Farnfamilien einzig die *Davalliaceae* (im weiteren Sinn) der Neotropis. Im Vergleich zu Südostasien sind manche Verwandtschaftskreise in der Neuen Welt aber nur schwach vertreten, wie die *Dennstaedtiaceae-Dennstaedtioideae* und die *Gleicheniaceae*.

Die Armut an Arten gemäßigt verbreiteter Gattungen in den Gebirgen der amerikanischen Tropen, im Vergleich zu ihrem Reichtum in Asien, ist schwer verständlich; einzig *Polystichum* ist gut vertreten. Dagegen erreicht *Elaphoglossum* in diesem Gebiet eine Vielfalt, wie sie bei dieser pantropisch-subtropisch verbreiteten Gattung sonst unerreicht ist. Von den 400–500 Arten dürften etwa $^3/_4$ rein neuweltlich sein. Sie sind besonders in den westlichen Gebirgsketten konzentriert.

Die Artenarmut der Hyläa-Tieflandwälder wurde schon erwähnt. Allein die Insel Jamaica besitzt etwa $2^1/_2$mal so viele Farnarten wie das ganze Amazonas-Gebiet (31). In der Vegetation spielen die Pteridophyten ebenfalls eine ganz untergeordnete Rolle.

Literatur

1. Alston, A. H. G.: The Ferns and Fern-allies of West Tropical Africa. London, Crown Agents 1959.
2. Brownlie, G.: The geographical affinities of the South Pacific Islands fern flora. Pac. Sci. 19 (1965) 219–223.
3. Christensen, C.: The pteridophyta of Madagascar. Dansk Bot. Ark. 7 (1932) 1–253.
4. Dhir, K. K., Saiki, Y.: Phytogeographic observations on Himalayan ferns. Nova Hedwigia 39 (1984) 169–175.
5. Dickason, F. G.: A phylogenetic study of the ferns of Burma. Ohio J. Sci. 46 (1946) 73–141.
6. Favarger, C., Contandriopoulos, J.: Essai sur l'endémisme. Bull. Soc. Bot. Suisse 71 (1961) 384–408.
7. Holttum, R. E.: Thelypteridaceae. Flora Malesiana II. 1,5: i–xxii, 331–599. Nijhoff, Den Haag 1981.
8. Holttum, R. E.: Tectaria Group, Id. II. 2,1: 1–132. Rijksherbarium, Leiden 1991.
9. Jacobsen, W. B. G., Jacobsen, N. H. G.: Comparison of the pteridophyte flora of southern and eastern Africa, with special reference to high-altitude species. Bull. Jard. Bot. Nat. Belg. 59 (1990) 261–317.
10. Kato, M., Iwatsuki, K.: Phytogeographic relationships of pteridophytes between temperate North America and Japan. Ann. Missouri Bot. Gard. 70 (1983) 724–733.
11. Kramer, K. U.: Lindsaea Group. Flora Malesiana II. 1,3: 177–254. Wolters Noordhoff, Groningen 1971.

12. Kramer, K. U.: Notes on the distribution of the pteridophytes of Suriname. Amer. Fern J. 64 (1974) 107–117.

13. Kramer, K. U.: The American paradox in the distribution of fern taxa above the level of species. Ann. Missouri Bot. Gard. 77 (1990) 330–333.

14. Kramer, K. U.: Distribution patterns in major pteridophyte taxa. J. Biogeogr. 20 (1993) 287–291.

15. Kuo, C. M.: Taxonomy and phytogeography of Taiwanese pteridophytes. Taiwania 30 (1985) 5–100.

16. Lovis, J. D.: The geographical affinities of the New Zealand pteridophyte flora. Brit. Fern Gaz. 9 (1) (1959) 16–23.

17. Manickam, V. S.: Fern flora of the Palni Hills (South India). Internat. Bio Sci. Ser. 11, New Delhi 1986.

18. Nishida, M.: An outline of the distribution of the Japanese ferns, pp. 101–105. In: Graham, A. (ed.): Floristics and Paleofloristics of Asia and Eastern North America. Elsevier, Amsterdam 1972.

19. Page, C. N., Clifford, H. T.: Ecological biogeography of Australian conifers and ferns, pp. 473–498. In Keast, A. K. (ed.): Biogeography and Ecology in Australia. W. Junk, The Hague 1981.

20. Parris, B. S.: Ecology and biogeography of New Zealand pteridophytes. Fern Gaz. 11 (4) (1976) 231–245.

21. Parris, B. S.: A taxonomic revision of the genus Grammitis Swartz (Grammitidaceae: Filicales) in New Guinea. Blumea 29 (1983) 13–222.

22. Parris, B. S., Beaman, R. S., Beaman, J. H.: The Plants of Mount Kinabalu. 1. Ferns and Fern Allies. Royal Botanic Gardens, Kew 1992.

23. Salvo, A. E., Prada, C., Díaz, T.: Revisión del género Asplenium L. subgénero Pleurosorus (Fée) Salvo, Prada & Diaz. Candollea 37 (1982) 457–484.

24. Sledge, W. A.: An annotated check-list of the pteridophyta of Ceylon. Bot. J. Linn. Soc. 84 (1984) 1–30.

25. Smith, A. R.: Comparison of fern and flowering plant distribution with some evolutionary interpretations for ferns. Biotropica 4 (1972) 4–9.

26. Tagawa, M., Iwatsuki, K.: Flora of Thailand. Vol. 3, Part 1–4. Pteridophytes. Royal Forest Department, Bangkok 1979–1989.

27. Tardieu-Blot, M., Christensen, C.: Flore Générale de l'Indo-Chine. VII. Cryptogames Vasculaires. Masson & Cie., Paris 1939–1951.

28. Tryon, A. F., Tryon, R. M.: Thelypteris in northeastern North America. Amer. Fern J. 63 (1973) 65–76.

29. Tryon, R. M.: Development and evolution of fern floras of oceanic islands. Biotropica 2 (1970) 76–84.

30. Tryon, R. M.: Endemic areas and geographic speciation in tropical American ferns. Biotropica 4 (1972) 121–131.

31. Tryon, R. M.: The biogeography of species with special reference to ferns. Bot. Rev. 52 (1986) 117–156.

32. Tryon, R. M., Tryon, A. F.: Geography, spores and evolutionary relations in the Cheilanthoid ferns. Bot. J. Linn. Soc. 67, Suppl. I (1973) 145–153.

5. Ökologie

5.1. Einleitung

Die Ökologie der Farne und Farnverwandten, besonders ihre Autökologie, ist noch sehr unvollständig erforscht. Dies trifft sogar für die Vertreter in sonst gut untersuchten Gebieten wie Europa und Nordamerika zu. Pflanzensoziologisch werden die allermeisten Pteridophyten wegen ihrer Struktur (Besitz eines Kormus) und ihrer Abmessungen zusammen mit den Samenpflanzen studiert und als Teile der Gesellschaften der Blütenpflanzen behandelt. Einzig die kleineren Vertreter der *Hymenophyllaceae* sind eher den Bryophyten-Gesellschaften zuzurechnen. Ein die autökologische Erforschung der Pteridophyten erschwerendes Moment ist, daß bei homosporen Pteridophyten die ökologischen Ansprüche des Gametophyten eigentlich gesondert von denen des Sporophyten studiert werden müssen (z. B. 18, 136); eine Studie, die nur den Sporophyten berücksichtigt, ist somit unvollständig. Der Gametophyt gehört aber zu einer anderen Schicht der Vegetation und hat eine ganz andere Wuchsform als der Sporophyt. Bei mykotrophen *Lycopodiaceae* und *Ophioglossaceae* ist er sogar unterirdisch, was ökologische Untersuchungen erheblich erschwert. In diesem Sinne integrierte Studien über die Ökologie von Pteridophyten sind erst sehr spärlich vorhanden (Beispiele: 17, 32, 113, 116). Die ökologische Erforschung der Epiphyten ist aus naheliegenden Gründen noch schwieriger (Beispiele: 61, 80, 119, 120).

5.2. Umwelttypen

In welchen Vegetationstypen findet man Pteridophyten, wo kommen sie vorzugsweise vor? Dem Laien sind Farne in erster Linie als Pflanzen des Waldbodens geläufig und tatsächlich wächst ein erheblicher Teil der Arten nur im Unterwuchs mehr oder weniger dichter, von Angiospermen dominierter Vegetation. Farne offener Standorte sind übrigens meistens weiter verbreitet als solche des Waldbodens (93). Im übrigen kommen Farne in einer erheblichen Vielfalt von Umwelttypen vor, aber nicht in allen.

Im *Meerwasser* gibt es eine gewisse Zahl von Angiospermen, aber weder Gymnospermen noch Pteridophyten; eigentlich ist das erstaunlich im Hinblick auf das hohe geologische Alter dieser Pflanzengruppen. Es gibt auch nur recht wenige salztolerante Pteridophyten (s. S. 112).

Im *Süßwasser* kommen einige frei schwimmende oder im Substrat wurzelnde Farne vor (s. S. 109). Mehr Arten gibt es schon an zeitweise von Süßwasser überfluteten Orten, am Rand von Seen oder Teichen mit schwankendem Wasserstand, im Schlamm der Sümpfe, in Bachbetten (Rheophyten, s. S. 108).

Der *Waldboden* sagt, wie erwähnt, einer großen Zahl von Farnen und Farnverwandten zu. Auch dort sind sie aber oft sehr unregelmäßig verteilt. Waldschluchten sind oft die reichhaltigsten Standorte, besonders auch in den Tropen. Außerhalb Europas wachsen zahlreiche Pteridophyten *epiphytisch* auf Waldbäumen, lichtliebende Arten mehr auf freistehenden Bäumen. In Europa gibt es nur sehr wenig epiphytische Farne und überhaupt keine epiphytische Farnverwandte. Andere nördlich-gemäßigte Gegenden sind etwas weniger epiphytenarm; noch mehr epiphytische Pteridophyten sind in südlich-gemäßigten Breiten anzutreffen, so weit sie nicht zu trocken sind. Massenvorkommen epiphytischer Farne trifft man z. B. im kühl-gemäßigten südlichen Südamerika an.

Periodisch trockene bis direkt aride Gebiete besitzen nicht die Artenvielfalt der Wälder, sind aber durchaus nicht so arm an Pteridophyten, wie man oft meint. Auffallenderweise sind die ariden, wärmeren Teile der Welt aber höchst ungleich mit Farnen bedacht. Sandige, aride Gegenden sind meist (fast) frei von Farnpflanzen.

Sogar die *boreale Taiga-(Nadelwald-) Zone und die arktische Tundra* enthalten nicht wenige Arten von Pteridophyten. Arten wie *Cystopteris dickieana, C. fragilis, Dryopteris fragrans, Woodsia glabella, Botrychium lunaria, Equisetum arvense* und *E. scirpoides* erreichen sehr hohe Breiten (s. Karten in 56). Im alpinen

Bereich wachsen viele, oft nur dort vorkommende Gefäßkryptogamen meist im Schutz von Felsspalten und -überhängen, in Moospolstern usw.; einige Arten sind auch Bewohner von Schutthalden, wie *Dryopteris villarii*. Das hochandine Milieu hat ein paar einzigartige Wuchsformen von Farnen und Bärlappen entstehen lassen (s. S. 113).

Da ein, wenn auch lockerer, Zusammenhang zwischen Umwelt und Wuchs- bzw. Lebensformen besteht, sollen diese zuerst besprochen werden.

5.3. Wuchs- und Lebensformen

Die moderne Klassifikation der Lebensformen geht bekanntlich auf Raunkiaer (101) zurück; sie wurde später weiter ausgebaut (z. B. 24). Dieses System ist auf Pteridophyten nur beschränkt anwendbar. Der Hauptgrund ist der, daß die Stelle, an der die Erneuerungsknospen stehen – die wichtigste Grundlage für Raunkiaers Einteilung – bei Pteridophyten relativ konstant ist und für ihr Erscheinungsbild keine sehr große Rolle spielt. Unter Zugrundelegung des Raunkiaerschen Systems würde die große Mehrzahl der Farne unter die wenigen Kategorien Epiphyt, Rhizomgeophyt, Hemikryptophyt und eventuell Nanophanerophyt fallen. Eine solche Einreihung wird zwar gelegentlich in der Literatur angewandt (z. B. 21 und 103), aber der Vielfalt von Formen, wie sie sich z. B. auch im Zusammenhang mit der Umwelt manifestiert, wird sie nur in eingeschränktem Maße gerecht. Hinzu kommt, daß das Raunkiaersche System und auch seine Erweiterungen sogar für Blütenpflanzen nur beschränkt auf die feuchten Tropen anwendbar ist, und gerade dort wächst die Mehrzahl der Pteridophyten.

Werfen wir trotzdem einen Blick auf die Lebensformen im Sinne von Raunkiaer, und zwar besonders auf die bei Pteridophyten weniger häufig vertretenen.

Therophyten sind bei Pteridophyten ausgesprochen selten, was gewiß kein Zufall ist. Die Vollendung des Lebenszyklus in zwei Phasen braucht Zeit; eine Spore enthält wenig Baustoffe, viel weniger als fast alle Samen, so daß die Entwicklung allein des Gametophyten Wochen bis Monate erfordert. Mit therophytischer Lebensweise ist dies kaum vereinbar. Auch Sa-

menpflanzen mit äußerst kleinen Samen, wie Orchideen und Pyrolaceen, sind ja nie Therophyten. Es ist bezeichnend, daß die Gattung *Anogramma*, die (unter anderem) in mediterranen Klimaten verbreitet ist, einem Therophyten sehr ähnlich ist. Das sommertrockene, winterfeuchte Mittelmeerklima ist ja sehr therophytenfreundlich. Der Sporophyt von *Anogramma leptophylla* (und vielleicht auch der weiterer Arten) entwickelt sich in einigen Wochen aus dem Gametophyten und stirbt bald nach der Sporenreife ab. Aber ist *Anogramma leptophylla* tatsächlich ein Therophyt? Wie schon seit über hundert Jahren bekannt ist (39), ist der Gametophyt ausdauernd, da er mit knöllchenartigen Anhängseln die Trockenzeit übersteht. Kurzlebige Sporophyten gibt es auch bei *Nephrolepis*-Arten, z. B. *N. pumicicola*, aber ihre Stolonen sorgen durch vegetative Vermehrung für den Fortbestand der Population. Vielleicht sind gewisse Salviniales normalerweise „einjährig". Echte Therophyten gibt es bei einigen wenigen *Selaginella*-Arten aus ariden Teilen Afrikas; mindestens eine davon hat zusätzlich einen durch Apogamie verkürzten Lebenszyklus (73). Bei heterosporen Pteridophyten mit ihren verhältnismäßig großen Megasporen und ihrem reduzierten Gametophyten verläuft der Lebenszyklus sowieso rascher.

Zwiebelgeophyten gibt es naturgemäß bei Pteridophyten nicht. Aber die meisten *Ophioglossaceae* kommen mit ihren kurzen, fleischigen Rhizomen mit ebenfalls fleischigen Wurzeln den *Knollengeophyten* recht nahe. *Ophioglossum*-Arten kommen zwar in ganz verschiedenen, wenn auch oft mehr oder weniger offenen Vegetationen vor; aber es ist wohl kaum ein Zufall, daß einige davon, mit relativ ephemeren oberirdischen Teilen, zu den wenigen (halb-)wüstenbewohnenden Farnen Afrikas gehören. Von den wenigen Pteridophyten in der Flora des Sahelzonen-Staates Mali sind z. B. 15% *Ophioglossum*-Arten (10). Obwohl die allermeisten Farne und auch manche Farnverwandte ein Rhizom besitzen, kann man diese doch nicht alle unbesehen als Rhizomgeophyten bezeichnen; dafür liegt bei sehr vielen die Wuchsspitze (Vegetationspunkt) der Erdoberfläche zu nahe. In der nördlich-gemäßigten Zone zählen Farne mit unterirdisch kriechendem Rhizom wie *Cystopteris montana, Gymnocarpium, Pteridium* und *Phegopteris* zu den echten Rhizomgeophyten. Viele andere, und auch die mit einem rhizomartigen Organ versehenen Bärlappe und Moosfarne, sind eher Hemikryptophyten oder sogar Chamaephyten (21, 103).

Als *Phanerophyten* müßte man Farne mit schwach bis deutlich stammförmig verlängerter, aufrechter Achse bezeichnen. Bekanntlich kommen solche Achsen außer bei Baumfarnen *(Cyatheaceae, Dicksoniaceae)* nur zerstreut bei echten Farnen vor. Beispiele sind Arten von *Angiopteris, Blechnum, Leptopteris, Polystichum* und *Thelypteris*, auch einige wenige Selaginellen. Strauchförmige Pteridophyten sind noch seltener; eigentlich kann man nur einige *Oleandra*-Arten als solche bezeichnen (Abb. **17 a**), eventuell auch einige größere Schachtelhalm-Arten. Durch das Fehlen jeglichen sekundären Dickenwachstums sind die morphologisch-anatomischen Verhältnisse bei diesen Pflanzen aber ganz anders als bei echten Sträuchern.

Echte *Lianen* sind bei Farnen nicht vertreten. Das ist von ihrem Bau her verständlich. Der Besitz von Tracheiden erlaubt es nur schwer, in Stengeln von mehreren bis vielen Metern Länge, die nur im Boden wurzeln, einen genügenden Wurzeldruck aufrechtzuerhalten. Bei den Gymnospermen kommen Lianen nur bei den Gnetales vor, die als abgeleitetes Merkmal neben Tracheiden auch Holzgefäße besitzen. *Salpichlaena* mit ihren langen Blättern mit windender Spindel hat im Xylem tatsächlich viel längere und weitere Tracheiden (132). Häufiger als kletternde Blätter sind kletternde Rhizome. Farne mit solchen werden als Hemiepiphyten bezeichnet. Sie wurzeln zwar im Boden, aber das Rhizom steigt an Bäumen, gelegentlich auch an Felsen empor, wie bei uns der Efeu, und

es besitzt mit seinen Haftwurzeln zusätzliche Organe für die Wasseraufnahme (Abb. 29). Hemiepiphyten sind ziemlich stark in einigen wenigen Verwandtschaftskreisen konzentriert, wie *Trichomanes, Crepidomanes, Polybotrya, Stenochlaena*, und speziell bei den *Lomariopsidaceae*.

Epiphyten – falls diese überhaupt eine besondere, einheitliche Lebensform-Kategorie darstellen, was wohl kaum der Fall ist – sind bekanntlich bei Farnen und auch bei *Huperzia* unter den Farnverwandten sehr zahlreich. Ihre Ökologie und damit verbundene äußere Erscheinung wird unten in einem besonderen Abschnitt besprochen.

Wie gesagt, ist die Lage der Erneuerungsknospen, wie sie dem Raunkiaerschen System zugrunde liegt, für eine Einteilung der Farne nach ihrer Gestalt weniger wichtig. Sehr viel eher kann man verschiedene *Wuchs-* im Gegensatz zu *Lebensformen*, unterscheiden. Da noch kaum je ein Versuch gemacht worden ist, eine Übersicht über die Farne nach ihrer Wuchsform zu geben, kann hier nur ein eher improvisiertes, ziemlich grobes Bild entworfen werden.

Terrestrische Farne. Neben den erdbewohnenden zählen auch einige auf Felsen, besonders in Felsspalten wachsende Farne zu dieser Kategorie.

Die beiden Extreme der Wuchsform sind der Rosettenfarn mit aufrechtem, meist gestauchtem Rhizom, und der Kriechfarn mit mehr oder weniger stark verlängerter Achse.

Die *Rosettenform* ist eine der häufigsten Wuchsformen; die Größe schwankt stark. Das Rhizom wächst aufrecht, mit kurzen Internodien und gedrängt stehenden Blättern; diese stehen meist nicht genau aufrecht sondern sind mehr oder weniger stark nach außen gebogen. Dies bringt die Fiedern in eine günstigere Lage zum Licht. Zusätzlich kann man oft beobachten, daß die Fiedern im untersten Teil der Spindel, wo diese eher aufrecht steht, eine Drehung erfahren, so daß ihre Spreite ungefähr im rechten Winkel zum Licht liegt (Abb. **23**). Im allgemeinen bevorzugen Rosettenfarne stabile Ökosysteme und sind selten Pionierpflanzen, außer auf Felsen. Die Wuchsform kommt bei ursprünglichen wie abgeleiteten Farnen vor; Beispiele könnten in großer Zahl gegeben werden. Epiphytische Farne haben zwar auch zuweilen Rosettenwuchs, aber deutlich seltener als terrestrische Arten; die Nestfarne sind bekannte Beispiele. Felsspalten bewohnende Farne, z. B. in den Gattungen *Asplenium, Polystichum, Cystopteris, Woodsia,* können ein kurzes, aufrechtes Rhizom haben, aber kurz-kriechende sind häufiger. Übrigens eignet sich das ausschließlich aus Adventivwurzeln bestehende Wurzelsystem der Farne besonders gut zur Besiedelung von Felsspalten (93).

Das etwas verlängerte bis sehr lang kriechende Rhizom mit von einander entfernt stehenden Blättern kennzeichnet in erster Linie Farne offener Standorte, die oft mehr oder weniger stark ausgeprägten Pioniercharakter haben. Die Rhizome sind allermeist verzweigt, und es kommt oft zu starker vegetativer Vermehrung (s. S. 146). Dazu zählen besonders Vertreter der *Gleicheniaceae, Dipteridaceae,* gewisse *Thelypteridaceae* und vor allem *Dennstaedtiaceae* wie *Pteridium, Hypolepis* u. a. Durch ihre tief sitzenden, sehr weitläufig verästelten Rhizome mit starkem Regenerierungsvermögen können einige solcher Farne direkt lästige Unkräuter werden. Ein bekanntes Beispiel ist der kosmopolitische Adlerfarn; weitere, nicht in Europa vertretene sind *Hypolepis,* besonders *H. rugosula* und *H. sparsisora, Paesia scaberula, Histiopteris incisa.* Eine interessante Zwischenstellung nehmen gewisse Arten von *Nephrolepis* ein, von denen einige deutlich Pioniercharakter haben, z. B. auf Lava. Ihre Rhizome wachsen kurz-aufrecht und tragen eine Blattrosette, aber durch den Besitz von Stolonen kolonisieren sie das Substrat in kurzer Zeit mit dichten Beständen: *N. abrupta* (Abb. 13), *N. pumicicola* (Name!) (8); *N. biserrata* in Sümpfen.

Farne sehr feuchter Standorte besitzen oft ebenfalls ein lang-kriechendes Rhizom mit starker Verzweigung und vegetativer Vermehrung. Dies dient wohl weniger einer mechanischen Stabilisierung im weichen, wassergetränkten Substrat sondern vielmehr eher der Kompensation der schlechten Vermehrungsmöglichkeit durch Sporen und Prothallien an Orten mit stark schwankendem Wasserstand, so daß vegetative Ausbreitung an deren Stelle tritt. Beispiele sind *Thelypteris palustris* (81) und *Th. interrupta.*

Farne, die Felsen überwachsen, besitzen meist ein lang-kriechendes Rhizom (Abb. 31).

5.3.1. Epiphyten

Gerade wie bei Angiospermen, herrscht auch bei Pteridophyten eine erhebliche Vielfalt unter den epiphytischen Wuchsformen. Eine Reihe von Einzelheiten ist bereits im Kapitel Morphologie behandelt worden. Neuere Untersuchungen haben gezeigt, daß bei epiphytischen Pteridophyten häufig ein gewisser Zusammenhang zwischen dem spezifischen Standorttyp und der Gestalt der Pflanzen festgestellt werden kann (z. B. 61,119, 120).

Was bei den Epiphyten zunächst ins Auge fällt, ist der hohe Anteil an Farnen mit einfachen Blättern. Auch sind die meisten mittelgroß bis eher klein, gelegentlich winzig. Epiphyten mit vorherrschend oder ausschließlich einfacher Blattspreite finden sich bei den *Vittariaceae* (Abb. 38 a), *Polypodiaceae* (Abb. 31), *Elaphoglossum* (*Lomariopsidaceae*), *Asplenium* sect. *Thamnopteris* (*Aspleniaceae*) (Abb. 27), *Grammitidaceae* und *Oleandra* (*Oleandraceae*) (Abb. 17 a). In ihrem Äußeren zeigen manche dieser Farne eine frappant konvergente Ähnlichkeit, und auch der Spezialist muß oft sehr genau Merkmale wie Struktur der Schuppen, Aderungstyp usw. untersuchen, um die Gattungszugehörigkeit sicher festzustellen, besonders wenn keine Sori vorhanden sind. Bei anderen epiphytischen Gattungen, besonders der *Polypodiaceae,* sind die Blätter gelappt bis geteilt, aber selten echt gefiedert, das heißt die Abschnitte sind mit breiter Basis angeheftet und/oder durch Flügel an der Spindel verbunden. Die Textur der Blätter dieser Epiphyten ist oft fest bis geradezu starr. Dies wird meist als Anpassung an die geringe Wasserspeicherkapazität des Substrates gedeutet. Die Rhizome solcher Epiphyten enthalten oft wenig oder kein Stützgewebe in ihren äußeren Schichten, aber zur Verfestigung können Sklerenchymstränge oder -scheiden vorhanden sein (Abb. 11). Die Beschuppung ist oft dicht, die Schuppen sind häufig (pseudo)peltat.

Epiphytische Blütenpflanzen wie *Gesneriaceae, Bromeliaceae* und *Peperomia*-Arten zeigen nicht selten ein gewisses Maß an Blattsukkulenz. Bei Pteridophyten ist dies ausgesprochen selten. Einige wenige Beispiele sind aus den Gattungen *Lemmaphyllum* und *Pyrrosia* sowie wenigen anderen *Polypodiaceae* bekannt. Die Hypodermis der Blattoberseite enthält wasserspeicherndes Gewebe; bei einigen Vertretern ist auch der sogenannte Crassulaceen-Säuremetabolismus (CAM) nachgewiesen worden (80). Wasserspeichernde Rhizome sind dagegen bei Epiphyten wie *Davalliaceae* und *Polypodiaceae* nicht selten.

Wasser speichern auch die Nestfarne, allerdings außerhalb des Pflanzenkörpers selbst. Sie bilden mit 15 osthemisphärischen Arten die Sektion *Thamnopteris* der Gattung *Asplenium* (55). Es sind für Epiphyten meist recht große Farne. Ihre einfachen Blätter bilden einen ansehnlichen Trichter, und die Blattbasen einiger Arten sind zuerst nach außen, dann nach oben gekrümmt, wodurch der Trichter erweitert wird (Abb. 27). Er fängt Streu aus den Kronenschichten auf. Das kurze, aufrechte Rhizom ist im unteren Teil in eine dichte Wurzelmasse gehüllt, die wie ein Schwamm Wasser speichert. Der Ballen wird häufig von kleinen Ameisen bewohnt. Weniger ausgeprägte Nestbildung ist in anderen Artengruppen vorhanden, z. B. beim Verwandtschaftskreis des westafrikanischen *Asplenium africanum* und des tropisch-amerikanischen *A. serratum*. Große, schwammartige, wasserspeichernde Wurzelmassen haben auch viele *Antrophyum*-Arten, das weit verbreitete paläotropische *Microsorum punctatum* und viele Arten der neotropischen Polypodiaceen-Gattung *Niphidium*.

Die wasser- und humusspeichernde Wuchsform ist am stärksten ausgeprägt bei den drei Polypodiaceen-Gattungen *Aglaomorpha*, *Drynaria* und *Platycerium* (s. S. 10, 71). Die Nest- oder Nischenblätter der beiden letztgenannten Gattungen tragen nur auf der dem Substrat zugewandten Seite Spaltöffnungen. Sie legen sich der Unterlage dicht an, aber bei *Platycerium* ist ihr distaler Teil abgespreizt, so daß herabfallende Streu aufgefangen werden kann (Abb. 28). Der Humus im so gebildeten „Nest" ist sehr sauer und wird auch hier nicht selten von kleinen Ameisen bewohnt, deren Abfall eine zusätzliche Nährstoffquelle für diese eher großen Epiphyten darstellen dürfte. Bei *Aglaomorpha* ist die Basis der Laubblätter zu einem nischenblattartigen Organ umgewandelt (Abb. 17 b).

Interessanterweise sind die echten Nest- und Nischenblattfarne fast ganz auf die Osthemisphäre beschränkt. Nur ein einziger, seltener Geweihfarn, *Platycerium andinum*, hat Südamerika erreicht. Der Grund für diese eigenartige Verteilung liegt möglicherweise darin, daß die Nische der humussammelnden Epiphyten

in der Neuen Welt von den – in der Alten Welt bekanntlich fehlenden – epiphytischen *Bromeliaceae* besetzt wird; auch einige neuweltliche Araceen (*Anthurium*- und *Philodendron*-Arten) kommen dieser Wuchsform nahe.

Wenn auch die einfache oder einmal zerschnittene Blattspreite bei epiphytischen Farnen überwiegt, gibt es doch auch einige mit stark zerschnittenem Laub. Nur bei den Hautfarnen dominiert letzteres. Epiphyten hängen häufig von der Unterlage herab, z. B. viele epiphytische *Huperzia*-Arten (Lycopodiaceae) und *Psilotaceae*. Letztere sind ganz hängend *(Tmesipteris)* oder der Stengel ist eher nickend-überhängend (*Psilotum nudum*, Abb. 61).

Die Blätter epiphytischer Farne sind oft bleibend beschuppt, z. B. bei vielen *Elaphoglossum*-Arten und verschiedenen *Polypodiaceae* (Abb. 36). Meistens werden die Schuppen als Verdunstungsschutz gedeutet, doch sind vielleicht in einigen Fällen auch Saugschuppen vorhanden (s. S. 16, 17).

Bekanntlich tragen epiphytische Orchideen sehr oft an der Basis der laubigen Teile knollenartige Organe, sogenannte Pseudobulben. Eine entfernte Parallele dazu gibt es bei der neuweltlichen Polypodiaceengattung *Solanopteris*, die mit etwa vier Arten von Costa Rica bis Peru verbreitet ist. Die Knollen sind aber keine massiven Speicherorgane, sondern hohle, aufgeblasene Teile des Rhizoms. Sie haben ein inwendiges Wurzelsystem; ihre Funktion ist unbekannt (44, 134). Sie werden von Ameisen bewohnt, die anscheinend ihre Innenseite anfressen (40, 41). Knollenartige, ebenfalls hohle Rhizome bzw. Rhizom-Teile zeichnen auch die südostasiatische Gattung *Lecanopteris* aus der gleichen Familie aus. Bei den etwa 15 Arten der Gattung sind die „Knollen" nicht ganz gleich gestaltet, sie stellen aber stets aufgetriebene, knollige bis röhrige Teile des Rhizoms dar (34, 46). In der Natur sind sie regelmäßig von Ameisen bewohnt, und man darf wohl bedenkenlos von einer mutualistischen Symbiose sprechen, wie sie von Blütenpflanzengattungen wie *Myrmecodia* und *Hydnophytum* bekannt ist (60). Wie bei den ameisensymbiontischen Blütenpflanzen erhalten auch bei den Farnen die Ameisen nur Wohnraum, liefern dem „Vermieter" Nährstoffe, vielleicht auch Fraß-Schutz, und tragen wahrscheinlich zur Sporenverbreitung bei (57).

Interessant ist die Verteilung von Epiphyten auf Palmen mit großen, bleibenden Blattbasen, wie sie bei Gattungen wie *Attalea*, *Borassus*, *Elaeis* usw. vorkommen. Die Achseln der Blätter oder der Blattstielreste beherbergen „Körbe" von größeren Epiphyten wie Arten von *Goniophlebium* und *Nephrolepis*, *Polypodium aureum*, *P. decumanum* usw.; ist der Stamm selbst nicht zu glatt, so wachsen darauf Farne mit dünnem, lang-kriechendem Rhizom wie *Lemmaphyl-*

lum, Microgramma, Pyrrosia usw. Besonders *Vittaria*-Arten mit ihrem schmalen, fast grasartigen Laub (Abb. 38a) sind auch befähigt, in kleinen Vertiefungen der Oberfläche zu wurzeln (7).

Kleinere Epiphyten der tropischen Gebirgs- und der ozeanischen, südlich-gemäßigten Wälder gehören zum Teil eher den Moos- als den Gefäßpflanzengesellschaften an. Es sind überwiegend Hautfarne (*Hymenophyllaceae*), teils auch *Grammitidaceae* und *Vittariaceae*. *Hymenophyllum*-Arten gleichen nicht selten stark verzweigten Laubmoosen oder laubigen Lebermoosen. *Trichomanes*-Arten mit einfacher bis gelappter Spreite (Sektionen *Didymoglossum, Microgonium* u.a.) (Abb. 4c) können thallösen Lebermoosen täuschend ähnlich sehen und werden im Herbar gelegentlich damit verwechselt.

Über die Ökologie der Prothallien epiphytischer Pteridophyten wissen wir noch sehr wenig. Es scheint, daß sie sich oft in Moospolstern etablieren. Bandförmige, sogar fast fädige Prothallien kommen relativ häufig vor. Oft sind sie zu bedeutendem Längenwachstum, zur Fragmentation und/oder zur Gemmenbildung befähigt (s. S. 148).

Der Prozentsatz epiphytischer Arten liegt bei Pteridophyten sehr viel höher als bei allen Blütenpflanzen zusammen. Dagegen stellen natürlich einzelne Blütenpflanzen-Familien wie *Bromeliaceae, Gesneriaceae, Orchidaceae* und *Piperaceae* relativ gleich viel oder mehr epiphytische Arten.

Über die *Syn- und Autökologie* epiphytischer Farne liegen nur geographisch begrenzte bzw. sich auf eine oder wenige Arten beschränkende Studien vor. Die bekannteste bezieht sich auf die saisonalen Regenwälder Westafrikas (61). Die dortigen Epiphyten lassen sich in trockenresistente und Trockenheit vermeidende einteilen; letztere werfen zu Beginn der Trockenzeit ihr Laub ab. In den Trockenwäldern Zambias sind zu Trockenschlaf befähigte Epiphyten gefunden worden, deren Blätter sich bei Wassermangel zusammenrollen (70). Bei *Platycerium*-Arten, deren Laubblätter sich so verhalten, bleiben die Nischenblätter unverändert (70). In Amerika sind es besonders einige mehr oder weniger stark beschuppte Polypodien, die Trockenschlaf-Epiphyten darstellen.

Der Mangel an Substrat, das heißt besonders an verfügbaren Mineralstoffen, und die geringe Wasserspeicherkapazität des spärlichen Substrates stellen bekanntlich Epiphyten vor große Probleme. Größere Pflanzen stellen selbst einen Wasserspeicher her. Bei einem großen Epiphyten wie *Drynaria laurentii* fand sich 85% des vorhandenen Wassers im Rhizom und im Wurzelsystem. Bei Geweihfarnen, die ausnahmslos epiphytisch wachsen, ist das Bedürfnis an Mineralstoffen nicht kleiner als bei erdbewohnenden Arten, aber durch den Mineralstoffmangel verläuft das Wachstum langsamer (12). Die abgestorbenen, abgeworfenen Teile der Pflanze sind sehr arm an Mg, N, P und besonders K, das heißt, diese Elemente werden vorher weitgehend zurückgezogen. Die Hydathoden der Geweihfarnblätter erwiesen sich als Wasser-*absorptions*organe, während sie sonst Wasser-*exkretions*organe darstellen (s. S. 14).

Inwieweit epiphytische Farne ihr Substrat eventuell schädigen ist kaum bekannt. Nach Meinung vieler Autoren siedeln sich Epiphyten leichter auf weniger gesunden und deshalb schwächer belaubten bzw. rissigeren Zweigen und Ästen an. Nach Ruinen (104) bildet dagegen die mit Epiphyten vergesellschaftete Mykorrhiza eine physiologische Brücke zur Trägerpflanze (Phorophyt) und somit für den Farn ein Instrument zum Parasitieren, eine Auffassung, die bisher weder widerlegt noch bestätigt werden konnte.

5.3.2. Rheophyten

Darunter versteht man erd- oder felsbewohnende, in oder an Bach- oder Flußbetten wachsende Gefäßpflanzen, die periodischen, abrupt einsetzenden Überschwemmungen mit reißender Strömung (engl. spates) ausgesetzt sind. Zu diesen rheophytischen Landpflanzen – es gibt auch ständig untergetauchte Rheophyten, die hier außer Betracht bleiben – zählen auch einige Pteridophyten. In der zuletzt gegebenen Übersicht (121, 122) sind zusammen über 60 Arten von Pteridophyten verzeichnet, die fakultativ oder obligat rheophytisch wachsen. Seither sind weitere bekannt geworden (67). Bis auf zwei *Isoëtes*-Arten handelt es sich um Echte Farne. Einige tragen suggestive Namen wie *Microlepia rheophila, Stigmatopteris rheophila, Asplenium subaquatile*; auch Namen wie *salicina* und *salicifolia* (weidenblättrig) kommen vor, denn neben der festen Anheftung am Substrat und dem zähen Bau des Pflanzenkörpers haben viele als gemeinsames Merkmal lange, schmale Blattsegmente, die der Strömung wenig Widerstand leisten; dies haben sie mit rheophytischen Blütenpflanzen gemeinsam. Eines der schönsten Beispiele ist *Dipteris lobbiana* aus Malesien, deren Blattsegmente bis zu 30mal so lang wie breit sind (bei der terrestrischen *D. conjugata* bis zu 7mal). Rheophytische Blütenpflanzen sind stark in tropischen Breiten konzentriert; für Pteridophyten gilt das in noch stärkerem Maße. Leider ist über die Ökologie der Prothallien bisher nichts bekannt.

5.3.3. Amphibische und aquatische Farne

Die wenigen Halophyten und Hydrophyten, die bei den Gefäßkryptogamen vorkommen, fügen sich in diese für Blütenpflanzen aufgestellten Kategorien ziemlich zwanglos ein und zeigen auch in ihrer Wuchsform schöne Parallelen zu diesen.

Wie bei den Angiospermen kann man auch bei Farnen zwischen freischwimmenden und festgewachsenen Wasserpflanzen unterscheiden. Zu den letzteren zählen Vertreter der Gattungen *Acrostichum, Blechnum, Equisetum, Marsilea, Pilularia, Regnellidium* und *Isoëtes. Acrostichum* wächst in Brackwasser- und Mangrovengebieten der Tropen und Subtropen (s. S. 67). An ähnlichen Standorten gedeihen auch *Blechnum serrulatum* (Südostasien, Australien) und *B. camfieldii* (Australien).

Zu den festsitzenden Arten des Süßwassers gehören die Kleefarne *(Marsilea)*, von denen die meisten, wie auch *Pilularia*, amphibisch und in Gebieten mit periodischer Überschwemmung leben, aber einige auch als ausschließliche Wasserpflanzen gelten. Die hydrophytischen tropisch-subtropischen *Marsilea*-Arten können in ihrer Wuchsform mit Angiospermen wie *Nymphoides* und *Limnobium* verglichen werden. In der Verlandungszone von Gewässern der gemäßigten Zonen der Nordhemisphäre wächst *Equisetum fluviatile* (oft zusammen mit Vertretern der höheren Pflanzen) als Pionierpflanze. *Equisetum*-Arten haben eine binsenartige Wuchsform; mit Ausnahme der oben genannten Arten sind sie eher Sumpfpflanzen oder auch terrestrisch.

Ganz untergetauchte Formen in Seen oder langsam fließenden Gewässern finden sich bei der Gattung *Isoëtes*. Manche Arten der Brachsenkräuter leben allerdings amphibisch oder terrestrisch. Die tropisch-subtropische Gattung *Ceratopteris* und die heterosporen Gattungen *Azolla* und *Salvinia* sind freischwimmend. Letztere beiden haben ihren Verbreitungsschwerpunkt ebenfalls in den Tropen und Subtropen. *Azolla caroliniana* und *A. filiculoides* sind im südlichen und zentralen Europa eingeschleppt worden. Von *Salvinia* sind einzig zwei Arten der nördlichen Hemisphäre, *S. natans* und *S. cucullata*, extratropisch. Die Wuchsform von *Salvinia* (s. S. 25) hat Parallelen bei den *Hydrocharitaceae* und *Onagraceae* und besonders bei *Phyllanthus fluitans* (Euphorbiaceae). Alle freischwimmenden Farne sind durch eine rasche Entwicklung, durch ausgeprägte vegetative Vermehrung und einen kurzen Lebenszyklus gekennzeichnet. Vom Gametophyten bis zum reifen Sporophyten dauert es z. B. bei *Ceratopteris thalictroides* unter günstigen Bedingungen nur $3^{1}/_{2}$ Monate (68). Unter natürlichen Bedingungen verdoppelt sich die Biomasse in etwa zwei bis drei Monaten, und mit zunehmender Dichte der Population nimmt der Anteil der vegetativen Vermehrung zu (77). Noch viel eindrücklicher und wirkungsvoller im Wachstum sind *Azolla* und *Salvinia*, die sich vor allem oder fast ausschließlich vegetativ vermehren (s. S. 146). *Azolla* besitzt eine einmalige Wuchsform unter den Gefäßpflanzen (s. S. 25), dazu findet sich jedoch eine gewisse Parallele bei aquatischen Lebermoosen wie *Ricciocarpus*. Eine Besonderheit von *Azolla* ist auch ihre Symbiose mit der Blaualge *Anabaena azollae*, für die im Oberlappen des relativ kleinen Blattes eine besondere Höhlung ausgebildet ist. In den letzten Jahren ist die Wechselbeziehung zwischen diesen beiden Organismen ausführlich untersucht worden. Es hat sich herausgestellt, daß die in den Höhlungen des Farnes stehenden Haare zwei Typen angehören, einem verzweigten, der fähig ist, Stickstoff von der Alge aufzunehmen, und einem einfachen, der Kohlenhydrate an die Alge abgibt (14). *Azolla filiculoides* hat sich in einigen Flüssen Südafrikas, wo sie eingeschleppt wurde, in Massen entwickelt und ist, allerdings nicht in dem Ausmaß wie etwa *Salvinia*, zu einer Problempflanze geworden.

5.4.   Xerische Pteridophyten

Viel mehr, als man gemeinhin erwarten würde, bewohnen Pteridophyten auch periodisch trockene Gebiete. Allerdings kommen die allermeisten Trockenfarne aus bestimmten Verwandtschaftskreisen, während bei anderen gar keine auftreten. Gut vertretene Gruppen sind: *Selaginella* subgen. *Tetragonostachys* (Abb. 60), die Schizaeaceen-Gattungen *Mohria* und *Anemia* und unter den „gymnogrammoiden" Farnen aus der Familie der Pteridaceae mehrere Gattungen wie *Actiniopteris* (Abb. 33), *Cheilanthes*, *Doryopteris*, *Notholaena* und *Pellaea*. Die sehr ungleichmäßige geographische Verbreitung dieser xerischen Farne ist erstaunlich (130) (s. oben S. 96).

Die gerade erwähnten xerischen Selaginellen sind in ihrer Wuchsform stark moosähnlich; die Stengel sind mehr oder weniger kriechend, stark polsterbildend, die Blätter alle gleich gestaltet, oft starr und graugrün mit einem Glashaar an der Spitze. Sie bilden mit etwas über 40 Arten die sogenannte *Selaginella rupestris*-Gruppe und wurden früher alle zu einer Art gestellt (128). Sie kommen stark disjunkt über die ganze Erde verstreut vor, sind aber wiederum im südwestlichen Nordamerika mit Mexiko und im westlichen Südamerika konzentriert. Daneben gibt es weitere xerische Selaginellen, die aber heterophyll sind und als Auferstehungspflanzen bezeichnet werden (70). Ihre aufrechten Stengel entspringen in Gruppen einer kurzen, gemeinsamen Basis und tragen dicht anliegende Blätter. Beim Austrocknen rollen sich Stengel und Äste ein, im Extremfall zu einer Halbkugel, und können längere Zeit im Trockenschlaf verharren, bis sie durch reichliche Befeuchtung wieder geweckt werden; in wenigen Stunden nehmen sie dann ihre ursprüngliche Form wieder an. Diese Ein- und Entrollbewegungen sind nur durch Quellung bedingt und werden auch nach dem Tode der meist lange grün bleibenden Pflanzen noch passiv ausgeführt, wie z. B. auch bei der bekannten „Rose von Jericho" *(Anastatica hierochuntica)*. Solche Selaginellen werden als „unsterbliche Moosfarne" oder sogar grob-fälschlich als „Rose von Jericho" im Handel angeboten. Beispiele sind die ostasiatische *S. tamariscina* (Abb. 59) und die nord- bis mesoamerikanische *S. lepidophylla*. Andere Arten besitzen diese Fähigkeit in geringerem Maße bzw. gar nicht.

Einige wenige, sehr kleine *Selaginella*-Arten wachsen als Therophyten an zeitweise sehr trockenen Standorten (s. S. 104).

Bärlappe kommen nur selten in periodisch arider Umgebung vor. Aus Zentralafrika ist ein interessanter Fall bekannt, bei dem eine Art, *Lycopodiella caroliniana*, zum Überdauern der trockenen Buschfeuersaison Stengelknollen bildet (69).

An stark wechselfeuchten Standorten kommen Arten von *Marsilea* (besonders in Australien und Afrika) und *Isoëtes* vor, die eine längere Trockenzeit „schlafend" überdauern können, aber kaum morphologische Anpassungen an Aridität zeigen.

Kehren wir zu den eigentlichen Farnen zurück. Man sollte erwarten, daß viele Bewohner (zeitweise) trockener Gebiete eine einfache, unzerteilte Spreite aufweisen würden, zur Reduktion der verdunstenden Oberfläche. Erstaunlicherweise ist das ausgesprochen selten. Zu den wenigen Beispielen zählt das bekannte *Adiantum reniforme*, das sein Hauptverbreitungsgebiet in Makaronesien hat (Abb. 32). Einige terrestrische *Elaphoglossum*-Arten andiner Standorte, die wie die Mehrzahl der Arten dieser Gattung einfache, ungefähr zungenförmige Blätter haben, können ebenfalls in diesem Zusammenhang erwähnt werden. Aber die Mehrzahl der xerischen Farne besitzt eine ein- bis zweimal gefiederte oder wenigstens fiederschnittige Blattspreite. Die Textur ist allerdings oft fest. Letzteres gilt verstärkt für die Achsen des Laubes, die häufig rotbraun bis schwarz gefärbt, glänzend und starr sind (Abb. 34). Möglicherweise besteht bei diesen Farnen die größte Gefahr nicht in zu starker Austrocknung der Blätter selbst, sondern in einer durch Welken hervorgerufenen Erschlaffung der Achsen, wodurch die laubigen Teile mit dem erhitzten Substrat in Berührung kämen und rasch irreversibel geschädigt würden. Nähere Beobachtungen am Standort wären erwünscht. Allerdings muß dazu bemerkt werden, daß starre, stark sklerotisierte Blattspindeln und -stiele auch häufig bei Farnen mesischer oder sogar feuchter Standorte vorkommen, z. B. bei waldbewohnenden *Adiantum-*, *Asplenium-* und *Adiantopsis*-Arten (Abb. 19).

Die xeromorphen cheilanthoiden Farne des westlichen Nordamerika zeigen eine ganze Anzahl gemeinsamer morphologisch-anatomischer Züge: kleine Blattabschnitte, verkleinerte Zellen der laubigen Teile, stärker entwickeltes Palisadenparenchym, stark wellige Antiklinalwände der Epidermiszellen, starke Verkorkung oder Verholzung der Rinde der Achsen, die zuweilen bis zur Stele reicht (48).

Das Laub vieler xerischer Farne ist nicht nur fest gebaut, sondern weist auch häufig eine bleibende Bekleidung aus Schuppen (Abb. 36), Haaren und/oder Drüsen auf. Bei Arten von *Mohria, Cheilanthes, Notholaena, Polypodium, Asplenium ("Ceterach")* usw. kann der Schuppenbesatz, besonders auf der Blattunterseite, so stark entwickelt sein, daß die Epidermis nicht oder kaum exponiert ist. Die Blattoberseite ist in vielen Fällen deutlich weniger bis gar nicht bekleidet.

Bei nicht wenigen weiteren trockenresistenten Farnen ist die Blattunterseite mit einem dichten Belag von wachsartigen Körnchen bedeckt, die von Drüsen(haaren) abgesondert werden. Dieser Belag besteht nicht aus Wachs, wie früher angenommen wurde, sondern aus Flavonoiden (s. S. 166 ff.). Sehr auffällig „bewachste" Arten enthalten die Gattungen *Pityro-gramma, Cheilanthes (Ch. farinosa*-Gruppe u. a.), *Argyrochosma* und *Pentagramma* (früher unter *Pityrogramma*). Artnamen wie „calomelanos", „farinosa", „nivea" und „aureoflava" beziehen sich auf dieses Merkmal. Weniger auffallende Beläge gibt es in verschiedenen anderen Gattungen. Solche Flavonoid-Exsudate kommen aber auch bei Bewohnern mesischer bis humider Standorte vor, z. B. bei *Plagiogyria glauca, Pityrogramma argentea* (Abb. 37) und *Angiopteris*-Arten, eine allgemein gültige Erklärung für die Funktion des Belages gibt es zur Zeit nicht (4, 139).

Farne mit einem solchen Belag bzw. mit dichter Beschuppung auf der Unterseite pflegen sich, wenn sie poikilohydrisch sind, beim Austrocknen nach oben einzurollen, wodurch nur die Unterseite exponiert ist. Beim Milzfarn *Asplenium ceterach* konnte gezeigt werden (91), daß die Schuppen der Blattunterseite nur bei wassergesättigten Blättern einen Austrocknungsschutz darstellen, bei dehydrierten Blättern aber kaum mehr funktionell sind. Die Blätter dieses Farnes können bis zu 97% (!) ihres Wassers verlieren, ohne abzusterben.

Bei der stark xeromorph gebauten, paläotropischen Gattung *Actiniopteris* sind die Blätter sehr starr, aber ohne Bekleidung. Beim Austrocknen rollen sich die Blattabschnitte nach unten um, und die ganze Spreite wird gegen den Blattstiel geneigt (Abb. 33). Ersteres wird erreicht durch die Anwesenheit spiralenförmiger Verdickungen in den Zellen der oberen Epidermis und durch die sklerenchymatische Hypodermis. Die Epidermis und die Hypodermis der Blattunterseite sind unverdickt und schrumpfen beim Austrocknen (70, 86). Das Zusammenrollen der Blattsegmente ist auch sonst bei Farnen wechselfeuchter Standorte nicht selten.

Interessanterweise scheint Apogamie bei Farnen xerischer oder stark wechselfeuchter Standorte relativ häufig zu sein. Die Bedeutung der Verkürzung des für Austrocknung anfälligen Prothallium-Stadiums liegt auf der Hand. Unter den heterosporen Pteridophyten ist es gerade eine xerische *Selaginella*-Art, bei der Apogamie bekannt ist (s. S. 151).

5.5. Feuer

Die meisten Pteridophyten werden durch Wald-, Busch- oder Savannenbrände stark geschädigt oder getötet. Eine verhältnismäßig kleine Zahl ist aber durch bestimmte Eigenschaften mehr oder weniger feuerbeständig. Am bekanntesten ist wohl die Feuerresistenz der tief unterirdisch verlaufenden Rhizome des Adlerfarnes *Pteridium*, die Bekämpfungsversuche durch Abbrennen bei diesem lästigen Unkraut wirkungslos macht. Häufiger ist ein Schutz der mehr oder weniger oberflächlich, z. B. auf Felsen oder in seichten Felsspalten wachsenden Rhizome von

Farnen, die an dem Feuer ausgesetzten Orten wachsen, durch bleibende Blattstielbasen und Schuppen oder Haare, meist eine Kombination von beiden. In Zentralafrika weisen etwa 25 Farnarten aus einem Dutzend Gattungen Feuerspuren (an lebenden Pflanzen) auf; die allermeisten besitzen einen Schutz wie eben erwähnt (71). In den Trockengebieten Südamerikas schützt *Anemia* ihr Rhizom durch ein dichtes Kleid von Gliederhaaren (26). Jungpflanzen überstehen Brände sehr viel schlechter als Adultpflanzen.

5.6.   Chemie des Substrates

Daß besonders felsbewohnende Farne oft gute Zeigerpflanzen für die Zusammensetzung des Substrates sind, ist allgemein bekannt. In Europa gelten *Asplenium septentrionale* und *Cryptogramma crispa* als Kieselzeiger, *Asplenium viride* und *Dryopteris villarii* als kalkhold. Sogar Unterarten einer Art können sich in dieser Beziehung verschieden verhalten: *Asplenium trichomanes* ssp. *trichomanes* in kalkfliehend, ssp. *pachyrachis* kalkliebend, während ssp. *quadrivalens* bodenvag ist. In feuchtwarmen Gebieten ist exponierter Kalkstein viel seltener als in gemäßigten Breiten, aber auch in den Tropen gibt es typische Kalkfarne, wie *Asplenium trichomanes-dentatum, Hypodematium crenatum, Phanerosorus sarmentosus, Pteris zippelii* und *Tectaria devexa*. In Europa bevorzugen *Asplenium cuneifolium* und *A. adulterinum* Serpentinfelsen. Waldbewohnende Farne brauchen in der Regel einen sauren Boden, das geht so weit, daß viele als Gartenpflanzen beliebte außereuropäische Waldfarne in Mitteleuropa wegen der kalkhaltigen Böden nur im Moorbeet gezogen werden können. Prothallien sind im allgemeinen besonders empfindlich gegen einen zu basischen pH.

Trotz des hohen geologischen Alters der Farne gibt es (heute?) nur wenige Arten, die ausgesprochen salztolerant sind – direkt salzliebende gibt es möglicherweise überhaupt nicht. Die Mangrovenfarne *Acrostichum aureum* und *A. danaeifolium* sind eher salztolerant als halophil (1, 78). Das tropisch-altweltliche *A. speciosum* ist vielleicht eher ein obligater Halophyt.

Die Mangrovenvegetation ist sehr arm an epiphytischen Farnen, wohl wegen des Salzeinflusses; die neuweltliche scheint überhaupt kaum welche zu enthalten.

In der südostasiatischen Mangrove soll *Humata parvula* direkt an diese Vegetation gebunden sein (54). Auf Java wurden in der Mangrove in Gebieten mit ausgeprägter Trockenheit überhaupt keine epiphytischen Pteridophyten gefunden, in einer solchen mit gleichmäßig verteilten Niederschlägen dagegen bis zu 18 Arten (2). Der altweltliche Kletterfarn *Stenochlaena palustris* kommt nicht selten in Sümpfen vor (Name!) und kann bis in den Randbereich der Mangrovenzone eindringen. Einige Farne, die regelmäßig in Küstennähe vorkommen, zeigen ein gewisses Maß an Toleranz gegen Besprühung mit Salzwasser und, wie viele echte Halophyten, auch Sukkulenz, die hier aber nur schwach ausgeprägt ist. In Europa ist *Asplenium marinum* sogar an solche Standorte gebunden (Name!) (95).

Bestimmte, oft nahe der Küste wachsende Farne, besonders Hymenophyllaceae wie *Hymenophyllum wilsonii* in Europa und *H. marlothii* in Südafrika (neben anderen Arten in Australien, Neuseeland und Süd-Chile) suchen wohl eher lokale Habitate mit ausgeglichener Feuchtigkeit und Temperatur.

Manche Farne wachsen gern an vulkanischen Stellen, wo Fumarolen ein feuchtwarmes Mikroklima erzeugen; einige Arten vertragen sogar den Schwefel der Solfataren. *Lycopodiella cernua*, sonst eher (sub)tropisch verbreitet, wächst auf den Azoren gern an Fumarolen; „*Lycopodium vulcanicum*", wohl eine Varietät der letztgenannten Art, ist in Java ein Solfataren-Begleiter. Der bekannteste Kraterfarn ist dort allerdings *Selliguea feeli*, der lokal auch „Kraterfarn" heißt (2, 28).

5.7.   Hautfarne

Die meisten der – morphologisch-anatomisch definierten – Hautfarne gehören zur Familie der *Hymenophyllaceae*. Trotz erheblicher Übereinstimmung im Bau sind lange nicht alle Vertreter der Familie an spezielle Umweltverhältnisse gebunden. Eine ganze Reihe wächst zusammen mit normal gebauten Farnen an schattigen Orten wie Hohlwegen, Bachschluchten, an beschatteten Felsen, auf Baumstämmen usw. (Abb. 50, 51). Es gibt sogar einige rheophytische *Cephalomanes*-Arten (59), die zwar fester im Bau aber lange nicht so zäh in der Struktur wie andere Rheophyten. Diese Hautfarne zeichnen sich im allgemeinen durch ihren Mangel an Resistenz gegenüber Besonnung aus. Das gilt ziemlich allgemein für Vertreter der *Hymenophyllaceae*. Entgegen der veralteten Ansicht, alle Hautfarne stürben bei Austrocknung ab, sind nicht wenige von ihnen poikilohydrisch (70). Sie fallen bei Austrocknung in einen Trockenschlaf und erwachen bei Befeuchtung rasch wieder zu biologischer Aktivität. Das Fehlen von Epidermis und Kutikula führt zwar dazu, daß diese Pflanzen schnell Wasser verlieren, ermöglicht es ihnen aber andererseits, flüssiges Wasser direkt über die Blattspreite aufzunehmen. Ähnliches dürfte für die wenigen Hautfarne aus anderen Farnfamilien gelten; *Leptopteris* (Osmundaceae), *Hymenophyllopsis* (Hymenophyllopsidaceae) und vereinzelte Arten von *Asplenium* (58), *Cystopteris* (82) und *Danaea*. Es gibt Hinweise dafür, daß einige rasenbildende *Hymenophyllum*-Arten autökologisch weniger eingeschränkt sind, als man es

von ihren extrem ozeanischen, chasmophytischen oder kremnophilen Standorten her erwarten würde, und daß sie neben einer gewissen Austrocknungs- auch ein nicht unerhebliches Maß von Frostresistenz aufweisen. An Standorten, wo die Bedingungen für sie nicht optimal sind, werden sie aber von den weniger empfindlichen Bryophyten verdrängt (23).

5.8. Frostresistenz

Über die Frostresistenz der Farne liegen erst wenige Messungen vor. Für mitteleuropäische Farne ist festgestellt worden, daß Rhizome, Blätter immergrüner Arten und Prothallien im Winter sehr viel stärker frost- und zugleich trockenresistent sind als im Sommer und besonders beim Austreiben im Frühling. Mehr südlich verbreitete europäische Arten sind entsprechend frostempfindlicher, wie *Polypodium australe*; eine Ausnahme bilden solche, die erhebliche

Austrocknung vertragen, wie *Asplenium ceterach* und *Cheilanthes fragrans*. Eine positive Korrelation zwischen (unschädlicher) Dehydrierung und Frostresistenz ist allermeist deutlich vorhanden (64, 65, 66). Im gemäßigten Japan erwiesen sich Gametophyten als bedeutend weniger frost- und auch trockenheitsempfindlich als Sporophyten (105, 106, 111). Untersuchungen zur Frostresistenz von Gametophyten fehlen allerdings bis heute weitgehend.

5.9. Hochgebirgspteridophyten

Die Zahl der oberhalb bzw. außerhalb der Baumgrenze wachsenden Pteridophytenarten ist nicht groß. Im Hinblick auf das Alter der Pflanzengruppe ist das nicht ganz leicht verständlich. Während es bei Samenpflanzen zahlreiche im Hochgebirge konzentrierte oder sogar darauf beschränkte Gattungen gibt, kommen sie bei Pteridophyten nur in sehr geringer Zahl vor. Das beste Beispiel ist die neotropisch-alpine Gattung *Jamesonia* (s. str.). Die Wuchsform dieser Gattung ist fast einzigartig (Abb. **38 b**). Die Blätter sind sehr schmal, einfach gefiedert, mit sehr zahlreichen, kleinen, runden, bei den meisten Arten stark behaarten Fiedern, die fast wie in Münzenrollen aufgeschichtet erscheinen. Die Entfaltung der Blätter pflegt sehr langsam vor sich zu gehen. Die große Mehrzahl von Hochgebirgspteridophyten, die man am Standort oder in Herbarien antrifft, haben noch eingerollte, ganz besonders dicht behaarte Spitzen. Die 19 Arten (127) wachsen im (Hoch-)Gebirge von Mexiko bis Bolivien und in Süd-Ost-Brasilien zwischen 1500 und 5000 m, stets an baumlosen Orten, meist in Páramo-Vegetation. Die entscheidenden Umweltfaktoren für ihr Vorkommen sind starker Wind, starke Besonnung, ein feuchtes Substrat, eine feuchte Atmosphäre und relativ

niedrige Lufttemperatur mit starken täglichen Schwankungen. Auch von der verwandten (wohl kaum abzutrennenden) Gattung *Eriosorus* sind einige wenige Arten als (Hoch-)Gebirgspflanzen zu betrachten, da sie teils bis auf 4200 m hinaufsteigen. Die „Kondensation" des Laubes ist bei ihnen nicht so stark fortgeschritten wie bei *Jamesonia*, aber *Eriosorus cheilanthoides* wird zum Beispiel häufig mit *Jamesonia* verwechselt. In der Gestalt nicht ganz unähnlich ist der Páramo-Farn *Nephopteris* aus Kolumbien (76).

Einige oft zu *Ctenopteris* gestellte *Grammitidaceae* wachsen in den Hochgebirgen der Neuen Welt und sehen mit ihren rundlichen, genäherten Blattsegmenten fast wie Miniatur-Jamesonien aus (Abb. **38 c**), sind aber unbehaart; zum Beispiel *Ct. moniliformis* (Name!) und *Ct. peruviana*. Sie sind, im Gegensatz zu den meisten anderen Arten, die Epiphyten sind, rein terrestrisch. Zu ihnen gesellen sich einige weitere erdbewohnende Páramo-Farne aus einem sonst epiphytischen Verwandtschaftskreis, nämlich *Elaphoglossum*-Arten mit fester, beschuppter Blattspreite. Im ganzen ist der alpine Bereich der altweltlichen Tropen auffallend ärmer an spezialisierten Farnen als der neuweltliche.

Die Gattung *Polystichum* stellt ebenfalls einige Hochgebirgsfarne, die sich meist durch gedrungenen Wuchs und starres Laub auszeichnen, wie das europäische *P. lonchitis*. Den extremsten Fall stellt *P. lineare* aus Neuguinea dar, das man leicht mit einer *Jamesonia* verwechseln könnte! Aufgrund seiner eigenartigen Erscheinung wurde es sogar in eine eigene – gänzlich ungenügend begründete – Gattung „*Papuapteris*" gestellt.

Typische Hochgebirgs-Wuchsformen finden sich ferner bei einer Anzahl von terrestrischen Bärlappen aus der Gattung *Huperzia*, die mit ihren gedrängt stehenden Blättern fast Säulenform annehmen, zum Beispiel *H. columnaris* und *H. crassa* (Namen!) (89, 90). Sie sind fast auf die Hochgebirge Mittel- und Südameri-

kas beschränkt. Der Mangel an vergleichbaren Formen in der Alten Welt ist erstaunlich.

Die Hochgebirge der nördlich-gemäßigten Zone sind eher arm an Pteridophyten. Die Gattung *Woodsia* stellt einige auch bis hinauf in die Arktis verbreitete Arten, die sich durch starke Behaarung und gestauchten, dichtrasigen Wuchs als alpine Farne zu erkennen geben. *Lycopodium alpinum* mit seinen niedrigen, dicht verzweigten aufrechten Sprossen verdient in diesem Zusammenhang ebenfalls Erwähnung. Die weit in die alpine Stufe steigende *Selaginella selaginoides* wächst oft dichtrasig und bleibt niedrig. Dagegen würde man es Farnen wie *Cryptogramma crispa* und *Athyrium distentifolium* kaum ansehen, daß sie bis ins Hochgebirge verbreitet sind.

5.10. Mykorrhiza

Über die Bedeutung der Mykorrhiza für die Pteridophyten ist bisher relativ wenig bekannt geworden. Zusammenfassende Darstellungen sind gering an der Zahl (11, 13, 47); eine wertvolle regionale Studie bezieht sich auf Neuseeland (16). Es handelt sich fast stets um endotrophe Mykorrhiza, meist vom vesikulär-arbuskulären Typ. Die obligate Mykotrophie bzw. Hemimykotrophie der Prothallien von *Lycopodiales, Psilotales, Ophioglossaceae, Marsileaceae* und *Schizaeaceae* ist seit mehr oder weniger langer Zeit bekannt. In anderen Prothallien tritt Mykorrhiza unregelmäßig auf. Einige *Schizaea*-Arten, ferner *Marattiaceae* und *Ophioglossaceae* sind in der sporophytischen Generation nie ohne Mykorrhiza gefunden worden und dürften ohne diese nur beschränkt lebensfähig sein. Bei den anderen Farnen scheint die Anwesenheit eines Mykosymbionten sehr viel weniger konstant zu sein. Zum Beispiel konnte bei *Marsilea* gar keine, bei *Polypodiaceae* nur sporadisch Mykorrhiza festgestellt werden. Epiphyten sollen im großen ganzen weniger Mykorrhiza besitzen als terrestrische Farne.

Bei den Farnverwandten ist das Bild sehr

unterschiedlich. Bei Schachtelhalmen ist kaum Mykorrhiza gefunden worden, bei den Sporophyten von Bärlappen und Selaginellen in sehr unterschiedlichem Maße. Die *Psilotaceae* haben bekanntlich keine Wurzeln und sind völlig auf ihre Pilzfäden angewiesen. Vielleicht ist die sehr einfache Struktur ihres Kormus, die meist als Plesiomorphie gedeutet wird, eher als Reduktion unter dem Einfluß der ausgeprägten Mykotrophie zu interpretieren. *Isoëtaceae* ebenso wie viele andere Pteridophyten zeitweilig oder stets feuchter Standorte scheinen kaum Mykorrhiza zu haben.

Die Mykorrhiza ist allermeist in der Rinde lokalisiert: die Endodermis stellt anscheinend eine unüberwindliche Barriere dar. Neuere Untersuchungen haben gezeigt, daß zum Beispiel *Pteridium* nur selten frei von Mykorrhiza ist, die besonders für die Aufnahme von Phospor essentiell sein soll (63).

Verschiedene Gruppen von Pteridophyten enthalten sehr verschiedene Arten von Pilzen als Symbionten. *Zygomyceten* und *Oomyceten* sind sehr häufig, doch höhere Pilze mit septierten Hyphen werden ebenfalls gefunden (16).

5.11. Tierische Schädlinge

Farne werden weniger als fast alle anderen Gefäßpflanzen von Fraß-Schädlingen befallen; und, wie jeder Herbarkurator weiß, fallen auch getrocknete Exemplare nur in verschwindend kleinem Maße Insekten zum Opfer. Eine Aus-

nahme bilden die *Ophioglossaceae*, denen das den Fraßfeind störende Stützgewebe (Sklerenchym) fehlt; Gift- und andere chemische Abwehrstoffe wie Tannine scheinen ebenfalls weitgehend zu fehlen, so daß sie, besonders ihre jungen Blätter, oft von Schnecken, Kaninchen und dergleichen gefressen werden. Solche Tiere verzehren auch junge Blätter anderer Farne, aber sie lassen voll ausgereifte meistens in Ruhe. Teils wegen des Vorhandenseins chemischer Substanzen, die den Genuß schädlich bzw. unschmackhaft machen, teils wegen der Anwesenheit von viel verholztem Gewebe sind die meisten Pteridophyten als Nahrung für Säugetiere ungeeignet.

Wirbellose Tiere, speziell Arthropoden, befallen in absoluten Zahlen Farne in erheblichem Maße, aber im Vergleich zu anderen Gefäßpflanzen ist der Befall eher gering (Zusammenstellungen in 3 und 35).

Nicht wenige Insekten mit saugenden Mundteilen befallen Pteridophyten: *Homoptera*, *Heteroptera* und *Thysanoptera*. *Pteridium* ist eine der Wirtspflanzen für gewisse Blattläuse mit Wirtswechsel (75). Einige Arten von Wanzen haben es speziell auf den Inhalt junger Sporangien abgesehen. An Fraßfeinden müssen auch Dipteren- und Lepidopteren-Larven erwähnt werden. Die Larve einer Kleinschmetterlingsart ist sogar für die biologische Bekämpfung von *Salvinia molesta* eingesetzt worden. Im Ganzen spielen, soweit bekannt, Käfer eine eher untergeordnete Rolle. Bei *Pteridium*, dessen Fraßfeinde gründlicher untersucht worden sind (75), wurde ein starkes Überwiegen der

Hautflügler (speziell *Tenthredinidae*) gegenüber den Käfern gefunden. Verhältnismäßig viele der auf Pteridophyten gefundenen Insekten-Schädlinge sind stark spezifisch für Farne oder sogar nur für wenige bzw. eine einzige Art(en). Tannine und toxische Substanzen sind bei Farnen sehr verbreitet. Die früher viel geäußerte Ansicht, die bei Farnen weit verbreiteten Ecdysone (Substanzen, die die Häutungen von Insekten steuern) stellten die wirksamste Abwehrwaffe gegen Schädlinge dar, hat sich nicht bestätigt. Wie wirksam Farne aber im ganzen gegen Insekten geschützt sind, geht unter anderem aus dem Befund hervor, daß in einer daraufhin untersuchten Gegend von Mexiko nur 19% der Farnarten irgendwelche Insektenfraß-Spuren aufwiesen (3).

Wegen des hohen geologischen Alters der Farne und Farnverwandten ist es erstaunlich, daß sich nur so wenige Insekten auf sie als Wirtspflanzen spezialisiert haben. Auch die Zahl der gallenbildenden Insekten und Milben ist bei Pteridophyten klein (20). Es sind Gallmilben (die Mehrzahl), Blasenfüßler, Gallmücken, Gallfliegen, Schildläuse und Gallwespen gefunden worden. In Mitteleuropa ist die Gallfliege *Chortophila signata* auf verschiedenen Farnen zu finden. Insektengallen gibt es in bescheidenem Maße auch auf *Selaginella*, *Psilotum* und *Equisetum*.

5.12. Sporenverbreitung

Die wichtigsten Verbreitungseinheiten (Diasporen) bei Pteridophyten, wie auch allgemein bei Kryptogamen, sind die Sporen.

Wie bei anderen Merkmalen auch bestehen bei der Sporenverbreitung zwischen den homo- und heterosporen Farnen Unterschiede.

5.12.1. Homospore Pteridophyten

Bis heute fehlen Untersuchungen zur Frage, ob die Verschiedenheit der Sporenform (s. S. 22) bei den homosporen Farnen Auswirkungen auf die Verbreitung hat. Die Sporenlänge variiert erstaunlicherweise recht wenig und liegt bei den meisten Arten im Bereich von 30 bis 50 μm. Im Gegensatz zu den übrigen Pflanzenteilen, aber

auch im Gegensatz zu den Samen höherer Pflanzen, macht das Trockengewicht von Farnsporen bis zu 95% ihres Frischgewichts aus (99, 129). Die Sporen enthalten Nährstoffe, z. B. Lipide und Proteine, in konzentrierter Form.

Im allgemeinen werden pro Pflanze sehr viele Sporen erzeugt, wobei allerdings die Menge individuell stark variieren und von Umweltbedingungen beeinflußt sein kann. Von einigen Arten liegen Schätzungen über die Mengen vor, die von einem reifen, ausgewachsenen Individuum produziert werden, so z. B. von *Athyrium filix-femina* (Blattlänge bis ca. 80 cm), wo 20 bis 80 Mio. Sporen gebildet werden (114). Noch viel größer, nämlich 30 Milliarden (!), ist die geschätzte Zahl bei Baumfarnen, die bis 3 m lange Blätter besitzen (15). Auch bei kleinen Arten wie *Hecistopteris pumila* mit 2–3 cm langen Blättern, entwickeln sich noch jährlich ca. 100 000 Sporen (129). Beide Merkmale, die Sporengröße und die große Sporenproduktion, weisen darauf hin, daß bei den homosporen Farnen und Farnverwandten die Verbreitung durch den Wind eine wesentliche Rolle spielt. Vergleichbar große Mengen von Sporen werden auch von Schachtelhalmen gebildet; für *Equisetum palustre* werden pro Sporophyllstand 530 000 Sporen und für *E. telmateia* sogar 7 370 000 geschätzt (92). Die bei vielen homosporen Filicales bekannte Schleudervorrichtung der Sporangien, die auf der Wirkung von besonderen Ringzellen (Anulus, s. S. 21) beruht, ist wohl wichtig, um Sporen in den Wind zu streuen. So können etwa die Sporen von *Dryopteris filix-mas* maximal bis 15 cm weit geschleudert werden (113).

Bei einigen Farnen, z. B. bei *Asplenium ruta-muraria*, dürfte der Anulus jedoch nur für das Öffnen der Sporangien wichtig sein, aus denen die Sporen dann herausfallen oder durch windverursachte Bewegungen des Blattes herausgeschüttelt werden. Dies geschieht also in ähnlicher Weise, wie es für gewisse Früchte oder Fruchtstände höherer Pflanzen bekannt ist (Windstreuer).

Betrachtet man die Verbreitung der Sporen von Farnen am natürlichen Standort, so zeigt sich, daß die Verteilung leptokurtisch verläuft, das heißt daß die allermeisten Sporen innerhalb eines Radius von wenigen Metern um die Mutterpflanze auf den Boden fallen (15, 113) (Abb. **62**). Trotzdem ist nicht zu vernachlässigen, daß der hohen Sporenproduktion wegen eine große Anzahl Sporen für die Fernverbreitung übrigbleibt, auch wenn man annimmt, daß nur ein ganz geringer Prozentsatz über größere Distanzen verfrachtet wird.

Während der Sporenreife hat man beispielsweise in England einige Kilometer von der nächstgelegenen Adlerfarnpopulation *(Pteridium aquilinum)* entfernt auf 2 m Höhe über dem Boden immer noch im Schnitt 36 Adlerfarnsporen pro Kubikmeter Luft gefunden (43).

Man ist heute eher wieder der Ansicht, daß auch solche „Ausreißer" für die genetische Vielfalt einer Art sehr wichtig sind. Gerade die Produktion großer Mengen von Sporen bedeutet ja auch, daß die Wahrscheinlichkeit von weitverbreiteten Diasporen erhöht wird. Es gibt viele Hinweise dafür, daß Farnsporen mit dem Wind über große Distanzen (3000 bis 4000 km) verbreitet werden können (129). Die Besiedlung günstiger, zum Teil recht isolierter Standorte durch Sporen mag für viele Farne rasch und wirksam erfolgen. Man denke etwa an die Besiedlung von Mauern in Städten durch die Mauerraute *(Asplenium ruta-muraria)* oder an die durch weite Distanzen getrennten Vorkommen der typischen Serpentinarten wie *Asplenium cuneifolium* und *A. adulterinum* auf dem europäischen Kontinent. Ebenfalls kann das teilweise in disjunkte Teilareale aufgegliederte Areal mancher Arten im zirkumpolaren Raum durch Sporenfernverbreitung zustande gekommen sein. Und nicht zuletzt läßt sich auch die reiche Farnflora vulkanisch entstandener ozeanischer Inseln gut mit erfolgreicher Sporenfernverbreitung in Zusammenhang bringen (s. S. 97). Farne gehören auch auf rezent entstandenen Vulkaninseln (z. B. Surtsey) zu den ersten Besiedlern.

Bei manchen Farnen werden nicht alle Sporen restlos aus den Sporangien geschleudert. Selbst auf welken oder abgestorbenen Farnblättern, die meist schon auf dem Boden liegen, findet man immer noch einige Sporen. Sporen in den Sori alter Blätter sind möglicherweise besser vor Tierfraß geschützt als freie Sporen und laufen weniger Gefahr, in tiefer liegende Bodenschichten verfrachtet zu werden, wo sie nicht mehr keimen könnten. Die Plazierung von Sporen in unmittelbarer Nähe des günstigen Standorts, an dem die Elternpflanze sich entwickeln konnte, dürfte gewisse Vorteile für eine erfolgreiche Etablierung bieten. Wieweit aber diese Nahverbreitung durch sich niederlegende alte Blätter tatsächlich erfolgreich verläuft, ist bis heute nicht bekannt.

Bisher wenig beachtet, aber möglicherweise nicht zu vernachlässigen, ist das Phänomen der *Synaptosporie*, die Tatsache nämlich, daß auch ganze Sporengruppen als Verbreitungseinheiten vorkommen. Vor allem Sporen mit stacheligem, faltigem oder warzigem Perispor haften mehr oder weniger gut aneinander (74), wie dies zum Beispiel in Versuchen mit *Dryopteris filix-mas* gezeigt werden konnte (113).

Synaptosporie dürfte bei der Etablierung von Gametophyt-Populationen terrestrischer Farne eine Rolle spielen und intergametophytische Selbstbefruchtung ermöglichen, was zumindest ein gewisses Maß an genetischer Rekombination erlaubt (s. S. 138 ff.). Erstaunlich ist in diesem Zusammenhang, daß epiphytische Farne meist glatte Sporen aufweisen, also Gruppenbildung kaum wahrscheinlich ist. Einzelne, glatte Sporen werden wohl vom Wind weiter getragen als skulpturierte Sporen oder Sporengruppen. Da geeignete Standorte für Epiphyten nur sehr beschränkt vorhanden sind, dürfte eine Einzelsporenverbreitung selektive Vorteile bieten (große Menge von Verbreitungseinheiten mit kleinem Gewicht). Es ist aber bis heute von keiner epiphytischen Farnart genauer bekannt, ob eine einzelne Spore bzw. ein einziges Prothallium tatsächlich in der Lage ist, durch intragametophytische Selbstbefruchtung einen Sporophyten zu bilden. Ein solches Verhalten wäre jedoch bei Einzelsporenverbreitung und der relativen Seltenheit passender Standorte zu erwarten.

Wenig Hinweise gibt es darauf, daß vielleicht mehr als ein Verbreitungsmittel eingesetzt wird. Aus einigen Versuchen mit der Mauerraute, *Asplenium ruta-muraria* (124), kann geschlossen werden, daß neben Wind auch Regenwasser bei der Verbreitung von Sporen eine Rolle spielt.

Bei Regen werden Sporen, die sich in den Sori oder auf der Blattfläche befinden, weggewaschen. Sie fallen mit Tropfen auf den Boden oder fließen mit dem Wasser den Blattstiel entlang zur Basis der Pflanze und von dort eventuell weiter in die Fugen und Ritzen einer Mauer bzw. eines Felsens. Bei *Asplenium ruta-muraria* fällt zusätzlich auf, daß selbst die Sori alter Blätter noch immer vereinzelte Sporangien mit Sporen enthalten, die später noch durch den Anulusmechanismus aus den Sporangien ausgestreut werden können. Regenwasser- und Windverbreitung können also wiederholt viele Male nacheinander stattfinden. Die Verbreitung mit Regenwasser ist gerade an einem Felsen- oder Mauerstandort besonders sinnvoll, an welchem die Prothallien nur in feinen Ritzen oder Fugen wachsen können.

Wasser kann zudem eine Rolle bei der Verbreitung von bereits auf dem Boden liegenden Sporen spielen. Nichts ist darüber bekannt, inwieweit auch Tiere Sporen (zum Beispiel im Fell haftend) über bestimmte Distanzen tragen können. Erst seit wenigen Jahren gibt es gute Hinweise dafür, daß Regenwürmer als Sporenverbreiter in Frage kommen (126). Vermutet wurde dies allerdings schon früher (25) für *Isoëtes*. Man findet somit *Endozoochorie* auch bei Pteridophyten. Es ist dabei anzunehmen, daß die Regenwürmer sich im Boden befindende Sporen wieder an die Oberfläche tragen können und so die Sporenbank (s. S. 143) aktivieren. Es ist noch nicht eindeutig bewiesen, daß bei von Ameisen bewohnten Farnen (Myrmecophyten) die stark stacheligen Sporen an den

Ameisen haften. Bei der myrmecophilen Art *Lecanopteris mirabilis*, bei der sehr lange, knäuelig um die Sporen gewundene, fadenartige Strukturen vorkommen, vermutet man eine aktive Verbreitung durch Ameisen (s. S. 72), die die Anhängsel für Futter halten. Es wird aber auch postuliert, diese morphologische Besonderheit der Sporen sei wichtig als Mittel für Synaptosporie (135) (s. S. 116).

Auch die Schachtelhalme und die isosporen Bärlappe bedienen sich des Windes, um ihre Sporen, die etwa gleich groß wie die der Echten Farne sind, auszubreiten. Ihre Sporangien, wie auch die der eusporangiaten Echten Farne, weisen keinen Schleudermechanismus auf.

Eigentümlich sind die von sterilen Bändern (Hapteren) umgebenen Sporen der Schachtelhalme. Diese hygroskopischen Hapteren winden sich bei hoher Luftfeuchtigkeit um die Sporen, während sie sich bei Trockenheit spreizen.

Ihre Bedeutung wird darin gesehen, daß durch das Spreizen die Sporen aus dem Sporangium gelangen, um anschließend in den Wind gestreut werden zu können. Eine weitere mögliche Funktion der Hapteren ist darin zu sehen, daß sie durch Verflechtungen die Verbreitung von Sporengruppen ermöglichen, nicht nur von Einzelsporen ermöglichen (s. S. 116). Dies könnte im Fall der Schachtelhalme besonders wichtig sein, da durch Umweltbedingungen beeinflußt eingeschlechtliche (unisexuelle) Gametophyten entstehen (s. S. 141) und die Sporen nur wenige Tage oder Wochen keimfähig sind.

Eigene Beobachtungen ergaben, daß die Hapteren sich von den Sporen lösen, wenn diese auf die Wasseroberfläche gelangen. Hapteren-freie Sporen sinken dann relativ rasch auf den Grund des Gewässers, eine Erscheinung, die ihre Analogie bei der Angiospermengattung *Typha* hat, bei der sich der Samen auf der Wasseroberfläche aus der mit Flughaaren versehenen Frucht löst und auf den Grund des Gewässers sinkt. Diese Eigenschaft mag für Pflanzen, die in unmittelbarer Nähe von Gewässern oder doch in feuchten Gebieten wachsen, für die Besiedlung von Bedeutung sein. Der Wasserfarn *Ceratopteris thalictroides*, ist dadurch gekennzeichnet, daß zwar der Anulus das Sporangium zu öffnen vermag, jedoch nicht mehr zurückschnellt (die abrupte Bewegung, mit der die Sporen vom Sporangium weggeschleudert werden, [s. S. 21] bleibt aus). Manchmal öffnen sich die Sporangien überhaupt nicht mehr, sie zerbrechen aber leicht. Die für einen homosporen Farn ziemlich großen Sporen (96–124 µm) und das unvollständige Funktionieren des Anulus werden als Eigenschaften angesehen, die die Fernverbreitung einschränken. Die Sporen von *Ceratopteris* bleiben in unmittelbarer Nähe am geeigneten Standort und können auf der Wasseroberfläche schwimmen oder ins Wasser eintauchen (77).

5.12.2. Heterospore Pteridophyten

Bei den heterosporen Pteridophyten sind die Mikrosporen ungefähr so groß wie die Sporen homosporer Farne, das heißt 20–60 µm, die Megasporen dagegen meist zwischen 200–900 µm. Sie werden im Vergleich zu den Mikrosporen in viel kleinerer Menge erzeugt und enthalten relativ viele Nährstoffe. Erst kürzlich ist gezeigt worden (96), daß bei *Selaginella selaginoides* die Mega- und die Mikrosporen auf verschiedene Weise verbreitet werden. Ergänzende Versuche bestätigten dies auch für eine tropische Art derselben Gattung (Schneller, unveröff.). Die Mikrosporen werden passiv durch den Wind ausgebreitet, die Megasporen hingegen durch eine Kombination von Druck- und Schleuderbewegungen, wobei sie Entfernungen von der Mutterpflanze von bis zu 65 cm erreichen können. Die meisten gelangen aber dennoch in unmittelbarer Nähe der Elternpflanze (Sporenquelle) auf den Boden, also dahin, wo auch reichlich Mikrosporen zu erwarten sind, die eine ähnliche, leptokurtische Verbreitung zeigen wie die Sporen homosporer Farne (Abb. **62**). Bei Mega- und Mikrosporen sind nach neuen Untersuchungen die Oberflächenstrukturen der äußeren Sporenwand bei einer Auswahl von *Selaginella*-Arten komplementär und passen zueinander wie Schloß und Schlüssel (19). Man hat mehrfach beobachtet, daß in Herbarien auf der Oberfläche von Megasporen Mikrosporen haften (Abb. **10 d**). Es scheint also, daß Synaptosporie bei dieser Gattung eine Rolle spielt. Dies wäre biologisch sicher sinnvoll, da ja für das Gelingen der Befruchtung Prothallien beider Geschlechter nahe beieinander entstehen müssen. Über die Fortpflanzungsökologie der Moosfarne ist aber so gut wie gar nichts bekannt.

Bei der Gattung *Isoëtes* werden die Mega- und Mikrosporen erst frei, wenn das Sporophyll zerfällt. Die Mikrosporangien enthalten sehr viele Mikrosporen, bei einigen Arten bis

über eine Million. Die Verbreitung beider Sporentypen ist allerdings nicht bis ins Detail untersucht. Es wird angegeben, daß Regenwürmer bei terrestrischen Formen eine Rolle spielen könnten (25). Bei einigen *Isoëtes*-Arten ist bekannt, daß alte Sporophylle an der Basis Schleim absondern. Die alten Blattbasen mit den Sporangien kleben in der nächsten Vegetationsperiode an den neu austreibenden Blättern und werden von diesen über die Oberfläche emporgehoben. Anschließend zerfallen Sporophyll und Sporangien, die Sporen werden frei und können verbreitet werden. Bei aquatischen Arten dürfte das Wasser als Mittel für die Sporenverbreitung dienen, aber auch Ferntransport durch Wasservögel wird diskutiert.

Bei der Schwimmfarngattung *Salvinia* verbreiten sich die Sporen mit den Sporangien, wobei sich nur eine Megaspore pro Megasporangium, aber 32 oder 64 Mikrosporen pro Mikrosporangium entwickeln. Die stark wasserabstoßenden Sporangien schwimmen auf der Wasseroberfläche und reagieren auf Veränderungen der Oberflächenspannung. Sie gruppieren sich deshalb sehr rasch und leicht an aus dem Wasser hervorragenden Stengeln usw. Solche Ansammlungen von Mega- und Mikrosporangien erleichtern oder ermöglichen nach der Entwicklung der Gametophyten eine Befruchtung. In vergleichbarer Weise breiten sich die Sporen von *Azolla* aus, wobei die Mikrosporen durch die schwimmfähigen Massulae (vom Periplasmodium gebildet) (s. S. 87) zusammengehalten werden. Jede Massula besitzt an der Oberfläche Haken, die ein Anhaften an der Megaspore ermöglichen. Die Megaspore ihrerseits ist mit floßartigen Schwimmkörpern und Resten des Indusiums versehen. Im Hohlraum zwischen Indusium und Spore wird normalerweise der Symbiont *Anabaena azollae* „als Gepäck mitgenommen". Bei *Azolla* und *Salvinia* sind auch Wasservögel als Verbreitungsvektoren diskutiert worden, wobei man annimmt, daß die wenig benetzbaren Sporangien vor allem von *Salvinia* im Gefieder haften können. So wird denn auch von einigen Pteridologen ein Zusammenhang zwischen Vogelzug und der Verbreitung von *S. natans* in Europa gesehen (137).

Wieder etwas verschieden ist die Sporenverbreitung bei *Marsilea*, bei der sowohl Mega- als auch Mikrosporangien im Sporokarp eingeschlossen sind. Bei Wasseraufnahme tritt eine wurmartige, gelatinöse Masse aus den Sporokarpien aus, die die Sori mit sich nimmt. Man weiß, daß Sporokarpien von Wasservögeln verbreitet werden, wobei nicht nur Haften im Gefieder, sondern auch endozoochore Verbreitung möglich ist (62). Die Sporenkeimung, die Befruchtung und die Entwicklung eines jungen Sporophyten erfolgen dann sehr schnell.

5.12.3. Keimfähigkeit, Sporenbank

Die Sporen verschiedener Farnarten unterscheiden sich in ihrer Keimfähigkeit, nach erfolgter Lagerung, sehr stark. Bei den homosporen Farnen werden grundsätzlich zwei verschiedene Typen unterschieden, nämlich Sporen, die grün sind und aktives Chlorophyll enthalten und chlorophyllfreie Sporen.

Chlorophyllhaltige Sporen (zum Beispiel von *Equisetum, Onoclea, Matteuccia*) besitzen eine relativ kurze Lebensdauer, bei einigen untersuchten Beispielen (79) im Mittel 48 Tage. Bei chlorophyllfreien Sporen einer Reihe verschiedener Arten betrug die Lebensdauer durchschnittlich 2,8 Jahre (79).

Von *Pellaea truncata* keimten noch 50jährige, in einem Herbar aufbewahrte Sporen (138) und von *Marsilea oligospora* wird angegeben, daß sogar in 100 Jahren alten Sporokarpien noch lebensfähige Sporen vorhanden waren (62).

Erst in den letzten Jahren hat man begonnen, sich mit der Frage auseinanderzusetzen, inwieweit unter natürlichen Bedingungen im Boden gelagerte Sporen, also eine vorübergehende oder dauerhafte Sporenbank, für die Etablie-rung und Verbreitung von Farnen eine Rolle spielen (45, 115). Manche Beobachtungen und einige Versuche zeigten, daß in der Natur kurz vor der neuen Sporenaussaat, also fast ein Jahr nach der letzten Sporenreife, keimfähige Sporen im Boden vorhanden sind (114). In einem mit Farnen bewachsenen Gebiet innerhalb eines Waldes konnten im Winter keimfähige Sporen bis zu einer Tiefe von 65 cm nachgewiesen werden, wobei bis etwa 20 cm Tiefe große Mengen vorhanden waren (115) (Abb. **63**). Es wird inzwischen immer deutlicher, daß keimfähige Sporen auch weit außerhalb von Gebieten, wo Farne wachsen, zu finden sind und einen bedeutenden Teil der Diasporenbank bilden, zum Beispiel in Wiesen, in Wäldern, auf bebautem Land, in Parkanlagen, in Städten usw. Bei feuchter Lagerung bei 20 °C im Dunkeln verringert sich die Keimfähigkeit von Sporen verschiedener Arten nach 8 Monaten nicht, bei trockener Lagerung hingegen ist eine wesentliche Abnahme der Keimfähigkeit festzustellen. Vergleichbare Beobachtungen an *Equisetum palustre* und *E. fluviatile* zeigen, daß bei feuchter Lagerung die (grünen, kurzlebigen) Sporen zwei bis drei Tage länger keimfähig bleiben als bei Trockenheit (92). Es ist also anzunehmen, daß auch in der Natur Sporen ihre Keimfähigkeit längere Zeit beibehalten können, da unter natürlichen Bedingungen die für eine mehr oder weniger feuchte Lagerung nötigen Verhältnisse oft vorhanden sind (38 im Kap. Biosystematik).

Langzeitversuche, die es erlauben, das Vorhandensein oder die Bedeutung einer dauernden (persistenten) Sporenbank zu beurteilen, sind erst vor kurzer Zeit angesetzt worden.

5.13. Phänologie

Der Entwicklungsverlauf der vegetativen und der sporenerzeugenden Teile steht in Zusammenhang mit dem Klima und dem Verlauf der Jahreszeiten, insbesondere mit dem Mikroklima und den Standortfaktoren. Aus tropischen Gebieten fehlen weitgehend Untersuchungen über die Abfolge der Blattentwicklung, das Altern der Blätter und die Regelung der Fertilität. Einzig von Vertretern zweier Baumfarngattungen, nämlich *Cyathea* (125) und *Alsophila* (117), und von einer krautigen heterophyllen Art, *Danaea wendlandii* (118), gibt es Untersuchungen aus dem mittelamerikanischen Raum.

Für die Baumfarne zeigte es sich, daß sich die Blätter gehäuft nach der Regenzeit entwickeln. Das Alter einzelner Blätter beträgt 350 bis über 500 Tage. Selbst in den Tropen treten jahreszeitliche Rhythmen auf, was sich etwa in der Bildung neuer Blätter, aber auch in der Sporenaussaat zeigt, die im Mai beginnt, ihr Maximum in den Monaten August, September erreicht und bis zum Dezember hin abklingt.

Mehr Information findet man über die Phänologie der Farne nördlich-gemäßigter Zonen (94, 105, 107, 110) und afrikanischer Savannengebiete (70, 72). In beiden Fällen sind die jahreszeitlich bedingten Witterungsveränderungen wesentliche, bestimmende Faktoren, an welche Farne sich in verschiedener Weise angepaßt haben.

Es gibt nur ganz wenige Vertreter der Farnpflanzen, die annuell sind, so etwa die weitverbreitete *Anogramma leptophylla* und die in Savannen des tropischen Afrika vorkommende *Selaginella tenerrima* (70) (s. S. 104, 110). Bei den mehrjährigen, perennierenden Arten wird in gemäßigten, aber auch in tropisch-kontinentalen Klimazonen zwischen immergrünen und sommergrünen Arten unterschieden, in Gebieten mit längeren Trockenzeiten spielen auch die wechselfeuchten (poikilohydrischen) Arten eine Rolle (s. S. 110). Diese Einteilung hat jedoch nur als allgemeine Charakterisierung Gültigkeit. Wenn man einzelne Arten im jahreszeitlichen Verlauf studiert, erkennt man, daß doch manche Schattierungen und ein Nebeneinander verschiedener Typen am gleichen Standort oder im gleichen Vegetationstyp auftreten, wie dies in Japan für die Insel Hokkaido sehr schön gezeigt werden konnte (105). Für die Farne der britischen Inseln sind phänologische Daten, die die Blattentfaltung und die Sporenreife betreffen, vor wenigen Jahren zusammengefaßt worden (94).

Einige Beispiele aus den gemäßigten Zonen Europas mögen die Vielfalt von Verhaltensmustern illustrieren. *Athyrium filix-femina* ist eine weit verbreitete Art. Sie entrollt ihre Blätter im Frühjahr, meist Mitte bis Ende April. Die Blätter beginnen im Oktober zu gilben und sterben bald ab. Die toten Blätter zerfallen mehr oder weniger rasch in einzelne Bruchstücke, die bis ins nächste Frühjahr mehr oder weniger vollständig erhalten bleiben. Die Sporenreife setzt Ende Juni ein. Da sich während des Sommers einige weitere, meist fertile Blätter entrollen, werden bis kurz vor dem Welken Sporen gebildet und ausgestreut. Rasches, zeitlich gerafftes Welken im Herbst beobachtet man auch bei *Thelypteris palustris*, bei der Gattung *Gymnocarpium* und anderen, aber auch bei *Equisetum arvense*, *E. telmateia* und *E. palustre*. Der Wurmfarn *(Dryopteris filix-mas)* verhält sich ganz ähnlich, was die Vergilbung angeht, wobei seine Blätter im Herbst weniger rasch zerfallen (109). Die Sporenaussaat dauert jedoch nur wenige Wochen, dies weil sich im Frühjahr Ende April/Anfang Mai alle Blätter einer Vegetationsperiode fast gleichzeitig entrollen; die fertilen Blätter sind somit alle etwa gleichzeitig reif. Die nahe verwandte Art *D. affinis* verhält sich im Frühjahr gleich wie *D. filix-mas*, hat aber etwas derbere Blätter, die auch im Herbst noch lange Zeit und oft

bis in den Frühling hinein grün bleiben (dieses Merkmal ist bei verschiedenen Unterarten etwas verschieden ausgeprägt). Eindeutig wintergrün sind die sehr derben Blätter der Schildfarne *(Polystichum lonchitis, P. aculeatum)*, die erst im Laufe des späten Frühlings nach dem Entrollen der neuen Blätter braun werden und absterben. *Asplenium ruta-muraria* besitzt das ganze Jahr hindurch grüne Blätter und erweist sich als sehr trocken-, aber auch frostresistent (64). Sie wächst aber nur aktiv während der Feuchteperioden. Im Frühjahr entwickelt sich mehr oder weniger gleichzeitig ein Schub von Blättern. Vom Sommer bis in den Herbst hinein entstehen vereinzelt zusätzliche Blätter, die zwar Sporangien entwickeln wie die Frühjahrsblätter, aber oft etwas kleiner sind. Die Frühjahrsblätter sterben gegen den Herbst hin allmählich ab, die Sommer- und Herbstblätter bleiben bis zum nächsten Frühjahr bzw. Sommeranfang am Leben. Einige, spät im Herbst entstandene, fertile Blätter reifen erst im Frühjahr völlig aus. Bei *Asplenium ruta-muraria* finden sich deshalb das ganze Jahr über fertile Blätter, was bedeutet, daß Sporen jederzeit ausgestreut werden können.

Die Prothallien von Farnen gemäßigter Zonen überwintern oft. Sie sind meist noch frostresistenter als die Sporophyten (64, 65, 111).

Bei einer ganzen Reihe von Arten findet sich eine ausgeprägte Ruheperiode *(Dormanz)* während der Trockenzeiten. Tote Blätter können als Schutz der Erneuerungsknospen dienen wie z. B. bei *Dryopteris athamantica*, oder Blatteile bzw. ganze Blätter werden abgeworfen, wie zum Beispiel bei *Arthropteris orientalis*. Wieder etwas verschieden sind die Verhältnisse bei *Actiniopteris pauciloba*, bei der die Erneuerungsknospen tief zwischen den alten, schützenden Blattbasen verborgen sind (72).

Wenig untersucht bei den Pteridophyten sind die Faktoren, welche die Dormanz beeinflussen, also induzieren bzw. brechen. Eine Untersuchung aus Nordamerika (49) zeigt, daß bei *Osmunda claytoniana*, *Adiantum pedatum*, *Matteuccia struthiopteris* und *Thelypteris palustris* durch Kältebehandlung die Dormanz aufgehoben werden kann. Andere Arten, wie *Cystopteris fragilis*, *Onoclea sensibilis* und *Athyrium thelypteroides*, benötigen keine Kältebehandlung, um im Frühjahr austreiben zu können.

Es ist zu beobachten, daß juvenile Stadien der sommergrünen Arten (mit herbstlichem Laubfall) oft wintergrün sind; dies konnte beispielsweise für viele Farne Japans bestätigt werden (107–109). Ein solches Verhalten dürfte gerade bei der sicher kritischen frühen Etablierungsphase wichtig sein, da im Winter in Laubwäldern wesentlich mehr Licht auf den Boden gelangt. Milde, sonnenreiche Tage im Winter können von juvenilen Pflanzen also für die Photosynthese genutzt werden. Ein Substanzverlust durch Laubfall in der frühen Lebensphase, in der noch kaum Reservestoffe vorhanden sind, bringt zudem wohl Nachteile. Daß kleine Pflanzen während der kalten Jahreszeit grün bleiben, könnte auch damit zusammenhängen, daß in gemäßigten Gebieten im Winter oft eine isolierende Schneeschicht vorhanden ist.

Besonders erwähnt werden müssen sicher zwei Farnarten der gemäßigten Zonen, nämlich *Matteuccia struthiopteris* und *Onoclea sensibilis*, bei denen ebenfalls die in diesem Fall sterilen Blätter im Herbst welken; die morphologisch andersartigen fertilen Blätter aber bleiben als Wintersteher bis ins Frühjahr am Standort aufrecht stehen und streuen die Sporen im Frühjahr aus (Abb. **35**). Immergrün sind auch Vertreter der Gattungen *Lycopodium* und *Huperzia* und eine *Equisetum*-Art, der Winterschachtelhalm *E. hyemale* (Name!).

5.14. Allelopathie

Mit Allelopathie wird die Fähigkeit einer Pflanze bezeichnet, eine andere Pflanze über chemische Stoffe in ihrem Wachstum und ihrer Entwicklung zu beeinflussen. Der sichere Nachweis von Allelopathie ist aber nicht leicht zu erbringen, da Felduntersuchungen methodisch sehr schwierig durchzuführen sind und Laborversuche nicht ohne weiteres auf natürliche Verhältnisse übertragen werden dürfen. Die meisten Untersuchungen befassen sich vor allem mit der wachstumshemmenden Wirkung von Farnen, vor allem des Adlerfarns *(Pteridium aquilinum)*, auf Angiospermen.

Der Adlerfarn dominiert ein großes Spektrum von vom Menschen geschaffenen Vegetationstypen. Diese Farnart beeinträchtigt zum Beispiel im westlichen Nordamerika bestimmte Kraut- und Grasarten stark, andere hingegen bleiben unbeeinflußt. Vor allem die sich zersetzenden Blätter wirken toxisch (37, 38). Wasserlösliche Stoffe aus lebenden Blättern (durch Auswaschungen gewonnen) erwiesen sich ebenfalls als wirksam. Andere Versuche ergaben, daß auch Erde aus der unmittelbaren Umgebung des Rhizoms und der Wurzeln (also aus der sogenannten Rhizosphäre) des Adlerfarns allelopathische Substanzen enthält, die bei Grasarten das Wurzelwachstum beeinträchtigen (36). In allen oben genannten Beispielen sind vermutlich phenolische Stoffe an der Wirkung beteiligt oder gar für sie verantwortlich (123). Allelopathie erlaubt *Pteridium aquilinum*, seine Dominanz zu wahren bzw. auszudehnen.

Man nimmt an, daß vor allem die Sporenkeimung und die Gametophytentwicklung besonders empfindlich auf stoffliche Beeinflussung reagieren (97), das heißt also, daß diese beiden Phasen im Zusammenhang mit Allelopathie das „schwächste Glied" im Lebenszyklus darstellen.

Allelopathische Wirkungen zwischen verschiedenen Farnarten sind fast ausschließlich in Laborexperimenten nachgewiesen worden. Hinweise auf die gegenseitige Beeinflussung von Gametophyten sind spärlich. Man konnte beobachten, daß Reste von Gametophyten von *Dryopteris* filix-mas die Keimung von *D. affinis*-Sporen hemmen (5).

Versuche zeigten, daß die Prothallien der beiden Arten *Osmunda cinnamomea* und *Dryopteris* intermedia sich gegenseitig in ihrem Wachstum hemmen (97). Es gibt aber auch Anhaltspunkte für eine fördernde Wirkung. So wachsen isolierte Gametophyten bei *Dryopteris filix-mas* langsamer und unregelmäßiger als solche in dichten Kolonien (5).

Auch stoffliche Einwirkungen von Sporophyten auf Gametophyten sind beobachtet worden. Untersuchungen an drei sympatrischen Arten des östlichen Nordamerika (6) zeigten, daß Extrakte von Wurzelauswaschungen von *Polystichum acrostichoides* das Wachstum von Gametophyten von *Onoclea sensibilis* hemmen, nicht aber jenes von *Polypodium virginianum*. Die Sporenkeimung und das Wachstum junger Gametophyten von *Onoclea sensibilis* und *Polystichum acrostichoides* sind eingeschränkt, wenn sie sich unter Sporophyten der drei genannten Arten befinden. *Polypodium virginianum* ist wiederum nicht betroffen. Auch innerhalb einer Art kann eine Hemmung der Gametophytentwicklung, verursacht durch Stoffe aus den Sporophyten, auftreten, wie etwa bei *Osmunda cinnamomea* und *Dennstaedtia punctilobula* (85). Eine intraspezifische, fördernde Wirkung auf Gametophyten hingegen scheint bei *Polypodium virginianum* vorzukommen (6). Beobachtungen aus Gewächshäusern lassen sich ebenfalls mit Allelopathie erklären.

Onoclea sensibilis-Sporen keimen nur in Töpfen, in denen Sporophyten derselben Art wachsen, jedoch nicht in solchen mit *Polystichum acrostichoides* oder *Polypodium virginianum*. Letzteres jedoch gedeiht in allen Töpfen gut (6).

Wie auch bei höheren Pflanzen zu beobachten ist, hemmen die allelopathischen Stoffe oft nicht die Keimung, sondern erst die frühe Entwicklung einer anderen Pflanzenart (133). Beides wäre als eine biologisch wirksame Methode zu deuten, die es erlaubt, den potentiellen Konkurrenten zu schwächen oder auszuschalten.

Aus einer Arbeit nordamerikanischer Autoren (133) geht hervor, daß drei *Dryopteris*-Arten, die mit *Osmunda cinnamomea* zusammen vorkommen, unterschiedlich auf wasserlösliche Stoffe der letztgenannten Art reagieren. Die zwei häufigen Wurmfarnarten *Dryopteris carthusiana* und *D. cristata* bleiben unbeeinflußt, die seltene *Dryopteris goldiana* jedoch wird gehemmt. Dies mag ein Hinweis darauf sein, daß sich auch Resistenz gegenüber allelopathischen Faktoren herausbilden kann.

Diese kurzen Ausführungen illustrieren deutlich, daß die Kenntnisse der gegenseitigen stofflichen Beeinflussung bei Farnen noch lükkenhaft sind; dies sicher nicht zuletzt wegen der genannten methodischen Schwierigkeiten.

5.15. Farne und Pilze: Parasiten, Saprophyten

Farne besitzen relativ wenige tierische Parasiten oder Schädlinge (s. S. 114). Was jedoch die parasitischen und auf toten Farnresten wachsenden saprophytischen Pilze betrifft, so sind es wohl anteilmäßig kaum weniger als bei den höheren Pflanzen. Schon sehr früh in ihrer phylogenetischen Entwicklung standen Farnpflanzen in enger Wechselbeziehung mit Pilzen, die als Parasiten, Symbionten und auch als Saprophyten auftraten. Farnpflanzen und Farnpilze haben eine viele Millionen Jahre alte Coevolution durchgemacht. Auf die mutualistische Symbiose wurde weiter oben bereits hingewiesen (s. S. 114).

Ganz wenig ist bis heute über Pilze bekannt, die auf bzw. in Prothallien wachsen (98). Es sind dies einige *Pythium*-Arten (Oomycetes), die sowohl auf echten Farnen als auch auf Schachtelhalmen vorkommen. Sie befallen zwar lebende Zellen, bauen aber erst das abgestorbene Gewebe ab, sind also Perthophyten. Auf Prothallien einiger Farngattungen parasitiert die Zygomycetenart *Completoria complens*, die traubenförmige Strukturen in den Wirtszellen entwickelt, weitere Zellen infiziert und allmählich das ganze Prothallium zum Absterben bringt (42).

Auf Sporophyten hingegen ist eine nicht unbeträchtliche Zahl von parasitischen Pilzen bekannt. Beginnt man mit den biotroph-parasitischen Formen, also jenen, die sich von lebenden Organen ernähren und mit dem Absterben ihres Substrates ihre Aktivität einstellen, so ist eine sehr bemerkenswerte Gruppe zu erwähnen, nämlich die *Farnroste*. Es handelt sich um Uredinales-Vertreter mit Wirtswechsel, wobei die Hauptwirte (mit der Dikaryophase des Pilzes) verschiedene Farnarten und die Nebenwirte (mit der Haplophase) Nadelhölzer sind. Diese Rostpilzarten haben also einerseits mit Farnen und andererseits mit Nadelhölzern coevoluiert. Es scheint, daß (heute?) einzig die Gymnospermen-Gattung *Abies* als Nebenwirt auftritt. Manche Mykologen (33, 112), nehmen an, daß die Farnroste sehr alte Pilztaxa darstellen. Mit dem Erscheinen der Phanerogamen in der Erdgeschichte gingen nach Gäumann (33) die ursprünglicheren Roste mit ihren Dikaryophasen von den Pteridophyten auf die Gymnospermen über, wechselten also die Hauptwirtgruppe. Die Farnrostpilze spielen in der Diskussion über die Evolution der höheren Pilze eine nicht unbedeutende Rolle (112).

Die Uredosporenlager (dikaryotisch) der Gattung *Hyalospora* (auf *Cystopteris*, *Gymnocarpium* und *Adiantum*) stehen in zerstreuten Gruppen und verursachen eine gelbliche Verfärbung der befallenen Blätter. Die Teleutosporen (dikaryotisch) entstehen in Lagern in ausgedehnten, gelben Zonen im Innern der Epidermiszellen der Blattunterseite. Viel unauffälliger sind die Uredosporenlager der Rostpilze *Uredinopsis* und *Milesina* (auf verschiedenen „modernen" Farngattungen vor allem der nördlichen Hemisphäre) (30, 31). Sie sind erst deutlicher zu erkennen, wenn aus den kleinen Pusteln die weißlichen

Sommersporen austreten. Die Teleutosporenlager stehen auf der Unterseite überwinterter Blätter und bilden braune, mehr oder weniger große Flecken.

Obwohl Farnroste nicht so selten sind wie normalerweise angenommen wird, so fallen sie doch wegen ihrer Kleinheit kaum auf und scheinen eine sehr „zurückhaltende" Form von Parasitismus entwickelt zu haben bzw. von ihren Wirten erfolgreich in Schranken gehalten zu werden. Die Verbreitung der Farnrostgattungen *Milesina* und *Uredinopsis* deckt sich weitgehend mit derjenigen des Nebenwirtes *Abies*.

Brandpilze (Ustilaginales) sind ebenfalls auf Farnpflanzen beschrieben worden. Eine Art befällt die Gattung *Osmunda*, eine andere das Brachsenkraut *Isoëtes lacustris*, auf dem sich die Brandsporen zwischen und in den Mikrosporangien entwickeln (131).

Unter den Basidiomyceten sind drei untereinander verwandte Gattungen der Heterobasidiomyceten, nämlich *Herpobasidium*, *Platycarpa* und *Ptechetelium*, als biotrophe Farnparasiten bekannt (87).

Herpobasidium filicinum erzeugt beispielsweise auf der Unterseite von Blättern kleine, weißliche, dunkel berandete Flecken. Der Pilz scheint auf kultivierten Pflanzen von *Dryopteris filix-mas*, zum Beispiel in botanischen Gärten, etwas häufiger vorzukommen als in der Natur, wo er nur sehr selten zu finden ist. Noch seltener tritt er auf *Gymnocarpium dryopteris*, *Phegopteris connectilis* und *Cystopteris montana* auf. Eine zweite, nordeuropäische *Herpobasidium*-Art ist auf *Matteuccia* beschränkt. Aus Nordamerika ist erst kürzlich *Herpobasidium abnorme* auf *Polystichum munitum* beschrieben worden (88), und aus Australien kennt man *Herpobasidium australe* auf *Adiantum* und *Arthropteris*. *Platycarpa* ist auf einer *Polypodium*-Art Jamaicas und *Ptechetelium* auf *Cyathea stuebelii* aus Ecuador beschrieben worden.

Wie bei den Farnrosten schon festgestellt wurde, ist auch bei *Herpobasidium* und seinen Verwandten die Schädigung der Wirtspflanze nicht groß, und die Farne werden auch in ihrer Fertilität wenig beeinflußt.

Unter den Ascomyceten tritt die Gattung *Taphrina* als biotropher Parasit auf. Sie ist auf einer ganzen Reihe von Wirten gefunden worden, etwa *Dryopteris*, *Matteuccia*, *Osmunda*, *Polystichum* und *Thelypteris*, wobei diese Pilzgattung je nach Art und Wirt entweder ziemlich unscheinbar sein kann oder Gallbildungen *(Taphrina cornu-cervi* auf *Polystichum)* oder Hexenbesenbildungen *(Taphrina laurencia* auf *Pteris)* auslöst (83).

Sogar niedere Pilze der Gattung *Synchytrium* (Chytridiomycetes) können Farne parasitieren. Das bis vor kurzem nur von wenigen Funden aus Nordeuropa und dem nördlichen Nordamerika bekannte, kleine, keulen- bis stiftförmige Gallen bildende *Synchytrium athyrii* ist weiter verbreitet, als bis dahin angenommen wurde (84, 100).

Die Gallenbildung beruht auf einer extremen Vergrößerung von Epidermiszellen. In den Alpen scheint der Pilz auf Höhen zwischen 1000 m und ca. 1700 m beschränkt zu sein. Er findet sich hauptsächlich auf *Athyrium filix-femina*, seltener auch auf *Cystopteris*. Eine zweite, noch weniger bekannte *Synchytrium*-Art befällt *Gymnocarpium dryopteris*.

Über die Lebensweise unter natürlichen Bedingungen und die Ökologie dieser niederen Farnpilze fehlen jegliche Informationen, eine Tatsache, die auch für viele andere biotrophe, pilzliche Farnparasiten gilt.

Was für viele Pilze, die auf lebenden höheren Pflanzen oder Pflanzenresten vorkommen, zutrifft, gilt auch für die Farnpilze. Es ist oft schwierig, sie in das bekannte Schema, umschrieben mit biotropher, nekrotropher oder saprotropher Lebensweise, einzuordnen. Während die oben beschriebenen Parasiten der Gruppe der biotrophen Pilze einigermaßen sicher zuzuordnen sind, gibt es Formen, bei denen die frühe Infektionsphase kaum oder überhaupt nicht auf der lebenden Wirtspflanze sichtbar ist. Die Hauptfruchtform oder die sporenbildenden Stadien entstehen erst auf toten, abgestorbenen Pflanzenteilen. Die Übergänge von der biotrophen über die nekrotrophe zur saprotrophen Lebensweise sind also fließend. Es ist in den letzten Jahren immer deutlicher geworden, daß in vielen grünen Pflanzen endophytische Pilze vorkommen, die oft überhaupt keine sichtbaren Schäden an ihren lebenden „Wirten" bewirken. Dies ist auch für Farne bestätigt worden (22). Man nimmt heute an, daß manche der früher als rein saprophytisch angesehenen Pilze, vor allem die substratspezifischen, zu den Endophyten gerechnet werden können.

Endophyten besitzen wahrscheinlich einen Konkurrenzvorteil, da sie ihr pflanzliches Substrat bereits vor dessen Tod besiedeln und nach dem Absterben des Wirtes rasch mit der Fruchtkörperbildung beginnen können. Die Forschung in diesem Bereich steht aber noch in den Anfängen.

Obwohl schon recht früh viele nekrotische oder saprophytische Pilzarten auf Farnen oder Farnresten beschrieben wurden, fehlen doch bis heute zusammenfassende Arbeiten. Einige dieser Pilze, etwa die auf lebenden Adlerfarnblättern schwarze, längliche, stromaartige Flecken bildende Ascomycetenart *Cryptomycina pteridis*, sind relativ auffallend. Viele andere, meist systematisch sehr uneinheitlichen Gruppen der Pyrenomyceten (Ascomyceten) zugehörige Arten sind so unscheinbar, daß sie bis heute wenig Beachtung fanden. Einige sind vielleicht sehr häufig, andere sind recht substratspezifisch. Farr und Horner (29) fanden auf *Selaginella*-Arten Nordamerikas, Europas und Mittelamerikas allein 20 Arten mit vollständig entwickelter Hauptfruchtform. Arbeiten von Holm u. Holm (50–53) zeigen für Nordeuropa, daß die Micromycetenflora auf Echten Farnen, Bärlappen und Schachtelhalmen sehr reich ist. Vergleichbare Studien aus anderen Regionen der Erde fehlen leider noch. Es ist somit anzunehmen, daß eine große Vielfalt von Micromyceten auf Farnen vorkommt, die aber noch weitgehend unentdeckt ist.

Dasselbe gilt auch für die ebenfalls systematisch sehr uneinheitliche Ascomycetengruppe der Discomyceten auf Schachtelhalmen, Bärlappen und Echten Farnen. Einige, allerdings unvollständige, Angaben finden sich in der Literatur (27). Die Discomyceten auf Echten Farnen sind ebenfalls im Norden Europas am besten untersucht (9). Einige der auf Farnen beschriebenen Discomyceten-Arten gelten als substratunspezifisch, andere besetzen jedoch art- oder gattungsspezifische Substrate. Auf absterbenden oder toten Farnresten kennt man auch eine Reihe von Basidiomyceten (Agaricales), etwa die kleine, leicht rosafarbene Schwindlingsart *Marasmius pterigena* und nahe Verwandte (102). Die Nichtblätterpilze (Aphyllophorales) ihrerseits sind durch feine, dünne, häutige oder spinnwebige Fruchtkörper (z. B. der Gattungen *Amphinema, Athelia, Tomentella*) gekennzeichnet, die an feuchten Stellen tote Blattreste von Farnen überziehen. Unter den farnbewohnenden Basidiomyceten finden sich auch einige „Basidienbecherlinge" der Gattung *Flagelloscypha* und *Cephaloscypha*.

Daß es neben den perfekten Stadien mit Hauptfruchtformen auch eine große Zahl von imperfekten Pilzen mit Nebenfruchtformen (Konidien etc.) auf Farnen gibt, sei hier der Vollständigkeit halber erwähnt. Sie sind aber noch weniger bekannt als die perfekten Pilzarten; einige Hinweise dazu finden sich in der Arbeit von Gregor (42).

Literatur

1. Adams, D. C., Tomlinson, P. B.: Acrostichum in Florida. Amer. Fern J. 69 (1979) 42–46.
2. Backer, C. O., Posthumus, O.: Varenflora voor Java. 's Lands Plantentuin, Buitenzorg 1939.
3. Balick, M. J., Furth, D. G., Cooper-Driver, G.: Biochemical and evolutionary aspects of arthropod predation on ferns. Oecologia (Berlin) 35 (1978) 55–89.
4. Barthlott, W., Wollenweber, E.: Zur Feinstruktur, Chemie und taxonomischen Signifikanz epicuticularer Wachse und ähnlicher Sekrete. Tropische Subtropische Pflanzenwelt 32 (1981) 1–67.
5. Bell, P. R.: Variations in the germination-rate and development of fern spores in culture. Ann. Bot. 22 (1958) 503–511.
6. Bell, S., Klikoff, L. G.: Allelopathic and autopathic relationships in the ferns Polystichum acrostichoides, Polypodium vulgare and Onoclea sensibilis. Amer. Naturalist 102 (1977) 168–171.
7. Benl, G.: Hängende Farngärten an Kameruns Ölpalmen. Palmengarten 1976 (1976) 54–56.
8. Benl, G.: Studying ferns in the Cameroons. I. The lava ferns and their occurrence on Cameroon Mountain. Fern Gaz. 11 (4) (1976) 207–216.
9. Bøhler, H. C.: Taxonomical studies on some Norwegian Helotiales (Ascomycetes) on fern remains. Norweg J. Bot. 21: (1974) 79–100.
10. Boudet, G., Lebrun, J. P.: Catalogue des Plantes Vasculaires du Mali. 1986.
11. Boullard, B.: La mycotrophie chez les ptéridophytes. Sa fréquence, ses caractères, sa signification. Botaniste 41 (1957) 1–185.
12. Boyer, Y.: Contribution à l'étude de l'écophysiologie de deux fougères épiphytes: Platycerium stemaria (Beauv.) Desv. et P. angolense Welw. Ann. Sci. Nat. Bot., Sér. 12,5 (1964) 87–228.
13. Burgeff, H.: Mycorrhiza, pp. 159–191. In: Verdoorn F. (ed.): Manual of Pteridology. Martinus Nijhoff, The Hague 1938.
14. Calvert, H. E., Pence, M. K., Peters, G. A.: Ultrastructural ontogeny of leaf cavity trichomes in Azolla implies a functional role in metabolic exchange. Protoplasma 129 (1985) 111–135.
15. Conant, D. S.: Ecogeographic Studies in American Cyatheaceae. Ph. D. Thesis, Harvard University, Cambridge (Mass.) 1976.
16. Cooper, K. M.: A field survey of mycorrhizas in New Zealand ferns. New Zealand J. Bot. 14 (1976) 169–181.
17. Cousens, M. I.: Blechnum spicant: habitat and vigor of optimal, marginal and disjunct populations and field observations of gametophytes. Bot. Gaz. 142 (1981) 251–258.
18. Cousens, M. I., Lacey, D. G., Scheller, J. M.: Safe sites and ecological life history of Lorinseria areolata. Amer. J. Bot. 75 (1988) 797–807.

19. Dahlen, M. A.: Komplementäre Oberflächenstrukturen der äußeren Sporenwand bei Selaginella. Farnblätter 22 (1990) 20–27.

20. Docters van Leeuwen, W. M.: Zoocecidia, pp. 192–195 in: Verdoorn, F. (ed.): Manual of Pteridology. Martinus Nijhoff, The Hague 1938.

21. Dostál, J.: Pteropsida, pp. 79–294. In: Kramer, K. U. (Hrsg.): G. Hegi, Illustrierte Flora von Mitteleuropa, 3. Aufl., Bd. I, Teil 1: Pteridophyta. Paul Parey, Berlin u. Hamburg 1984.

22. Dreyfuss, M., Petrini, O.: Further investigations on the occurrence and distribution of endophytic fungi in tropical plants. Bot. Helv. 94 (1984) 33–40.

23. Dunk, K. von der: Tropische Hautfarne in Europa. Hoppea 31 (1973) 205–234.

24. DuRietz, G. E.: Life-Forms of Terrestrial Flowering Plants. Acta Phytogeogr. Suec. II. 1, Uppsala 1931.

25. Duthie, A. V.: The method of spore dispersal of three South African species of Isoëtes. Ann. Bot. 43 (1929) 411–412.

26. Eiten, G. 1972: The cerrado vegetation of Brazil. Bot. Rev. 38 (1972) 201–341.

27. Ellis, M. B., Ellis, J. P.: Microfungi on Land Plants. Croom Helm, London u. Sydney 1985.

28. Faber, F. C. von: Die Kraterpflanzen Javas in physiologisch-ökologischer Beziehung. Weltevreden, Java 1927.

29. Farr, M. L., Horner, H. T.: Fungi on Selaginella. Nova Hedwigia 15 (1958) 239–283.

30. Faull, J. H.: Taxonomy and geographical distribution of the genus Milesia. Contr. Arnold Arbor. 2 (1932) 1–138.

31. Faull, J. H.: Taxonomy and geographical distribution of the genus Uredinopsis. Contr. Arnold Arbor. 11 (1938) 1–120.

32. Gartmann, F.: Habitat-related differences between the vicarious fern species Gymnocarpium dryopteris and G. robertianum. Ann. Bot. Fenn. 25 (1988) 261–274.

33. Gäumann, E.: Die Rostpilze Mitteleuropas. Beitr. Kryptogamenfl. Schweiz 12 (1959) 1–1407.

34. Gay, H.: Ant-houses in the fern genus Lecanopteris: The rhizome morphology and architecture of L. sarcopus and L. darnaedii. Bot. J. Linn. Soc. 106 (1991) 199–208.

35. Gerson, U.: The associations between pteridophytes and arthropods. Fern Gaz. 12 (1) (1979) 29–45.

36. Glass, A. D. M.: The allelopathic potential of phenolic acids associated with the rhizosphere of Pteridium aquilinum. Can. J. Bot. 54 (1976) 2240–2444.

37. Gliessman, S. R.: Allelopathy in a broad spectrum of environments as illustrated by bracken. Bot. J. Linn. Soc. 73 (1976) 95–104.

38. Gliessman, S. R., Müller, C. H.: The allelopathic mechanisms of dominance in bracken (Pteridium aquilinum) in southern California. J. Chem. Ecol. 4 (1978) 337–362.

39. Goebel, K.: Entwicklungsgeschichte des Prothalliums von Gymnogramme leptophylla Desv. Bot. Zeitung 1877: 671–678, 681–694, 697–711.

40. Gómez, L. D.: Biology of the potato-fern, Solanopteris brunei. Brenesia 4 (1974) 37–61.

41. Gómez, L. D.: The Azteca ants of Solanopteris brunei. Amer. Fern J. 67 (1977) 31.

42. Gregor, M. J. F.: Associations with fungi and other lower plants, pp. 141–158. In: Verdoorn, F. (ed.): Manual of Pteridology. Martinus Nijhoff, The Hague 1938.

43. Gregory, P. H., Hirst, J. M.: The summer air-sporae at Rothamsted in 1952. J. Gen. Microbiol. 17 (1957) 135–152.

44. Hagemann, W.: Zur Morphologie der Knolle von Polypodium bifrons Hook. und P. brunei Wercklé. Bull. Soc. Bot. France, Mém. 1969 (1969) 17–27.

45. Hamilton, R. G.: The significance of spore banks in natural populations of Athyrium pycnocarpon and A. thelypteroides. Amer. Fern J. 78 (1988) 96–104.

46. Hennipman, E.: Notes on the ant-ferns of Lecanopteris sensu stricto in Sulawesi, with the descriptions of two new species. Kew Bull. 41 (1986) 781–788.

47. Hepden, P. M.: Studies in vesicular-arbuscular endophytes. II. Endophytes in the Pteridophyta, with special reference to leptosporangiate ferns. Trans. Brit. Mycol. Soc. 43 (1960) 559–570.

48. Hevley, R. H.: Adaptations of cheilanthoid ferns to desert environments. J. Ariz. Acad. Sci. 2 (1963) 164–174.

49. Hill, R. H.: Cold requirement of several ferns in southeastern Michigan. Amer. Fern J. 66 (1976) 83–88.

50. Holm, L., Holm, K.: A study of Leptopeltidaceae. Bot. Not. 130 (1957) 215–229.

51. Holm, L., Holm, K.: Swedish pteridicolous Mycosphaerellae. Bot. Not. 132 (1979) 211–219.

52. Holm, L., Holm, K.: Ascomycetes on Nordic lycopods. Karstenia 21 (1981) 57–72.

53. Holm, L., Holm, K.: Nordic equiseticolous Pyrenomycetes. Nord. J. Bot. 1 (1981) 109–119.

54. Holttum, R. E.: The ecology of tropical pteridophytes, pp. 420–450. In: Verdoorn, F. (ed.): Manual of Pteridology. Martinus Nijhoff, The Hague 1938.

55. Holttum, R. E.: Asplenium sect. Thamnopteris Presl. Gard. Bull. 27 (1974) 143–154.

56. Hultén, E.: The Circumpolar Plants. Kongel. Svenska Vetensk. Acad. Handl. IV.8(5), Stockholm 1964.

57. Huxley, C.: Symbiosis between ants and epiphytes. Biol. Rev. 55 (1980) 321–340.

58. Iwatsuki, K.: Taxonomic studies of Pteridophyta, X. Acta Phytotax. Geobot. 27 (1975) 39–55.

59. Iwatsuki, K.: Hymenophyllaceae, pp. 157–163. In: Kramer, K. U., Green, P. S. (eds.): The Families and Genera of Vascular Plants, I. Pteridophytes and Gymnosperms. Springer, Berlin, Heidelberg (1990).

60. Janzen, D. H.: Epiphytic myrmecophytes in Sarawak: mutualism through feeding of plants by ants. Biotropica 6 (1974) 237–259.

61. Johansson, D.: Ecology of vascular epiphytes in West African rain forest. Acta Phytogeogr. Suec. 59, Uppsala 1974.

62. Johnson, D. M.: Systematics of the New World species of Marsilea (Marsileaceae). Syst. Bot. Monogr. 11 (1986) 1–87.
63. Jones, H. M., Sheffield, E.: A field survey of Pteridium aquilinum (Dennstaedtiaceae: Pteridophyta) mycorrhizas. Fern Gaz. 13 (4) (1988) 225–230.
64. Kappen, L.: Untersuchungen über den Jahreslauf der Frost-, Hitze- und Austrocknungsresistenz von Sporophyten einheimischer Polypodiaceae (Filicinae). Flora A 155 (1964) 123–166.
65. Kappen, L.: Untersuchungen über die Widerstandsfähigkeit der Gametophyten einheimischer Polypodiaceen gegenüber Frost, Hitze und Trockenheit. Flora A 156 (1965) 101–115.
66. Kappen, L.: Der Einfluß des Wassergehaltes auf die Widerstandsfähigkeit von Pflanzen gegenüber hohen und tiefen Temperaturen, untersucht an Blättern einiger Farne, etc. Flora B 156 (1966) 427–445.
67. Kato, M., Darnaedi, D., Iwatsuki, K.: Fern rheophytes of Borneo. J. Fac. Sci. Univ. Tokyo, Sect. 3, Bot. 15 (1991) 91–110.
68. Klekowski, E. J.: Reproductive biology of the Pteridophyta. IV. An experimental study of mating systems in Ceratopteris thalictroides (L.) Brongn. Bot. J. Linn. Soc. 63 (1970) 153–169.
69. Kornaś, J.: Tuber production and fire resistance in Lycopodium carolinianum L. in Zambia. Acta Soc. Bot. Poloniae 44 (1975) 653–663.
70. Kornaś, J.: Life-forms and seasonal patterns in the pteridophytes in Zambia. Acta Soc. Bot. Poloniae 46 (1977) 668–690.
71. Kornaś, J.: Fire-resistance in the pteridophytes of Zambia. Fern Gaz. 11 (6) (1978) 373–384.
72. Kornaś, J.: Adaptive strategies of African pteridophytes in extreme environments. Proc. Roy. Soc. Edinburgh 86 B (1986) 391–396.
73. Kornaś, J., Jankun, A.: Annual habit and apomixis as drought adaptations in Selaginella tenerrima. Bothalia 14 (1983) 647–651.
74. Kramer, K. U.: Synaptospory: a hypothesis. A possible function of spore sculpture in pteridophytes. Gard. Bull. 30 (1977) 79–83.
75. Lawton, J. H.: The structure of the arthropod community on bracken. Bot. J. Linn. Soc. 73 (1976) 187–216.
76. Lellinger, D. B.: Nephopteris, a new genus of ferns from Colombia. Amer. Fern J. 56 (1966) 180–182.
77. Lloyd, R. M.: Systematics of the genus Ceratopteris (Parkeriaceae). I. Sexual and vegetative reproduction in Hawaiian Ceratopteris thalictroides. Amer. Fern J. 63 (1973) 12–18.
78. Lloyd, R. M., Buckley, D. P.: Effects of salinity on gametophyte growth of Acrostichum aureum and A. danaeifolium. Fern Gaz. 13(2) (1986) 97–102.
79. Lloyd, R. M., Klekowski, E. J.: Spore germination and viability in Pteridophyta: evolutionary significance of chlorophyllous spores. Biotropica 2 (1970) 129–137.
80. Lüttge, U. (ed.): Vascular Plants as Epiphytes. Evolution and Ecophysiology. Springer, Berlin, Heidelberg 1989.
81. Marti, K.: Aspekte zur sexuellen und vegetativen Vermehrung des Sumpffarns Thelypteris palustris Schott. Farnblätter 22 (1990) 1–19.
82. Mickel, J. T.: A „filmy fern" in the genus Cystopteris. Amer. Fern J. 62 (1972) 93–95.
83. Mix, A. J.: Monograph of the genus Taphrina. Univ. Kansas Sci. Bull. 33 (1949) 3–137.
84. Müller, E., Schneller, J. J.: A new record of Synchytrium athyrii on Athyrium filix-femina. Fern Gaz. 11(5) (1977) 313–314.
85. Munther, W. E., Fairbrothers, D. E.: Allelopathy and autotoxicity in three eastern North American ferns. Amer. Fern. J. 70 (1980) 124–135.
86. Nayar, B. K.: Ferns of India. VII. Actiniopteris. Bull. Lucknow Natl. Bot. Gard. 75 (1962) 1–14.
87. Oberwinkler, F., Bandoni, R.: Herpobasidium and allied genera. Trans. Brit. Mycol. Soc. 83 (1984) 639–658.
88. Oberwinkler, F., Wells, K.: A new species of Herpobasidium from Idaho. Mycologia 77 (1985) 265–271.
89. Øllgaard, B.: Studies in Lycopodiaceae. II. The branching patterns and infrageneric groups of Lycopodium sensu lato. Amer. Fern J. 69 (1979) 49–61.
90. Øllgaard, B.: Lycopodiaceae. In: Harling, G., Andersson, L. (eds.): Flora of Ecuador. Vol. 33. Berlings, Arlöv 1988.
91. Oppenheimer, H. R., Halevy, A. H.: Anabiosis of Ceterach officinarum Lam. et DC. Bull. Res. Council Israel, Sect. D, Bot. 11 (1962) 127–147.
92. Paeger, J., Bennert, H. W.: Untersuchungen zur Sporenproduktion und Sporenkeimung einheimischer Schachtelhalme. Flor. Rundbr. 24 (1990) 46–56.
93. Page, C. N.: Experimental aspects of fern ecology, pp. 552–589. In: Dyer, A. F. (ed.): The Experimental Biology of Ferns. Academic Press, London 1979.
94. Page, C. N.: The Ferns of Britain and Ireland. Cambridge University Press, Cambridge 1982.
95. Page, C. N.: Ferns. Their habitats in the British and Irish Landscape. Collins, London 1988.
96. Page, C. N.: Compression and slingshot megaspore ejection in Selaginella selaginoides. A new phenomenon in pteridophytes. Fern Gaz. 13 (5) (1989) 267–276.
97. Petersen, R. L., Fairbrothers, D. E.: Reciprocal allelopathy between the gametophytes of Osmunda cinnamomea and Dryopteris intermedia. Amer. Fern. J. 70 (1980) 73–78.
98. Poelt, J.: Pilze auf mitteleuropäischen Farnpflanzen. Farnblätter 15 (1986) 1–14.
99. Raghavan, V.: Developmental Biology of Fern Gametophytes. Cambridge University Press, Cambridge 1989.
100. Rasbach, H., Schneller, J. J.: Zur Verbreitung von Synchytrium athyrii Lagerh. ap. Minden. Neufunde für Deutschland und Italien. Ber. Bayer. Bot. Ges. 54 (1983) 137–139.
101. Raunkiaer, C.: Planterigets Livsformer og deres Betydning for Geografien. Kopenhagen 1907.

102. Redhead, S. A.: Two fern-associated mushrooms, Mycena lohwagii and M. pterigena in Canada. Naturaliste Canad. 111 (1984) 439–442.

103. Rothmaler, W.: Exkursionsflora von Deutschland. Bd. 2 Gefäßpflanzen. Volk und Wissen, Berlin 1966.

104. Ruinen, J.: Epiphytosis. A second view on epiphytism. Ann. Bogor. 1 (1953) 101–157.

105. Sato, T.: Phenology and wintering capacity of sporophytes and gametophytes of ferns native to northern Japan. Oecologia (Berlin) 55 (1982) 53–61.

106. Sato, T.: Freezing resistance of warm temperate ferns as related to their alternation of generations. Jap. J. Ecol. 33 (1983) 27–35.

107. Sato, T.: Determination of the developmental age of sporophytes of some summergreen ferns native in Hokkaido, Japan. Jap. J. Ecol. 33 (1983) 161–167.

108. Sato, T.: Life history of aspidiaceous ferns in northern Japan with reference to fertility during sporophyte development in relation to habitats. Bot. Mag. Tokyo 98 (1985) 371–381.

109. Sato, T.: A quantitative estimation of sporophyte development in Dryopteris filix-mas (L.) Schott, determined from overwintering phenology in the leaf. Flora 179 (1987) 99–108.

110. Sato, T.: A quantitative comparison of foliage development among allopatric ferns, Dryopteris crassirhizoma, D. coreano-montana and D. filix-mas. Bot. Mag. Tokyo 103 (1990) 165–176.

111. Sato, T., Sakai, A.: Cold tolerance of gametophytes and sporophytes of some cool temperate ferns native to Hokkaido. Can. J. Bot. 59 (1981) 604–608.

112. Savile, D. B. O.: Evolution of the rust fungi (Uredinales) as reflected by their ecological problems. Evol. Biol. 9 (1976) 137–207.

113. Schneller, J. J.: Untersuchungen an einheimischen Farnen, insbesondere der Dryopteris filix-mas-Gruppe. 3. Teil. Ökologische Untersuchungen. Ber. Schweiz. Bot. Ges. 85 (1975) 110–159.

114. Schneller, J. J.: Biosystematic investigations on the Lady Fern (Athyrium filix-femina). Pl. Syst. Evol. 132 (1979) 255–277.

115. Schneller, J. J.: Spore bank, dark germination and gender determination in Athyrium and Dryopteris. Results and implications for population biology of Pteridophyta. Bot. Helv. 98 (1988) 77–86.

116. Seifert, M.: Populationsbiologie und Aspekte der Morphologie zweier Wurmfarne, Dryopteris carthusiana und Dryopteris dilatata. Dissertation, Universität Zürich 1992.

117. Seiler, R. L.: Leaf turnover rates and natural history of the Central American tree fern Alsophila salvinii. Amer. Fern J. 71 (1981) 75–81.

118. Sharpe, J. M., Jernstedt, J. A.: Leaf growth and phenology of the dimorphic herbaceous layer fern Danaea wendlandii (Marattiaceae) in a Costa Rican rain forest. Amer. J. Bot. 77 (1990) 1040–1049.

119. Sota, E. R. de la: El epifitismo y las pteridófitas en Costa Rica (América Central). Nova Hedwigia 21 (1971) 401–465.

120. Sota, E. R. de la: Las pteridófitas y el epifitismo en el Departamento del Chocó (Colombia). Anales Soc. Ci. Argent. 194 (1972) 245–278.

121. Steenis, C. G. G. J. van: Rheophytes of the World. Sijthoff & Noordhoff, Alphen a. d. Rijn 1981.

122. Steenis, C. C. G. J. van: Rheophytes of the World: Supplement. Allertonia 4 (1987) 267–330.

123. Storey, I. N. J.: Allelopathy in bracken: Pteridium aquilinum (Dennstaedtiaceae: Pteridophyta). Fern Gaz. 14 (2) (1991) 51–53.

124. Suter, B., Schneller, J. J.: Autökologische Untersuchungen an der Mauerraute (Asplenium ruta-muraria L.). Farnblätter 14 (1986) 1–14.

125. Tanner, E. V. J.: Leaf demography and growth of the tree-fern Cyathea pubescens Mett. ex Kuhn in Jamaica. Bot. J. Linn. Soc. 87 (1983) 213–227.

126. Tooren, B. F. van, During, H. J.: Viable plant diaspores in the guts of earthworms. Acta Bot. Neerl. 37 (1988) 181–185.

127. Tryon, A. F.: A monograph of the fern genus Jamesonia. Contrib. Gray Herb. 191 (1962) 109–197.

128. Tryon, R. M.: Selaginella rupestris and its allies. Ann. Missouri Bot. G. 42 (1955) 1–99.

129. Tryon, R. M.: The biogeography of species with special reference to ferns. Bot. Rev. 52 (1986) 117–156.

130. Tryon, R. M., Tryon, A. F.: Geography, spores and evolutionary relations in the Cheilanthoid ferns. Bot. J. Linn. Soc. 67, Suppl. 1 (1973) 145–153.

131. Vanky, K.: Carpathian Ustilaginales. Symb. Bot. Uppsal. 24 (2) (1985) 1–309.

132. Veres, J. S.: Xylem anatomy and hydraulic conductance of Costa Rican Blechnum ferns. Amer. J. Bot. 77 (1990) 1610–1625.

133. Wagner, H. B., Long, K. E.: Allelopathic effects of Osmunda cinnamomea on three species of Dryopteris. Amer. Fern J. 81 (1991) 134–138.

134. Wagner, W. H.: Solanopteris brunei, a little-known fern epiphyte with dimorphic stems. Amer. Fern J. 62 (1972) 33–43.

135. Walker, T. G.: The ant-fern, Lecanopteris mirabilis. Kew Bull. 41 (1986) 533–545.

136. Warne, T. R., Lloyd, R. M.: The role of spore germination and gametophyte development in habitat selection: Temperature responses in certain temperate and tropical ferns. Bull. Torrey Bot. Cl. 107 (1980) 57–64.

137. Wein, K.: Die Verbreitung der Salvinia natans im südwestlichen Europa in ihren Beziehungen zum Vogelzug. Feddes Repert. Beih. 61 (1930) 80–84.

138. Windham, M. D., Wolf, P. G., Ranker, T. A.: Factors affecting prolonged spore viability in herbarium collections of three species of Pellaea. Amer. Fern J. 76 (1986) 141–148.

139. Wollenweber, E., Dietz, V. H.: Scale insects feeding on farinose species of Pityrogramma. Amer. Fern J. 71 (1981) 10–12.

6. Biosystematik

6.1. Artbildungsprozesse

Die Unterscheidung von „Einheiten" im Pflanzen- und Tierreich ist eine Frage der Perspektive. Man kann beispielsweise in einer Population einzelne Individuen einer Art oder man kann mehrere Populationen derselben Art miteinander vergleichen. Mit solchen Ansätzen beschäftigen sich die Populationsgenetiker und die Populationsbiologen. Dabei stehen Fragen der Fortpflanzungsbiologie, der innerartlichen Variabilität und der Mikroevolution (s. S. 132 ff.) im Vordergrund.

Wenn man von „Art" spricht, so ist damit keineswegs ein eindeutig definierter Begriff gemeint (198). Je nachdem, in welchem Zusammenhang er verwendet wird, hat er unterschiedliche Bedeutung. Für die Klassifikation werden die Arten aufgrund morphologischer Merkmale bzw. Merkmalskombinationen voneinander unterschieden, man spricht in diesem Fall von *taxonomischen Arten (59)*. Dieses Artkonzept liegt auch bei Farnpflanzen den meisten monographischen Bearbeitungen, vielen Florenwerken und Bestimmungsschlüsseln zugrunde (238). Ihm kommt große praktische Bedeutung zu.

Die „Art", wie sie im folgenden hauptsächlich interpretiert wird, entspricht dem Konzept der „evolutionären Art" im Sinne von Grant (59) und beinhaltet sowohl sich sexuell fortpflanzende (biparentale) Linien als auch asexuelle (uniparentale) Linien. Zwischen den zwei hier genannten (und weiteren), unterschiedlichen Artkonzepten bestehen oft, aber nicht immer, Übereinstimmungen. Eine Ausnahme bilden unter anderen die kryptischen Arten (132, 133), die aufgrund morphologischer Merkmale kaum unterscheidbar sind (s. S. 135). Die Evolution und damit auch der Artbildungsprozeß beruhen im wesentlichen auf Mutation, Rekombination, Segregation und Selektion. Arten entstehen aus genetisch unterschiedlichen Fortpflanzungsgemeinschaften. Für ihre Entstehung ist Isolation (geographische, ökologische, genetische, fortpflanzungsbiologische, edaphi-

sche, klimatische, saisonale etc.) eine grundlegende Voraussetzung (198).

6.1.1. Chromosomenzahlen und Polyploidie

Die Tatsache, daß bei homosporen Farnartigen und Farnen sehr hohe Chromosomenzahlen vorkommen (102, 207, 209, 218), hat zu manchen Erklärungsversuchen Anlaß gegeben. Die höchste bekannte Chromosomenzahl findet sich bei *Ophioglossum reticulatum* mit 2n = 1262, (125) (Abb. **64**).

Eine in jeder Beziehung befriedigende Erklärung der Wechselbeziehung zwischen Chromosomenzahl und Polyploidie bei Farnen (und im übrigen auch bei Blütenpflanzen) fehlt jedoch bis heute.

Die mittlere gametophytische Chromosomenzahl liegt bei ca. n = 57, während sie bei den Angiospermen nur bei ca. n = 16 liegt (90). Häufige Basiszahlen der heutigen homosporen Farne sind etwa x = 26, 36, 37, 40, 41 (Abb. **65**).

Zwei verschiedene Hypothesen für das Auftreten hoher Basiszahlen stehen zur Diskussion (5). Die erste besagt, daß schon bei der Entstehung der homosporen Farne und Farnartigen hohe Basiszahlen vorhanden waren. Die Vorfahren der homosporen Farne waren also schon polyploid oder sie zeichneten sich durch hohe Basiszahlen aus. In diesem Fall wäre also eine hohe Basis- oder Chromosomenzahl als ein eher ursprüngliches Merkmal zu werten. Die niederen Zahlen der heutigen aus den homosporen abzuleitenden heterosporen Farne und Farnartigen (s. S. 85 ff.) und der Samenpflanzen müßten dann als abgeleitet angesehen werden (209).

Die zweite Hypothese nimmt an, daß während der Evolution der homosporen Farne durch Polyploidisierungsvorgänge die heutigen relativ hohen Basiszahlen entstanden sind (209). Die mit niedrigeren Zahlen versehenen

Ausgangsarten sind, nach dieser Hypothese, im Laufe der Zeit ausgestorben. Man spricht von *Paläopolyploidie*. Im weiteren, erdgeschichtlich jüngeren Verlauf der Evolution der homosporen Farne bis zur Gegenwart führten zusätzliche Polyploidisierungsvorgänge zu einer weiteren Erhöhung der Chromosomenzahlen, dieser Fall wird als *Neopolyploidie* bezeichnet.

Die heutigen Vertreter einiger primitiver Gruppen, die hohe Basiszahlen besitzen (z. B. *Equisetum* x = 108, *Ophioglossum* x = 120, *Psilotum* und *Tmesipteris* x = 52, *Botrychium* x = 90) und die sich seit dem Erscheinen der höheren Pflanzen wenig gewandelt haben, lassen vermuten, daß es wohl schon früh Gruppen mit hohen Chromosomenzahlen gegeben haben muß und daß es sich also in diesen Fällen um Paläopolyploidie handeln könnte.

Manche Argumente sprechen für das Vorhandensein von Neopolyploidie. Viele allopolyploide und autopolyploide Arten sind als relativ rezente „Neubildungen" anzusehen, wie dies für einige Arten inzwischen experimentell bestätigt wurde (s. S. 130). Faßt man die von Walker (218) gegebenen Daten zusammen, so erhält man einen Anteil von 48% (neo)polyploider Arten an den weltweit insgesamt fast 2000 cytologisch untersuchten Farnarten. Diese Zahl ist relativ hoch, aber nicht bedeutend höher als die Zahl der geschätzten polyploiden Arten bei Angiospermen, die sich auf 30–47% belaufen soll (97). Die Basiszahlen der höheren Pflanzen und der heterosporen Pteridophyten aber sind viel niedriger und liegen gehäuft zwischen x = 6 und x =16. Der große Unterschied zwischen den homosporen und heterosporen Farnen ist auffallend!

Die Tatsache, daß es gerade alle homosporen Farne und Farnartigen sind, die hohe Basiszahlen besitzen, hat zu manchen Spekulationen und Überlegungen Anlaß gegeben. Ein Erklärungsversuch stützt sich auf die Hypothese, daß bei den homosporen Farnen und Farnartigen wegen ihres besonderen Generationswechsels und den daraus sich ergebenden fortpflanzungsbiologischen Eigenschaften Polyploidisierung leichter möglich sei als bei den heterosporen Farnen oder den Samenpflanzen. Die heutigen homosporen Farnarten wären also alle das Resultat solcher Vorgänge und ihre heutigen relativ hohen Basiszahlen die Folge von Polyploidisierungschriften. Die Vergrößerung des Genoms durch Polyploidie könnte dank Heterosis-

scheinungen bei Selektion unter bestimmten Umweltbedingungen vorteilhaft sein. Bei höherem DNA-Gehalt aber verlangsamt sich der Zellzyklus, was sich auf die Geschwindigkeit des individuellen Wachstums auswirkt (60). Damit könnte auch die Tatsache verbunden sein, daß bei den homosporen Farnen kaum annuelle Arten existieren (s. S. 104).

Ein Argument für das Entstehen hoher Chromosomenzahlen wäre auch, daß bei einer wirksamen Sporenverbreitung (s. S. 115 ff.), wie sie bei den homosporen Farnen vorkommt, also bei einem wirksamen Genaustausch über größere Distanzen, die Wahrscheinlichkeit für Hybridisierung (die eine Voraussetzung für Allopolyploidie ist) wesentlich größer ist als bei den heterosporen Farnen oder den Samenpflanzen.

Von einigen Forschern wird angenommen, daß Polyploidisierung selektiv von Vorteil ist, da sie den homosporen Farnen erlaubt, genetische Variabilität aufrechtzuerhalten, die sonst etwa durch intragametophytische Selbstbefruchtung (s. S. 138) vermindert würde. Bei polyploiden Arten kann jedoch, wenn homoeologe Chromosomenpaarung vorkommt, eine gewisse genetische Variabilität auch bei intragametophytischer Befruchtung erhalten bleiben (19, 90). Elektrophoretische Untersuchungen stützen diese Hypothese jedoch nicht. Sie geben wichtige Hinweise darauf, daß trotz hoher Zahlen bei vielen Arten der homosporen Farne (65, 66, 229, 230), aber z. B. auch *Equisetum arvense*, *E. laevigatum* und *E. telmateia* (alle mit 2n = 216 Chromosomen) (174) oder bei *Lycopodiaceae* (177) genetisch Diploidie vorzufinden ist und somit keine fixierte Heterozygotie auftritt, wie man dies erwarten würde. Die Vererbung der Enzymmuster verläuft also genau gleich wie bei diploiden höheren Pflanzen. Die Ansicht, daß diese Befunde die Hypothese der Paläopolyploidie bzw. der hohen Ausgangszahlen bei der Entwicklung der homosporen Pteridophyten stützen, ist aber in der jüngsten Zeit wieder stärker relativiert worden. Neuere Untersuchungen geben Hinweise darauf, daß es zu „gene silencing" bei Polyploiden kommt, was bedeuten würde, daß bestimmte Gene inaktiviert werden, so daß eine polyploide Pflanze sich wie eine diploide verhält (51, 65, 176, 229). Der in Abb. **66** gezeigte Zyklus der mehrfachen Polyploidisierungsvorgänge, verbunden mit den Diploidisierungsprozessen (gene silencing), ist als eine mögliche Erklärung für die bei den homosporen Farnen vorgefundenen Verhältnisse anzusehen. Trotz mancher interessanter Untersuchungen bleiben wesentliche Aspekte der Frage des Ursprungs der hohen Chromosomenzahlen bei isosporen Farnen und Farnartigen noch offen.

Bei manchen Blütenpflanzengruppen (z. B. bei *Commelinaceae* (81) oder bei *Crepis* (4), spielen chromosomale Umbauprozesse eine wichtige Rolle. Bei Farnen treten innerhalb von Gattungen nur selten verschiedene Basiszahlen auf, was auf Chromosomenreorganisation und Aneuploidie hinweisen würde. Untersuchungen an der Gattung *Lomariopsis* zeigten, daß bei der asiatischen Art *L. cochinchinensis* die Basiszahl x = 41 vorhanden ist, bei den afrikanischen Arten (Ghana) *L. guineensis* und *L. palustris* beträgt die Basiszahl x = 39. Man nimmt an, daß die letztere durch zwei (aneuploide) Wechsel zustandegekommen ist. Die Basiszahl x = 31 von *L. rossii* und die Basiszahl x = 16 von *L. hederacea* sind durch umfangreichere Umorganisationen und Reduktionen entstanden (147). Auch in der Gattung *Asplenium* sind zwei verschiedene Basiszahlen nämlich x = 36 (die weitaus häufigere innerhalb der Gattung) und x = 40 (in der *A. unilaterale*-Artengruppe) gefunden worden. Aus Südindien ist ein Vertreter dieses Artenkomplexes bekannt geworden, welcher 2n = 152 Chromosomen besitzt. Er dürfte aus der Kreuzung einer Pflanze mit der Basiszahl x = 40 und einer Pflanze mit der Basiszahl x = 36 mit anschließender Polyploidisierung hervorgegangen sein (11).

Da noch manche Farngattungen cytotaxonomisch wenig untersucht sind, ist es gut möglich, daß in Zukunft weitere Fälle von Aneuploidie bekannt werden.

6.1.2. Artbildung durch Polyploidisierung

Allopolyploidie

Eine vor allem im Pflanzenreich verbreitete Form von Artbildung beruht auf Bastardierung und anschließender Polyploidisierung (Allopolyploidie). Bastardierung ist natürlich nur dann möglich, wenn keine oder unvollständige Isolationsmechanismen zwischen den Elternarten bestehen. Bastardierung ist bei den Farnen recht verbreitet. Dies zeigt sich beispielsweise besonders eindrücklich bei der Gattung *Asplenium* in Europa (141).

Allopolyploide Arten sind in den letzten Jahrzehnten bei vielen Gattungen der Echten Farne nachgewiesen worden (5, 102, 218). Hingegen sind bis heute nur bei relativ wenigen Farnverwandten, zum Beispiel bei *Isoëtes* (196, 197), allopolyploide Arten durch Experimente und Genomanalysen festgestellt worden.

Die Bildung einer allopolyploiden Art sei an einer beispielhaften Arbeit über den *Asplenium adiantum-nigrum*-Artenkomplex (169) etwas ausführlicher erläutert (Abb. 67). Für die Entstehung allopolyploider Arten ist die Voraussetzung wesentlich, daß zwei (diploide) Ausgangsarten, in unserem Fall *A. onopteris* und *A. cuneifolium*, mindestens gewisse Gebiete ihres Areals teilen und teilweise am gleichen Standort vorkommen. Ist das der Fall, so müssen für das Entstehen einer neuen Art die folgenden Prozesse ablaufen. Kreuzen sich die beiden diploiden Arten, so entsteht zunächst ein diploider, weitgehend, aber nicht vollständig steriler Bastard, der in der Meiose meist ausschließlich oder doch mehrheitlich ungepaarte Chromosomen (Univalente) (Abb. 67) aufweist. Die darauf folgende Reduktionsteilung kann deshalb nicht regulär ablaufen, und es entstehen nur mißgebildete, sterile Sporen. Manchmal jedoch, wenn auch recht selten, bilden sich bei solchen diploiden Bastarden neben den abortierten auch vereinzelt unreduzierte, reguläre Sporen. Sie sind das Produkt unvollständiger Zellteilungsvorgänge während der Bildung der Sporenmutterzellen oder während der Reduktionsteilung, wie sie auch bei agamosporen Arten beobachtet werden können (s. S. 150). Solche unreduzierten Sporen (Diplosporen) besitzen je einen Chromosomensatz der Elternarten. Das Vorhandensein von Diplosporen ist eine Voraussetzung für den nächsten Schritt. Sie sind, soweit bekannt, keimfähig und wachsen zu normalen, fertilen Prothallien aus. Vereinigen sich die auf einem solchen Prothallium gebildeten, unreduzierten Gameten, so entsteht durch intragametophytische Selbstbefruchtung (s. S. 138) ein tetraploider Sporophyt, der nun, da je zwei „väterliche" und zwei „mütterliche" Chromosomensätze vorhanden sind, fertil ist, das heißt über eine reguläre Meiose normale, keimfähige Sporen erzeugt. Auf diese Weise ist eine neue allopolyploide Art entstanden, in unserem Beispiel *Asplenium adiantum-nigrum*, die von den Ausgangsarten durch ihre Chromosomenzahl weitgehend, aber nicht immer vollständig isoliert ist.

Rückkreuzungen mit einer der beiden Elternarten, also A. adiantum-nigrum x A. onopteris = A. x ticinense, bzw. A. adiantum-nigrum x A. cuneifolium = A. x centovallense, zeigen in der Meiose gleich viele (in unserem Fall 36) Chromosomenpaare (Bivalente) wie ungepaarte Chromosomen (Univalente) (Abb. 67). Sie sind also triploid. Kreuzungen von allotetraploiden Arten mit ihren diploiden vermutlichen Ausgangsarten haben in vielen Fällen entscheidend dazu beigetragen, Genomverwandtschaft und verwandtschaftliche Beziehungen abzuklären. Hierzu ein Beispiel. Anhand der Morphologie wurde schon im letzten Jahrhundert festgestellt, daß Asplenium adulterinum eine Mittelstellung zwischen A. viride und A. trichomanes einnimmt. Cytologische Untersuchungen an künstlich hergestellten Kreuzungen zwischen der tetraploiden A. adulterinum und der diploiden A. viride bzw. der diploiden A. trichomanes ssp. trichomanes stützten die Hypothese, daß die beiden genannten diploiden Arten die Ausgangsformen der tetraploiden Art sind. In der Meiose der beiden triploiden Bastarde konnten 36 Bivalente und 36 Univalente beobachtet werden (104).

Wenn bei mehreren, aus den gleichen zwei Ausgangsarten hervorgehenden Bastarden solche Prozesse der Chromosomenverdoppelung stattfinden, so kann der Genpool der Allopolyploiden weitere Gene aus dem Genvorrat der Ausgangsarten erhalten. Wie oft Allopolyploidisierung auftritt, hängt davon ab, wie häufig überhaupt Bastarde gebildet werden und wie oft Diplosporen entstehen. Solange die Ausgangsarten existieren, ist Genfluß in Richtung der Allopolyploiden möglich. Mit Hilfe von Chloroplasten-DNA-Untersuchungen ist es sogar möglich geworden, herauszufinden, welche Art bei der Polyploidisierung als mütterlicher Teil beteiligt war (54), dies deshalb, weil man gute Hinweise dafür hat, daß Chloroplasten rein maternell vererbt werden (53,186).

In manchen Fällen entstehen nicht nur vereinzelte Diplosporen. Es können sogar ganze Blattbereiche, wohl aufgrund von Entwicklungsstörungen, polyploid werden (somatische Polyploidie). Auf solchen polyploidisierten Blattbereichen können sich viele Sporangien mit unreduzierten Sporen (Diplosporen) entwickeln (140, 161).

Eine zweite, schon fast klassisch zu bezeichnende, frühe Veröffentlichung von Wagner (208) zur Allopolyploidie sei hier vorgestellt (in der Pteridologie eine der ersten Arbeiten zu dieser Thematik). Sie behandelt einen nordamerikanischen Artkomplex der Gattung Asple-

nium, der in den Appalachen vorkommt (Abb. 68 A). Spätere chromatographische Methoden (172) (Abb. 68 B) und moderne elektrophoretische Untersuchungen (231) (Abb. 68 C) haben diese frühe Arbeit und die darin formulierten Hypothesen widerspruchsfrei bestätigt. Es handelt sich in diesem Fall sicher um eines der bestuntersuchten Beispiele für Artbildung durch Bastardierung. Während die diploiden und tetraploiden Arten, die Wagner (208) untersuchte (Abb. 68 A), morphologisch sehr unterschiedlich aussehen, also klare taxonomische Einheiten darstellen, lassen sich die Arten der europäischen Asplenium adiantum-nigrum-Gruppe morphologisch nicht immer voneinander abgrenzen (Abb. 67). So kommen auf Serpentin-Gestein tetraploide Varianten von A. adiantum-nigrum vor, die der einen diploiden Elternart, A. cuneifolium, morphologisch sehr ähnlich sehen (171). Ebenso täuschen einige andere tetraploide Formen die zweite diploide Elternart A. onopteris vor.

Daß die Bildung eines diploiden Bastards nicht zwingend zum Entstehen einer allotetraploiden, neuen Art führt, wird durch folgendes Beispiel illustriert. In den Dolomiten kommen Asplenium fissum und Asplenium viride an manchen Standorten gemeinsam vor und bilden dort gelegentlich einen diploiden, sterilen Bastard, der als A. x lessinense beschrieben ist. Obwohl es experimentell gelungen ist, aus zwar selten auftretenden, unreduzierten Diplosporen allotetraploide Nachkommen zu erzeugen (139), ist die Suche nach einer in der Natur aus den beiden genannten Ausgangsarten entstandenen allotetraploiden Art bis heute erfolglos verlaufen (139). Vergleichbare Verhältnisse sind auch innerhalb der Gattung Athyrium zu finden, wo es gelungen ist, aus dem natürlich vorkommenden Bastard A. x reichsteinii (= A. filix-femina x A. distentifolium) künstlich eine allotetraploide „Art" herzustellen, die aber in der Natur nicht vorzukommen scheint (140, 161).

Allopolyploidie kann natürlich auch höhere Ploidiestufen als Tetraploidie erreichen. Beispielsweise ist die hexaploide nordamerikanische Art Polystichum setigerum aus dem triploiden Bastard des diploiden P. munitum mit dem tetraploiden P. braunii durch Chromosomenverdoppelung hervorgegangen (206). Vergleichbares gilt auch für die hexaploiden Arten Polypodium interjectum (167, 168) und Dryopteris clintoniana (57, 212).

Eine andere Möglichkeit des Entstehens neuer, allopolyploider Farnarten, die vor etwa 25 Jahren als Hypothese aufgestellt wurde (120), ist vor wenigen Jahren enzymelektrophoretisch (die Analyse von Enzymphänotypen ist in den letzten Jahren zu einem wichtigen Instrument für die Untersuchung von genetischer Variabilität und von Mikroevolutionsvorgängen geworden, hier sei nur auf ein Buch von Crawford hingewiesen [26]) bestätigt worden (50). Aus der Kreuzung des diploiden *Asplenium abscissum* mit dem tetraploiden *A. verecundum* bildet sich ein triploider Bastard, *A. x curtisii*, der, so muß man annehmen, ebenfalls wie es oben für diploide Bastarde beschrieben wurde, gelegentlich unreduzierte (triploide) Sporen erzeugt. Rückkreuzung mit der diploiden Art führt zu der fertilen, tetraploiden Pflanze *A. plenum*.

Der evolutive Erfolg allopolyploider Arten scheint sehr unterschiedlich zu sein. Manche besitzen ein großes Areal, das weit über jenes der Ausgangsarten hinausreicht, z. B. *Dryopteris* filix-mas, Dryopteris dilatata, Asplenium adiantum-nigrum, Polystichum aculeatum (102). Andere allopolyploide Arten hingegen sind im Gegensatz zu ihren Ausgangsarten in ihrer Verbreitung viel stärker eingeschränkt und auf bestimmte Standorte angewiesen. Ein Beispiel dafür ist *Asplenium adulterinum*, das aus der Kreuzung zwischen *A. viride* und *A. trichomanes* hervorgegangen ist (101, 104) und nur auf Serpentinunterlage wächst. Es gibt auch allotetraploide Arten, zum Beispiel *Dryopteris* carthusiana, bei welcher experimentell nur eine Elternart mit Sicherheit bestimmt werden konnte. Es ist denkbar, daß die zweite Elternart bereits ausgestorben ist (58, 213).

Bei *Lycopodium clavatum* kommen in Japan an Pionierstandorten innerhalb von Populationen verschiedene (diploide, triploide und tetraploide) Ploidiestufen vor (die in diesem Fall allerdings nomenklatorisch noch nicht unterschieden werden), während in Sukzessionsstadien bestimmter Habitate jeweils nur eine Ploidiestufe zu finden ist. Die diploiden Vertreter ziehen feuchte, schattige Stellen vor, die tetraploiden wachsen mehr an offenen, sonnigen Orten (195). Die verschiedenen Ploidiestufen unterscheiden sich also auch in ihrer Ökologie.

Autopolyploidie

Eine Polyploidisierung, die, wie oben beschrieben, über unreduzierte Sporen läuft, ist auch innerhalb von Arten möglich. Man spricht in einem solchen Fall von Autopolyploidie. Experimente zeigten, daß auch diese Form von Polyploidisierung zur Bildung von neuen, allerdings morphologisch nicht oder nur schwer abgrenzbaren, aber biologisch getrennten Sippen führen kann, etwa bei der Mauerraute *Asplenium ruta-muraria*, beim Nordischen Streifenfarn *A. septentrionale* und beim Braunstieligen Streifenfarn *A. trichomanes* (12, 13, 14, 137, 205).

Alle diese autopolyploiden Arten zeigen in den allermeisten Fällen reguläre Meiose mit ausschließlich Bivalenten und ohne Multivalente, obwohl man diese erwarten würde (gelegentliche Ausnahmen sind bei *Asplenium ruta-muraria* beobachtet worden [205]). Frühe Versuche mit künstlicher Autopolyploidisierung, zum Beispiel beim Wurmfarn *(Dryopteris filix-mas)*, zeigten dasselbe Bild. Trotz der Verdoppelung der Chromosomenzahl treten in der Meiose nur Paare und keine Multivalente auf (146). Auch eine künstlich aus dem diploiden *Asplenium ruta-muraria* ssp. *dolomiticum* durch Aposporie (s. S. 151) erzeugte autotetraploide Pflanze wies in der Meiose hauptsächlich Chromosomenpaare auf (12). Trotz Autopolyploidie und der, bei allen oben genannten Beispielen, Vervierfachung der homologen Genome läuft die Meiose weitgehend regulär ab.

Es gibt jedoch auch Fälle, in denen Autopolyploidie den Ablauf der Meiose beeinflußt. Kreuzt man zum Beispiel das tetraploide *Asplenium ruta-muraria* ssp. *ruta-muraria* mit dem diploiden *A. ruta-muraria* ssp. *dolomiticum*, so findet man in der Meiose der triploiden Bastarde viele Trivalente (12, 14). Die Bildung von Trivalenten in der Meiose wird im übrigen als ein Hinweis dafür bewertet, daß die tetraploide Unterart *ruta-muraria* aus der diploiden *dolomiticum* durch Autopolyploidie entstanden ist. Warum bei Autotetraploiden meist nur Bivalente, bei Triploiden jedoch Trivalente vorkommen, ist bis heute nicht geklärt. Kreuzen sich eine autopolyploide mit einer verwandtschaftlich weit entfernten diploiden Art, so zeigt der Bastard Chromosomenpaare (weitgehend homologer Chromosomen, die vom autopolyploiden Elter stammen) und Univalente (die vom diploiden Elter stammen) (102, 205).

Autopolyploide Sippen können innerhalb einer Art mehrfach entstehen. Wie bei den Allopolyploiden ist also Genfluß von den Diploiden zu den Polyploiden möglich.

Es ist denkbar, daß gelegentlich auch Genfluß von den Autotetraploiden zurück zu den Diploiden stattfindet. Ein künstlich erzeugter, dihaploider (durch Apogamie (s. S. 150) von der tetraploiden auf die diploide Chromosomenzahl reduzierter) Sporophyt von *Asplenium trichomanes* wies in der Meiose fast ausschließlich Chromosomenpaare auf, die Sporenbildung verlief also mehr oder weniger regulär (13). Viele Sporen einer solchen Pflanze bzw. die daraus resultierenden Gametophyten und Gameten sind somit haploid. Kommt es zur Verschmelzung so entstandener haploider Gameten mit haploiden Gameten der diploiden Ausgangsform, so enthält der daraus resultierende, diploide Sporophyt genetische Information aus der autotetraploiden Sippe. In der Natur könnten sich unter Umständen ebenfalls apogam entstandene Sporophyten entwickeln. Es gibt aber bis heute keine Hinweise dafür.

Wenn autopolyploide Arten *sympatrisch* vorkommen und am gleichen Standort wachsen, wie das bei *Asplenium septentrionale* und *Asplenium ruta-muraria* gelegentlich der Fall ist, so entsteht aus der Kreuzung der beiden ein weitgehend fertiler Bastard *(A. x murbeckii)* (100, 141, 205), der reguläre Meiose aufweist, da die beiden Chromosomensätze von *A. ruta-muraria* bzw. die beiden von *A. septentrionale* der Autopolyploidie wegen sich gleich oder doch sehr ähnlich sind. Dies sei mit Hilfe von Genomformeln deutlich gemacht. In der Genomformel wird der haploide Chromosomensatz einer Art meist durch ein Buchstabenpaar, wie zum Beispiel Ru charakterisiert. Für die autotetraploide *Asplenium ruta-muraria* kann die Genomformel mit RuRuRu'Ru' bzw. für die autotetraploide *A. septentrionale* mit SeSeSe'Se' angegeben werden. Gewisse Unterschiede zwischen den Genomen sind denkbar (hier mit Ru Ru', bzw. Se Se' angedeutet), wenn man annimmt, daß die diploide Ausgangsform (s. S. 132) heterozygot war. Unter diesen besonderen Umständen paaren sich die Chromosomen bei *A. x murbeckii* (SeSe' RuRu'). Es entstehen reguläre Sporen und Gametophyten. Aus der Verschmelzung der Gameten entstehen wieder „*A. x murbeckii*"-Pflanzen. In einem solchen Fall kann von einer „erschwerten" Allopolyploidie gesprochen werden, da zwei verschiedene Vorgänge nacheinander ablaufen, nämlich zuerst die Autopolyploidisierung (von diploiden zu tetraploiden *A. ruta-muraria* bzw. *A. septentrionale*) und anschließend die Kreuzung zweier autopolyploider Arten. Das eben genannte Beispiel steht nicht allein da. Vergleichbare Verhältnisse findet man bei *Asplenium x clermontiae (A. ruta-muraria* ssp. *ruta-muraria* x *A. trichomanes* ssp. *quadrivalens)*. Untersuchungen an *Cystopteris protrusa* (68) und *Athyrium filix-femina* (161) ergaben, daß in natürlichen Populationen gelegentlich autotriploide Pflanzen gefunden werden. Man muß annehmen, daß sie durch intergametophytische Kreuzung (s. S. 139) aus der Verschmelzung eines normalen, reduzierten und eines unreduzierten Gameten entstanden sind. Solche triploiden Pflanzen könnten Vorstufen zu autotetraploi-

den oder hexaploiden Pflanzen sein, wenn sie fähig sind, gelegentlich unreduzierte Sporen zu erzeugen. Autotetraploide entstünden dann bei der Verschmelzung triploider Gameten (Produkt der unreduzierten Sporen triploider Pflanzen) mit haploiden Gameten und Hexaploide wären aus intragametophytischer Selbstbefruchtung auf dem triploiden Gametophyten zu erwarten. Wieweit Polyploidisierung über triploide Stufen für die Artbildung bei Farnen eine Rolle spielt (bei höheren Pflanzen ist dies häufig zu finden [28]) ist bis heute noch kaum untersucht worden (68, 135, 161).

Es ist auch denkbar, daß anstelle unreduzierter Sporen apospor erzeugte (unreduzierte) Prothallien (s. S. 151) Allo- oder Autopolyploidisierung ermöglichen. Dieser Weg ist, wie bereits mehrfach angedeutet, experimentell erfolgreich aufgezeigt worden (13). Ob Aposporie auch unter natürlichen Bedingungen auftritt und inwieweit sie bei der Artbildung eine Rolle spielt, entzieht sich unserer gegenwärtigen Kenntnis.

Genomverwandtschaft und Polyploidie

Allopolyploidie und Autopolyploidie sind aber nur zwei extreme Formen von Polyploidisierung. Bei der ersten bestehen deutliche, bei der zweiten keine nennenswerten Unterschiede zwischen den Genomen. Zwischen diesen beiden Extremen gibt es Übergänge, je nach dem Grad der Ähnlichkeit der Genome (segmentelle Allopolyploidie) (102). Die Ähnlichkeit wird dabei bis heute weitgehend an den Paarungsverhältnissen in der Meiose gemessen. Eine Methode, die sich in vielen Fällen gut bewährt hat, die aber dennoch mit Vorsicht anzuwenden ist, da die Chromosomenpaarung selbst genetisch geregelt ist (79, 142) und, wie weiter oben bereits gezeigt, auch bei reinen, künstlich erzeugten Autopolyploiden regulär oder annähernd regulär sein kann (12, 146). In einem solchen Fall müßte es eigentlich zur Bildung von Multivalenten in der Meiose kommen. Man muß daher annehmen, daß die Chromosomenpaarung auf sehr kleine Unterschiede in der Homologie anspricht. Die höchste Affinität besteht zu jenem Chromosomenpartner, der genetisch gesehen am ähnlichsten ist.

Neben den Homologien dürfte aber auch die genetische Konstellation einen Einfluß auf die Paarung in der Meiose haben (79, 142). Das würde bedeuten, daß auch Genome mit sehr viel Gemeinsamkeiten gelegentlich nicht paaren oder umgekehrt solche mit größeren genetischen Unterschieden Paare bilden. Die Frage ist heute noch weitgehend offen. Moderne elektrophoretische Isoenzymanalysen (229) und molekulargenetische Methoden dürften aber in Zukunft einiges zur Klärung dieser Probleme beitragen.

Polyploidie und Taxonomie

Polyploidie führt gelegentlich zu taxonomischen Schwierigkeiten, die im übrigen nomenklatorisch nicht immer konsequent gelöst sind. Sippen verschiedener Ploidiestufen werden oft als verschiedene Unterarten aufgefaßt. Dies ist bei Autopolyploiden, zum Beispiel *Asplenium ruta-muraria* ssp. *dolomiticum* (2x) und ssp. *ruta-muraria* (4x), sicher sinnvoll. Fraglich wird es jedoch bei der stärker heterogenen *Asplenium trichomanes*-Gruppe (102, 103, 137), in der die Genomunterschiede teilweise größer sind, als man das bei Autopolyploiden erwarten würde (was aus der Meiose triploider infraspezifischer Bastarde geschlossen werden kann). Für die verschiedenen, im allgemeinen auch morphologisch gut trennbaren Chromosomenrassen eines Artenkomplexes (mit diploiden und polyploiden Vertretern) verwendet man jedoch normalerweise verschiedene Artnamen (zum Beispiel innerhalb des *Asplenium adiantum-nigrum*-Komplex).

6.1.3. Primäre Artbildung

Die mit Polyploidisierung verbundene Artbildung ist, im Gegensatz zu der primären, divergierenden Artbildung innerhalb einer Ploidiestufe, sprunghaft. Die primäre Artbildung verläuft allmählich und graduell. Sie wirkt über längere Zeiträume hinweg und ist durch verschiedene Formen von Isolation (s. S. 128) durch genetische Drift (Zufallsfaktor) und durch gerichtete Selektion bedingt.

Primäre Artbildungsprozesse setzen bei der Differenzierung zwischen Populationen einer bestimmten Ploidiestufe eines Organismus an. Die divergierende Entwicklung ist bedingt durch Faktoren wie Gendrift, Flaschenhalseffekt (Neugründung von Populationen durch ganze wenige Individuen) und durch natürliche Selektion. Für die primäre Artbildung spielt die räumliche Isolation eine ganz wesentliche Rolle. Sympatrische Evolution ist bei der Artbildung über Polyploidisierung (s. S. 132) ein wesentliches Element, sie dürfte bei der primären Artbildung hingegen selten sein. Es gibt wenige Untersuchungen, die die Hypothese einer sympatrischen primären Artbildung stützen. Zwei Arbeiten über Vertreter der Gattung *Botrychium* in Nordamerika (210, 211) zeigen eine Möglichkeit auf, wie fortpflanzungsbiologische Isolation (intragametophytische Selbstbefruchtung, s. S. 139) sympatrische Evolution erlaubt. Beobachtungen und Untersuchungen an drei endemischen puertoricanischen Baumfarnarten führten zu einer neuen, interessanten Hypothese, in der eine besondere Form der sympatrischen Artbildung diskutiert wird (24). Die drei morphologisch unterscheidbaren „Arten" *Alsophila bryophila, A. dryopteroides* und *Nephelea portoricensis* (s. S. 60) wachsen weitgehend am gleichen Standort. Sie sind befähigt, Hybridschwärme zu bilden. Die F_1-Bastarde sind fertil und segregieren (das heißt die Merkmale spalten auf) in der F_2-Generation. Einige dieser F_2-Nachkommen gleichen morphologisch Arten von anderen Inseln der Großen Antillen. Die Bastarde können sich aber stabilisieren, wenn die folgenden Generationen vor allem über intragametophytische Befruchtung entstehen.

Hybridschwärme, also Populationen von fertilen, segregierenden Bastarden scheinen bei den Farnen aber selten zu sein. Eine umfangreiche Arbeit über den *Pteris quadriaurita*-Komplex bietet dafür ein gutes Beispiel (214). Zwischen zwei extremen Formen, einer einfach gefiederten, als *Pteris multiaurita* und einer doppelt gefiederten, als *Pteris quadriaurita* beschriebenen Art fanden sich am natürlichen Standort in Sri Lanka eine Fülle von verschiedengestaltigen, intermediären Formen, von denen Individuen der als *Pteris otaria* beschriebenen Art etwa in der Mitte zwischen den beiden Extremformen liegen (Abb. **69**). Nachkommen solcher intermediärer Typen segregierten, wobei *quadriaurita*- und *multiaurita*-Formen entstanden. Experimente, die einen Bastard zwischen *P. multiaurita* und *P. quadriaurita* als Ausgang hatten (F_1-Generation), zeigten nach Selbstbefruchtung in der F_2-Generation eine Aufspaltung in eine Formenfülle, wie sie auch in der Natur zu beobachten war (212).

Bis heute sind keine weiteren Beispiele außer den zwei oben genannten, beschrieben worden, die eine ähnliche Situation aufzeigen. Eine durchaus mögliche Erklärung für die oben geschilderte Situation ist, daß die relativ auffallenden Unterschiede auf einigen wenigen Genen beruhen, welche segregieren und verschieden rekombinieren. Die morphologisch recht verschiedenen Phänotypen wären dann Ausdruck innerartlicher genetischer Variabilität.

Viele morphologische, cytologische und populationsgenetische Untersuchungen befassen sich mit Fragen der primären Artbildung bei Farnen. Vor allem elektrophoretische Untersuchungen haben in den letzten Jahren Einblicke in die genetische Variabilität innerhalb und zwischen Populationen einiger Farnarten gegeben (179, 185). Auf dem Populationsniveau spielt dabei die Fortpflanzungsweise für die genetische Zusammensetzung eine wichtige Rolle (s. S. 138 ff.). Arten, die einen hohen Anteil an intragametophytischer Selbstbefruchtung aufweisen, zeigen innerhalb von Populationen wenig genetische Variabilität. Zwei Beispiele dafür sind *Botrychium virginianum* (181) und *Equisetum arvense* (178). Letztere Art weist in manchen Populationen nur einen einzigen Enzymphänotyp auf, was wohl mit der Fähigkeit zur vegetativen Vermehrung (Klonbildung) zusammenhängt (s. S. 145 ff.). Vergleicht man aber verschiedene Populationen, so unterscheiden sich diese genetisch deutlich voneinander.

Bei vielen der bis dahin untersuchten Beispiele hat es sich gezeigt, daß die direkt auf verschiedenen Allelen beruhenden Enzymphänotypen innerhalb der Populationen im Hardy-Weinberg-Gleichgewicht stehen (178). Der größte Anteil der Variabilität tritt dabei innerhalb der Population auf. Die Unterschiede zwischen Populationen hingegen sind im allgemeinen klein (s. S. 139 ff.). Diese Tatsache mag damit zusammenhängen, daß die Sporen (Diasporen) über große Distanzen verbreitet werden können, das heißt daß ein wirkungsvoller Genfluß zwischen Farnpopulationen zu erwarten ist. Das gilt aber keineswegs für alle untersuchten Beispiele. So zeigen in den Vereinigten Staaten *Cheilanthes gracillima* (187), *Dryopteris expansa* (175) und *Lycopodium clavatum* (184) zwischen den Populationen erhebliche genetische Unterschiede.

Aus vielen elektrophoretischen Arbeiten geht hervor, daß die genetische Variabilität innerhalb der untersuchten Farnarten oft gering ist (179). Aber auch das Gegenteil, nämlich sehr große genetische Unterschiede innerhalb einer Art, kommt vor. Erst kürzlich hat man sich mit dem Problem kryptischer Arten der gleichen Ploidiestufe auseinandergesetzt (133). Kryptische Arten sind morphologisch nicht oder sehr schwer unterscheidbar. Sie sind aber genetisch klar getrennt und intersteril (ihre Kreuzungen sind steril).

Solche „versteckten" Arten hat man innerhalb des *Adiantum pedatum*-Komplexes (132, 133) und bei der Gattung *Botrychium* (210, 211) entdeckt. Beim ersten Beispiel sind es zwei ökologisch getrennte Arten. Die eine, *Adiantum aleuticum*, kommt im östlichen Nordamerika auf Serpentin, im westlichen auf serpentinhaltiger oder -freier Unterlage, die andere, *Adiantum pedatum*, ausschließlich auf serpentinfreier Unterlage im östlichen Nordamerika vor. Eine genaue morphologische Untersuchung ergab, daß die Taxa aufgrund bestimmter Merkmalskombinationen unterscheidbar sind (132). Vergleichbare Verhältnisse dürften in Europa beim *Asplenium trichomanes*-Komplex vorliegen, in dem es ebenfalls morphologisch schwer unterscheidbare, aber fortpflanzungsbiologisch und ökologisch getrennte Formen gibt. Die Fragen der Evolution und der verwandtschaftlichen Beziehungen in diesem Artenkomplex sind noch weitgehend ungeklärt, da hier neben verschiedenen diploiden Stammformen polyploide Sippen verschiedener Kombinationen vorkommen (102, 137) (s. S. 134). Die beiden, in den Rocky Mountains vorkommenden, kryptischen Arten *Botrychium hesperium* und *B. echo* hingegen leben sympatrisch. Der selten auftretende Bastard ist vollständig steril (210, 211).

Nach herkömmlichen, morphologisch vergleichenden, taxonomischen Methoden kaum trennbare Sippen sind also evolutiv gesehen in verschiedene genetisch mehr oder weniger isolierte Entwicklungslinien aufgegliedert, die nur mit cytologischen und/oder elektrophoretischen Methoden sowie experimentellen Kreuzungsversuchen sicher erkennbar sind.

Die Frage, ob gewisse kryptische Arten erst rezent entstanden sind und somit vielleicht nur auf wenigen genetischen Unterschieden beruhen, oder ob sie sich früher aufgrund morphologischer Merkmale eindeutig unterschieden und sich durch konvergente Entwicklung einander angenähert haben, ist nicht eindeutig zu beantworten.

Bei der weitverbreiteten Art *Pteridium aquilinum* s. l. sind die genetischen Unterschiede zwischen weit auseinanderliegenden Populationen, zum Beispiel zwischen solchen aus New Hampshire (USA) und England oder Mallorca und England recht groß (237). Innerhalb Englands ergibt sich allerdings ein uneinheitliches Bild, und die genetischen Distanzen der Adlerfarn-Populationen sind nicht mit den geographischen Distanzen korreliert. Der Genfluß innerhalb eines Gebietes der Größe Englands ist zwischen den Populationen sehr hoch, was wiederum mit der wirksamen Sporenfernverbreitung in Zusammenhang gebracht werden kann. Anhand gewisser Hinweise aus den an *Pteridium* gewonnenen Daten muß man annehmen, daß wohl auch klinale (durch allmählichen Übergang gekennzeichnete) Differenzierungen bei Arten mit großem Areal vorkommen dürften.

Beobachtungen an der weit verbreiteten Farnart *Athyrium filix-femina* zeigen, daß zwischen morphologisch nicht unterscheidbaren Pflanzen aus verschiedenen Teilen des Areals physiologische Unterschiede bestehen, die auf klinale oder ökotypische Differenzierung hinweisen. In Kulturversuchen werden genetisch fixierte Anpassungen an bestimmte Klimatypen sichtbar. Pflanzen aus Sizilien, die seit vielen Jahren im Botanischen Garten in Zürich im Freien kultiviert werden, entrollen ihre Blätter im Frühjahr viel früher als Pflanzen aus der Umgebung von Zürich. Im Herbst werden die Blätter der mediterranen Individuen meist erst durch die ersten Fröste zum Welken gebracht. Vergleichbare Unterschiede lassen sich auch bei Vertretern der gleichen Art aus Nordamerika feststellen, wo Pflanzen aus Kalifornien sich in ganz ähnlicher Weise wie die Mittelmeerpflanzen verhalten. Dies läßt vermuten, daß bei manchen Arten mit großem Areal ähnliche physiologische Anpassungen vorkommen und die natürliche Auslese stärker auf physiologische Stoffwechselvorgänge von Pflanzen als auf ihre äußere Form, den Habitus, wirkt. Innerhalb dieser äußerst weit verbreiteten Art sind aber auch durch große Distanzen getrennte Individuen interfertil. Dies bestätigten Versuche (Schneller, unveröff.), in welchen Pflanzen aus dem westlichen Nordamerika mit solchen aus der Schweiz gekreuzt wurden. Trotz der großen geographischen Entfernung muß also eine beachtliche genetische Ähnlichkeit zwischen nordamerikanischen und europäischen *Athyrium filix-femina* Individuen bestehen. Hinter der morphologischen Ähnlichkeit verstecken sich in diesem Fall keine kryptischen Arten, wie dies oben etwa für den *Adiantum pedatum*-Komplex erwähnt wurde (s. S. 135).

Ähnlich wie bei den Samenpflanzen kann bei den Farnen eine Vielzahl verschiedener Prozesse und Befunde mit divergierender Evolution und primärer Artbildung in Zusammenhang gebracht werden.

Je nachdem, wie weit die divergierende primäre Artbildung vorangeschritten ist, werden verschiedene taxonomische Einheiten zur Klassifikation einzelner Sippen verwendet. Wie bei polyploiden Arten geschieht dies auch in diesem Fall nicht immer konsequent (s. S. 134). Cytotaxonomische Untersuchungen zum Beispiel am *Dryopteris carthusiana*-Komplex zeigten eine enge Genomverwandtschaft zwischen den diploiden Arten *Dryopteris azorica, D. intermedia* und *D. maderensis* (17, 57, 58). Deshalb könnte es sich auch um drei geografisch (Madeira, Azoren, Nordamerika) getrennte, morphologisch etwas verschiedene Sippen einer einzigen Art (evtl. Ökotypen im Sinne von Turesson [204]) handeln. Man könnte auch argumentieren, daß man gegenwärtig eine relativ frühe Phase divergierender primärer Artbildung innerhalb dieses Verwandtschaftskreises beobachten kann. Dieses Beispiel zeigt im übrigen einmal mehr, daß je nach methodischem Ansatz (morphologisch, biologisch oder evolutiv) verschiedene Artbegriffe angewendet werden können.

Agamospezies

Bei den Farnen kommen neben den sich sexuell fortpflanzenden Arten nicht selten apogame (agamospore) vor (s. S. 150). Im Gegensatz zu den sexuellen können sich apogame Farnarten (Agamospezies) aber auch die Individuen einer apogamen Art in einer Population nicht kreuzen. Es handelt sich also um fixierte Linien, die sich unabhängig voneinander fortpflanzen und wegen der besonderen Sporogenese (s. S. 150) genetisch unverändert bleiben. Elektrophoretische Untersuchungen an apogamen Vertretern von *Pellaea andromedifolia* (52) haben dies experimentell bestätigt; die Gametophyten bzw. die daraus hervorgehenden Sporophyten zeigen weder genetische Rekombination noch Segregation. Zur Enstehung apogamer Farne bestehen einige Hypothesen, die aber durch Versuche bis heute nicht bestätigt werden konnten. Es ist nicht gelungen, aus Pflanzen sexueller Farnarten synthetisch apogame herzustellen. Einzig bei Kreuzungen apogamer (als männlicher Partner) mit sexuellen Arten (s. S. 137) können apogame Nachkommen entstehen.

Man nimmt an, daß viele apogame Arten aus Bastardierungsvorgängen hervorgegangen sind. Dies deshalb, weil der Anteil ungeradzahliger Ploidiestufen innerhalb der apogamen Farnarten, vor allem der triploiden, sehr hoch ist (auch Pentaploide kommen gelegentlich vor). Theoretisch gibt es verschiedene Möglichkeiten, wie triploide apogame Arten entstehen können, zum Beispiel aus der Kreuzung einer diploiden, sexuellen mit einer tetraploiden, sexuellen Art. Damit aber eine apogame Pflanze bzw. Art aus einer solchen Hybride entstehen kann, müssen die Sporogenese und die Sporophytenentwicklung „angepaßt" werden, das heißt Diplosporie und Apogamie müssen auftreten (s. S. 150). Es ist wenig wahrscheinlich, daß diese besonderen Eigenschaften schon nach wenigen Bastardierungen perfekt funktionieren. Der unter besonderen Umweltbedingungen vorhandene Selektionsdruck (s. S. 151) wird wohl nur dann zu einer wirkungsvollen Funktionsweise der Apogamie führen, wenn Bastardierungsvorgänge innerhalb einer Art sehr häufig sind. Trotz dieser „Engpässe" kann man annehmen, daß aus Bastardierungsprozessen zweier sexueller Arten Apomikten evoluieren können. Wie bei der apogamen Art *Polypodium dispersum* gezeigt werden konnte (218), sind aufgrund der Chromosomenmorphologie drei verschiedene Genome vorhanden. Da keine apogamen diploiden Arten in dieser Verwandtschaft bekannt sind, dürfte das triploide *P. dispersum* aus der Kreuzung einer sexuellen tetraploiden mit einer sexuellen diploiden Art hervorgegangen sein.

Es wird meist angenommen, daß die diploiden Apomikten ursprünglicher als solche höherer Ploidiestufen sind. Trifft dies zu, so muß für ihre Entstehung eine Kreuzung von zwei sexuellen, diploiden Ausgangsarten vorausgesetzt werden. Der Ursprung diploider apogamer Arten ist vermutlich ebenfalls in Hybridschwärmen zu suchen, wie dies schon ausgeführt wurde (s. S. 134). Es gibt tatsächlich Hinweise, die diese Hypothese stützen. Die japanische apogame, diploide Art *Dryopteris yakusilvicola* ist, wie man aufgrund von Enzymmustern annehmen kann, mit großer Wahrscheinlichkeit aus der Kreuzung der beiden diploiden, sexuellen Arten *D. sabaei* und *D. sparsa* hervorgegangen (121). Wie die Artbildung über Polyploidisierung, ermöglicht auch die Apogamie das Überleben eines Bastards und seine Verbreitung über Sporen, in diesem Fall als apogame „Art".

Es ist denkbar, daß die mit dem Klima zusammenhängende Selektion (s. S. 151) auch innerartlich zur Entstehung apogamer Formen führt. In Gebieten mit wenig Niederschlägen würde man eigentlich einen hohen Anteil an Apomikten erwarten, da ja für eine erfolgreiche Befruchtung bei sexuellen Vorgängen Wasser vorhanden sein muß. Tatsächlich trifft dies etwa für das südliche Afrika und gewisse Gebiete in Mittelamerika zu. Andererseits besteht im niederschlagsreichen Japan die einheimischen Farnflora zu 17% aus apogamen Arten (Apogamie ist dort zum Beispiel häufig in Gattungen wie *Dryopteris*, *Polystichum* und *Trichomanes*). In Mitteleuropa sind es ca. 10%. Es scheinen deshalb auch andere Faktoren, wie etwa mikroökologische, mit eine Rolle bei der Selektion bzw. Herausbildung apogamer Arten zu spielen. Auch die Unterschiede in der Anzahl apomiktischer Arten zwischen Verwandtschaftsgruppen sind bedeutend. Die Gattung *Pteris* mit ganz verschiedenen Verbreitungszentren weist ca. 30% apogame Arten auf (von 280 Arten) von 420 *Diplazium*-Arten hingegen sind ca. 4% und von 175 *Dryopteris*-Arten ca. 18% apogam (215).

Aus den Sporen apogamer Farne entstehen in vielen Fällen Gametophyten, die zwar keine Archegonien tragen, wohl aber Antheridien, die funktionsfähige Spermatozoiden ausbilden. Die unreduzierten männlichen Gameten sind nun in der Lage, mit Eizellen nahe verwandter, sympatrisch lebender Arten zu verschmelzen. Aus der Kreuzung einer diploiden, sexuellen mit einer diploiden, apogamen Art entsteht also ein triploider Bastard, der seinerseits, wenn auch meist weniger ausgeprägt, die Eigenschaften der apogamen Elternart aufweist.

Ein bekanntes Beispiel für Kreuzungen zwischen sexuellen und apogamen Arten findet sich in der Gattung *Dryopteris*. Die apogame Art *Dryopteris affinis* besteht aus diploiden und triploiden Vertretern, die sexuelle Nachbarart *Dryopteris filix-mas* ist tetraploid. Aus Kreuzungen beider Arten miteinander resultieren entweder tetraploide oder pentaploide Bastarde (= *D. x complexa*), die zwar relativ viele abortierte Sporen, aber auch Diplosporen bilden, so daß es möglich ist, diese Hybrid-Art durch Sporen zu vermehren (138). Man nimmt an, daß verschiedene Formen der triploiden *Dryopteris affinis* aus der wiederholten Kreuzung diploider, apogamer mit diploiden, sexuellen Sippen aus der Artengruppe von *D. filix-mas* hervorgegangen sind. Die Hypothese der mehrfachen Bildung einer apogamen Art wird durch enzymelektrophoretische Untersuchungen an *Pteris cretica* (121, 193) gestützt. Diese zeigen, daß die triploide, apogame *Pteris cretica* in Japan wiederholt aus Kreuzungen zwischen der diploiden, apogamen *P. cretica* und der diploiden, sexuellen Art *P. kidoi* entstanden sein muß. Aus genetischen Untersuchungen am Artenkomplex von *Asplenium unilaterale* in Japan läßt sich schließen, daß hier apogame Sippen mehrfach gebildet worden sind (225).

Auch aus autotriploiden Pflanzen könnten triploide, apogame Arten entstehen, wie elektrophoretische Untersuchungen an *Pellaea andromedifolia* und *Notholaena grayi* zeigten. Die untersuchten triploiden, apogamen Arten wiesen keine größere Enzymvariabilität auf als die vermuteten diploiden, sexuellen Ausgangsarten (52). Erst kürzlich bestätigten molekulargenetische Untersuchungen (von Chloroplasten-DNA) den autopolyploiden Ursprung von apogamen Taxa in der Gattung *Pellaea* (54). Die triploide, apogame *Pellaea atropurpurea* bildet zudem mit verschiedenen sexuellen Arten tetraploide, apogame Bastarde. Es ergeben sich somit einmal mehr taxonomische Schwierigkeiten. Wenn Apomikten und mit ihnen kreuzbare sexuelle Arten sympatrisch vorkommen, treten immer neue, fixierte Kombinationen auf, welche sich als Einheit (=„Art") vermehren können. (Diese Probleme gelten in vergleichbarer Form auch für apomiktische Blütenpflanzen zum Beispiel für *Rubus* und *Hieracium*.) Wie bei der vegetativen Vermehrung könnte es aber unter besonderen Umständen von Nachteil sein, daß apogame Arten nicht rekombinieren können, das heißt, daß ihre Genotypen (mit Ausnahme von somatischer Mutation) vollständig fixiert sind und ohne Änderung von Generation zu Generation weitergegeben werden. Rasche Umweltveränderungen werden solche Arten eher zum Aussterben verurteilen als sexuelle Arten, die einen wesentlich größeren Genpool besitzen und sich deshalb wohl besser anpassen können.

6.2.   Fortpflanzungs- und Populationsbiologie

Die Fortpflanzung der heterosporen Farne gleicht in manchen Eigenschaften jener der Samenpflanzen. Beide bilden Mikro- und Megasporen, bzw. Mikro- (männlich) und Megaprothallien (weiblich) aus. Im Gegensatz zu den Samenpflanzen findet jedoch bei allen farnartigen Pflanzen die Befruchtung außerhalb der Mutterpflanze statt, und der neue Sporophyt entsteht unabhängig von ihr. Sporophyten entstehen entweder durch Selbstbefruchtung (Vereinigung der Gameten eines einzigen Elters) oder durch Fremdbefruchtung (Vereinigung der Gameten zweier verschiedener Eltern). Populationen fremdbefruchteter Arten befinden sich im Idealfall im *Hardy-Weinberg-Gleichgewicht,* das heißt die Allelfrequenzen und damit die Genotypfrequenzen bleiben von Generation zu Generation gleich (40). In einer solchen Situation sind keine selektiven Kräfte wirksam oder doch nicht mehr wirksam. Allenfalls müßte man Selektion auf stabilisierende Eigenschaften des Hardy-Weinberg-Gleichgewichtes annehmen. In Wirklichkeit stören bzw. verändern bestimmte, zum Beispiel genetische (Letalfaktoren, genetische Bürde, s. S. 143) oder fortpflanzungsbiologische Faktoren dieses Gleichgewicht (25). Darauf detailliert einzugehen würde den Rahmen dieses Buches sprengen. Fremdbefruchtung fördert genetische Vielfalt. Ausschließliche Selbstbefruchtung hat im Extremfall genetisch reine Linien (im Sinne Mendels) zur Folge, die aus komplett homozygoten Pflanzen bestehen. Bei hauptsächlich selbstbefruchteten Arten erlaubt eine gelegentliche Fremdbefruchtung die Erhaltung einer beachtlichen genetischen Vielfalt (2).

6.2.1. Sexuelle Fortpflanzung

Bei den heterosporen Farnen gibt es bis heute nur wenige fortpflanzungsbiologische Untersuchungen. Vertreter der Gattung *Marsilea*, die vor allem als Kolonisatoren im Uferbereich und in Schwemmflächen von Gewässern eine Rolle spielen, erwiesen sich als selbstkompatibel, das heißt, daß aus der Verschmelzung von Gameten, die dem gleichen Elter entstammen, Sporophyten entstehen können (80).

Bei den homosporen Farnen ist eine besondere Form der Selbstbefruchtung, nämlich die intragametophytische, möglich, die bei den heterosporen Farnen und den Samenpflanzen nicht existiert. Die verschiedenen Befruchtungsvarianten sind in Abb. **70** zusammengefaßt. Da homospore Farne im allgemeinen zwittrige Gametophyten bilden, können genetisch identische weibliche und männliche Gameten desselben Gametophyten verschmelzen. Aus der Zygote entsteht in diesem Fall in einem Schritt ein komplett homozygoter Sporophyt, und zwar unabhängig davon, ob die Mutterpflanze homozygot ist oder nicht. Bei den heterosporen Farnen hingegen oder den Samenpflanzen bilden sich, unter der Annahme, es finde ein Wechsel von Fremdbefruchtung zu ausschließlicher Selbstbefruchtung statt, erst allmählich reine Linien (im Sinne Mendels) heraus. Ein weiblicher und ein männlicher Gamet gehen im Fall der heterosporen Farne aus zwei verschiedenen Sporen, das heißt auch aus zwei verschiedenen Reduktionsteilungen hervor. Solange also die Elternpflanze heterozygot ist, findet Segregation (Verteilung der Allele nach der Meiose auf die Sporen) statt, das heißt es können bei Selbstbefruchtung genetisch verschiedene Gameten verschmelzen. Ganz ähnlich liegen die Verhältnisse bei der intergametophytischen Selbstbefruchtung der homosporen Farne.

Die aus einer intragametophytischen Selbstbefruchtung entstandenen homozygoten Sporophyten erzeugen genetisch identische Sporen. Bei weiterer Selbstbefruchtung (auch intergametophytischer) bleiben alle Nachkommen genetisch gleich. Es entsteht eine reine Linie, unter der Voraussetzung, daß somatische Mutationen ausbleiben.

Fortpflanzung und genetische Variabilität

Homospore Farnarten mit ausgeprägter Selbstbefruchtung sind, soweit untersucht, in der Natur nicht häufig zu finden (180). So zeigen zum Beispiel *Botrychium virginianum* (181) und *B. dissectum* (115) eine kleine oder gar keine genetische Variabilität innerhalb von Populationen; jedoch bestehen deutliche genetische Unterschiede zwischen den Populationen. Diese Befunde lassen auf weitgehende Selbstbefruchtung (Autogamie) bei diesen beiden Arten schließen. Auch bei *Asplenium ruta-muraria* (159) stimmen die Individuen innerhalb vieler Populationen in ihren Isoenzymphänotypen überein. Bei einigen wenigen Populationen läßt sich eine geringe Variabilität beobachten. Dieser Befund steht im Einklang mit Versuchen, die zeigen, daß bei dieser Art intragametophytische Selbstbefruchtung erfolgreich zur Bildung von Sporophyten führt (192).

Wenig genetische Variabilität innerhalb von Populationen lassen auch die diploiden nordamerikanischen Arten *Asplenium montanum* und *A. platyneuron* erkennen (231). Bei

der letztgenannten Art stehen die Resultate von Befruchtungsversuchen mit isolierten Gametophyten in guter Übereinstimmung mit elektrophoretischen Daten (27). Bei über 80% der Versuche mit isolierten Prothallien (Test auf intragametophytische Befruchtung) bildeten sich Sporophyten. Diese Untersuchungen weisen darauf hin, daß bei bestimmten Arten die natürliche Selbstbefruchtungsquote hoch bis sehr hoch sein kann. Diese Arten sind wohl auch in der Natur befähigt, aus einer einzigen Spore (über den Gametophyten) Sporophyten zu bilden und auf diese Weise Populationen zu gründen.

Eine niedrige genetische Variabilität innerhalb von Populationen bzw. eine hohe Selbstbefruchtungsquote steht wohl auch damit in Zusammenhang, daß Populationen mancher Arten nur durch eine oder wenige Sporen gegründet werden können. Wenn nur eine einzige Spore an einen neuen Standort gelangt, so ist die Gründung erst dann erfolgreich, wenn auf dem sich daraus entwickelnden Gametophyten intragametophytische Selbstbefruchtung stattfindet und anschließend aus der Zygote auch ein lebensfähiger Sporophyt entsteht. Die Nachkommen des ersten Sporophyten am neuen Standort sind dann komplett homozygot (s. S. 138) und genetisch identisch. In der Folge können auch Kreuzbefruchtungsvorgänge in der Gründerpopulation nichts zu Bereicherung genetischer Variabilität beitragen, solange durch Sporeneintrag aus anderen Populationen keine weiteren Genotypen hinzukommen.

Untersuchungen an der Mauerraute *(Asplenium ruta-muraria)* zeigten, daß mit zunehmendem Alter der Populationen die genetische Variabilität tatsächlich zunimmt. Weisen Pflanzen auf relativ jungen Mauerstandorten keine oder nur ganz selten genetische Variabilität auf, so findet man eine größere genetische Variation in Populationen auf alten Mauern (zum Beispiel von Ruinen) oder an natürlichen Standorten auf Kalkfelsen (159). Auch wenn ein weiterer Sporenanflug aus entfernten Populationen nicht sehr häufig sein dürfte, steigt mit zunehmender Zeit die Wahrscheinlichkeit, daß weitere Genotypen zur Gründerpopulation hinzukommen. Langzeitprozesse erlauben also, daß trotz ausgeprägter intragametophytischer Befruchtung, Variabilität innerhalb einer Population aufgebaut werden kann und daß durch gelegentliche Fremdbefruchtung Rekombination möglich wird. Die Konsequenz einer solchen Strategie ist, daß die genetischen Unterschiede zwischen den Populationen größer sind als innerhalb der Populationen. Dies bestätigt eine Untersuchung an *Pteris multifida,* welche zeigt, daß bei dieser Art Populationsgründung über eine einzelne Spore bzw. einen einzelnen Gametophyten vorkommt (224).

Auf der anderen Seite ist, wie erwartet, bei vorwiegend fremdbefruchtenden Arten wie zum Beispiel *Polystichum munitum*, *Blechnum spicant* (179, 182, 183, 185) die genetische Variabilität innerhalb der Populationen sehr hoch. Beim Vergleich zwischen den Populationen zeigt sich hingegen nur noch wenig zusätzliche genetische Vielfalt, den größten Anteil der gesamten genetischen Variabilität findet man innerhalb der Populationen. Es wurde festgestellt, daß in einigen nordamerikanischen Populationen von *Dryopteris expansa* Selbstbefruchtung, in anderen Fremdbefruchtung häufiger ist (175). Bei dieser Art sind also verschiedene Fortpflanzungsstrategien möglich. Auch bei *Blechnum spicant* unterscheiden sich bestimmte Populationen des westlichen Nordamerika durch geringere genetische Vielfalt von den übrigen (183). Beide Beobachtungen könnten wiederum damit im Zusammenhang stehen, daß die Variabilität mit Gründungsvorgängen und mit dem Alter der Populationen zusammenhängt (s. S. 139). Man kann annehmen, daß jüngere Populationen genetisch einheitlicher sind als ältere. Es ist aber auch möglich, daß mikroökologische Bedingungen, wie etwa reichliches oder seltenes Vorhandensein geeigneter Stellen für die Sporenkeimung (safe sites) oder die Populationsdichte, die ebenfalls das Aufkommen von Gametophyten und die Entwicklung von Sporophyten beeinflussen, zu ganz unterschiedlichen genetischen Populationsstrukturen führen können (25).

Zwischen der Fortpflanzungsweise und Evolutionsprozessen, vor allem auch bei Vorgängen der primären Artbildung (s. S. 134), bestehen wichtige Zusammenhänge.

Polyploidie und genetische Variabilität

Intragametophytische Selbstbefruchtung dürfte auch bei der Bildung neuer polyploider Arten eine wichtige Rolle spielen. Wie aus den Ausführungen zur Artbildung ersichtlich ist, entstehen (s. S. 130) bei diploiden Bastarden gelegentlich, wenn auch meist nur wenige, Diplosporen. Die Entstehung einer allopolyploiden Art aus einer einzigen unreduzierten Spore (Diplospore) ist nur dann in einem Schritt möglich, wenn intragametophytische Selbstbefruchtung stattfin-

det. Die Wahrscheinlichkeit, daß sich tatsächlich zwei Diplosporen verschiedener Eltern zusammen am gleichen Mikrostandort einfinden, sich dort zu Prothallien entwickeln, und Kreuzbefruchtung stattfindet, ist äußerst gering. Allopolyploide Arten müßten deshalb, vor allem, wenn es sich um relativ rezente Arten handelt (sich also noch keine Selbstungsbarrieren herausbilden konnten), weitgehend zur Selbstbefruchtung befähigt sein (67). Es zeigt sich tatsächlich, daß bei einigen, allerdings bis heute relativ wenigen, untersuchten allopolyploiden Arten wie zum Beispiel *Dryopteris filix-mas*, *Asplenium ruta-muraria*, *A. adiantum-nigrum* aus isolierten Gametophyten zu 80–100% lebensfähige Sporophyten entstehen.

Deutlich wird dies auch beim Vergleich zwischen diploiden und nahe verwandten polyploiden Sippen von *Cystopteris* (69), *Phegopteris decursive-pinnata*, (110, 111), *Lepisorus thunbergianus* und *Pteris dispar* (112, 113). Allen vier Beispielen ist gemeinsam, daß in Versuchen mit isolierten Prothallien (intragametophytische Selbstbefruchtung!) bei den polyploiden Taxa wesentlich mehr Sporophyten entstanden als bei den diploiden (bei einigen der letzteren sogar keine). Weitere Aspekte dieses Phänomens werden weiter unten behandelt (s. S. 143).

Geschlechtsverhältnisse, Geschlechtsbestimmung

Wie erläutert wurde, ist durch das Vorkommen von Zwittergametophyten bei den homosporen Farnen die Möglichkeit zur intragametophytischen Selbstbefruchtung gegeben. Nun zeigten aber viele Experimente und Untersuchungen, daß die Populationen vieler Farnarten relativ große genetische Variabilität aufweisen und ihre Allelfrequenzen oft mehr oder weniger im Hardy-Weinberg-Gleichgewicht sind. Dies weist darauf hin, daß in vielen natürlichen Populationen hauptsächlich Fremdbefruchtung (intergametophytische Kreuzung, s. S. 139) stattfindet (179). Tatsächlich sind verschiedene Mechanismen und Differenzierungen (Heterosporie, s. S. 141, Gametangienanlage, s. S. 141, Antheridiogene, s. S. 142) vorhanden, die Fremdbefruchtung oder intergametophytische Selbstbefruchtung fördern, intragametophytische Selbstbefruchtung jedoch verhindern oder zumindest unwahrscheinlich machen.

Heterosporie

Eine Möglichkeit der Förderung von Fremdbefruchtung ist sicher, das Geschlecht genetisch zu fixieren, wie das bei den heterosporen Pteridophyten (zum Beispiel *Isoëtes, Salvinia*) der Fall ist.

Platyzoma microphyllum nimmt in dieser Hinsicht eine Zwischenstellung zwischen homo- und heterosporen Pteridophyten ein (200). Bei ihr entstehen in kleineren Sporangien 32 kleine und in größeren Sporangien 16 große Sporen. Aus den kleineren Sporen entwickeln sich fädige, männliche Gametophyten, aus den größeren wachsen spatelförmige Gametophyten aus, die zuerst weiblich sind und später zwittrig werden. In Kulturversuchen zeigte sich aber (37), daß aus Fragmenten von Gametophyten beider Sporentypen männliche, weibliche oder auch zwittrige Gametophyten entstehen können. Das Geschlecht der Gametophyten ist also nicht genetisch fixiert, sondern wird von Umweltbedingungen beeinflußt.

Das Verhalten von *Platyzoma* gleicht jenem von *Equisetum*-Arten (35, 37), obwohl diese nur einen einzigen Sporentyp besitzen, also homospor sind. Bei *Equisetum* sind es, so nimmt man an, einzig Umweltbedingungen während der frühen Prothallienentwicklung, die das Geschlecht bestimmen. Bei *Platyzoma* und *Equisetum* werden auf den männlichen Gametophyten unter normalen Bedingungen keine Archegonien gebildet, da das Meristem fast vollständig zur Antheridienbildung verwendet und nur ganz wenig „normale" Prothallienzellen gebildet wird. Die Beispiele geben Hinweise darauf, daß der entscheidende, erste Schritt zur Entwicklung der Heterosporie die enge Beziehung zwischen der Morphogenese des Gametophyten und der Entwicklung der Geschlechtsorgane gewesen sein könnte (37). Bei den durchschnittlich größeren Sporen, also solchen, die etwas mehr Reservestoffe enthalten, ist die Wahrscheinlichkeit höher, daß kräftigere, weibliche Gametophyten entstehen als bei kleineren, die mit weniger Reservestoffen versehen sind.

Anordnung der Gametangien auf Zwittergametophyten

Die Reihenfolge der Anlage und die Position der Gametangien auf einem Zwittergametophyten kann eine Rolle im Zusammenhang mit der Befruchtung spielen (82, 83). Betrachtet man die Position der Gametangien auf den Gametophyten, so stellt man fest, daß es Farnarten gibt, wie zum Beispiel *Athyrium filix-femina*, bei welchen zwischen den in der Rhizoidenregion sich befindenden Antheridien und den Archegonien im zentralen Teil des Gametophyten eine sterile Zwischenzone vorhanden ist. Bei anderen Arten, wie zum Beispiel *Asplenium ruta-muraria* oder auch *Dryopteris dilatata*, geht die Zone mit Antheridien fließend in jene mit Archegonien über und die beiden Gametangientypen stehen sehr nahe beisammen. Sie sind oft auch fast gleichzeitig reif, Selbstbefruchtung dürfte somit leichter möglich sein. Was die Reihenfolge der Gametangienanlage betrifft, sind ebenfalls Unterschiede zu beobachten. Es sind drei verschiedene Typen der Gametangienbildung beschrieben worden (109).

Der erste Typ zeichnet sich aus durch Gametophyten, die zuerst männlich werden, aber nach der Entstehung von Archegonien keine weiteren Antheridien mehr ausbilden. Der zweite ist bestimmt durch gleichzeitige und unbegrenzte Bildung von Antheridien und Archegonien und der dritte durch eine zeitlich begrenzte Phase der Antheridienbildung in der Zwitterphase. Der erste Typ findet sich, soweit untersucht, vor allem bei diploiden Vertretern (109). Die zeitlich sich nur wenig überschneidende Reife von Antheridien und Archegonien verringert die Chance für eine intragametophytische Selbstbefruchtung. Eine solche ist denn auch bei diploiden Arten weniger häufig zu finden als bei polyploiden (s. S. 140) (113). Der zweite Typ ist häufiger bei Tetraploiden, die ihrerseits durch höhere Selbstbefruchtungsquoten gekennzeichnet sind.

Diese, allerdings bis heute nur bei wenigen Arten erforschten Verhältnisse weisen darauf hin, daß die Anlage und Anordnung der Gametangien mit der Fortpflanzungsweise zusammenhängt. Die Beobachtungen stehen weitgehend im Einklang mit Versuchen zum Befruchtungssystem.

Allerdings gilt es auch mit zu berücksichtigen, daß äußere Faktoren wie Klima, Wachstumsbedingungen, usw. die Sexualität in verschiedener Weise beeinflussen. So entstehen aus Sporen von *Matteuccia struthiopteris* bei einer Temperatur von 11–16 °C weibliche und zwittrige, bei Temperaturen von 22–27 °C aber nur noch männliche Gametophyten (221).

Antheridiogene und ihre Bedeutung

Ein ganz anderer Einfluß auf die Fortpflanzung bzw. Sexualität geht aus folgenden Untersuchungen hervor.

In Kultur werden isolierte Prothallien (zum Beispiel von *Athyrium, Bommeria, Cystopteris*) zuerst weiblich und verbleiben relativ lange in diesem Stadium. In auffälliger Weise treten in individuenreichen Kulturen oft nebeneinander kleinere, männliche und größere, weibliche oder zwittrige Gametophyten auf (160).

Bei einer ganzen Reihe von homosporen Farnen spielt eine ganz besondere Form der Geschlechtsbestimmung bzw. Geschlechtsbeeinflussung eine wichtige Rolle. Frühere Versuche haben gezeigt, daß beim Adlerfarn *(Pteridium aquilinum)* altes, schon einmal für Gametophytenexperimente verwendetes Substrat bei Keimungsversuchen auf Prothallien der eigenen Art, aber auch auf solchen von *Dryopteris filix-mas*, eine verfrühte Antheridienbildung induziert (30, 31). Extrakte reifer Gametophyten des Adlerfarns zeigten eine ähnliche Wirkung, wobei selbst starke Verdünnungen des Extraktes immer noch wirksam waren. Daraus schloß man, daß reifende Gametophyten von *Pteridium aquilinum* eine chemische Substanz (auch als Hormon oder Pheromon bezeichnet) erzeugen, die die Antheridienbildung auf anderen Prothallien bewirkt bzw. fördert. Spätere Arbeiten verschiedener Forscher ergaben, daß solche Antheridiogene bei vielen homosporen Farnen vorkommen (122).

In vielsporigen Kulturen verläuft die sexuelle Entwicklung, zum Beispiel bei *Athyrium filix-femina* (154) oder bei *Pteridium aquilinum* (122), wie folgt: Die größeren Gametophyten beginnen kurz vor der Archegoniendifferenzierung, also wenn sie schon relativ weit entwickelt sind, das Antheridiogen zu erzeugen. Dieses diffundiert in unmittelbarer Nähe des Prothalliums ins Nährmedium oder am natürlichen Standort in den Boden und induziert bei den jüngeren, noch weniger weit entwickelten Gametophyten die Antheridienbildung. Auf den durch das Hormon beeinflußten, männlichen Prothallien werden dabei meist sehr viele Antheridien angelegt. Dies hat zur Folge, daß das vegetative Wachstum stark verlangsamt wird, die beeinflußten Prothallien also im männlichen Stadium verbleiben. Die großen Gametophyten bilden aber nur Archegonien und keine Antheridien aus, werden also weiblich, und sind gegenüber dem Hormon unempfindlich. In reifen Kulturen sind somit weitgehend eingeschlechtliche, nämlich relativ große weibliche und im Vergleich dazu kleinere, männliche Gametophyten vorhanden.

Anfänglich weibliche Gametophyten erhält man bei den genannten Arten auch in Kulturen mit isolierten Individuen. Bei *Athyrium filix-femina* beobachtet man noch nach längerer Kulturdauer in individuenreichen Kulturen viele weibliche Gametophyten. Zwitter entstehen beim Nachlassen des Antheridiogeneinflusses aus männlichen Gametophyten, die nun, weil die Antheridienbildung ausbleibt, heranwachsen, während alte weibliche Gametophyten an rand- oder flächenständigen Auswüchsen Antheridien bilden können. Bei anderen Farnarten, die Antheridiogene bilden, entstehen neben den männlichen statt weiblicher immer zwittrige Gametophyten, zum Beispiel bei *Ceratopteris* (150). Hier zeigen auch isoliert gezogene Gametophyten keine weibliche Phase, sondern werden zwittrig. Versuche mit verschiedenen Verwandtschaftsgruppen homosporer Farne ergaben, daß es mindestens drei Typen von Antheridiogenen geben muß, die chemisch verschieden, in ihrer Wirkungsweise jedoch ähnlich sind. Es ist dies einmal das oben genannte Antheridiogen, das erstmals bei *Pteridium* gefunden wurde und als Antheridiogen A bezeichnet wird. Es kommt bei Vertretern der *Dryopteridaceae, Dennstaedtiaceae, Thelypteridaceae, Blechnaceae, Nephrolepidaceae* und teilweise bei den *Pteridaceae* und *Polypodiaceae* vor bzw. zeigt bei diesen seine Wirkung (122). Antheridiogen B hingegen findet sich in der Familie der *Schizaeaceae*, Antheridiogen C in der Gattung *Ceratopteris*.

Die Struktur von Antheridiogen B zeigt eine gewisse Ähnlichkeit mit pflanzlichen Wuchshormonen, den Gibberellinen, die, anstelle von Antheridiogen B eingesetzt, bei *Schizaeaceae* ebenfalls, antheridienbildende Wirkung haben (122, 163). Allen Antheridiogenen ist, ebenso wie den Gibberellinen, gemeinsam, daß sie in kleinsten Dosierungen wirksam sind.

Zur biologischen Bedeutung der Antheridiogene werden verschiedene Ansichten vertreten (234). Am häufigsten ist die Meinung, daß ein solches System deshalb Vorteile biete, weil es die intergametophytische Befruchtung, also auch die Fremdbefruchtung, fördere, das heißt intragametophytische Selbstbefruchtung verhindere (genetische Konsequenzen s. S. 139). Ebenfalls diskutiert werden Antheridiogensysteme im Zusammenhang mit der Frage von „Aufwand und Resultat". Dabei nimmt man an, daß jene Gametophyten, die die Eizellen und später die Sporophyten tragen (Weibchen oder Zwitter) stärker auf Ressourcen angewiesen sind als reine Männchen. Dafür sprechen auch die Verhältnisse, wie sie bei *Equisetum* vorkommen, bei denen aus entwicklungsphysiologischen Gründen (keine Antheridiogene vorhanden!) relativ große, weibliche und relativ kleine, männliche Gametophyten gebildet werden (36) (s. S. 141). Ein Antheridiogensystem (oder im Falle von *Equisetum* ein physiologischer Prozeß) verhindert also dann das Aufkommen von kräftigen innerartlichen Konkurrenten und es fördert zudem die Fremdbefruchtung, da in unmittelbarer Nähe reichlich Spermatozoiden gebildet werden. Die Tatsache, daß in der Natur oft reine Männchen und reine Weibchen zu beobachten sind, könnte auch so interpretiert werden, daß es energetische Vorteile bietet, die weiblichen und die männlichen Investitionen auf verschiedene Individuen zu verteilen.

Bei Arten wie *Anemia phyllitidis* (162), *Dryopteris filix-mas, Athyrium filix-femina* (160) induzieren die Hormone auch Dunkelkeimung, das heißt die Sporen keimen trotz fehlendem Licht. Es entstehen ein- bis wenigzellige Prothallien, die oft wenigstens ein einziges Antheridium tragen. Die Spermatozoiden in diesen Antheridien sind (allerdings bisher bei nur wenigen Arten untersucht) normal lebensfähig (160).

Die durch Antheridiogene induzierte Dunkelkeimung von im Boden lagernden Sporen (Sporenbank [38, 158]) weist darauf hin, daß die Spermatozoidenzahl bei Befruchtungsvorgängen tatsächlich ein limitierender Faktor ist, das heißt, daß es wichtig ist, möglichst viele Antheridien im Umfeld von Archegonien zu bilden (234). Allerdings dürften für die Dunkelkeimung auch ökologische und populationsdynamische Faktoren von Bedeutung sein (160). An Stellen, wo sich Prothallien entwickeln, könnte es vorteilhaft sein, auch die Sporenbank im Boden zu aktivieren. Die im Dunkeln entstehenden, chlorophyllosen ersten Prothalliumzellen sind relativ lang und dünn. Sie wachsen gegen die Erdoberfläche hin. Sobald sie am Licht sind, werden die Zellen grün und es können normale Prothallien entstehen. Antheridiogen fördert so eine erfolgreichere Besiedlung eines günstigen Mikrostandortes durch Prothallien und somit wohl auch ein erfolgreicheres Entstehen von Sporophyten.

6.2.2. Genetische Bürde

Überwiegende Fremdbefruchtung führt generell zu einer Vielfalt von Genotypen und schafft die Möglichkeit für Segregation und Rekombination. Sie ist aber noch mit weiteren Konsequenzen verbunden. In fremdbefruchtenden Populationen nämlich tritt genetische Bürde (nachteilige Erbfaktoren in Form von rezessiven Letal- oder Subvitalfaktoren) auf. Die damit verbundenen Allele werden nicht eliminiert, da sie in heterozygoten Individuen nicht zur Ausprägung gelangen. Sie zeigen aber ihre Wirkung, wenn sie homozyot sind. Genetische Bürde basiert auf nachteiligen Mutationen und hängt somit von deren Häufigkeit ab. Ihre Wirkung kann allein durch die Mutationshäufigkeit bestimmt sein (Mutationsbürde) oder aber auch mit der Segregation und Rekombination und damit mit dem Fortpflanzungssystem zusammenhängen (Segregationsbürde) (87, 88, 220).

Nach theoretischen Erwägungen kann genetische Bürde im Genpool von Populationen bis zu einem gewissen Grad erhalten bleiben, wenn ein „balancierter Polymorphismus", das heißt wenn ganz allgemein ein Vorteil von heterozygoten Individuen gegenüber homozygoten vorhanden ist (71, 220).

Bei der genetischen Bürde handelt es sich um Faktoren, die in den meisten Fällen erst in der Sporophytgeneration sichtbar bzw. wirksam werden und sich dort nachteilig auswirken, falls sie homozygot vorliegen (86, 87). Diskutiert, aber noch offen ist die Frage, ob bei den Farnen rezessive Letal- oder Subvitalfaktoren im heterozygoten Zustand eine gewisse Heterosiswirkung zeigen (87, 88), wie dies in populationsgenetischen Arbeiten ausgeführt wird (220). Die würde bedeuten, daß heterozygote Individuen in ihrer Wuchsleistung homozygoten überlegen sind. In der Haplophase wirkende letale Allele allerdings haben keine Chance, erhalten zu bleiben, da sie unter diesen Umständen direkt ihre letale Wirkung zeigen. Es entstehen in einem solchen Fall gar keine reifen Gametophyten. Eine genetisch bedingte unterschiedliche Vitalität konnte allerdings bei Gametophyten von *Osmunda regalis* beobachtet werden. Diese wird in Populationen sichtbar, die sehr starken chemischen Umweltbelastungen ausgesetzt sind, welche eine höhere Mutationshäufigkeit bedingen (85).

Die Tatsache, daß experimentelle intragametophytische Befruchtung (s. S. 139) bei vielen Farnarten möglich ist, erlaubt es, das Ausmaß der genetischen Bürde auf folgende Weise zu schätzen (87, 98): Bei dieser speziellen Form der Selbstbefruchtung erhält man ja, wie bereits erwähnt, in einem Schritt vollständig homozygote Pflanzen. Rezessive Letalfaktoren prägen sich bei diesen aus. Entstehen auf isolierten, zwittrigen Gametophyten keine Sporophyten, so kann man das als eine Folge der genetischen Bürde interpretieren.

Genetische Bürde wirkt sich nicht immer letal aus, sondern sie kann sich auf verschiedenen Stufen der Vitalität von Sporophyten äußern. Auch wenn Sporophyten entstehen, ist es möglich, daß sie wegen der genetischen Bürde gegenüber Konkurrenten eine geringere Fitneß aufweisen, wie das aus einem Langzeitversuch bei *Athyrium filix-femina* deutlich wurde, wo die wenigen Nachkommen aus intragametophytischer, aber auch manche aus intergametophytischer Selbstbefruchtung weniger vital waren als jene, die aus Fremdbefruchtungen stammten (156).

Genetische Bürde ist bei verschiedenen Arten in verschieden starkem Ausmaß vorhanden. Sie kann jedoch auch vollständig fehlen (87, 99, 222). Obwohl man allgemein annimmt, daß rezessive genetische Bürde als eine Folge der Fremdbefruchtung anzusehen ist (s. S. 143), so stellt sie, wenn einmal vorhanden, doch auch einen Faktor dar, der (vor allem bei intragametophytischer Selbstbefruchtung) die Bildung von Sporophyten verunmöglicht oder beeinträchtigt (inbreeding depression) (40).

Einige Autoren deuteten die bei isolierten Prothallien einiger Farnarten stark eingeschränkte Sporophytbildung mit Inkompatibilität, also als nicht mit rezessiven Letalfaktoren in Zusammenhang stehend (233). Inkompatibilität würde die Verschmelzung von Gameten mit bestimmter genetischer Konstitution verhindern. Bis heute gibt es keine eindeutigen Beweise für diese Hypothese, aber gewisse Beobachtungen bei Fortpflanzungsversuchen lassen sich mit Inkompatibilität besser erklären als mit genetischer Bürde (111, 157).

Es zeigte sich zum Beispiel bei einigen Versuchen, daß bei bestimmten Gametophytenlinien intragametophytische Selbstbefruchtung zu Sporophyten führt, verwendet man aber die gleiche Gametophytlinie als einen Partner bei intergametophytischen Versuchen, so entstehen keine Nachkommen auf den Gametophyten der zweiten verwendeten Linie. Da bei intragametophytischer Selbstung Sporophyten entstehen, muß man annehmen, daß keine genetische Bürde vorhanden ist. Bei Kreuzungen mit anderen Linien, auch solchen die rezessive Letalfaktoren enthalten, müßten also Sporophyten entstehen. Da dies aber in den genannten Versuchen nicht eintrat, sind andere Erklärungen nötig (157).

Das relativ häufige Auftreten von genetischer Bürde innerhalb von Populationen weist, ebenso wie fortpflanzungsbiologische und elek-

trophoretische Untersuchungen (s. S. 139) auf vorherrschende Fremdbefruchtung hin und bestätigt die genetische Variabilität vieler Farnpopulationen.

Für die Neubesiedelung über weite Distanzen erweist sich jedoch genetische Bürde als Hemmnis, es sei denn, man nimmt an, die Neugründung einer Population geschehe über mehrere gleichzeitig aus verschiedenen Sporen entstandenen Gametophyten. Die Wahrscheinlichkeit, daß mehrere Sporen in unmittelbarer Nähe nebeneinander auf den Boden einer noch nicht besiedelten Fläche fallen, nimmt aber mit der Distanz von der Ausgangspopulation stark ab. Neubesiedlung über weite Distanzen hat deswegen einen genetischen „Flaschenhalseffekt" zur Folge, was bedeutet, daß die Gründerpopulation eine kleine oder sogar überhaupt keine genetische Variabilität aufweist. Solche Verhältnisse zeigten sich bei isolierten Populationen von *Asplenium ruta-muraria* sehr deutlich, die innerhalb eines einzelnen Standortes fast keine Variabilität aufweisen (159) (s. S. 139).

Sporen, die keine genetische Bürde enthalten, sind also, so nimmt man an, für Pionierpflanzen von Vorteil. *Nephrolepis exaltata*, die an natürlichen Pionierstandorten auf Lava sehr erfolgreich ist, bildet im Experiment bei 100% der isolierten Prothallien Sporophyten aus (intragametophytische Selbstbefruchtung) (98, 99). Auch bei weiteren hawaiianischen Arten, die Pioniere auf noch kahler Lava sind, ist die genetische Bürde geringer als bei jenen Arten, die in sekundären oder offenen Wäldern wachsen (99). Diese wiederum weisen eine kleinere Bürde auf als Arten des primären Regenwaldes, bei welchen die höchste Bürde beobachtet werden kann. Arten der gemäßigten Zone, bei denen eine hohe genetische Bürde festgestellt wurde wie zum Beispiel *Athyrium filix-femina* und *Osmunda regalis*, leben ebenfalls in stabilen, lange bestehenden Vegetationstypen (vor allem Klimax-Habitate).

Daß innerhalb einer Art aber auch sehr große Unterschiede bezüglich genetischer Bürde auftreten können, zeigt *Pteridium aquilinum*, das zwar viele Eigenschaften von Pionierarten aufweist (s. S. 145), jedoch in verschiedenen, weit verstreuten Gebieten ein sehr unterschiedliches Ausmaß an genetischer Bürde besitzt (84).

Ganz allgemein und sicher auch etwas vereinfachend könnte man folgern, daß bei zunehmender Etablierung einer Farnpopulation der Genpool reicher wird und die Wahrscheinlichkeit für Fremdbefruchtung zunimmt, was andererseits eine Zunahme der genetischen Bürde mit sich bringt.

6.2.3. Apomixis

Da der Begriff Apomixis je nach Autor verschieden weit oder eng gefaßt wird, ist es notwendig, klarzustellen, in welchem Sinne er im folgenden verwendet wird. Viele Fachbegriffe betreffend Apomixis, die in diesem Kapitel verwendet werden, beziehen sich auf die Verhältnisse bei Samenpflanzen (126). Sie eignen sich aber der Homologien wegen weitgehend auch für die Gefäßkryptogamen. In diesem Buch soll Apomixis im Sinne von Winkler (235) weit gefaßt werden. Eingeschlossen sind somit vegetative Vermehrung, Apogamie (bei Farnen heute meist mit Agamosporie bezeichnet) und Aposporie. Diese drei Begriffe ergeben denn auch die hier gewählte Dreiteilung der Thematik Apomixis. Allen drei genannten Fortpflanzungsweisen gemeinsam ist, daß sie ungeschlechtlich, asexuell sind.

Vegetative Vermehrung

Von vegetativer Vermehrung spricht man dann, wenn aus Teilen eines einzelnen, physiologisch zusammenhängenden Individuums mehrere unabhängige Individuen entstehen können (96). Da der Begriff Individuum recht unterschiedlich gebraucht wird – bei den einen meint er das Produkt oder die Produkte einer einzigen Zygote (genetische Einheit), bei den anderen einfach eine unabhängige Pflanze – ist es wohl besser, die von Harper (62, 63, 64) aufgestellten Begriffe „Genet" (Teile einer Pflanze, die durch sexuelle oder asexuelle Vermehrung ohne Reduktionsteilung oder Rekombination aus einer einzigen Zygote entstanden sind), „Ramet" (physiologisch-morphologische Struktureinheit eines Klons, welche, wenn sie von der Mutterpflanze abgetrennt wird, unabhängig existieren kann) und „Modul" (funktionelle Baueinheit, die aus einem einzigen Meristem entsteht und bei modulär aufgebauten Organismen wiederholt gebildet wird) zu verwenden.

Farne besitzen eine unterschiedliche Fähigkeit zu vegetativer Vermehrung (Abb. 71; 216). Die meisten Vertreter der Farnverwandten und

der Leptosporangiaten Farne, aber auch viele Eusporangiaten, sind moduläre Organismen, das heißt sie entwickeln mehrere Vegetationspunkte. Die einzelnen Module bleiben allerdings bei vielen Arten lange oder stets miteinander verbunden. Dies trifft zum Beispiel für manche Farne mit gestauchtem Rhizom zu. Bei anderen Arten, vor allem bei solchen mit verlängerten Rhizomen, trennen sich die entstehenden Module früher oder später von der Ausgangspflanze ab und werden zu unabhängigen Ramets (Individuen). Bei den Farnen und Farnverwandten hat sich eine Vielfalt verschiedener Varianten der vegetativen Vermehrung herausgebildet. Diese ist so groß, daß hier keine vollständige Darstellung möglich ist, sondern nur eine subjektive Auswahl vorgestellt werden kann.

Unterirdische Rhizome: Weit verbreitet sind Farne und Farnverwandte mit unterirdischen Rhizomen, die sich vielfach verzweigen und zu Klonen (Ansammlung von Ramets des gleichen Genets) führen. Beim Adlerfarn *(Pteridium aquilinum)* ist die Fähigkeit zur Klonbildung besonders ausgeprägt (226, 227, 228). In manchen Gebieten vermehrt er sich sogar fast ausschließlich vegetativ. Er ist mancherorts zur Problempflanze geworden, vor allem in Weiden und an anderen vom Menschen beeinflußten Standorten. Der britische Pteridologe Page (131, 173) meint denn auch, der Adlerfarn sei, je nach Standpunkt des Betrachters, entweder eines der schlimmsten Unkräuter der Erde oder einer der erfolgreichsten Farne überhaupt. Adlerfarn-Klone erreichen eine erstaunliche Größe, nach Untersuchungen aus Finnland bis zu 470 m im Durchmesser, und ein beträchtliches Alter, das auf über 1400 Jahre geschätzt wird (127, 128). Aus elektrophoretischen Untersuchungen an Populationen aus Großbritannien (166) geht hervor, daß Klone mit einem Durchmesser bis zu 360 m vorkommen. Das Alter eines solchen „Individuums" wurde aufgrund der ziemlich genau berechenbaren Zuwachsgeschwindigkeit auf ungefähr 930 Jahre geschätzt.

Ähnlich wie *Pteridium* sind auch andere Vertreter der *Dennstaedtiaceae* (zum Beispiel *Hypolepis*) organisiert. Sie besitzen ebenfalls ein reich verzweigtes Rhizomsystem (61), und dürften deshalb unter günstigen Bedingungen ebenfalls ein hohes Alter erreichen.

In vergleichbarer, wenn auch nicht so eindrucksvoller Weise wie der Adlerfarn, bilden auch Vertreter der Gattungen *Gymnocarpium, Thelypteris, Phegopteris, Onoclea* und andere, mehr oder weniger dichte, klonal aufgebaute Bestände. Hier fehlen aber bis heute Untersuchungen, die Aussagen über ihr Alter zulassen. Aufgrund der Populationsstruktur, der Form des vegetativen Wachstums, der Ausdehnung einzelner besiedelter Flächen kann man annehmen, daß Klone von *Thelypteris palustris* ebenfalls sehr alt werden können (108).

Nicht nur Vertreter der Echten Farne, auch viele Arten der Gattung *Equisetum* vermehren sich sehr erfolgreich durch unterirdische Rhizome. Gärtner und Bauern wissen nur zu gut, wie schwer es ist, den Ackerschachtelhalm *(Equisetum arvense)* einzudämmen, wenn er sich einmal eingestellt hat. Sein Verbreitungsareal, das sich über die ganze Nordhalbkugel erstreckt, belegt seine große Anpassungsfähigkeit (33). Sein heutiger Erfolg beruht sicher darauf, daß er vom Menschen geschaffene Standorte (Kulturland, Ödland) erobert hat. Detailliertere Untersuchungen, wie sie etwa beim Adlerfarn vorliegen, fehlen beim Ackerschachtelhalm und beim ebenfalls klonal wachsenden Riesenschachtelhalm *(E. telmateia)* allerdings noch. Der Winterschachtelhalm *(E. hyemale)* hat unterirdische primäre und nahe an der Oberfläche wachsende sekundäre Rhizome (95). Man darf annehmen, daß die oft monokulturartig wachsenden Klone von *E. hyemale* ebenfalls ein beachtliches Alter erreichen können.

Die vegetative Vermehrung über unterirdische Rhizome dürfte an Standorten, die oberflächlich austrocknen oder durch Brände heimgesucht werden, gegenüber anderen Formen der vegetativen Vermehrung Selektionsvorteile bieten (s. S. 111).

Oberirdische Rhizome, Fragmentierung der Achsensysteme: Ebenfalls häufig sind Farne, die sich über oberirdische Rhizome oder sich abtrennende Achsenteile vermehren können. Sehr augenfällige Beispiele dafür liefert die Familie der *Gleicheniaceae.* Viele ihrer Vertreter gelten in den Tropen als sehr erfolgreiche Kolonisatoren gestörter Standorte und als Pionierpflanzen auf Erdrutschen, an Wegrändern etc., die selbst noch auf sehr harten, verdichteten Unterlagen gedeihen können (75, 76, 203). Sie wachsen mit langen, oberirdisch kriechenden und reich verzweigten Rhizomen. Eine ähnliche, vergleich-

bare Rhizommorphologie findet sich bei vielen weiteren Farngattungen.

Bei den amphibischen Farnen *Marsilea* (Abb. 56), *Pilularia* und *Regnellidium* wächst das Rhizom entweder auf dem Grunde flacher Gewässer, ist frei schwimmend oder es kriecht auf dem feuchten oder austrocknenden Boden der Uferzonen. Diese Farnarten vermehren sich durch Abtrennung mehr oder weniger langer, ausläuferartiger Rhizomteile (80, 92). An den Knoten entwickeln sich Seitenknospen, die zu Seitenästen auswachsen oder als Ruheknospen angelegt sind (80).

Die freischwimmende heterospore Gattung *Salvinia* (Abb. 57) (vor allem die hybridogene, pentaploide Art *S. molesta*) ist in manchen künstlichen tropischen Gewässern seit etwa 1950 zu einer Problempflanze geworden.

Nach der anfänglich extrem raschen Verbreitung und einer beeindruckenden Wachstumsexplosion scheint diese Art in den letzten Jahren jedoch wieder etwas von ihrer Aggressivität eingebüßt zu haben, und es ist in manchen betroffenen Gebieten ein Rückgang festzustellen. Dies könnte aber auch mit dem Einsatz biologischer Bekämpfungsmittel zusammenhängen (144, 145). Unter günstigen Bedingungen verdoppelt *S. molesta* ihre Biomasse in 2 bis 3 Tagen! (118). Diese erstaunliche Fähigkeit basiert auch darauf, daß die in den Blattachseln stehenden Knospen oft zu Seitenzweigen auswachsen und sich leicht von der Mutterpflanze lösen können (116, 117, 143). Die übrigen Arten der Gattung *Salvinia* sind in ihrer Verbreitung enger begrenzt und nicht in diesem Ausmaß zu Wasserunkräutern geworden.

Unter den aquatischen Farnen besitzt auch die Gattung *Azolla* die Fähigkeit, sich erfolgreich und sehr rasch vegetativ zu vermehren (74, 223) (Abb. 57).

Dies wird vor allem in Reisanbaugebieten Asiens vom Menschen ausgenützt, da die Pflanze wegen ihrer symbiontischen Stickstoff-fixierenden Cyanobakterien (s. S. 25, 87) und wegen ihres raschen Wachstums als Gründünger eingesetzt werden kann (3, 23, 119). *Azolla* verzweigt sich fiederartig oder gabelig und die Rhizomzweige (Ramets) trennen sich leicht von der Stammachse.

Verbreitet sind kriechende, verlängerte Achsen bei manchen Farnverwandten wie den Bärlappen und Moosfarnen. Sie verzweigen sich je nach Verwandtschaftsgruppe in jeweils etwas verschiedener Weise. Die älteren Teile des Achsensystems sterben nach einiger, von Art zu Art unterschiedlicher, Zeit ab. Die Zweige (Ramets) entwickeln sich dann zu unabhängigen Pflanzen (134). Neuere Untersuchungen, die an *Lycopodium annotinum* ausgeführt wurden (20, 21, 22, 194), zeigen ausführlich, wie Bärlappklone aufgebaut sind.

Die Achsenteile bleiben relativ lange, bis zu 18 Jahre miteinander verbunden. Es lassen sich horizontale Segmente, die der Ausdehnung des Klones in der Fläche dienen, und vertikale Elemente, an denen sich die Sporophyllstände bilden, unterscheiden. Hinter dem Vegetationspunkt entstehen horizontale oder vertikale Verzweigungen (Tochtermodule) und Wurzeln, aber keine Ruheknospen. Der horizontale Zuwachs der Hauptachse an der Front eines Klons kann jährlich bis 17 cm betragen (apikale Dominanz), er variiert aber stark je nach physiologischen Eigenschaften des Klons und je nach den Umweltbedingungen (vor allem den edaphischen Faktoren). Stirbt die Hauptachse ab, so übernehmen seitliche Zweige die Dominanz. Werden Achsenteile getrennt oder sterben sie ab, so wachsen die Module als selbständige Ramets weiter. Diese Art von Klon-Bildung erlaubt der Pflanze, neue, für sie günstige Stellen zu erreichen und ungünstige Stellen zu überbrücken. Durch die moduläre Seitenzweigbildung (Ramets) erhöht sich die Überlebenschance des Genets.

Gametophyten und junge Sporophyten sind bei den Bärlappen nur sehr selten zu beobachten. Aufgrund der lokalen Ausdehnung und aufgrund geschichtlicher Daten (Feuersbrünste) schätzt man das Alter der größten untersuchten Klone (Durchmesser ca. 250 m) von *Lycopodium (Diphasiastrum) complanatum* auf ca. 350 Jahre (129).

Wurzelknospen und unterirdische Gemmen: Eine nur selten zu beobachtende Art der vegetativen Vermehrung bei Farnpflanzen ist in der Gattung *Ophioglossum* verwirklicht, bei der Wurzelknospen gebildet werden (56) (Abb. **71 D**). Auch *Polypodium singeri*, eine epiphytische Art, kann die Zahl der Rhizome durch sich verselbständigende Wurzelknospen vermehren (188).

Erst kürzlich sind bei *Botrychium* unterirdische Gemmen entdeckt worden (47), eine Erscheinung, die bis dahin bei den eusporangiaten Farnen nicht bekannt war, aber bei der Gattung *Psilotum* schon vor mehr als hundert Jahren beschrieben wurde (9).

Gemmenartige Gebilde kommen auch auf den unterirdischen Rhizomen mancher Schachtelhalme vor (10).

Bulbillen, oberirdische Gemmen: In sehr verschiedenen Verwandtschaftsgruppen finden sich Brutknospen (Bulbillen) auf Blättern oder oberirdischen Achsenteilen (78) (Abb. **14,15**), zum Beispiel beim Wurmfarn *(Dryopteris filixmas)* an der Blattbasis (Abb. **71 C**) oder bei *Asplenium rhizophyllum* (Abb. **71 B**) auf der verlängerten Blattspitze. Wenn sich diese auf den Boden neigt, wurzelt die Brutknospe, und eine neue Pflanze entsteht. In Nordamerika, der Heimat dieser Art, spricht man denn auch vom „walking fern". Wandernde Blätter finden sich auch bei *Asplenium sandersonii*, bei einigen *Trichomanes*-Arten, *Tectaria (Fadyenia) prolifera* und anderen. Diese Form der vegetativen Vermehrung gleicht funktionell einer Ausläuferverbreitung, wie man sie etwa bei Erdbeeren kennt. Vom Brachsenkraut *Isoëtes lacustris* ist bekannt, daß an der Blattbasis an Stelle von Sporangien schwimmfähige, vegetative Knospen entstehen können, welche die Verbreitung und die rasche Besiedelung eines Sees ermöglichen.

Die Brutknospen einiger Arten der Gattung *Huperzia* befinden sich im oberen Bereich der aufrechten Sprosse. Sie zeichnen sich durch ihre flache, fast schaufelartige Form aus (Abb. **71 E**). Durch mechanische Einwirkung (wohl vor allem durch Regentropfen) werden sie weggeschleudert (Regenballist) und spielen deshalb eine wichtige Rolle bei der Nahverbreitung. Diese erleichtert es der Art, einen einmal eroberten Standort erfolgreich zu behaupten. Eine Pflanze kann während ihres Lebens, das normalerweise etwa 6–16 Jahre dauert, bis zu über 1000 Bulbillen produzieren. Bulbillen von *Huperzia selago* sind vor allem an gestörten Stellen, in spärlicher oder mäßig geschlossener Vegetation, sowie bei sehr wechselhaften Bedingungen von Vorteil (70). Im Gegensatz zu Rhizomstücken, etwa bei *Lycopodium* oder bei vielen Echten Farnen, können Bulbillen auch durch Wind und Wasser transportiert werden und so Hindernisse und größere Distanzen überwinden, als es Rhizome oder Sprosse vermögen (77, 78).

Vegetative Vermehrung bei Prothallien: Da die Farne im Normalfall zwei voneinander unabhängige Generationen bilden, besteht die Möglichkeit vegetativer Vermehrung auch bei der gametophytischen Generation. Dieser Weg wird allerdings viel seltener eingeschlagen, ist aber bei mehreren Verwandtschaftsgruppen verwirklicht worden. Gemmen- oder Brutknöllchenbildung auf Gametophyten kommt vor bei den *Aspleniaceae* (130), *Blechnaceae* (130), *Grammitidaceae* (43, 190), *Hymenophyllaceae* (43, 136, 189), *Polypodiaceae* (123) und *Vittariaceae* (43, 44, 45, 46) (s. S. 27) (Abb. **71 A**).

Gametophyten einiger tropischer Arten sind nach Farrar (46) toleranter gegenüber niedrigen Temperaturen als die entsprechenden Sporophyten, was auch aus den gemäßigten Gebieten bekannt ist (s. S. 113). Unabhängige Gametophyten können sich also, wenn sie sich über Gemmen verbreiten, erfolgreich auch außerhalb des Areals der Sporophyten in einem unfreundlicheren Klima halten, zum Beispiel Prothallien südlich verbreiteter Arten in den nördlicheren Teilen Amerikas und in England (148, 149). Nach den Hypothesen von Farrar (46) könnten einige dieser gemmenbildenden Gametophyt-Populationen viele Millionen Jahre alt und ihre sporophytischen Ausgangsformen gar nicht mehr vorhanden sein.

Diese sekundäre Reduktion zur vegetativen Vermehrung von Gametophyten hat zwei Konsequenzen. Erstens ist Rekombination nicht mehr möglich. Genetische Variabilität kann einzig durch somatische Mutationen zustande kommen. Zweitens wird in diesem Fall ein haploides (oder zumindest in der Chromosomenzahl reduziertes) Pflänzchen verbreitet, das zu nur wenigen Adaptationen fähig und der Selektion dadurch direkter ausgesetzt ist. Ökologisch gesehen finden sich solche Gametophyten an Mikrostandorten mit eigenem Kleinklima, wie sie auch viele Moose benötigen. Es dürften darum auch bezüglich der Selektionsmechanismen Gemeinsamkeiten zwischen diesen beiden Gruppen von Pflanzen vorhanden sein.

Bedeutung der vegetativen Vermehrung

Welche Vorteile ergeben sich aus der vegetativen Vermehrung im Vergleich zur generativen, sexuellen Fortpflanzung? Vegetative Vermehrung dürfte die Besetzung von freien Flächen in unmittelbarer Umgebung der Ausgangspflanze, vor allem auch bei Pionierpflanzen, wesentlich erleichtern. Sie kann auch im Zusammenhang mit innerartlicher Konkurrenz als vorteilhaft angesehen werden, indem sie das Aufkommen von arteigenen Konkurrenten erschwert (151). Vegetative Vermehrung ermöglicht, so darf angenommen werden, bestimmten Farnen oder Farnverwandten, mit den Blütenpflanzen erfolgreich zu konkurrieren. Die

„Ableger" (Rhizomäste, Brutknospen, etc.) stehen anfänglich oft noch in Verbindung mit der Ausgangspflanze und werden von dieser mit Nährstoffen und Assimilaten versorgt. Die vegetativ entstandenen Nachkommen sind, wenn sie selbständig werden, kräftig und oft weit entwickelt, also konkurrenzfähig. Die Engpässe der Besiedelung über die gametophytische Zwischenstufe (Prothallium- und Gametangienentwicklung, Befruchtung, Etablierung), also die Kosten, die für die sexuelle Reproduktion zu bezahlen sind, werden so vermieden, natürlich mit Ausnahme der gametophytischen vegetativen Vermehrung.

Ein allgemeiner Vorteil vegetativer Vermehrung besteht darin, daß gut angepaßte Genotypen erhalten bleiben und nicht durch sexuelle Prozesse verändert werden (Rekombination, Segregationsbürde). Klone sind potentiell unsterblich.

Hier ist allerdings die Frage zu stellen, inwieweit Konkurrenz zwischen den einzelnen Individuen (Ramets) eines Klons (Genet) sich negativ auswirken könnte. Als mögliche Antwort darauf sind vielleicht folgende Beobachtungen zu sehen. Zwischen den einzelnen Individuen innerhalb eines Klons werden bestimmte minimale Distanzen nicht unterschritten. Die Ramets eines Klons sind also nach bestimmten Regeln verteilt (zum Beispiel bei *Gymnocarpium* (49), *Thelypteris* (108), *Pteridium* (227), *Lycopodium* (22)).

Der Adlerfarn, der sich, wie schon erwähnt, durch besonders starke vegetative Vermehrung auszeichnet, zeigt dennoch eine erstaunlich hohe genetische Variabilität vor allem zwischen aber auch innerhalb von Populationen. Dies weist auf eine weitgehend fremdbefruchtende Art hin. Neue Besiedlungsgebiete können nur mittels der kleinen und leichten Sporen erreicht werden (s. S. 115 ff.). Populationsgründung ist dann möglich, wenn Gametophyten heranwachsen und erfolgreiche Fremd- oder Selbstbefruchtung stattfindet. Der oder die ersten Adlerfarnsporophyten entstehen also immer über sexuelle Prozesse (236, 237). Die Ausbreitung und Vergrößerung der Population am einmal erreichten Standort übernimmt dann weitgehend die vegetative Vermehrung. Wie beim Adlerfarn zeigte sich auch bei vielen klonalen Samenpflanzen, daß innerhalb von Populationen oft mehrere Genets vorkommen (151).

Ganz generell kann gesagt werden, daß die Gründung neuer Farn-Populationen in den allermeisten Fällen über Sporen und Gametophyten erfolgt. Einzig besondere vegetative Verbreitungseinheiten (zum Beispiel Bulbillen von *Huperzia* oder sich leicht trennende Ramets bei Wasserfarnen), die über gewisse Distanzen transportiert werden können, dürften für Koloniegründungen gelegentlich in Frage kommen.

Pflanzen, denen aufgrund genetischer Ursachen (genetische Bürde) oder durch Hybridisierung die Fähigkeit zu sexueller Fortpflanzung völlig fehlt, bleibt einzig die vegetative Fortpflanzung als Möglichkeit, sich zu vermehren und über längere Zeit zu behaupten.

Hierzu seien einige Beispiele vorgestellt. Am Connecticut-Fluß in der Nähe von Amherst (Massachusetts, USA) wurde ein ca. 360 × 10 m großer Klon von *Matteuccia struthiopteris* mit einer charakteristischen Störung (Mutation) in der Sporenbildung entdeckt (89). Diese Mutation bewirkt, daß die zweite Reduktionsteilung der Meiose irregulär verläuft und in der Folge verformte, nicht keimfähige Sporen entstehen. In diesem Fall ermöglicht die vegetative Vermehrung über unterirdische Ausläufer einem zu sexueller Vermehrung unfähigen Genet, sich auszubreiten und über lange Zeit zu behaupten.

Auch manche Bastarde, die die Fähigkeit zu vegetativer Vermehrung besitzen, vermehren sich erfolgreich klonal und behaupten ihren Platz. Bei *Athyrium x reichsteinii (A. filix-femina x A. distentifolium)* kommen Ramet-reiche Klone bis zu einer Größe von ca. 8 × 18 m vor (161). Bei einigen *Bolbitis*-Arten erzeugen sporensterile Hybridpflanzen durch Adventivknospenbildung dichte, große Bestände (72). Ganz besonders eindrucksvoll ist die obligate vegetative Vermehrung bei *Salvinia molesta* (s. S. 87, 146).

Da sich aber Klone, abgesehen von somatischen Mutationen, nicht mehr genetisch verändern können, dürften sie gegenüber der Selektion, vor allem bei sich ändernden Umweltbedingungen, besonders anfällig sein (170). Über die Rolle somatischer Mutationen und ihre Bedeutung für die genetische Variabilität in Klonen ist aber kaum etwas bekannt.

Vegetative Vermehrung, „Phalanx-" und „Guerillastrategie": Bei den klonalen Blütenpflanzen sind zwei extreme Strategien der vegetativen Vermehrung mit den Begriffen „Phalanx" und „Guerilla" bezeichnet worden (64). In der Phalanx stehen die Ramets sehr nahe und dicht beieinander, etwa bei einem Grashorst. Der Raum, den eine solche Pflanze beansprucht, wird durch eine Vielzahl von Modulen (Ramets) behauptet, und das Eindringen und Verdrängtwerden durch andere Konkurrenten der eigenen

oder einer fremden Art wird verhindert. Nächster Nachbar eines Ramets ist ein Ramet des gleichen Genotyps. Die Fläche solcher Klone nimmt meist sehr langsam zu. Die „Guerilla"-Wuchsform mit langen Stolonen, Rhizomen etc. erlaubt es, eine große Fläche relativ rasch, dafür aber nur locker zu besetzen. Die nächsten Nachbarn eines Ramets sind also in den allermeisten Fällen Pflanzen anderer Arten oder eines anderen Genets derselben Art. Vorteil einer solchen Wuchsform ist, daß neue Ressourcen gut erreicht werden können. Guerilla-Klone sind weniger auf bestimmte Stellen fixiert, sondern sie wandern, ändern die Größe des besetzten Areals und dehnen sich unter günstigen Bedingungen aus. Bei Farnen findet man ausgeprägte Phalanx-Strategie relativ selten verwirklicht, als Beispiele seien *Huperzia selago* (70) und der Alpen-Waldfarn *(Athyrium distentifolium)* erwähnt. Bei letzteren bedecken dichte Gruppen mehrerer Ramets bis gegen 1 Quadratmeter große Flächen. Auch die bei dem Bastard *Athyrium x reichsteinii* beobachteten, bis ca. 150 m² großen Klone fallen durch ihre sehr dicht stehenden Ramets auf, die Konkurrenten oft vollständig ausschließen (161). In beiden Fällen dürften die einzelnen Genets sehr alt werden, obwohl sie sich kaum oder nur sehr wenig ausdehnen. Farne mit der Möglichkeit, Bulbillen an der Blattbasis zu bilden (s. S. 147) verhalten sich zwar in gewisser Beziehung ähnlich, es entstehen aber meist nur wenige Ramets. Die Anwesenheit ruhender Knospen, die normalerweise nicht oder nur selten auswachsen, ist vor allem dann von Bedeutung, wenn der Sproßvegetationspunkt der Hauptachse abstirbt oder verletzt wird (164).

Die meisten hier erwähnten Formen der vegetativen Vermehrung bei Farnen weisen Eigenschaften auf, die für Guerilla-Strategen charakteristisch sind. Die beiden generellen Kategorien sollen aber nicht darüber hinwegtäuschen, daß eigentlich jede Pflanzenart eine spezifische Strategie besitzt. Die Verallgemeinerungen, die mit „Phalanx" und „Guerilla" umschrieben werden, sind nur Gedankenstützen und keine absolut geltenden Gesetze.

Apogamie (Agamosporie)

Bei apogamen Farnen entwickelt sich der Sporophyt direkt, ohne Befruchtung, aus einer oder mehreren vegetativen Zellen des Gametophyten (106).

Von Parthenogenese spricht man, wenn sich ein Sporophyt aus einer unbefruchteten Eizelle entwickelt.

Seit den ersten Untersuchungen an apogamen Farnen, die vor mehr als hundert Jahren ausgeführt wurden (6, 41), sind viele neue Erkenntnisse gewonnen worden (32, 52, 102, 106, 219). Man unterscheidet zwischen fakultativer (induzierter) und obligater Apogamie (Agamosporie).

Induzierte Apogamie: Manton u. Walker (107) gelang es durch induzierte Apogamie (sehr vorsichtiges Wässern verhindert, daß die Spermatozoiden durch freies Wasser zum Archegonium gelangen können), diploide Sporophyten der tetraploiden Arten *Dryopteris filix-mas* und *D. dilatata* zu erhalten. Nicht nur bei tetraploiden, sondern auch bei diploiden Arten, wie zum Beispiel *Athyrium filix-femina* und *Pteridium aquilinum*, ist es möglich, experimentell apogame haploide Sporophyten zu erzeugen (7, 39, 155). Apogamie tritt unter bestimmten Kulturbedingungen ebenfalls bei *Botrychium dissectum* auf (232). Auch einige *Lycopodium*-Arten entwickeln sich in Laborversuchen apogam (48). Aus allen diesen Beispielen wird deutlich, daß Kernphasenwechsel und Generationswechsel nicht miteinander gekoppelt sein müssen. Der mit auffälligen morphologischen Änderungen verbundene Generationswechsel kann also auch ohne Kernphasenwechsel stattfinden (s. S. 1). Induzierte Apogamie führt zu in ihrer Chromosomenzahl reduzierten, daher meist sterilen Sporophyten.

Obligate Apogamie: Apogamie wird als Anpassung an besondere Klimaverhältnisse angesehen, die durch wenige oder unregelmäßige Niederschläge gekennzeichnet sind. In Gebieten, wo Wasser rar ist und lange Trockenperioden vorkommen, ist die Befruchtung erschwert oder sogar unmöglich. Die Fähigkeit, apogame Sporophyten zu entwickeln, ist unter diesen Umständen selektiv von Vorteil, auch deshalb, weil die jungen Sporophyten sich rascher entwickeln (sie gehen direkt aus dem Gewebe des Gametophyten hervor). Bei sich normalerweise sexuell reproduzierenden Arten führt Apogamie aber, wie oben erwähnt, in eine Sackgasse (Reduktion der Chromosomenzahl). Damit Apogamie zu einer obligaten Fortpflanzungsweise werden kann, muß zusätzlich die Meiose-

wirkung (Halbierung der Chromosomenzahl) in irgendeiner Weise aufgehoben werden (Abb. 72). Bei vielen apogamen Farnarten geschieht dies durch eine Polyploidisierung der Sporenmutterzellen (Endomitose) (32, 106). In den Sporangien apogamer (agamosporer) Arten entstehen anstelle von 16, wie es bei sexuellen Arten üblich ist, nur 8 Sporenmutterzellen, wobei die letzte prämeiotische Mitose nicht vollständig abläuft. Es resultieren somit Sporenmutterzellen mit verdoppelter Chromosomenzahl. Die Paarung der Chromosomen und die Meiose verlaufen anschließend regulär, und es entstehen Sporen mit der gleichen Chromosomenzahl wie die Elternpflanze. Man spricht in diesem Fall von Diplosporen. Dieser weitaus häufigste Ablauf wird nach den Entdeckern W. Döpp und I. Manton als *Döpp-Manton-Typ* bezeichnet (29, 106) (Abb. 72). Seltener hingegen, zum Beispiel bei *Asplenium aethiopicum* (15) und wahrscheinlich bei *Crepidomanes proliferum*, *Trichomanes insigne* und *Polypodium dispersum* (16, 217, 219) entstehen zunächst wie bei sexuellen Arten 16 Sporenmutterzellen. Bei der ersten meiotischen Teilung bewegen sich die Chromosomen in die Äquatorialebene, jedoch ohne sich zu paaren. Nun findet keine Teilung statt, sondern es werden Restitutionskerne gebildet (15). Es sind also immer noch 16 Zellen vorhanden, die jetzt, im Vergleich zu den übrigen Zellen, doppelt soviele Chromosomen enthalten. Die zweite meiotische Teilung ist dann normal und führt zu 32 keimfähigen Diplosporen. Nach ihrem Entdecker wird diese Form der Diplosporenbildung *Braithwaite-Typ* genannt (Abb. 72).

Zusammenfassend kann gesagt werden, daß bei den apogamen (agamosporen) Farnen die Chromosomenzahl-reduzierende Wirkung der Meiose durch die Bildung von Diplosporen und damit auch von „diploiden" Gametophyten aufgehoben wird.

Bei welchen Gruppen kommt Apogamie vor?
Obligate Apogamie findet sich recht häufig in ganz verschiedenen Gruppen der Echten Farne und ist bei 17 Gattungen aus verschiedenen Familien, aber ausschließlich von leptosporangiaten Farnen bekannt. Es sind dies *Actiniopteris, Adiantum, Anemia, Asplenium, Bommeria, Cheilanthes, Diplazium, Dryopteris, Hemionitis, Notholaena, Pellaea, Phegopteris, Polypodium, Polystichum, Pteris, Trichomanes* und

Xiphopteris (32, 91, 102, 152, 199, 201, 203, 217). Es wird geschätzt, daß weltweit etwa 10% aller Echten Farne apogam sind. Apogamie fehlt bei den *Osmundaceae, Gleicheniaceae* und *Cyatheaceae* und den heterosporen Echten Farnen.

Bei den Farnverwandten ist sie äußerst selten. Einzig einige *Selaginella*-Arten wie *S. tenerrima* (93), *S. rupestris* p.p. (202), aber auch eine *Isoëtes*-Art *(I. coromandelina)* (1, 124) sind apogam.

Bedeutung von Apogamie: Neben einem durch das Klima bedingten Selektionsvorteil (s. S. 111) könnten auch ungeradzahlige Ploidiestufen ein Faktor sein, der zu Apogamie führen kann. Apogamie ermöglicht es triploiden und pentaploiden Cytotypen, sich dank der Diplosporen zu verbreiten und zu vermehren. Nach Walker (217) sind ungefähr 70% aller apogamen Farne triploid. Es ist im heutigen Zeitpunkt noch nicht für alle Vegetationszonen der Erde bekannt, wo die Hauptverbreitungszentren apogamer Arten sind. Erstaunlich hoch ist der Anteil apogamer Arten in der Gattung *Dryopteris* in Japan (73). Er beträgt etwa 45%. Sehr hoch ist der Prozentsatz auch in Savannengebieten, zum Beispiel des südlichen Afrikas oder Mittelamerikas (201). Da die Prothallien der Apomikten aber nicht steril sind, sondern normalerweise Antheridien auszubilden vermögen, besteht die Möglichkeit, daß durch Kreuzung mit sexuellen Arten, wobei die apogame Art als männlicher Elternteil auftritt, eine Vielfalt von Agamospezies entsteht (52) (s. S. 136 ff.). Apogamie ist vererbbar und bleibt bei der Kreuzung apogamer mit sexuellen Arten erhalten. In der Sporogenese solcher Bastarde treten aber vermehrt Störungen auf wie unregelmäßige Sporenmutterzellenbildung, und die Zahl der Sporangien mit 16 Sporenmutterzellen (typisch für sexuelle Arten) nimmt zu (152).

Apogamie ermöglicht Fernverbreitung über unreduzierte Sporen. Gegenüber den verschiedenen Formen vegetativer Vermehrung erlaubt sie die Besiedlung neuer, von der Ursprungspopulation weit entfernter Standorte und/oder von Pionierstandorten, an welchen Befruchtungsvorgänge durch ungünstige Bedingungen unmöglich sind oder beeinträchtigt werden. Einige Pteridologen sind der Ansicht, daß gerade in Pioniersituationen apogame gegen-über sexuellen Arten im Vorteil sind, da der Sporophyt zuverlässiger, früher und rascher entsteht als bei den letzteren (153, 217).

Parthenogenese

Parthenogenese ist bei den homosporen Farnen einzig in einer, seither nicht mehr bestätigten Arbeit anfangs dieses Jahrhunderts (42) beschrieben worden. Sie ist aber bei einigen heterosporen Vertretern, zum Beispiel der Familie der *Marsileaceae* (*Regnellidium* [105] und *Marsilea* [191] und bei der Gattung *Selaginella* nachgewiesen worden (18, 55, 202). Parthenogenese und Apogamie besitzen evolutiv ähnliche Eigenschaften. Beide sind sicher an Standorten begünstigt, an denen die Möglichkeit zur Befruchtung stark beeinträchtigt ist. Auch bei durch Hybridisierung entstandenen, ungeradzahligen Ploidiestufen oder Sterilität bieten apomiktische Prozesse Vorteile. Erfolgreiche Parthenogenese setzt jedoch ebenfalls Mechanismen voraus, die die Chromosomenzahl regulieren, also die Wirkung der Reduktionsteilung aufheben.

Aposporie

Von Aposporie spricht man, wenn Prothallien direkt aus dem vegetativen Gewebe von Sporophyten hervorgehen. Daß sich bei manchen Farnen unter Kulturbedingungen (meist aus Blattgewebe) apospore Gametophyten bilden können, ist schon seit Ende des letzten Jahrhunderts bekannt (34). Aposporie kann induziert werden, wenn Zellen des Sporophyten dem Einfluß desselben entzogen werden, sie also unter „Streß" gelangen (8). Auf diese Weise entstandene Gametophyten bilden meist normale Gametangien aus. Experimentell ist bei vielen Echten Farnen Aposporie beobachtet worden (8, 94, 114, 165). Bis heute ist es allerdings nicht klar, ob Aposporie tatsächlich in der Natur auftritt. Einige autotriploide oder autotetraploide Sippen (12, 68, 161) könnten über apospor gebildete Gametophyten entstanden sein (s. S. 133). Wenn Gameten eines solchen, zum Beispiel diploiden Prothalliums miteinander verschmelzen, so entsteht aus der Zygote ein autotetraploider Sporophyt. Kommt es zur Verschmelzung mit unreduzierten Gameten anderer Prothallien derselben Art, so resultieren daraus triploide Pflanzen.

Literatur

1. Abraham, A., Ninan, C. A.: Cytology of *Isoëtes*. Curr. Sci. 27 (1958) 60–61.
2. Allard, R. W., Jain, S. K., Workman, P. L.: The genetics of inbreeding populations. Adv. Genet. 14 (1968) 55–131.
3. Ashton, P. J., Walmsley, R. D.: Die Symbiose zwischen dem Wasserfarn *Azolla* und der Blaualge *Anabaena*. Endeavour 35 (1976) 39–44.
4. Babcock, E. B.: The Genus *Crepis* I, II. University of California, Berkeley 1947.
5. Barrington, D. S., Haufler, C. H., Werth, C. R.: Hybridization, reticulation, and species concepts in the ferns. Amer. Fern J. 79 (1989) 55–64.
6. Bary, A. de: Über apogame Farne und die Erscheinung der Apogamie im Allgemeinen. Bot. Zeitung 36 (1878) 450–487.
7. Bell, P. R.: The alternation of generations. Adv. Bot. Res. 16 (1989) 55–93.
8. Bell, P. R.: Apospory and apogamy: implications for understanding the plant life cycle. Int. J. Plant Sci. 153 (1992) 123–136.
9. Bierhorst, D. W.: The subterranean sporophytic axes of *Psilotum nudum*. Amer. J. Bot. 41 (1954) 732–739.
10. Bierhorst, D. W.: Morphology of Vascular Plants. Macmillan, New York 1971.
11. Bir, S. S.: Evolutionary status of the asplenoid and athyrioid ferns with particular reference to the Himalayan ferns. Cytologia 37 (1972) 175–196.
12. Bouharmont, J.: Origine de la polyploidie chez *Asplenium ruta-muraria* L. Bull. Jard. Bot. Nat. Belg. 42 (1972) 375–383.
13. Bouharmont, J.: Meiosis and fertility in apogamously produced diploid plants of *Asplenium trichomanes*. Chromosomes Today 3 (1972) 253–258.
14. Bouharmont, J.: Cytotaxonomie et évolution chez les *Asplenium*. La Cellule 72 (1977) 57–74.
15. Braithwaite, A. F.: A new type of apogamy in ferns. New Phytol. 63 (1964) 293–305.
16. Braithwaite, A. F.: The cytology of some Hymenophyllaceae from the Solomon Islands. Brit. Fern Gaz. 10 (2) (1969) 81–91.
17. Britton, D. M.: Biosystematic studies on pteridophytes in Canada: progress and problems, pp. 543–560. In: Grant, W. F. (Ed.): Plant Biosystematics. Academic Press, Toronto 1984.
18. Bruchmann, H.: Zur Embryologie der Selaginellaceen. Flora 104 (1912) 180–224.
19. Buckley, D. P., Lloyd, R. M.: A new homosporous genetic system hypothesis. Amer. J. Bot. 72 (1985) 919–920.
20. Callaghan, T. V.: Age-related pattern of nutrient allocation in *Lycopodium annotinum* from Swedish Lapland. Oikos 35 (1980) 373–386.
21. Callaghan, T. V.: Physiological and demographic implications of modular construction in cold environments, pp. 111–135. In: Davy, A. J., Hutchings, M. J., Watkinson, A. R. (Eds.): Plant Population Ecology. Blackwell Scientific Publications, Oxford 1988.
22. Callaghan, T. V., Svensson, B. M., Headley, A.: The modular growth of *Lycopodium annotinum*. Fern Gaz. 13 (2) (1986) 65–76.
23. Calvert, H. E., Pence, M. K., Peters, G. A.: Ultrastructural ontogeny of leaf cavity trichomes in *Azolla* implies a functional role in metabolite exchange. Protoplasma 129 (1985) 10–27.
24. Conant, D. S., Copper-Driver, G.: Autogamous allohomoploidy in *Alsophila* and *Nephelea* (Cyatheaceae): a new hypothesis for speciation in homoploid homosporous ferns. Amer. J. Bot. 67 (1980) 1269–1288.
25. Cousens, M. I.: Reproductive strategies of pteridophytes, pp. 307–328. In: Lovett Doust, J., Lovett Doust, L. (Eds.): Plant Reproductive Ecology. Oxford University Press, Oxford 1988.
26. Crawford, D. J.: Plant Molecular Systematics. J. Wiley & Sons, New York 1990.
27. Crist, K. C., Farrar, D. R.: Genetic load and long distance dispersal in *Asplenium platyneuron*. Can. J. Bot. 61 (1983) 1809–1814.
28. DeWet, J. M. J.: Origins of polyploids, pp. 3–15. In: Lewis, W. H.: Polyploidy, Biological Relevance. Plenum Press, New York 1980.
29. Döpp, W.: Die Apogamie bei *Aspidium remotum* Al. Br. Planta 17 (1932) 86–152.
30. Döpp, W.: Eine die Antheridienbildung bei Farnen fördernde Substanz in den Prothallien von *Pteridium aquilinum* (L.) Kuhn. Ber. Deutsch. Bot. Ges. 63 (1950) 139–147.
31. Döpp, W.: Über eine hemmende und eine fördernde Substanz bei der Antheridienbildung in den Prothallien von *Pteridium aquilinum*. Ber. Deutsch. Bot. Ges. 72 (1959) 11–24.
32. Döpp, W.: Apomixis bei Archegoniaten, pp. 531–550. In: Ruhland W. (Hrsg.): Handbuch der Pflanzenphysiologie Bd. 18. Springer, Berlin 1967.
33. Dostál, J.: Equisetaceae, pp. 54–79. In: Kramer, K. U. (Hrsg.): G. Hegi. Illustrierte Flora von Mitteleuropa. Bd. 1, Teil 1, Pteridophyta. Paul Parey, Berlin, Hamburg 1984.
34. Druery, C. T.: Observations on a singular mode of development in the Ladyfern. Further notes on a singular mode of reproduction in *Athyrium filix-femina*. Proc. Linn. Soc. London 21 (1884) 354–359.
35. Duckett, J. G.: Towards an understanding of sex determination in *Equisetum*: an analysis of regeneration in gametophytes of the subgenus *Equisetum*. Bot. J. Linn. Soc. 74 (1977) 215–242.
36. Duckett, J. G., Duckett, A. R.: Reproductive biology and population dynamics of wild gametophytes of *Equisetum*. Bot. J. Linn. Soc. 80 (1980) 1–40.
37. Duckett, J. G., Pang, W. C.: The origins of heterospory: a comparative study of sexual behaviour in the fern *Platyzoma microphyllum* R. Br. and the horsetail *Equisetum giganteum* L. Bot. J. Linn. Soc. 88 (1984) 11–34.

Abb. 1 Diverse Typen von Stelen. a–l Achsen: **a** Protostele; **b** Solenostele; **c** Stele vom *Osmunda*-Typ; **d** Stele vom *Cyathea*-Typ; **e** Actinostele von *Lycopodium;* **f** Plectostele von *Selaginella;* **g** Dictyostele, räumliche Zeichnung; **h** Radiäre Solenostele; **i** Dorsiventrale Solenostele; **j** Dorsiventrale Dictyostele; **k, l** Perforierte Dictyostelen: **k** *Davallia*-Typ, **l** *Polypodium*-Typ mit zerstreuten Sklerenchymsträngen; **m–o** Blattstiele: **m** *Marattia*; **n** *Aspidium*-Typ; **o** *Onoclea*-Typ. Xylem schwarz, Phloem hell, Endodermis punktiert (j nach Nayar u. Kaur, l nach Bosman, andere nach Ogura).

Abb. 2 a *Dipteris,* Übergang vom **Blattstiel** zur **Blattspreite,** links in lebendem, rechts in gepreßtem Zustand; **b–e, g–i: Leitbündelmuster im Blattstielquerschnitt: b** *Cyathea,* unten im Blattstiel, **c** weiter oben; **d** Hymenophyllaceae-Muster; **e** *Woodwardia;* **g** *Onoclea;* **h** *Asplenium,* unten im Blattstiel, **i** weiter oben; **f** Dimidiates (gehälftetes) Fiederchen von *Didymochlaena;* **j** Selbständig innervierter Zahn zwischen zwei Blattsegmenten bei *Tectaria* (a, f, j nach Holttum, g nach Kato u. Sahashi, andere nach Ogura).

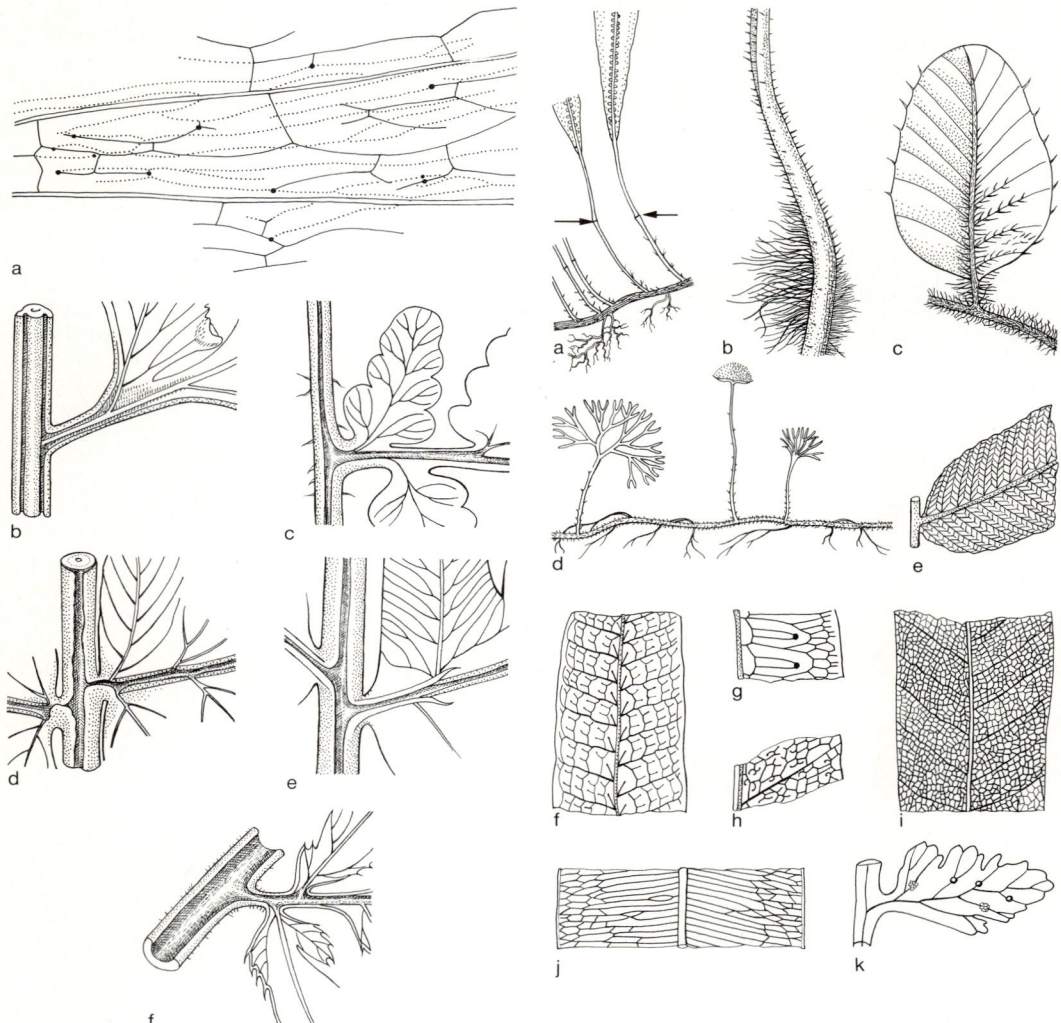

Abb. 3 a Diplodesmie unter dem soralen Flecken bei *Platycerium* (nach Sprau); **b–f Blattachsen-Struktur** bei verschiedenen Farnen: **b** *Davallia,* **c** *Histiopteris,* **d** *Diplazium,* **e** *Pteris,* **f** *Lastreopsis* (b–e nach Holttum, f nach Tindale).

Abb. 4 a Abgliederungsstelle im **Blattstiel** von *Oleandra* (nach Holttum); **b** Blattstielbasis einer *Cyathea* mit Schuppen und Stacheln (nach Tindale); **c** *Trichomanes pinnatinervium,* Rhizoide auf dem Rhizom, dem Blattstiel und den größeren Adern (nach Wessels Boer); **d** Habitus von *Elaphoglossum peltatum* mit sterilen und (Mitte) einem fertilen Blatt (nach Vareschi); **e–k Aderungsmuster** verschiedener Farngattungen: **e** Meniscioide Aderung bei *Cyclosorus;* **f** Cyrtophlebioide Aderung bei *Campyloneurum;* **g** Phlebodioide Aderung bei *Polypodium areolatum;* **h** Anaxetoide Aderung bei *Niphidium;* **i** Drynarioide Aderung bei *Drynaria* (e–i nach Sadebeck); **j** Proximal freie, distal vernetzte Aderung bei *Pteris grandifolia* (nach R. Tryon); **k** In die Buchten statt in die Lappen laufende Adern bei *Cystopteris diaphana* (nach Vareschi).

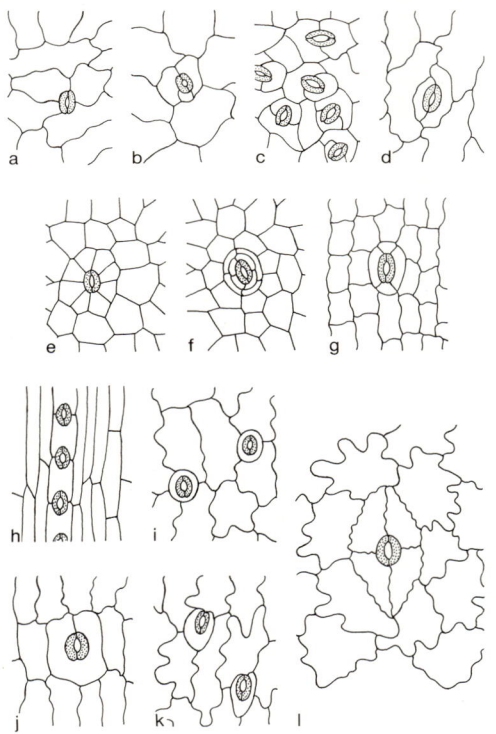

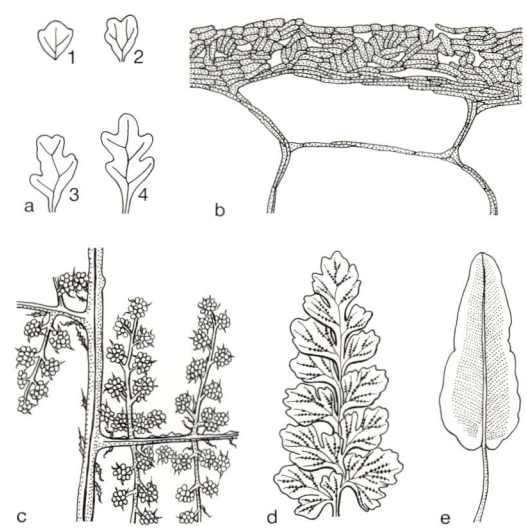

Abb. 7 a, 1–4 Sequenz von Juvenilblättern von *Goniophlebium* (nach Rödl-Linder); **b** Submarginale Aderkommissur als Rezeptakulum bei *Doryopteris* (nach Sprau); **c** „Skelettierte" fertile Blattabschnitte von *Polybotrya* (nach Moran); **d** Sporangien in sogenannten soralen Linien auf den Adern von *Eriosorus;* **e** Verlängerte sorale Linien von *Pterozonium* (beide nach Vareschi).

Abb. 5   Muster der Einbettung der Spaltöffnungen in die Epidermiszellen: a Anomocytisch, **b** Anisocytisch, **c** Diacytisch, **d** Paracytisch, **e** Actinocytisch, **f** Cyclocytisch, **g** Tetracytisch, **h** Hypocytisch, **i** Pericytisch, **j** Desmocytisch, **k** Polocytisch, **l** Staurocytisch (nach van Cotthem).

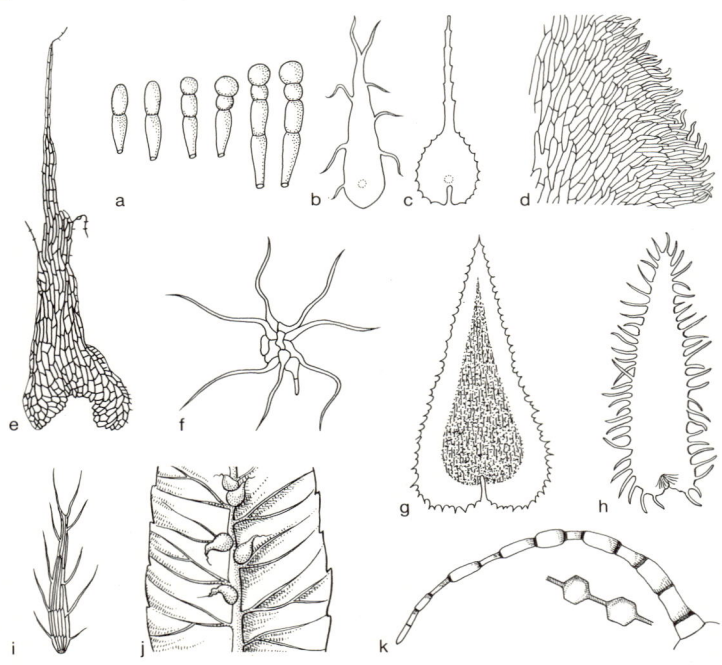

Abb. 6   Verschiedene Typen von Epidermalanhängseln bei Farnen. a Wenigzellige, mikroskopische Haare (weit verbreitet) (nach Wagner); **b** Peltate Schuppe; **c** Pseudopeltate Schuppe (nach Ogura); **d** Berandete Schuppe einer *Cyathea*-Art (nach R. Tryon); **e** Clathrate Schuppe eines *Asplenium* (nach Braithwaite); **f–i** Schuppen verschiedener *Elaphoglossum*-Arten (nach Vareschi); **j** Bullate Schuppen von *Cyathea grandifolia* (nach Stolze); **k** Intestiniforme Gliederhaare von *Dryopsis* (nach Holttum).

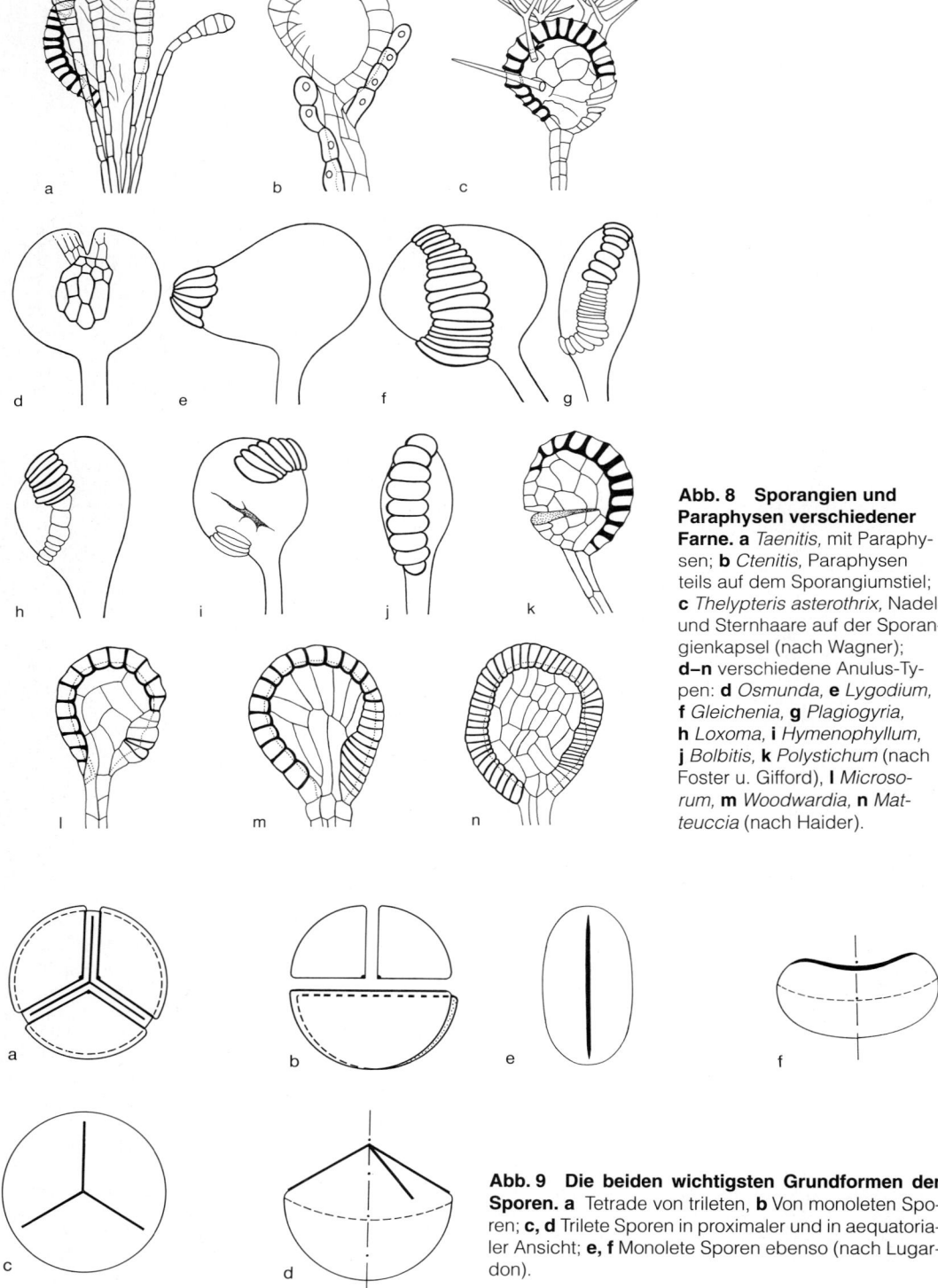

Abb. 8 Sporangien und Paraphysen verschiedener Farne. a *Taenitis,* mit Paraphysen; **b** *Ctenitis,* Paraphysen teils auf dem Sporangiumstiel; **c** *Thelypteris asterothrix,* Nadel- und Sternhaare auf der Sporangienkapsel (nach Wagner); **d–n** verschiedene Anulus-Typen: **d** *Osmunda,* **e** *Lygodium,* **f** *Gleichenia,* **g** *Plagiogyria,* **h** *Loxoma,* **i** *Hymenophyllum,* **j** *Bolbitis,* **k** *Polystichum* (nach Foster u. Gifford), **l** *Microsorum,* **m** *Woodwardia,* **n** *Matteuccia* (nach Haider).

Abb. 9 Die beiden wichtigsten Grundformen der Sporen. a Tetrade von trileten, **b** Von monoleten Sporen; **c, d** Trilete Sporen in proximaler und in aequatorialer Ansicht; **e, f** Monolete Sporen ebenso (nach Lugardon).

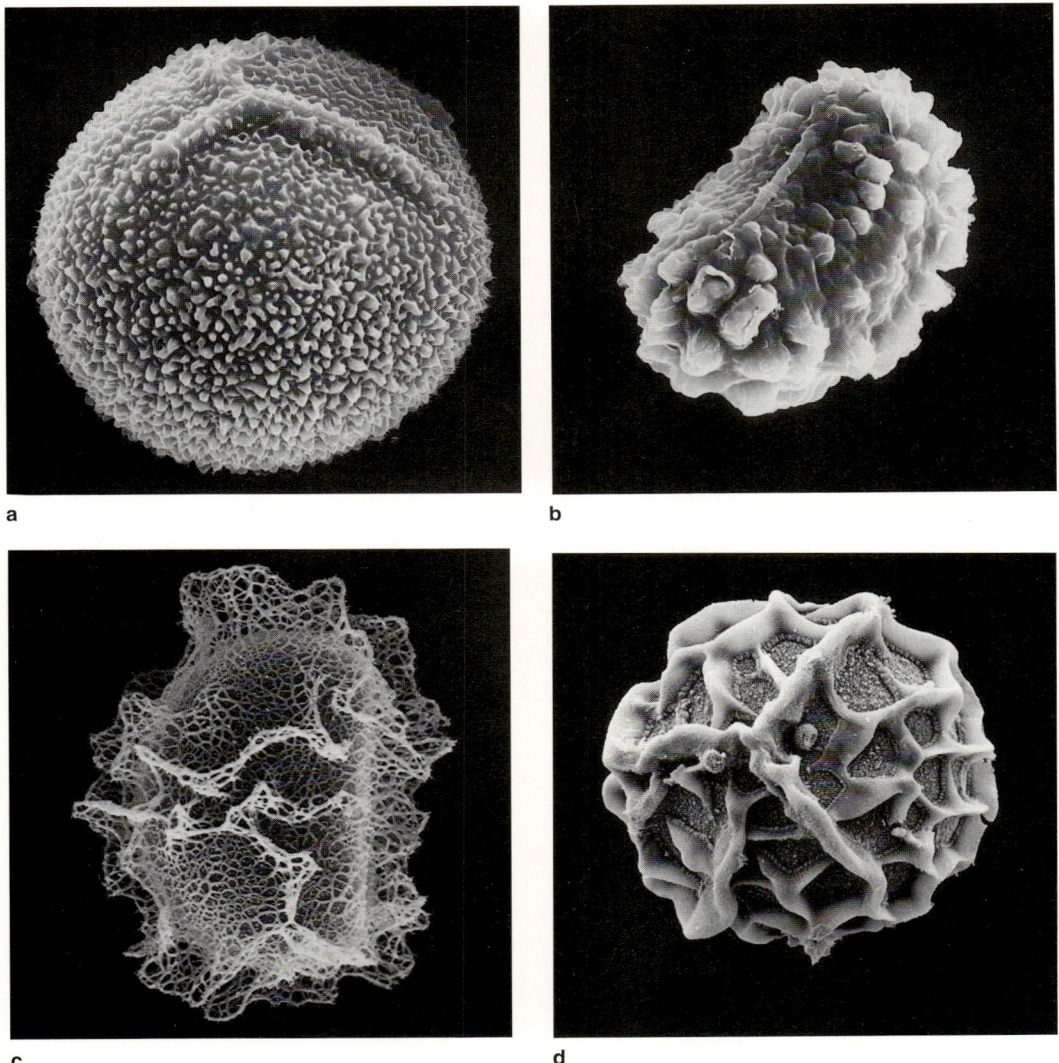

a b

c d

Abb. 10 Rasterelektronenmikroskop-(REM-)Bilder von Pteridophytensporen. a *Osmunda regalis,* trilet;
b *Polypodium aureum,* monolet; **c** *Lomariopsis hederacea,* monolet mit stark elaboriertem Perispor; **d** *Selaginella galeottii,* Megaspore mit anhaftenden Mikrosporen, beide trilet (alle Original A. Tryon).

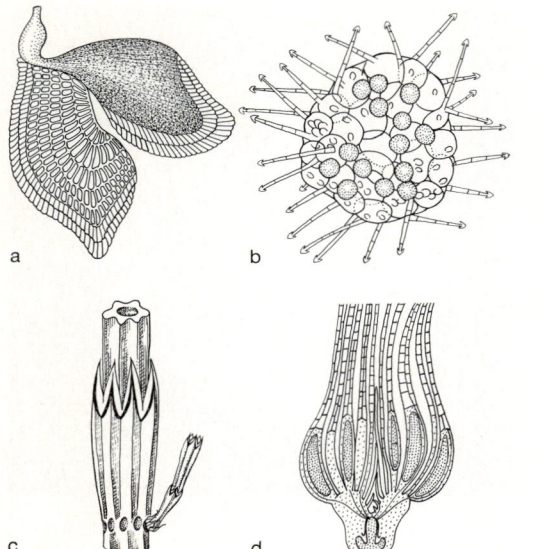

Abb. 11 a Blatt von *Azolla* mit Dorsal- und Ventrallappen; **b** Massula von *Azolla* mit Glochidien (beide nach Eames); **c** Stengelteil mit Scheide und Knoten von *Equisetum palustre* (nach Szynal in Mądalski); **d** Längsschnitt des Kormus von *Isoëtes* mit Blattbasen und Sporangien (nach Paolillo).

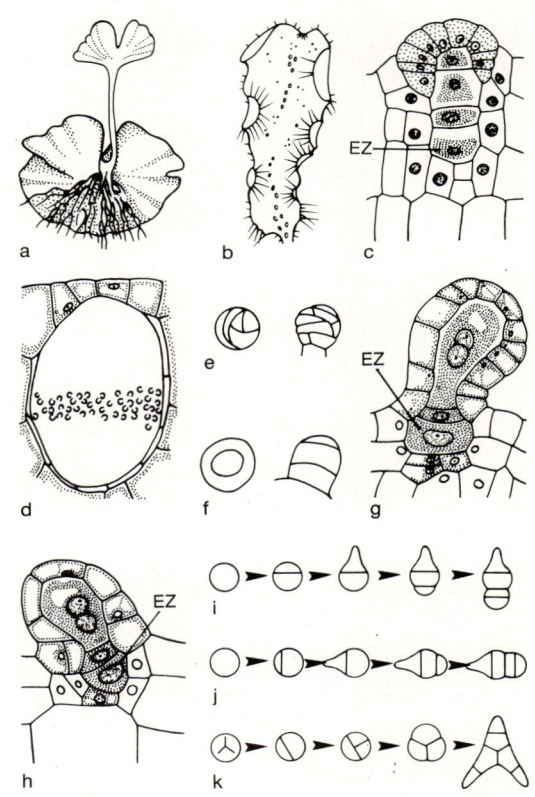

Abb. 12 a Prothallium mit jungem Sporophyt eines abgeleiteten Farnes (nach Nultsch); **b** Bandförmiges Prothallium von *Christiopteris* (nach Atkinson); **c–h Gametangien**: **c, d** Archegonium bzw. Antheridium von *Marattia* (nach Stokey), **e** Antheridium von *Trichomanes* in apikaler bzw. lateraler Ansicht, **f** Das gleiche für *Athyrium* (beide nach Eames), **g** Ursprüngliches Archegonium von *Matonia* (nach Stokey u. Atkinson), **h** Abgeleitetes Archegonium von *Elaphoglossum* (id.); **i–k Keimungsmuster** von Farnsporen: **i** *Osmunda*, **j** *Gleichenia*, **k** *Hymenophyllum* (nach Nayar u. Kaur). EZ = Eizelle.

Abb. 13   Nephrolepis abrupta, koloniebildend auf Lava, mit Ausläufern (La Réunion).

Abb. 14   Woodwardia prolifera, Brutknospen auf der Spreite, Sori auf der Oberseite vortretend (Taiwan).

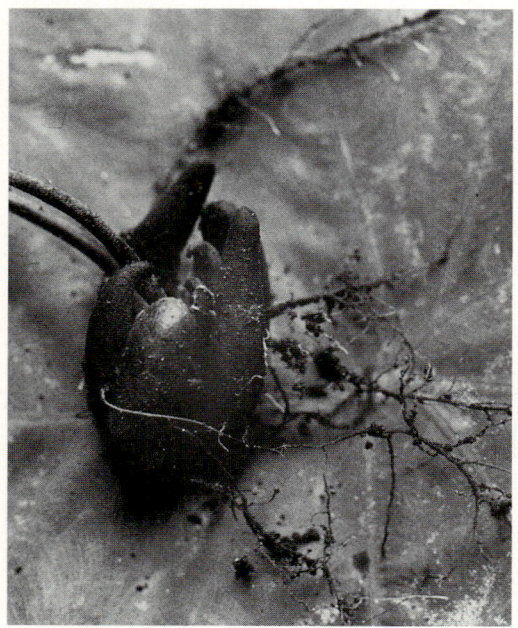

Abb. 15 Monachosorum subdigitatum, Blattspindel mit aus Trophopodien bestehender Brutknospe (Taiwan).

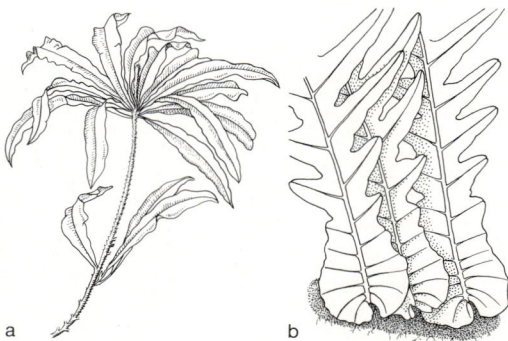

a

b

Abb. 17 a Strauchförmiger Habitus von *Oleandra pistillaris;* **b** Humussammelnde Blattbasen von *Aglaomorpha* (beide nach Holttum).

Abb. 16 Monachosorum subdigitatum, Trophopodien am Fuß des oberirdischen Teiles der Pflanze (Taiwan).

Abb. 18 Asplenium brasiliense, Rosettenfarn mit einfacher Spreite und „Bischofsstäben" (Paraná, Südbrasilien).

Abb. 19 Adiantopsis radiata, handförmig zusammengesetzte Spreite (Paraguay).

Abb. 20 Lomagramma polyphylla, Blattdimorphismus: links Teil einer fertilen, rechts Teil einer sterilen Spreite (Akrophyll) (Fiji).

Abb. 21 Goniophlebium subauriculatum, Teil der Spreite mit Abgliederungsstellen an den Basen der Fiedern (u. a. beim Pfeil) und nach oben vortretenden Sori (kultiviert Zürich).

Abb. 22 Polystichum acrostichoides, fertiler Apikalteil eines Blattes, mit verschmälerten Fiedern (kultiviert Zürich).

Abb. 23 Dryopteris affinis, untere Fiedern aus der Ebene des Blattes heraus senkrecht zum Licht gedreht (Schweiz).

Abb. 24 Acrostichum aureum, Mangrovenfarn, Apikalteil der Blätter fertil, die Fiedern unterseits gleichmäßig mit Sporangien bedeckt (Süd-Andaman, Indien).

Abb. 25 Nephrolepis abrupta, Blattspitze noch nicht entfaltet, Fiedern sonst ausgereift. Fertile Fiedern mit den Sori auf kleinen, randständigen Lappen (La Réunion).

Abb. 26 Davallia (Humata) heterophylla. Blätter dimorph, die sterilen ganzrandig, die fertilen eingeschnittenen (kultiviert Zürich).

Abb. 27 Asplenium nidus, Nestfarn, längs halbiert (Taiwan).

Abb. 29 **Arthropteris beckleri,** Hemiepiphyt mit an Baumstamm kletterndem Rhizom (Queensland, Australien).

Abb. 28 **Platycerium coronarium,** Geweihfarn, mit aufrechten Nischen- und hängenden Laubblättern (Johor, Malaya).

Abb. 30 **Goniophlebium formosanum,** Epiphyt mit fast nacktem, im Leben grünem Rhizom mit Phyllopodien (Taiwan).

Abb. 31 Lemmaphyllum microphyllum, einen Felsen mit seinem stark verzweigten Rhizom überziehend. Fertile Blätter verlängert und verschmälert (Taiwan).

Abb. 32 Adiantum reniforme ssp. **asarifolium,** Trockenfarn mit einfacher, starrer Blattspreite (La Réunion).

Abb. 33 Actiniopteris radiata, mehrfach gegabelte Blattspreite, die sich bei Beginn des Trockenschlafes zusammenlegt (Tamil Nadu, Südindien).

Abb. 34 Pellaea mucronata, Trockenfarn mit schmalen, starren Blattabschnitten; im Hintergrund **Selaginella hansenii** (Kalifornien).

Abb. 35 Matteuccia struthiopteris, im Frühling nur die überwinterten fertilen Blätter des letzten Jahres tragend (Niederlande, verwildert).

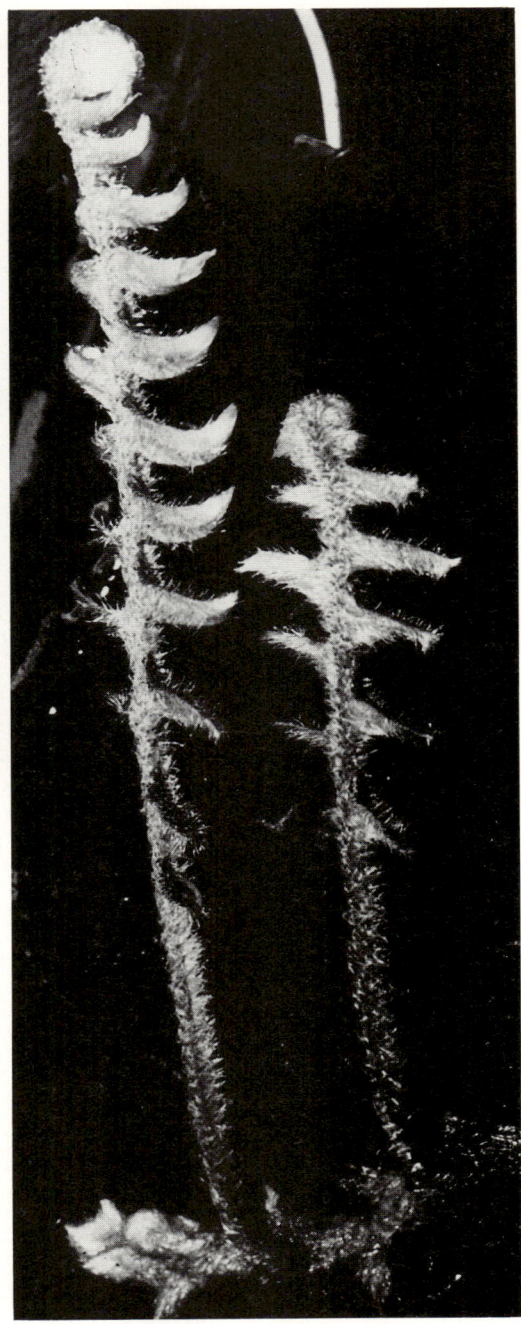

Abb. 36 Polypodium hirsutissimum, stark beschuppter Farn zeitweilig trockener Gebiete (kultiviert St. Gallen).

Abb. 37 Pityrogramma argentea, ausnahmsweise epiphytisch wachsend im Mooswald; Blattunterseite weiß beschichtet (La Réunion).

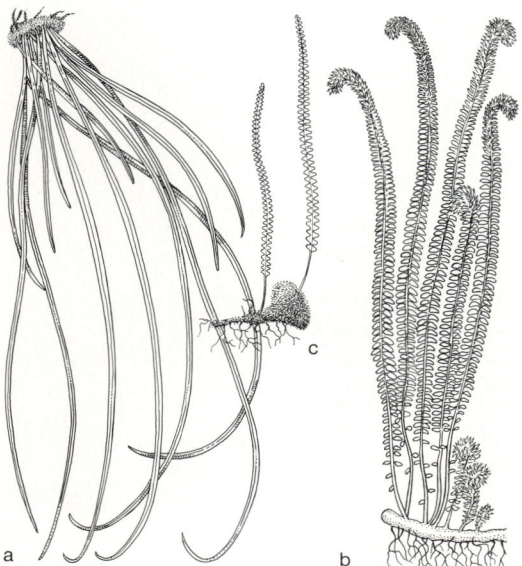

Abb. 38 a Habitus von *Vittaria isoëtifolia* (nach Schelpe); **b** Habitus von *Jamesonia* (nach A. Tryon und Vareschi); **c** Habitus von *Ctenopteris moniliformis* (nach Vareschi).

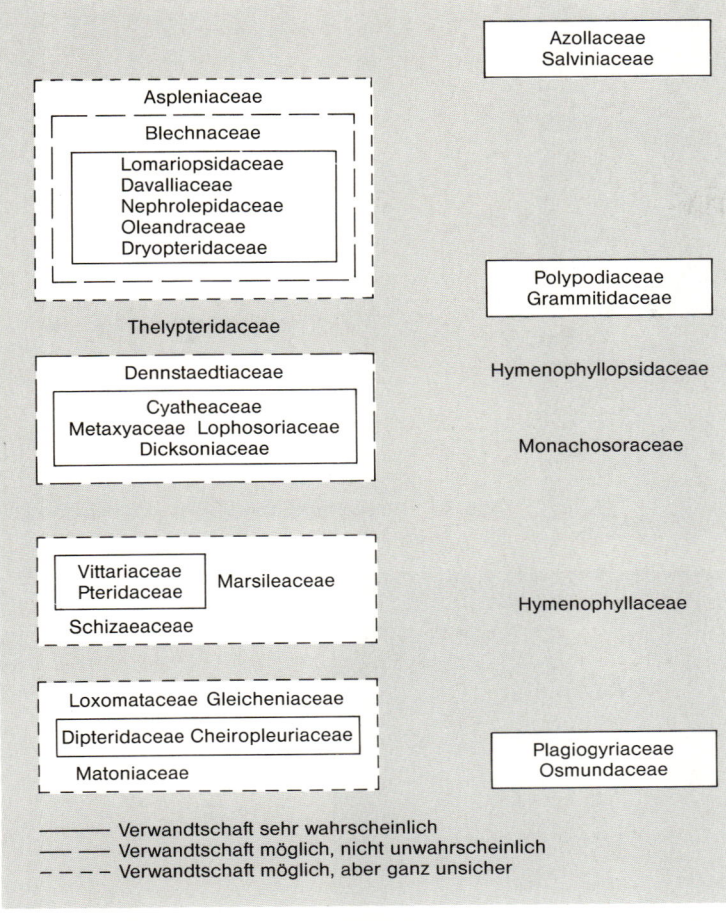

Azollaceae
Salviniaceae

Aspleniaceae

Blechnaceae

Lomariopsidaceae
Davalliaceae
Nephrolepidaceae
Oleandraceae
Dryopteridaceae

Polypodiaceae
Grammitidaceae

Thelypteridaceae

Hymenophyllopsidaceae

Dennstaedtiaceae

Cyatheaceae
Metaxyaceae Lophosoriaceae
Dicksoniaceae

Monachosoraceae

Vittariaceae
Pteridaceae Marsileaceae

Hymenophyllaceae

Schizaeaceae

Loxomataceae Gleicheniaceae

Dipteridaceae Cheiropleuriaceae

Matoniaceae

Plagiogyriaceae
Osmundaceae

—————— Verwandtschaft sehr wahrscheinlich
— — — Verwandtschaft möglich, nicht unwahrscheinlich
– – – – Verwandtschaft möglich, aber ganz unsicher

Abb. 39 Schema der vermutlichen **Verwandtschaftsverhältnisse der Familien der Filicales,** (nach Kramer). Stark isolierte Familien und Familien ganz unsicherer Stellung rechts, ursprüngliche Familien unten.

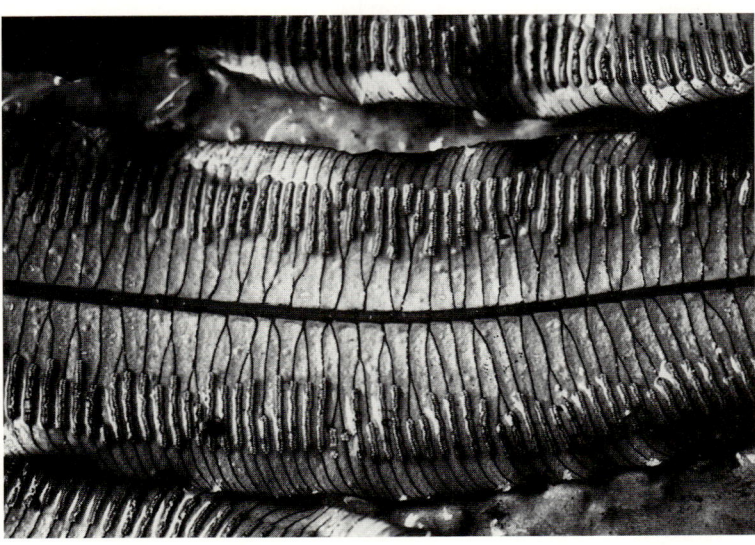

Abb. 40 Angiopteris itoi mit sorusartigen Sporangiengruppen und falschen Adern am Blattrand zwischen den echten (Taiwan).

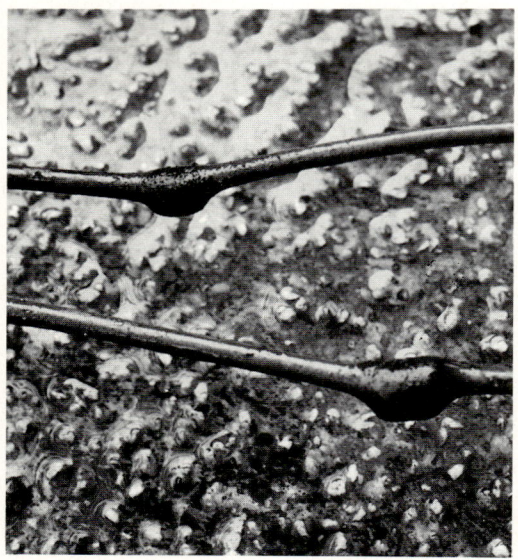

Abb. 41 Angiopteris itoi, Knoten (Pulvini) im Blatt-stiel (Taiwan).

Abb. 42 Angiopteris spec., Pneumathoden auf der Spindel und Knoten am Grund einer Se-kundärspindel (West-Benga-len, Indien).

Abb. 43 Matonia pectinata, fußförmige Blattspreite (Selangor, Malaya).

Abb. 44 Angiopteris spec., Juvenilpflanze mit teils einfach, teils doppelt gefiederter Spreite und halb endständiger oberster Seitenfieder (kultiviert Utrecht).

Abb. 45 Osmunda banksiifolia, Basis der Blattspreite mit fertilen, „skelettierten" Fiedern (Taiwan).

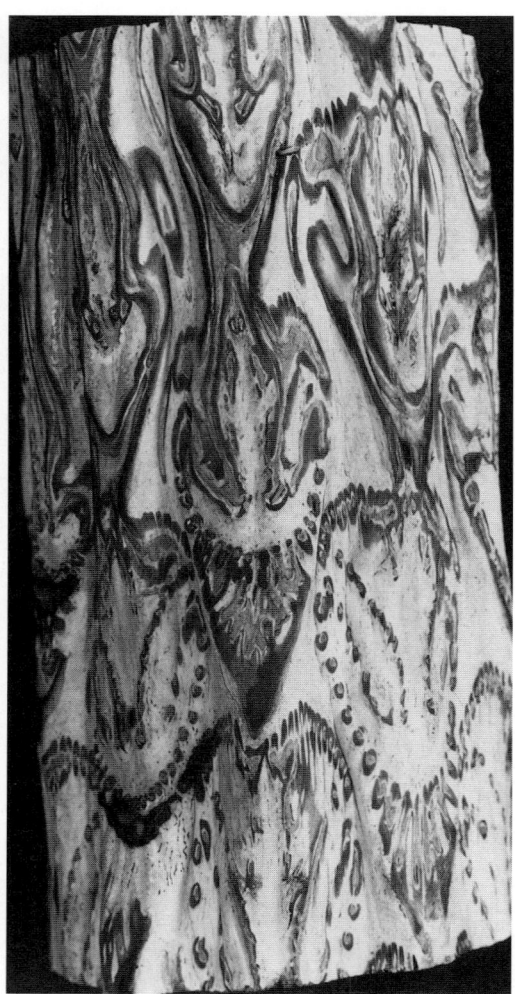

Abb. 47 Cyathea? medullaris, Holzteil des Stammes mit Leitbündelnarben der Blattstiele und Sklerenchymstreifen (Museumspräparat).

◁ **Abb. 46 Cyathea cooperi,** Blattstiel mit Beschuppung und hellen Pneumathoden (kultiviert Zürich).

Abb. 48   Lygodium salicifolium, Blattspindel windend, Seitenzweige davon scheinbar gegabelt, mit schlafender Endknospe an der Spitze der Primärfieder (Pfeil) (Süd-Andaman, Indien).

Abb. 49   Anemia phyllitidis, fertiles Blatt mit aufrechten fertilen, skelettierten Fiedern (Paraná, Südbrasilien).

Abb. 50   Cephalomanes parviflorum, bodenbewohnender, rosettenförmiger Hautfarn (La Réunion).

Abb. 51   Crepidomanes minutum, koloniebildender, winziger Hautfarn mit trichterförmigen Involukra (Taiwan).

Abb. 52   Cibotium taiwanense, Fiedern mit Sori, Indusium zweiklappig, schachtelartig (Taiwan).

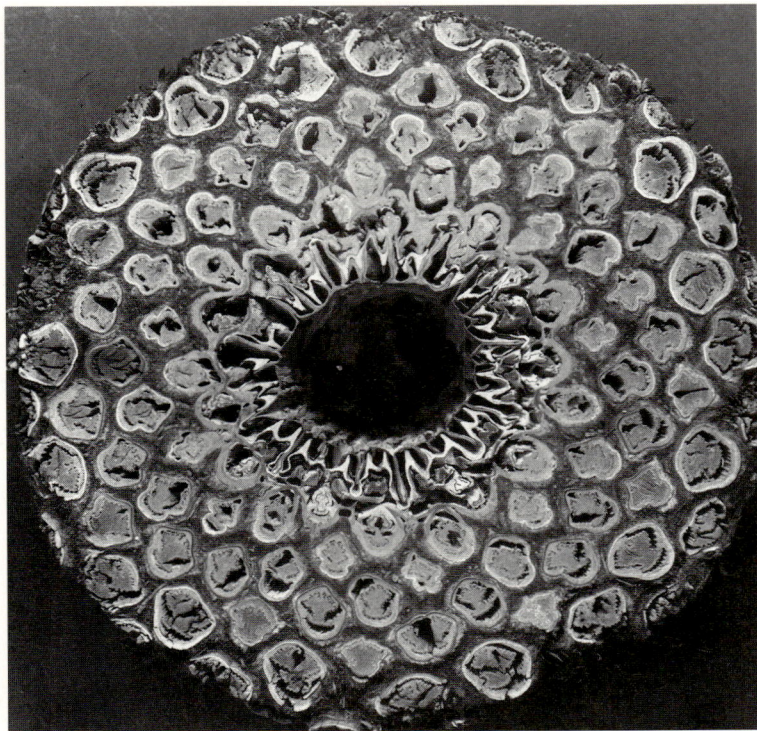

Abb. 53 Stammquerschnitt einer Dicksoniacee **(Cibotium?)** mit starkem Mantel aus Blattstielen und ihrem Haarkleid (Museumspräparat).

Abb. 54 Cyathea lepifera, Wuchsspitze mit stark beschuppten, jungen Blättern (Taiwan).

Abb. 55 Histiopteris incisa, noch nicht entfaltete Blattspitze (Pfeil), darunter bereits voll entwickelte Fiedern (Taiwan).

Abb. 56 Marsilea minuta, Kleefarn, mit vierzähliger Blattspreite (Lan Yü bei Taiwan).

Abb. 57 Salvinia natans, Blätter oberseits mit Papillen besetzt und dadurch unbenetzbar; unten und rechts oben im Bild **Azolla pinnata** (Taiwan).

Abb. 58 Huperzia gnidioides, hängender epiphytischer Bärlapp, Sprosse mit begrenztem Längenwachstum (La Réunion).

◁ **Abb. 59 Selaginella tamariscina** im Trockenschlaf (Taiwan).

Abb. 60 Selaginella wallacei, homophylle, moos-
ähnliche Art (Kalifornien).

Abb. 61 Psilotum nudum, epiphytisch in der Achsel eines abgefallenen Palmenblattes (Bolivien).

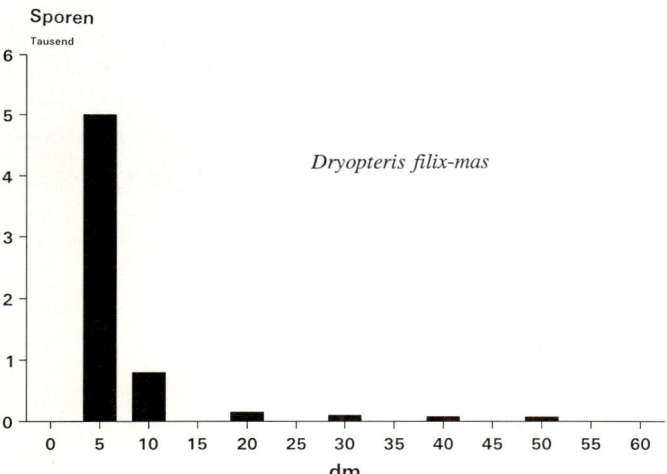

Abb. 62   Verteilung von Sporen mit zunehmendem Abstand von der Sporenquelle (Individuum eines Wurfar-
nes, *Dryopteris filix-mas*). Beispiel für eine leptokurtische Verteilung von Verbreitungseinheiten (Sporen).

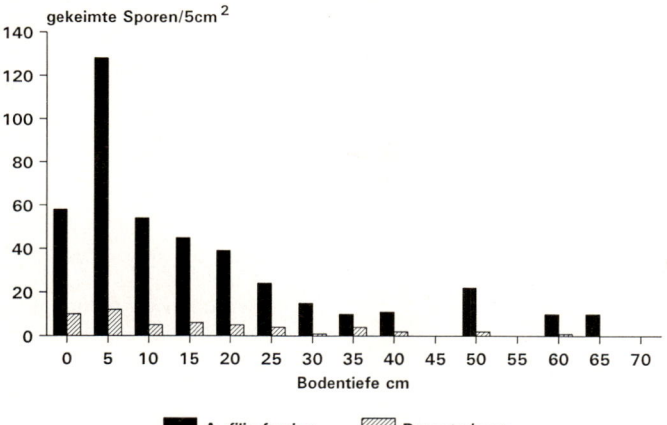

Abb. 63 Vorkommen lebensfähiger Sporen in einer Bodenprobe (Sporenbank) aus einem Farngebiet in der Umgebung von Zürich. Aufgrund der Prothallienmorphologie ist *Athrium filix-femina* mit Sicherheit zu identifizieren. Prothallien der Arten der Gattung *Dryopteris,* die am Fundort vorkommen, können nicht unterschieden werden.

Abb. 64 Meiose beim Farn *Ophioglossum reticulatum* (n = 631, 2n = 1262). Die Art besitzt die höchste bekannte Chromosomenzahl (nach Ninan).

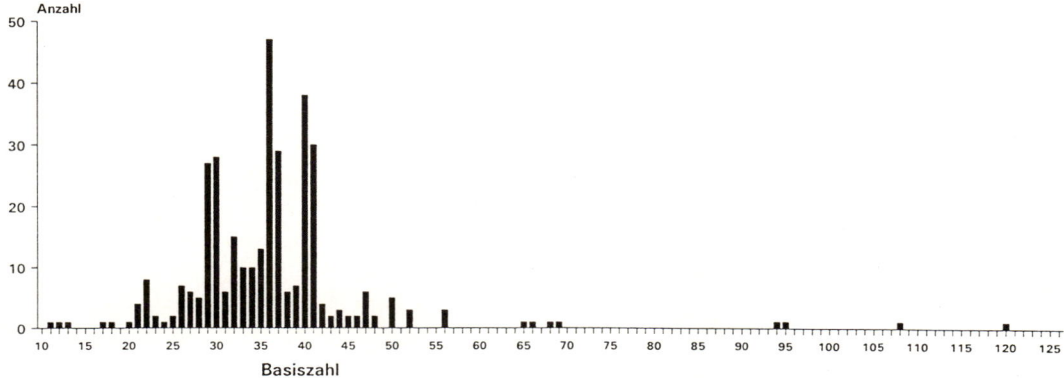

Abb. 65 Häufigkeiten von **Basischromosomenzahlen** bei den Farnen und Farnverwandten.

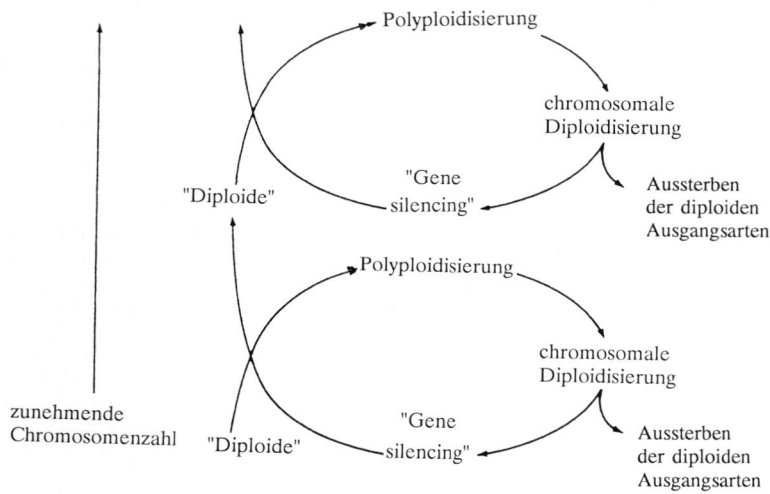

Abb. 66 Schematische Darstellung der möglichen **Evolution der homosporen Farne** über zyklische Polyploidisierungsvorgänge, die mit dem Aussterben der Ausgangsformen und „Gene silencing" verbunden sind (nach Haufler).

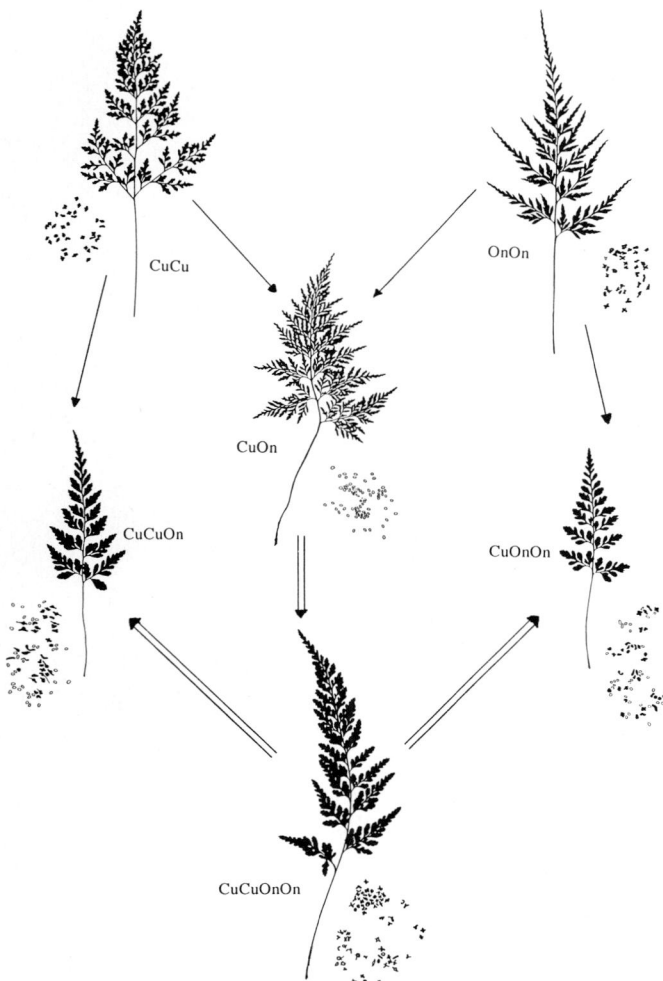

Abb. 67 Allopolyploidie. Schematische Darstellung der Bildung der allotetraploiden Art *Asplenium adiantum-nigrum* aus den diploiden Ausgangsarten *A. cuneifolium* und *A. onopteris*. CuCu = *A. cuneifolium* (n = 36), OnOn = *A. onopteris* (n = 36), CuOn = diploider Bastard (72 Univalente in Meiose), CuCuOnOn = aus dem diploiden Bastard durch Chromosomenverdoppelung hervorgegangene allotetraploides *A. adiantum-nigrum* (n = 72). CuCuOn = *A. x centovallense* und CuOnOn = *A. x ticinense,* beide triploide Rückkreuzungen mit der einen bzw. der anderen Elternart (mit 36 Chromosomenpaaren und 36 Univalenten) (verändert, nach Shivas, Reichstein).

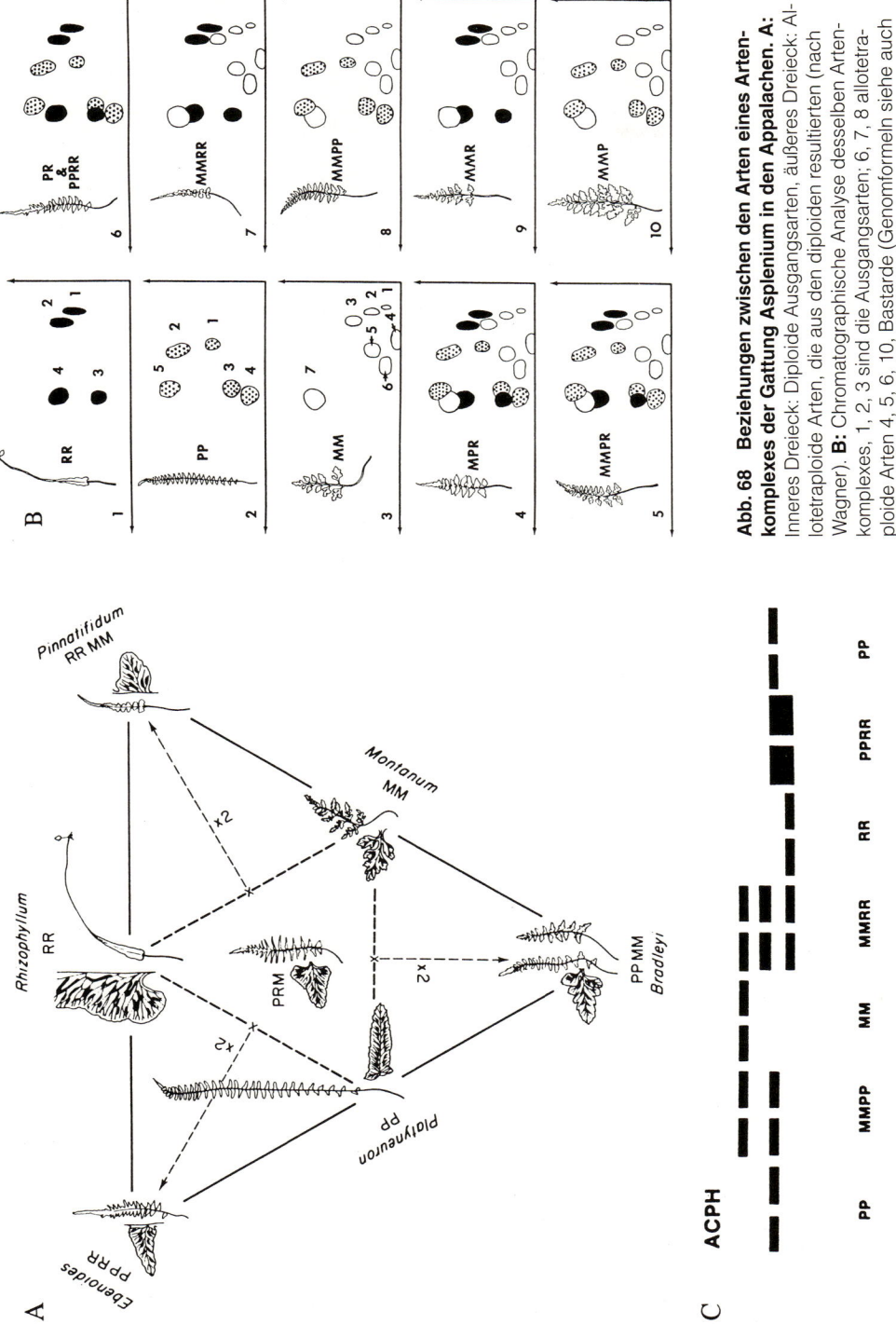

Abb. 68 Beziehungen zwischen den Arten eines Arten-komplexes der Gattung Asplenium in den Appalachen. A: Inneres Dreieck: Diploide Ausgangsarten, äußeres Dreieck: Allotetraploide Arten, die aus den diploiden resultierten (nach Wagner). **B:** Chromatographische Analyse desselben Artenkomplexes, 1, 2, 3 sind die Ausgangsarten; 6, 7, 8 allotetraploide Arten 4, 5, 6, 10, Bastarde (Genomformeln siehe auch A) (nach Smith u. Levin). **C:** Enzymbänderungsmuster des Enzyms Acid Phosphatase, ACPH (MM, MP etc. Genomformeln, wie in A, und B) (nach Werth et al.).

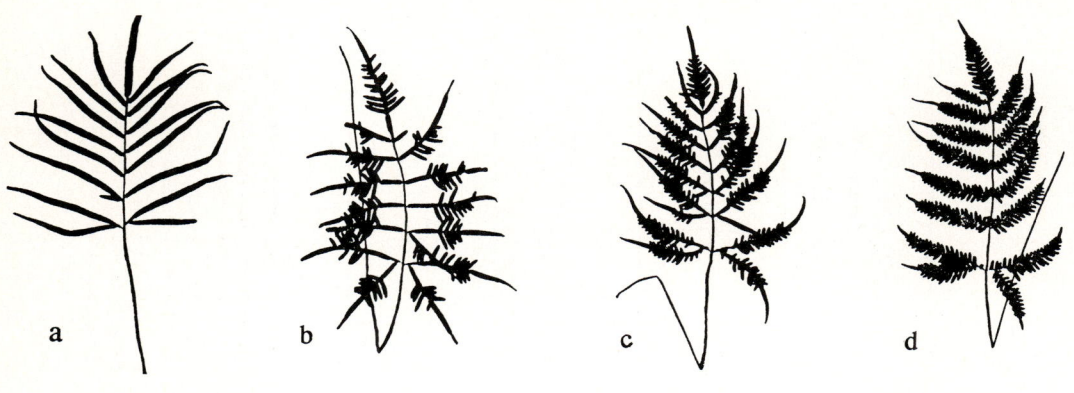

P. multiaurita   P. quadriaurita

Abb. 69 „Hybridschwärme" beim Pteris quadriaurita-Komplex in Ceylon. Zwischen den Extremformen *P. multiaurita* **(a)** und *P. quadriaurita* **(d)** stehende intermediäre Formen **(b, c)** (nach Walker).

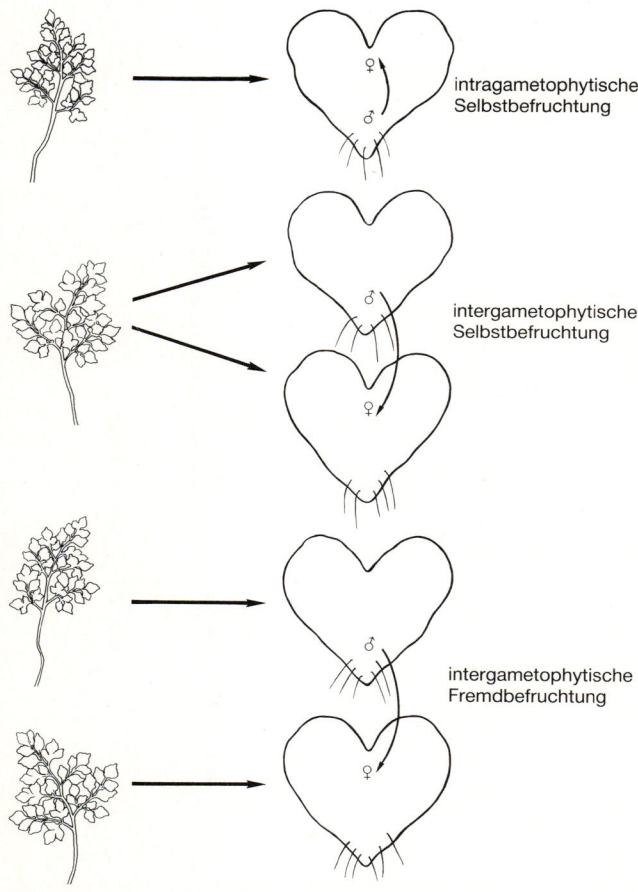

intragametophytische
Selbstbefruchtung

intergametophytische
Selbstbefruchtung

intergametophytische
Fremdbefruchtung

Abb. 70 Möglichkeiten von **Befruchtung** bei homosporen Farnen.

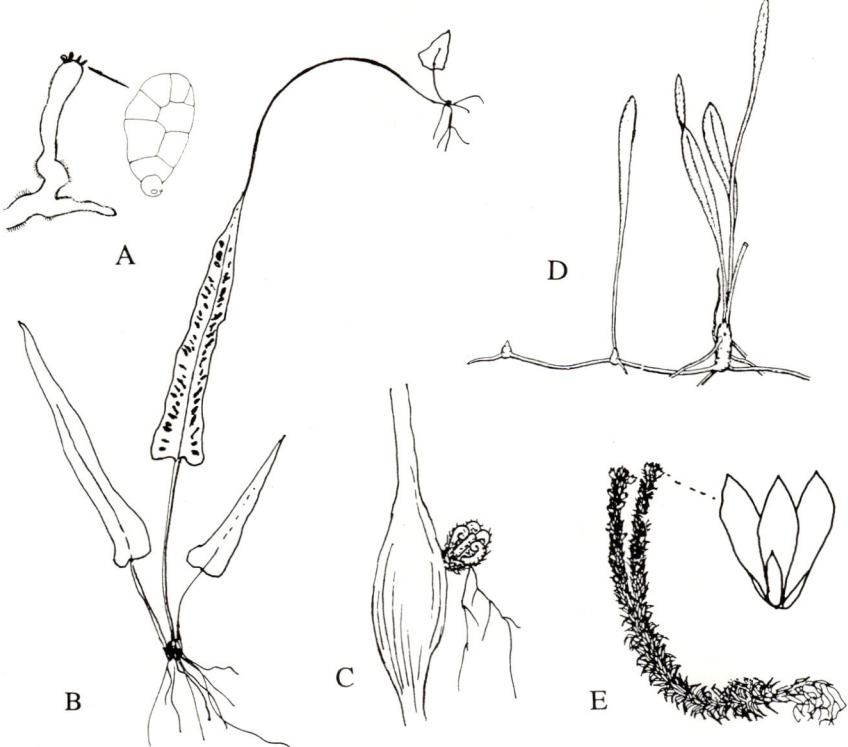

Abb. 71   Formen der vegetativen Vermehrung. A: Gametophyt von *Hymenophyllum* mit Gemmen, eine davon vergrößert dargestellt (aus Raine et al.). **B:** *Asplenium rhizophyllum* mit Jungpflanze an einer Blattspitze („walking fern"). **C:** Blattbasis von *Dryopteris filix-mas* mit Sproßknospe. **D:** Wurzelknospen bei *Ophioglossum lusitanicum* (aus Gewirtz u. Fahn). **E:** *Huperzia appalachiana* mit Gemmen, eine davon vergrößert.

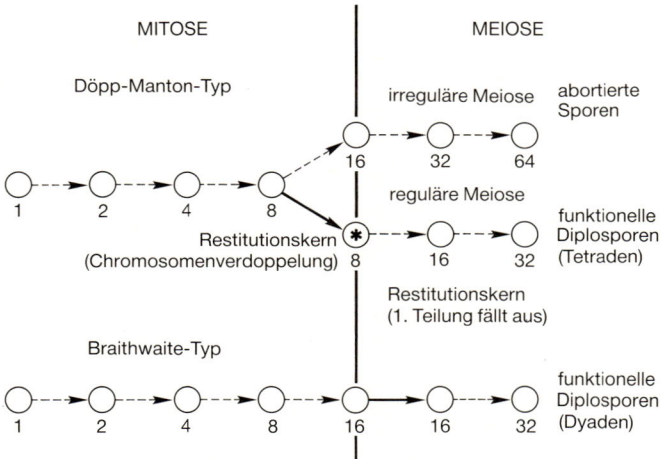

Abb. 72   Sporogenese bei apomiktischen Farnen. Die Zahlen bedeuten die Anzahl Zellen pro Sporangium. Beim Döpp-Manton-Typ hat jeder Kern dieselbe Chromosomenzahl mit Ausnahme der Sporenmutterzelle, in welcher die doppelte Zahl vorkommt. Beim Braithwaite-Typ hat jeder Kern des Zyklus die gleiche Chromosomenzahl. Gestrichelte Linien zeigen normale Zellteilungen an, dicke ausgezogene Linien die kompensierenden Teilungen (nach Walker).

38. Dyer, A. F., Lindsay, S.: Soil spore banks of temperate ferns. Amer. Fern J. 82 (1992) 89–123.
39. Elmore, H. W., Whittier, D. P.: The involvement of ethylene and sucrose in the inductive developmental phases of apogamous bud formation in *Pteridium* gametophytes. Can. J. Bot. 53 (1975) 375–381.
40. Falconer, D. S.: Introduction to Quantitative Genetics. Longman, London 1981.
41. Farlow, W. G.: An asexual growth from prothallus of *Pteris cretica*. Quart. J. Microscop. Sci. 14 (1874) 266–272.
42. Farmer, J. B., Digby, L.: Studies in apospory and apogamy in ferns. Ann. Bot. 29 (1907) 161–199.
43. Farrar, D. R.: Gametophytes of four tropical fern genera reproducing independently of their sporophytes in the southern Appalachians. Science 155 (1967) 1266–1267.
44. Farrar, D. R.: Problems in the identity and origin of the Appalachian *Vittaria* gametophyte, a sporophyteless fern of the eastern United States. Amer. J. Bot. 65 (1978) 1–12.
45. Farrar, D. R.: Independent fern gametophytes in the wild. Proc. Roy. Soc. Edinburgh 86 B (1985) 361–369.
46. Farrar, D. R.: Species and evolution in asexually reproducing independent fern gametophytes. Syst. Bot. 15 (1990) 98–111.
47. Farrar, D. R., Johnson-Groh, C. L.: Subterranean sporophytic gemmae in moonwort ferns, *Botrychium* subgenus *Botrychium*. Amer. J. Bot. 77 (1990), 1168–1175.
48. Freeberg, J. A.: The apogamous development of sporelings of *Lycopodium cernuum* L., *L. complanatum* var. *flabelliforme* Fernald and *L. selago* L. in vitro. Phytomorphology 7 (1957) 217–229.
49. Gartmann, F.: Habitat-related differences between the vicarious fern species *Gymnocarpium dryopteris* and *G. robertianum*. Ann. Bot. Fenn. 25 (1988) 261–274.
50. Gastony, G. J.: Electrophoretic evidence for the origin of fern species by unreduced spores. Amer. J. Bot. 73 (1986) 1563–1569.
51. Gastony, G. J.: Gene silencing in a polyploid homosporous fern: paleopolyploidy revisited. Proc. Natl. Acad. USA 88 (1971) 1602–1605.
52. Gastony, G. J., Windham, M. D.: Species concepts in pteridophytes: the treatment and definition of agamosporous species. Amer. Fern J. 79 (1989) 65–77.
53. Gastony, G. J., Yatskievych, G.: Maternal inheritance of the chloroplast and mitochondrial genomes in cheilanthoid ferns. Amer. J. Bot. 79 (1992) 716–722.
54. Gastony, G. J., Yatskievych, G., Dixon, C. K.: Chloroplast DNA in the fern genus *Pellaea*: phylogenetic relationships of the *Pellaea glabella* complex. Amer. J. Bot. 79 (1992) 1072–1080.
55. Geiger, H.: Untersuchungen an *Selaginella* (Makroprothallien, Befruchtung und Apomixis). Flora 29 (1935) 140–157.
56. Gewirtz, M., Fahn, A.: The anatomy of the sporophyte and gametophyte of *Ophioglossum lusitanicum* L. ssp. *lusitanicum*. Phytomorphology 10 (1960) 342–350.
57. Gibby, M., Walker, T. G.: Further cytogenetic studies and a reappraisal of the diploid ancestry in the *Dryopteris carthusiana* complex. Brit. Fern Gaz. 11 (5) (1977) 315–324.
58. Gibby, M., Widén, C.-J., Widén, H. K.: Cytogenetic and phytochemical investigations in hybrids of Macaronesian *Dryopteris* (Pteridophyta: Aspidiaceae). Pl. Syst. Evol. 130 (1978) 235–252.
59. Grant, V.: Plant Speciation. Columbia University Press, New York 1981.
60. Grime, J. P., Mowforth, M. A.: Variation in genome size – an ecological interpretation. Nature 299 (1982) 151–153.
61. Gruber, T. M.: The branching pattern of *Hypolepis repens*. Amer. Fern J. 71 (1981) 41–47.
62. Harper, J. L.: Population Biology of Plants. Academic Press, London 1977.
63. Harper, J. L.: The concept of population in modular organisms, pp. 53–77. In: May, R. M. (Ed.). Theoretical Ecology. Blackwell Scientific Publications, Oxford 1981.
64. Harper, J. L.: Modules, branches, and the capture of resources, pp. 1–33. In: Jackson, J. B. C. et al. (Eds.): Population Biology and Evolution of Clonal Organism. Yale University Press, New Haven 1985.
65. Haufler, C. H.: Genetic evidence suggests that homosporous ferns with high chromosome numbers are diploid. Proc. Natl. Acad. USA 83 (1986) 4389–4393.
66. Haufler, C. H.: Electrophoresis is modifying our concept of evolution in homosporous pteridophytes. Amer. J. Bot. 74 (1987) 953–966.
67. Haufler, C. H.: Towards a synthesis of evolutionary modes and mechanisms in homosporous pteridophytes. Biochem. Syst. Evol. 17 (1989) 104–115.
68. Haufler, C. H., Windham, M. D., Ranker, T. A.: Biosystematic analysis of the *Cystopteris tennesseensis* (Dryopteridaceae) complex. Ann. Missouri Bot. Gard. 77 (1990) 314–329.
69. Haufler, C. H., Windham, M. D., Britton, D. M., Robinson, S. J.: Triploidy and its evolutionary significance in *Cystopteris protrusa*. Can. J. Bot. 63 (1985) 1855–1863.
70. Headley, A. D., Callaghan, T. V.: Modular growth of *Huperzia selago* (Lycopodiaceae: Pteridophyta). Fern Gaz. 13 (7) (1990) 361–372.
71. Hedrick, P. W.: Genetic load and the mating systems in homosporous ferns. Evolution 41 (1987) 1282–1289.
72. Hennipman, E.: A monograph of the fern genus *Bolbitis* (Lomariopsidaceae). Leiden Bot. Ser. 2 (1977) 1–331.
73. Hirabayashi, H.: Cytogeographic Studies on *Dryopteris* of Japan. Hara Shobo, Tokyo 1974.
74. Holst, R. W., Yopp, J. H.: Studies of the *Azolla-Anabaena* symbiosis using *Azolla mexicana*, I. Growth

in nature and laboratory. Amer. Fern J. 69 (1979) 17–25.

75. Holttum, R. E.: The ecology of tropical pteridophytes, pp. 420–450. In: Verdoorn, F. (Ed.): Manual of Pteridology. Matinus Nijhoff, The Hague 1938.

76. Holttum, R. E.: Morphology, growth habit and classification in the family Gleicheniaceae. Phytomorphology 7 (1957) 168–184.

77. Imaichi, R., Darnaedi, D., Kato, M.: Adventitious buds of Dryopteris sparsa complex (Dryopteridaceae): developmental anatomy and systematic implication. Bot. Mag. Tokyo 100 (1987) 365–372.

70. Iwatsuki, K., Kato, M.: Diversity of vegetative reproduction in the ferns with reference to leaf borne proliferation, pp. 124–131. In: Hara, H. (Ed.): Origin and Evolution of Diversity in Plants and Plant Communities. Academia Scientific Book Inc., Tokyo 1985.

79. John, B.: Meiosis. Cambridge University Press, New York 1990.

80. Johnson, D. M.: Systematics of the New World species of Marsilea (Marsileaceae). Syst. Bot. Monogr. 11 (1986) 1–87.

81. Jones, K.: The role of robertsonian change in karyotype evolution in higher plants. Chromosomes Today 6 (1977) 121–129.

82. Klekowski, E. J.: Reproductive biology of the Pteridophyta. II.Theoretical considerations. Bot. J. Linn. Soc. 62 (1969) 347–359.

83. Klekowski, E. J.: Reproductive biology of the Pteridophyta IV. An experimental study of mating systems in Ceratopteris thalictroides (L.) Brongn. Bot. J. Linn. Soc. 63 (1970) 153–169.

84. Klekowski, E. J.: Evidence against genetic self-incompatibility in the homosporous fern Pteridium aquilinum. Evolution 26 (1972) 66–73.

85. Klekowski, E. J.: Genetic damage to a fern population growing in polluted environment: segregation and description of gametophyte mutants. Can. J. Bot. 55 (1976) 542–548.

86. Klekowski, E. J.: Genetic and reproductive biology of ferns, pp. 133–170. In: Dyer, A. F. (Ed.): The Experimental Biology of Ferns. Academic Press, London 1979.

87. Klekowski, E. J.: Genetic load and soft selection in ferns. Heredity 49 (1982) 191–197.

88. Klekowski, E. J.: Mutational load in clonal plants: a study of two fern species. Evolution 38 (1984) 417–426.

89. Klekowski, E. J.: Progressive cross- and self-sterility associated with aging in fern clones and perhaps other plants. Heredity 61 (1988) 247–253.

90. Klekowski, E. J., Baker, H. G.: Evolutionary significance of polyploidy in the Pteridophyta. Science 153 (1966) 305–307.

91. Knobloch, I. W.: A preliminary review of spore number and apomixis within the genus Cheilanthes. Amer. Fern J. 56 (1966) 163–167.

92. Kornaś, J.: Adaptive strategies of Marsilea (Marsileaceae: Pteridophyta) in the Lake Chad basin of N. E. Nigeria. Fern Gaz. 13 (4) (1988) 231–243.

93. Kornaś, J., Jankun, A.: Annual habit and apomixis as drought adaptations in Selaginella tenerrima. Bothalia 14 (1983) 647–651.

94. Lawton, E.: Regeneration and induced polyploidy in ferns. Amer. J. Bot. 19 (1932) 304–332.

95. Lehmann, A., Eber, W.: Zur Populationsbiologie von Equisetum hyemale. Verh. Ges. Ökologie 19 (1990) 44–53.

96. Levin, D. A.: Breeding structure and genetic variation, pp. 217–251. In: Crawley, M. J. (Ed.): Plant Ecology. Blackwell Scientific Publ., Oxford 1986.

97. Lewis, W. H.: Polyploidy in angiosperms: dicotyledons, pp. 241–268. In: Lewis, W. H. (Ed.): Polyploidy, Biological Relevance. Plenum Press, New York 1980.

98. Lloyd, R. M.: Reproductive biology and evolution in the Pteridophyta. Ann. Missouri Bot. Gard. 612 (1974) 318–331.

99. Lloyd, R. M.: Mating systems and genetic load in pioneer and non-pioneer Hawaiian Pteridophyta. Bot. J. Linn. Soc. 69 (1974) 23–35.

100. Lovis, J. D.: Autopolyploidy in Asplenium. Nature 203 (1964) 324–325.

101. Lovis, J. D.: Artificial reconstruction of a species of fern, Asplenium adulterinum. Nature 297 (1968) 1163–1167.

102. Lovis, J. D.: Evolutionary patterns and processes in ferns. Adv. Bot. Res. 4 (1977) 229–415.

103. Lovis, J. D., Rasbach, H., Reichstein, T.: Asplenium trichomanes L. nothosubsp. melzeri nothosubsp. nov. The triploid hybrid between A. trichomanes subsp. inexpectans and subsp. quadrivalens. Candollea 44 (1989) 543–553.

104. Lovis, J. D., Reichstein, T.: Über das spontane Entstehen von Asplenium adulterinum aus einem natürlichen Bastard. Naturwissenschaften 55 (1968) 117–120.

105. Mahlberg, P. G., Baldwin, M.: Experimental studies on megaspore viability, parthenogenesis, and sporophyte formation in Marsilea, Pilularia, and Regnellidium. Bot. Gaz. 136 (1975) 269–273.

106. Manton, I.: Problems of Cytology and Evolution in the Pteridophyta. Cambridge University Press, Cambridge 1950.

107. Manton, I., Walker, T. G.: Induced apogamy in Dryopteris dilatata (Hoffm.) A. Gray and D. filix-mas (L.) Schott. emend. and its significance for the interpretation of the two species. Ann. Bot. 18 (1954) 377–383.

108. Marti, K.: Aspekte zur sexuellen und vegetativen Vermehrung des Sumpffarnes Thelypteris palustris Schott. Farnblätter 22 (1990) 1–19.

109. Masuyama, S.: The sequence of gametangium formation in homosporous fern gametophytes. II. Types and their taxonomic distribution. Sci. Rep. Tokyo Kyoiku Daigaku, Sect. B 16 (1975) 71–86.

110. Masuyama, S.: Reproductive biology of the fern Phegopteris decursive-pinnata. I. Dissimilar mating systems of diploids and tetraploids. Bot. Mag. Tokyo 92 (1979) 275–289.

111. Masuyama, S.: Reproductive biology in the fern *Phegopteris decursive-pinnata*. II. Genetic analysis of self sterility in diploids. Bot. Mag. Tokyo 99 (1986) 107–121.

112. Masuyama, S., Watano, Y.: Trends for inbreeding in polyploid pteridophytes. Plant Species Biol. 3 (1990) 13–17.

113. Masuyama, S., Mitui, K., Nakato, N.: Studies on intraspecific polyploids of the fern *Lepisorus thunbergianus* (3) Mating system and ploidy. J. Jap. Bot. (1987) 321–331.

114. Materi, D. M., Cumming, B. C.: Effects of carbohydrate deprivation on rejuvenation, apospory and regeneration in ostrich fern *(Matteuccia struthiopteris)* sporophytes. Can. J. Bot. 69 (1991) 1241–1245.

115. McCauley, D. E., Whittier, D. P., Reilly, L. M.: Inbreeding and the rate of selffertilization in a grape fern, *Botrychium dissectum*. Amer. J. Bot. 72 (1985) 1978–1981.

116. Mitchell, D. S.: The autecology of *Salvinia auriculata* Aubl. Ph. D. thesis, University of London 1970.

117. Mitchell, D. S., Thomas, P. A.: Ecology of Water Weeds in the Neotropics: An Ecological Survey of the Aquatic Weeds *Eichhornia crassipes* and *Salvinia* Species, and their Natural Enemies in the Neotropics. Unesco, Paris 1972.

118. Mitchell, D. S., Tur, N. M.: The rate of growth of *Salvinia molesta* (*S. auriculata* Auct.) in laboratory and natural conditions. J. Appl. Ecol. 12 (1975) 213–225.

119. Moore, A. W.: *Azolla*: biology and agronomic significance. Bot. Rev. 35 (1969) 17–35.

120. Morzenti, V. M.: *Asplenium plenum*: a fern which suggests an unusual method of species formation. Amer. J. Bot. 54 (1987) 1061–1068.

121. Murakami, N., Iwatsuki, K.: Origin and genetic variation of agamosporous ferns. Plant Species Biol. 5 (1990) 177–182.

122. Näf, U.: Antheridiogens and antheridial development, pp. 433–470. In: Dyer, A. F. (Ed.): The Experimental Biology of Ferns. Academic Press, London 1979.

123. Nayar, B. K.: Contributions to the morphology of some species of *Microsorium*. Ann. Bot. 27 (1963) 89–100.

124. Ninan, C. A.: Studies on the cytology and phylogeny of the pteridophytes. V. Observations on the Isoëtaceae. J. Indian Bot. Soc. 37 (1958) 97–102.

125. Ninan, C. A.: Studies on the cytology and phylogeny of the pteridophytes. VI. Observations on the Ophioglossaceae. Cytologia 23 (1958) 291–316.

126. Nogler, G. A.: Gametophytic apomixis, pp. 475–518. In: Johri, B. M. (Ed.): Embryology of Angiosperms. Springer, Berlin 1984.

127. Oinonen, E.: Sporal regeneration of bracken *(Pteridium aquilinum)* in Finland in the light of the dimensions and the age of its clones. Acta Forest. Fenn. 83 (1) (1967) 3–96.

128. Oinonen, E.: The correlation between size of Finnish bracken (*Pteridium aquilinum* (L.) Kuhn) clones and certains periods of site history. Acta Forest. Fenn. 83 (2) (1967) 1–51.

129. Oinonen, E.: Sporal regeneration of ground pine *(Lycopodium complanatum* L.) in southern Finland in the light of size and age of its clones. Acta Forest. Fenn. 83 (2) (1967) 76–85.

130. Page, C. N.: The diversity of ferns. An ecological perspective, pp. 551–598. In: Dyer, A. F. (Ed.): The Experimental Biology of Ferns. Academic Press, London 1979.

131. Page, C. N.: The strategies of bracken as a permanent ecological opportunist, pp. 173–180. In: Smith, R. T., Taylor, J. A. (Eds.): Bracken, Ecology, Land Use and Control Technology. Parthenon Publ. Group, Carnforth 1986.

132. Paris, C. A.: *Adiantum viridimontanum*, a new maidenhair fern in eastern North America. Rhodora 93 (1991) 105–122.

133. Paris, C. A., Wagner, F. S., Wagner, W. H.: Cryptic species, species delimitation, and taxonomic practice in the homosporous ferns. Amer. J. Bot 79 (1989) 46–54.

134. Primack, R. B.: Growth patterns of five species of *Lycopodium*. Amer. Fern J. 63 (1973) 3–7.

135. Rabe, E. W., Haufler, C. H.: Incipient polyploid speciation in the maidenhair fern (*Adiantum pedatum*: Adiantaceae). Amer. J. Bot. 79 (1992) 701–707.

136. Raine, C. A., Farrar, D. R., Sheffield, E.: A new *Hymenophyllum* species in the Appalachians represented by independent gametophyte colonies. Amer. Fern J. 81 (1991) 109–118.

137. Rasbach, H., Rasbach, K., Reichstein, T., Bennert, W.: *Asplenium trichomanes* subsp. *coriaceifolium*, a new subspecies and two new intraspecific hybrids of the *A. trichomanes* complex (Aspleniaceae, Pteridophyta). II. Description and illustrations. With an appendix on pairing behaviour of chromosomes in fern hybrids. Willdenowia 21 (1991) 239–261.

138. Rasbach, H., Rasbach, K., Reichstein, T., Schneller, J.: Tetraploide *Dryopteris x tavelii* Rothm. im nördlichen Schwarzwald. Farnblätter 10 (1983) 1–13.

139. Rasbach, H., Rasbach, K., Reichstein, T., Schneller, J. J., Vida, G.: *Asplenium x lessinense* Vida et Reichst. in den Bayerischen Alpen und seine Fähigkeit zur spontanen Chromosomenverdoppelung. Ber. Bayer. Bot. Ges. 50 (1979) 23–27.

140. Rasbach, H., Reichstein, T., Schneller, J. J.: Hybrids and polyploidy in the genus *Athyrium* (Pteridophyta) in Europe. 2. Origin and description of two triploid hybrids and synthesis of allotetraploids. Bot. Helv. (1991) 209–225.

141. Reichstein, T.: Hybrids in European Aspleniaceae (Pteridophyta). Bot. Helv. 91 (1981) 89–139.

142. Riley, R., Law, C. N.: Genetic variation in chromosome pairing. Adv. Genet. 13 (1965) 57–114.

143. Room, P. M.: ‚Falling apart' as a lifestyle: the rhizome architecture and population growth of *Salvinia molesta*. J. Ecol. 71 (1983) 349–365.

144. Room, P. M.: Ecology of a simple plant-herbivore system: biological control of *Salvinia*. TREE 5 (1990) 74–79.

145. Room, P. M., Fernando, I. V. S.: Weed invasions countered by biological control: *Salvinia molesta* and *Eichhornia crassipes*. Aquat. Bot. 42 (1992) 99–107.

146. Rosendahl, G.: Versuche zur Erzeugung von Polyploidie bei Farnen durch Colchicinbehandlung sowie Beobachtungen an polyploiden Prothallien. Planta 31 (1940) 597–637.

147. Roy, S. K., Manton, I.: The cytological characteristics of the fern subfamily Lomariopsidoideae sensu Holttum. J. Linn. Soc., Bot. 59 (1966) 343–347.

148. Rumsey, F. J., Sheffield, E.: British filmy-fern gametophytes. Pteridologist 2 (1990) 40–42.

149. Rumsey, F. J., Headly, A. D., Farrar, D. R., Sheffield, E.: The Killarney Fern *(Trichomanes)* in Yorkshire. Naturalist 116 (1991) 41–43.

150. Schedlbauer, M. D., Klekowski, E. J.: Antheridiogen activity in the fern *Ceratopteris thalictroides* (L.) Brongn. Bot. J. Linn. Soc. 65 (1972) 399–413.

151. Schmid, B.: Some ecological and evolutionary consequences of modular organization and clonal growth in plants. Evol. Trends Plants 41 (1990) 25–34.

152. Schneller, J. J.: Untersuchungen an einheimischen Farnen, insbesondere der *Dryopteris filix-mas*-Gruppe. 2. Teil. Cytologische Untersuchungen. Ber. Schweiz. Bot. Ges. 85 (1975) 1–17.

153. Schneller, J. J.: Untersuchungen an einheimischen Farnen, insbesondere der *Dryopteris filix-mas*-Gruppe. 3. Teil. Ökologische Untersuchungen. Ber. Schweiz. Bot. Ges. 85 (1975) 110–159.

154. Schneller, J. J.: Biosystematic investigations on the Lady Fern *(Athyrium filix-femina)*. Pl. Syst. Evol. 132 (1979) 255–227.

155. Schneller, J. J.: Haploid sporophytes in *Athyrium filix-femina* (L.) Roth and evidence for somatic diploidization in one of them. Bot. Helv. 93 (1983) 85–90.

156. Schneller, J. J.: Observations of progeny of *Athyrium filix-femina* (Athyriaceae, Pteridophyta) from breeding experiments. Fern Gaz. 13 (3) (1987) 157–161.

157. Schneller, J. J.: Remarks on reproductive biology of homosporous ferns. Pl. Syst. Evol. 161 (1988) 91–94.

158. Schneller, J. J.: Sporebank, dark germination and gender determination in *Athyrium* and *Dryopteris*. Results and implications for population biology of Pteridophyta. Bot. Helv. 98 (1988) 77–86.

159. Schneller, J. J.: Besiedlungsstrategie und Populationsentwicklung am Beispiel des Farns *Asplenium ruta-muraria*, pp. 53–61. In: Schmid, B., Stöcklin, J. (Hrsg.): Populationsbiologie der Pflanzen. Birkhäuser, Basel 1990.

160. Schneller, J. J., Haufler, C. H., Ranker, T. A.: Antheridiogen and natural gametophyte populations. Amer. Fern J. 80 (1990) 143–152.

161. Schneller, J. J., Rasbach, H.: Hybrids and polyploidy in the genus *Athyrium* (Pteridophyta) in Europe. Bot. Helv. 94 (1984) 81–99.

162. Schraudolf, H.: Die Wirkung von Phytohormonen auf Keimung und Entwicklung von Farnprothallien. I. Auslösung der Antheridienbildung und Dunkelkeimung bei Schizaeaceen durch Gibberellinsäure: Biol. Zentralbl. (1962) 731–740.

163. Schraudolf, H.: Action and phylogeny of antheridiogens. Proc. Roy. Soc. Edinburgh 86 B (1983) 75–80.

164. Seifert, M.: Populationsbiologie und Aspekte der Morphologie zweier Wurmfarne *Dryopteris carthusiana* und *Dryopteris dilatata*. Dissertation, Universität Zürich 1992.

165. Sheffield, E., Bell, P. R.: Current studies of the pteridophyte life cycle. Bot. Rev. 53 (1987) 442–490.

166. Sheffield, E., Wolf, P. G., Haufler, C. H.: How big is a bracken plant? Weed Res. 29 (1989) 455–460.

167. Shivas, M. G.: Contributions to the cytology and taxonomy of species of *Polypodium* in Europe and America. I. Cytology. J. Linn. Soc., Bot. 58 (1961) 13–25.

168. Shivas, M. G.: Contributions to the cytology and taxonomy of species of *Polypodium* in Europe and America. II. Taxonomy. J. Linn. Soc., Bot. 58 (1961) 27–38.

169. Shivas, M. G.: A cytotaxonomic study of the *Asplenium adiantum-nigrum* complex. Brit. Fern Gaz. 10 (2) (1969) 68–80.

170. Silander, J. A.: Microevolution in clonal plants, pp. 107–152. In: Jackson, J. B. C. et al. (Eds.): Population Biology and Evolution of Clonal Organisms. Yale University Press, New Haven 1985.

171. Sleep, A.: Speciation in relation to edaphic factors in the *Asplenium adiantum-nigrum* group. Proc. Roy. Soc. Edinburgh 86 B (1985) 325–334.

172. Smith, D. M., Levin, D. A.: A chromatographic study of reticulate evolution in the Appalachian *Asplenium* complex. Amer. J. Bot. 50 (1963) 952–958.

173. Smith, R. T., Taylor, J. A. (Eds.): Bracken. Ecology, Land Use and Control Technology. Parthenon Publ., Carnforth 1986.

174. Soltis, D. E.: Genetic evidence for diploidy in *Equisetum*. Amer. J. Bot. 73 (1986) 908–913.

175. Soltis, D. E., Soltis, P. S.: Breeding system of the fern *Dryopteris expansa*: evidence for mixed, mating. Amer. J. Bot. 74 (1978) 504–509.

176. Soltis, D. E., Soltis, P. S.: Polyploidy and breeding systems in homosporous Pteridophyta: a reevaluation. Amer. Naturalist 130 (1978) 219–232.

177. Soltis, D. E., Soltis, P. S.: Are lycopods with high chromosome numbers ancient polyploids? Amer. J. Bot. 75 (1988) 238–247.

178. Soltis, D. E., Soltis, P. S., Noyes, R. D.: An electrophoretic investigation of intragametophytic sel-

fing in *Equisetum arvense*. Amer. J. Bot. (1988) 231–237.

179. Soltis, D. E., Soltis, P. S.: Polyploidy, breeding systems, and genetic differentiation in homosporous pteridophytes, pp. 241–258. In: Soltis, D. E., Soltis, P. S. (Eds.): Isozymes in Plant Biology. Dioscorides Press, Portland 1989.

180. Soltis, D. E., Soltis, P. S.: The distribution of selfing rates in homosporous ferns. Amer. J. Bot. 79 (1992) 97–100.

181. Soltis, P. S., Soltis, D. E.: Electrophoretic evidence for inbreeding in the fern *Botrychium virginianum* (Ophioglossaceae). Amer. J. Bot. 73 (1980) 588–592.

182. Soltis, P. S., Soltis, D. E.: Population structure and estimates of gene flow in the homosporous fern *Polystichum munitum*. Evolution 41 (1987) 620–629.

183. Soltis, P. S., Soltis, D. E.: Genetic variation and population structure in the fern *Blechnum spicant* (Blechnaceae) from western North America. Amer. J. Bot. 75 (1988) 37–44.

184. Soltis, P. S., Soltis, D. E.: Estimated rates of intragametophytic selfing in lycopods. Amer. J. Bot. 75 (1988) 248–256.

185. Soltis, P. S., Soltis, D. E.: Genetic variation within and among populations of ferns. Amer. Fern J. 80 (1990) 161–172.

186. Soltis, P. S., Soltis, D. E.: Allozymic and chloroplast DNA analyses of polyploidy in *Polystichum* (Dryopteridaceae). I. The origins of *P. californicum* and *P. scopulinum*. Syst. Bot. 16 (1991) 245–256.

187. Soltis, P. S., Soltis, D. E., Ness, B. D.: Population structure in *Cheilanthes gracillima*. Amer. J. Bot. 76 (1989) 1114–1118.

188. Sota, E. R. de la.: Polypodiaceae y Grammitidaceae Argentinas. Opera Lilloana 5 (1960) 2–229.

189. Stokey, A. G.: Reproductive structures of the gametophyte of *Hymenophyllum* and *Trichomanes*. Bot. Gaz. 109 (1948) 363–380.

190. Stokey, A. G., Atkinson, L.: The gametophyte of the Grammitidaceae. Phytomorphology 8 (1958) 391–403.

191. Strasburger, E.: Apogamie bei *Marsilea*. Flora 97 (1907) 123–191.

192. Suter, B., Schneller, J. J.: Autökologische Untersuchungen an der Mauerraute *(Asplenium ruta-muraria* L.). Farnblätter 14 (1986) 1–14.

193. Suzuki, T., Iwatsuki, K.: Gametic variation in agamosporous fern *Pteris cretica*. Heredity 65 (1990) 221–227.

194. Svensson, B. M., Callaghan, T. V.: Apical dominance and the simulation of metapopulation dynamics in *Lycopodium annotinum*. Oikos 51 (1988) 331–342.

195. Takamiya, M., Tanaka, R.: Polyploid cytotypes and their habitat preferences in *Lycopodium clavatum*. Bot. Mag. Tokyo 95 (1982) 419–434.

196. Taylor, W. C., Hickey, R. J.: Habitat, evolution,

and speciation in *Isoëtes*. Ann. Missouri Bot. Gard. 79 (1992) 613–622.

197. Taylor, W. C., Luebke, N. T., Smith, M. B.: Speciation and hybridization in North American quillworts. Proc. Roy. Soc. Edinburgh 86 B (1985) 259–263.

298. Templeton, A. R.: The meaning of species and speciation: a genetic perspective, pp. 3–27. In: Otte, D., Endler, J. A. (Eds.): Speciation and its Consequences. Sinauer, Sunderland 1989.

299. Tilquin, J. P.: Observations cytotaxonomiques sur des Hyménophyllacées Africaines II. Caryologia 31 (1978) 191–209.

200. Tryon, A. F.: *Platyzoma* – a Queensland fern with incipient heterospory. Amer. J. Bot. 51 (1964) 939–942.

201. Tryon, A. F.: Comparison of sexual and apogamous races in the fern genus *Pellaea*. Rhodora 70 (1968) 1–24.

202. Tryon, R. M.: The process of evolutionary migration in species of *Selaginella*. Brittonia 23 (1971) 89–100.

203. Tryon, R. M., Tryon, A. F.: Ferns and Allied Plants with Special Reference to Tropical America. Springer, New York 1982.

204. Turesson, G.: The genotypical response of the plant species to the habitat. Hereditas 3 (1922) 211–350.

205. Vida, G.: The nature of polyploidy in *Asplenium ruta-muraria* L. and *A. lepidum* Presl. Caryologia 23 (1970) 525–547.

206. Wagner, D. H.: Systematics of *Polystichum* in Western North America north of Mexico. Pteridologia 1 (1979) 1–64.

207. Wagner, F. S.: Cytological problems in *Lycopodium* sens. lat. Ann. Missouri Bot. Gard. 79 (1992) 718–729.

208. Wagner, W. H.: Reticulate evolution in the Appalachian Aspleniums. Evolution 8 (1954) 103–118.

209. Wagner, W. H., Wagner, F. S.: Polyploidy in pteridophytes, pp. 199–214. In: Lewis, W. H. (Ed.): Polyploidy, Biological Relevance. Plenum Press, New York 1980.

210. Wagner, W. H., Wagner, F. S.: Genus communities as a systematic tool in the study of New World *Botrychium* (Ophioglossaceae). Taxon 32 (1983) 51–63.

211. Wagner, W. H., Wagner, F. S.: Two moonworts of the Rocky Mountains: *Botrychium hesperium* and a new species formerly confused with it. Amer. Fern J. 73 (1983) 53–62.

212. Walker, S.: Cytogenetic studies in the *Dryopteris spinulosa* complex II. Amer. J. Bot. 48 (1961) 607–614.

213. Walker, S.: Identification of a diploid ancestral genome and the *Dryopteris spinulosa* complex. Brit. Fern Gaz. 10 (2) (1969) 97–99.

214. Walker, T. G.: Hybridization in some species of *Pteris* L. Evolution 12 (1958) 82–92.

215. Walker, T. G.: Cytology and evolution in the fern genus *Pteris* L. Evolution 16 (1962) 27–43.

216. Walker, T. G.: Apomixis and vegetative reproduction in ferns, pp. 152–161. In: Bot. Soc. Brit. Isl. Conference Reports No. 9. Reproductive Biology and Taxonomy of Vascular Plants. Pergamon Press, Oxford 1966.

217. Walker, T. G.: The cytogenetics of ferns, pp. 87–132. In: Dyer, A. F. (Ed.): The Experimental Biology of Ferns. Academic Press, London 1979.

218. Walker, T. G.: Chromosomes and evolution in pteridophytes, pp. 103–141. In: Sharma, A. K., Sharma, A. (Eds.): Chromosomes in Evolution of Eukaryotic Groups, Vol. II. CRC Press, Boca Raton 1984.

219. Walker, T. G.: Some aspects of agamospory in ferns – the Braithwaite system. Proc. Roy. Soc. Edinburgh 86 B (1985) 59–66.

220. Wallace, B.: Die genetische Bürde. G. Fischer, Stuttgart 1974.

221. Warne, T. R., Lloyd, R. M.: The role of spore germination and gametophyte development in habitat selection: temperature responses in certain temperate and tropical ferns. Bull. Torrey Bot. Club 107 (1980) 57–64.

222. Warne, T. R., Lloyd, R. M.: Inbreeding and homozygosity in the fern Ceratopteris pteridoides (Hooker) Hieronymus (Parkeriaceae). Bot. J. Linn. Soc. 83 (1981) 1–13.

223. Watanabe, I., Berja, N. S.: The growth of four species of Azolla as affected by temperature. Aquat. Bot. 15 (1983) 175–185.

224. Watano, Y.: High levels of genetic divergence among populations in a weedy fern, Pteris multifida Poir. Plant Species Biol. 3 (1988) 109–115.

225. Watano, Y., Iwatsuki, K.: Genetic variation in the Japanese apogamous form of the fern Asplenium unilaterale. Bot. Mag. Tokyo 101 (1988) 213–222.

226. Watt, A. S.: Contributions to the ecology of bracken (Pteridium aquilinum). I. The rhizome. New Phytol. 39 (1940) 401–422.

227. Watt, A. S.: Contributions to the ecology of bracken (Pteridium aquilinum). IV. The structure of the community. New Phytol. 46 (1947) 97–121.

228. Watt, A. S.: The ecological status of bracken. Bot. J. Linn. Soc. 73 (1976) 217–239.

229. Werth, C. R.: The use of isozyme data for inferring ancestry of polyploid pteridophytes. Biochem. Syst. Ecol. 17 (1989) 117–130.

230. Werth, C. R., Windham, M. D.: A model for divergent, allopatric speciation of polyploid pteridophytes resulting from silencing of duplicate-gene expression. Amer. Naturalist 137 (1991) 514–526.

231. Werth, C. R., Gutman, S. I., Eshbaugh, W. H.: Electrophoretic evidence in the Appalachian Asplenium complex. Syst. Bot. 10 (1985) 184–192.

232. Whittier, D. P.: Tracheids, apogamous leaves, and sporophytes in gametophytes of Botrychium dissectum. Bot. Gaz. 137 (1976) 237–241.

233. Wilkie, D.: Incompatibility in bracken. Heredity 10 (1956) 247–256.

234. Willson, M. F.: Sex expression in fern gametophytes: some evolutionary possibilities. J. Theor. Biol. 93 (1981) 403–409.

235. Winkler, H.: Über Parthenogenesis und Apogamie im Pflanzenreich. Progr. Rei Bot. 2 (1908) 293–454.

236. Wolf, P. G., Haufler, C. H., Sheffield, E.: Electrophoretic variation and mating system of the clonal weed Pteridium aquilinum (L.) Kuhn (Bracken). Evolution 42 (1988) 1350–1355.

237. Wolf, P. G., Sheffield, E., Haufler, C. H.: Estimates of gene flow, genetic substructure and population heterogeneity in bracken (Pteridium aquilinum). Biol. J. Linn. Soc. 42 (1991) 407–423.

238. Yatskievych, G., Moran, R. C.: Primary divergence and species concepts in ferns. Amer. Fern J. 79 (1989) 36–45.

7.   Chemie und Chemotaxonomie

7.1.   Einleitung

Die Photosynthese-treibenden Pflanzen verfügen weitgehend über die gleichen biochemischen und biophysikalischen Grundlagen, seien es zum Beispiel der Pigment-Protein-Komplex der Reaktionszentren, die Cytochrome, die ATP-Synthetase-Komplexe, die Chinone der Thylakoidmembran, Enzyme des Calvinzyklus und der Photorespiration (homologe Katalysatoren), oder die Paare Ferredoxin/Flavodoxin und Cytochrom/Plastocyanin in thylakoidgebundenen Redox-Reaktionen, Glykolat-Oxidase/Glykolat-Dehydrogenase in der Photorespiration und anderes (analoge Katalysatoren). Die Natur der analogen Katalysatoren unterstützt eindeutig den ultrastrukturellen Befund, nach dem die Pteridophyten und andere Tracheophyten mit den Bryophyten und den Charophyceen (Algen, Chlorophyta) verbunden sind.

Terrestrische Pteridophyten haben mit anderen terrestrischen Gefäßpflanzen die wichtige Eigenschaft gemeinsam, daß ihre Sporophyten den Wasserdampfverlust durch den Sproß regulieren können. Sie sind *homoiohydre* Pflanzen, die im Hinblick auf ihre Wasserversorgung nicht ganz von den äußeren Bedingungen abhängen, weil ihre Zellen über eine zentrale Vakuole verfügen, deren Wasservorrat auf die Hydratatur der Zelle stabilisierend wirkt. Das homoiohydre System (Kutikula, Stomata, Interzellularen, Xylem, Rhizoide/Wurzeln) erlaubt Netto-Photosynthese im Licht, wenn der Wasserverlust photosynthetisch aktiver Gewebe so groß ist wie die Wasserverfügbarkeit; und es erlaubt der Pflanze, auch bei mangelndem Wassernachschub von der Wurzel hydratisiert zu bleiben, wenn auch zum Preis reduzierter Netto-Photosynthese.

Die Fähigkeit, die Hydratatur der Zellen aufrecht zu erhalten, ist eine wesentliche Voraussetzung für den Erfolg der landlebenden Gefäßpflanzen. Nur ein verschwindend geringer Teil der Angiospermen (0,01% der Dikotylen, 0,1% der Monokotylen) ist imstande, Aus-

trocknung der vegetativen Organe zu überstehen („Auferstehungspflanzen"), eine Eigenschaft, die bei Farnpflanzen etwas häufiger vorkommt (0,65% der Arten). Als Extrem und gleichzeitig als bekanntestes Beispiel könnte man *Selaginella lepidophylla* nennen, die falsche Rose von Jericho, deren in Dürreperioden stark eingerollte Blätter bis zur Lufttrockenheit austrocknen können. [Der europäische (mediterrane) Farn *Asplenium ceterach* soll sogar längere Aufbewahrung über konzentrierter Schwefelsäure überdauern]. Die Sporen vieler Farnpflanzen und teilweise auch die *poikilohydren* Gametophyten können Trockenperioden überdauern.

Die meisten Pteridophyten sind C_3-*Pflanzen* und es gibt Hinweise, daß schon die Farne und Bryophyten des Carbon eine C_3-Photosynthese besaßen. Wenige epiphytische „leptosporangiate" Farne und alle natürlicherweise submers lebenden *Isoëtes*-Arten (inkl. *Stylites*) zeigen Crassulaceen-Säurestoffwechsel (CAM). C_4-Stoffwechsel scheint es bei Pteridophyten nicht zu geben.

Wie quantitative Vergleiche zeigen, gibt es keine grundsätzlichen Unterschiede zwischen Pteridophyten-Sporophyten und den Sporophyten anderer Gefäßpflanzen. Dies belegen beispielsweise die vergleichbare Quantenausbeute in der Photosynthese oder die Wassernutzungseffizienz bei der Akkumulation organischer Verbindungen, wenn man die C_3-Pteridophyten mit anderen C_3-Tracheophyten vergleicht. Im Unterschied hierzu sind die möglichen Umsätze physiologischer Prozesse am unteren Ende der Skala für terrestrische Tracheophyten angesiedelt, wie die Erträge der photosynthetischen (C_3) Kohlenstoff-Assimilation und die Geschwindigkeit des Wasserflusses im Xylem zeigen. Geringe Umsatzquoten sind der Grund für die kleinere maximale spezifische Wachstumsgeschwindigkeit der Pteridophyten-Sporophyten gegenüber einjährigen Angiospermen. Diese Beschränkungen im Lebenszyklus der Pteridophyten könnten ihre Fähigkeit begrenzt haben, in der Natur als einjährige Pflanzen zu existieren (16).

Wie die Grünalgen, Moose und Gefäßpflanzen enthalten auch alle Pteridophyten die Chlorophylle a und b sowie die gleichen primären Carotinoide. Offenbar gibt es keine chemischen Merkmale, die für die Gesamtheit der Pteridophyten charakteristisch sind. (Allenfalls wären hier stark ungesättigte C_{20}-Fettsäuren der Blatt- und Stengellipide zu nennen, die mit Ausnahme von *Ginkgo biloba* den Samenpflanzen fehlen, bei Moosen jedoch vorkommen.) Das bestärkt noch einmal die eingangs getroffene Feststellung, daß alle Photosynthese-treibenden Pflanzen über die gleichen Grundlagen für ihren Primärstoffwechsel verfügen, oder vielmehr ist es die Konsequenz dieser Tatsache.

7.2.   Sekundäre Inhaltsstoffe

Zur Charakterisierung einzelner Taxa zieht man – wie auch bei den Blütenpflanzen – vor allem Produkte des Sekundärstoffwechsels heran. Gelegentlich wird aber auch von Produkten des Primärstoffwechsels und manchmal von Mineralstoffen die Rede sein. Viele Informationen wurden dem Standardwerk von R. Hegnauer entnommen (10, 11); andere Quellen und weiterführende Literatur werden eigens angegeben.

Ein paar Sätze zur *Definition des Sekundärstoffwechsels* und der *sekundären Pflanzenstoffe* sind hier sicher angebracht. Der Primärstoffwechsel umfaßt alle Prozesse und Stoffe, die zur Entwicklung des Individuums unentbehrlich sind. Er ist universell und einheitlich und hat sich auch unter evolutionären Einflüssen wenig verändert (Charakteristika: universell, uniform, konservativ). Der Sekundärstoffwechsel dagegen umfaßt alle Prozesse und Stoffe, deren Funktion allein die Wechselbeziehungen des Individuums mit seiner Umwelt betreffen. Er ist gekennzeichnet durch die Vielfältigkeit und Anpassungsfähigkeit dieser Wechselwirkungen (Charakteristika: singulär, vielfältig, adaptiv). Eine ganz wesentliche Abgrenzung zum Primärstoffwechsel ist, daß der Sekundärstoffwechsel für Wachstum und Entwicklung des isoliert betrachteten Individuums entbehrlich ist, jedoch unentbehrlich für die Existenz und den Fortbestand der Art in ihrer Umwelt (7). Unter Sekundären Pflanzenstoffen versteht man nach dem eben Gesagten Verbindungen, deren Vorkommen auf einzelne Arten oder Artengruppen beschränkt ist und die zur Aufrechterhaltung der Lebensfunktionen der Zelle oder des Organismus nicht notwendig sind. Generell ist der Unterschied zwischen einem Primärstoff und einem Sekundärstoff also funktionell, nicht strukturell.

Die Strukturmannigfaltigkeit der Sekundärstoffe läßt sich auf einige wenige zentrale Stoffwechselwege bzw. Zwischenprodukte zurückführen: auf aktivierte Essigsäure (Acetyl-CoA), den Shikimisäureweg, und im Falle der meisten N-haltigen Naturstoffe auf wenige Aminosäuren. Man vergleiche hierzu die Übersicht bei Hartmann (7: Abb. 1). Der Zusammenhang zwischen dem Stoffwechsel von Energie- und Baustoffen einerseits und Naturstoffen andererseits ist in Lüttge, Kluge, Bauer (12: Abb. 15–1) übersichtlich dargestellt.

Die im folgenden bei der Besprechung der Chemie und Chemotaxonomie der Pteridophyta am häufigsten genannten Produkte gehören der großen Gruppe der *Flavonoide* im weiteren Sinne an, die auch bei den Angiospermen die chemotaxonomisch wichtigste Stoffklasse darstellen. Das *Biogenese-Schema* (Abb. 73, nach Luckner, 13) gibt eine gute Übersicht über diese durch Zusammenwirken des Acetat-Malonat-Wegs und des Shikimisäure-Wegs gebildeten C_{15}-Substanzen. Flavonoide im engeren Sinne sind die Flavone, Flavonole, Flavanone, Dihydroflavonole und die oft nur als Intermediärprodukt auftretenden Chalkone (die aber in „Farn-Mehl" als solche akkumuliert werden können, vgl. S. 169 u. Abb. 83). Zu den Flavonoiden im weiteren Sinne gehören die Proanthocyanidine, die Catechine und die Anthocyanidine. Die Substitution einzelner Substanzen wird im Text noch erläutert bzw. es wird ihre Strukturformel abgebildet. Benzoesäure- und Zimtsäurederivate werden ebenfalls häufig zitiert und deshalb gleich zu Anfang mit ihren Formeln vorgestellt (Abb. 74), während die Strukturen anderer Verbindungen von Fall zu Fall im Text auftauchen.

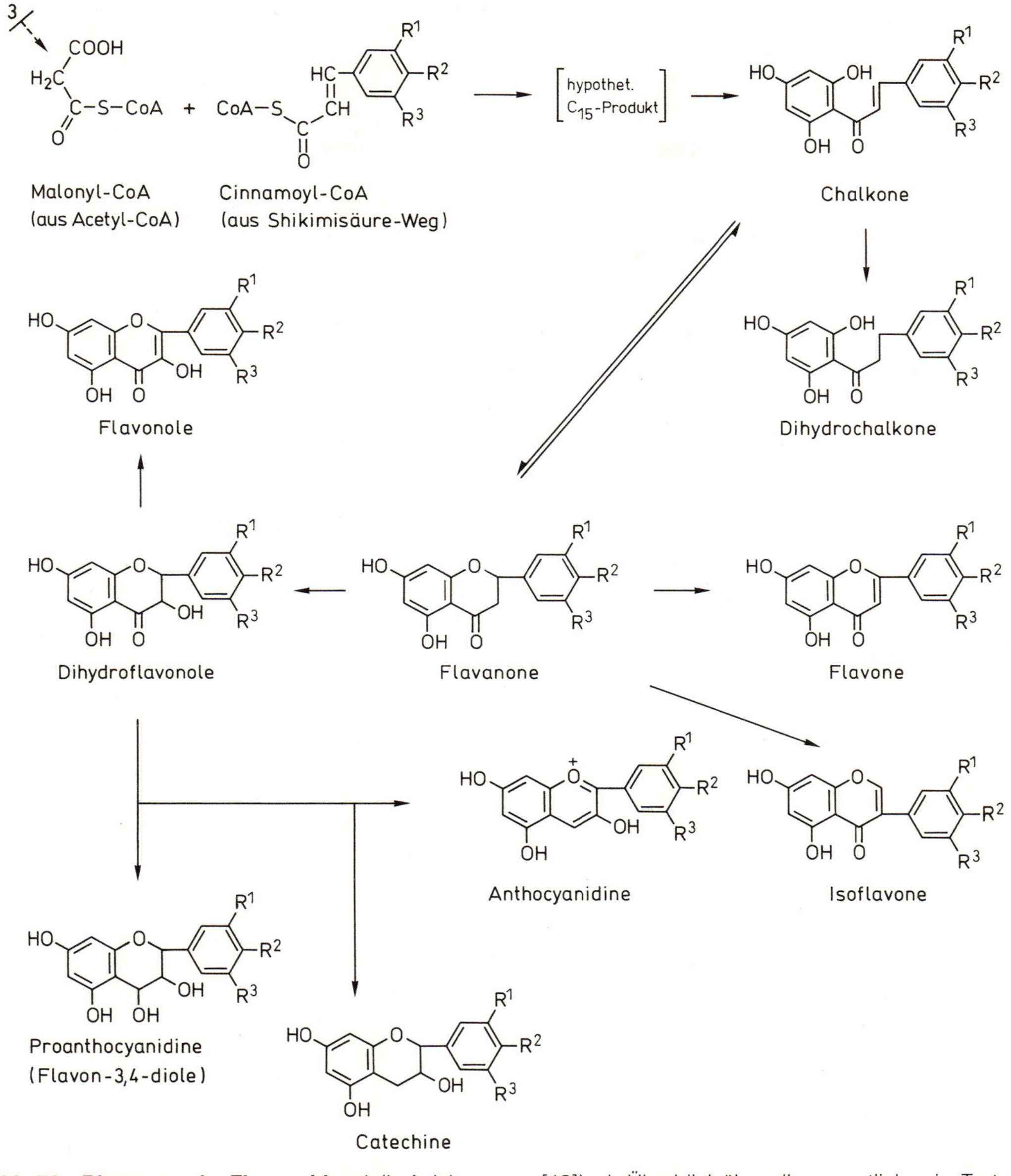

Abb. 73 Biogenese der Flavonoide s. l. (in Anlehnung an [13]), als Überblick über alle wesentlichen im Text erwähnten Flavonoidgruppen.

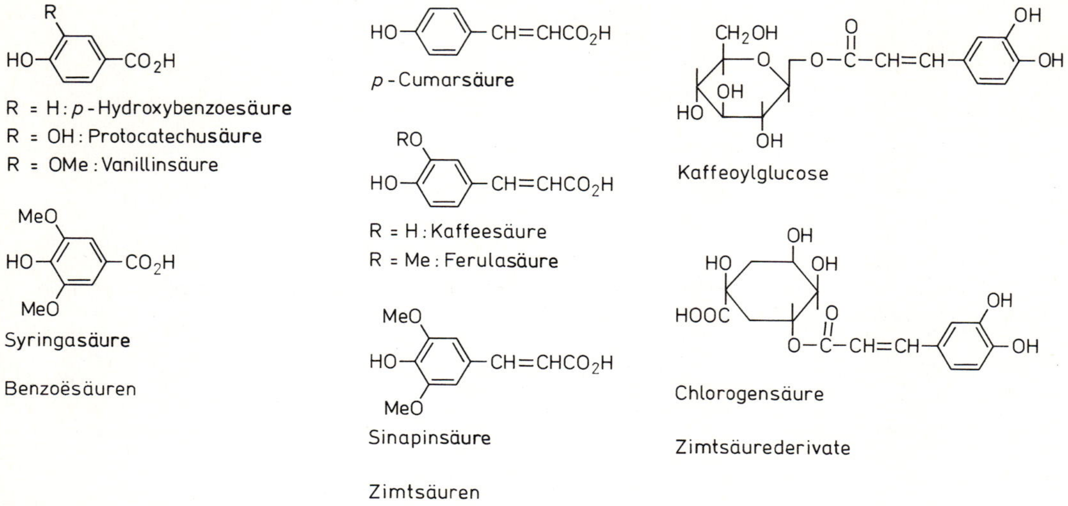

R = H: p-Hydroxybenzoesäure
R = OH: Protocatechusäure
R = OMe: Vanillinsäure

Syringasäure

Benzoësäuren

p-Cumarsäure

R = H: Kaffeesäure
R = Me: Ferulasäure

Sinapinsäure

Zimtsäuren

Kaffeoylglucose

Chlorogensäure

Zimtsäurederivate

Abb. 74 Benzoësäuren und Zimtsäuren mit ihren Derivaten.

7.3. Psilotatae – Nacktfarne

Psilotaceae: Bei der Untersuchung der Flavonoide fand man zunächst nur Biflavone, später jedoch auch Flavon-O-glykoside und ein Flavon-C-glykosid. Das Vorkommen von Biflavon-O-glykosiden ist einzigartig im Pflanzenreich.

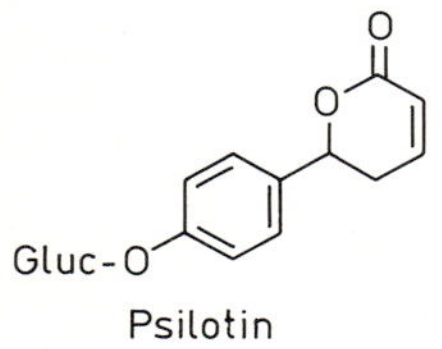

Psilotin

Abb. 75 Psilotin.

Sowohl die monomeren als auch die dimeren Verbindungen basieren ausschließlich auf dem Flavon Apigenin (5,7,4'-Trihydroxyflavon). Flavonole wurden bis heute nicht gefunden (vgl. 26). Interessant ist ein biologisch aktives (keimungs- und wachstumshemmendes) Phenolglykosid, das Pyronderivat Psilotin (Abb. 75), biogenetisch mit den Flavonoiden verwandt. In anderen Pteridophyten kommen derartige Verbindungen nirgends vor. Auch in bezug auf die Zusammensetzung des Cutins stehen die *Psilotatae* insofern isoliert, als es ganz anders zusammengesetzt ist als das Cutin der Moose, und übrigen Pteridophyten (nach 11).

7.4. Lycopodiatae – Bärlappgewächse

Isoëtaceae: Die Sporenwände sind bei den Isoëtaceae stark verkieselt (die Kieselsäure ist dem Perispor eingelagert), während sonst meist keine Kieselsäure abgelagert wird. Die wichtigsten Flavonoide sind Glykoside dreier Flavone mit dreifach O-substituiertem B-Ring (Selgin, Tricin, Isoëtin) (Abb. 76); auch Glykoside des Apigenins (s. o.), des Luteolins (5,7,3',4'-Tetrahydroxyflavon) und des Chrysoeriols (Luteolin-

3'-methyläther) sind verbreitet. Flavonole und Biflavone scheinen den Isoëtaceae zu fehlen.

Lycopodiaceae: Sie sind bekannt für die Akkumulation von Alkaloiden, die sonst im Pflanzenreich praktisch nicht vorkommenden Struktur-Typen angehören. Das Hauptalkaloid vieler *Lycopodium*-Arten ist Lycopodin, eine formal vom Chinolin ableitbare Verbindung

(Abb. 77). Die meisten *Lycopodium*-Alkaloide enthalten 16 oder 18 C-Atome und 1 N-Atom (Annotinin, Complanatin); es gibt aber auch Verbindungen mit 2 N-Atomen (Selagin, Obscurin) (Abb. 77). Letztere sind für die Gattung *Huperzia* charakteristisch, wo sie auch von Verbindungen mit 3 N-Atomen begleitet werden. Derivate von Benzoësäuren und Zimtsäuren sind in Form von Estern allgemein verbreitet (s. Abb. 74). Das Lignin entspricht dem Gymnospermenlignin (oxidativer Abbau liefert nur Vanillin). Proanthocyanidine wurden bei Lycopodiaceen noch nicht gefunden. Unter den Flavonoiden s. str., bei denen die O-Glykoside gegenüber den C-Glykosiden dominieren (vgl. 11), fehlen bisher noch Flavonole und Biflavone; das Flavon Chrysoeriol (s. o.) kommt dagegen allgemein vor. Charakteristische Inhaltsstoffe sind auch bestimmte Triterpene (α-Onocerin, Serratendiol, 21-Episerratriol und ca. 30 andere). Weiterhin sind die Lycopodiaceen phytochemisch charakterisiert durch die Akkumulation von Aluminium-Ionen im Zellsaft. Im trockenen Kraut von *L. complanatum* wurde der Höchstwert von 2,6% Aluminium gemessen. Auch der Kieselsäuregehalt vieler Lycopodien ist recht hoch.

Insgesamt stehen auch die Lycopodiaceen aufgrund ihrer chemischen Merkmale innerhalb der Lycopodiaten recht isoliert; nur in den Flavonen erinnern sie an *Isoëtes*.

Selaginellaceae: Sie akkumulieren kein Aluminium; Schließzellen und Sporenwände können verkieselt sein. In allen *Selaginella*-Arten finden sich Benzoësäuren und Zimtsäuren. Proanthocyanidine und Flavonole fehlen auch hier, aber Biflavone sind charakteristisch; Amentoflavon (Abb. 78) ist in allen untersuchten Arten vorhanden. Die Biflavone kommen hier interessanterweise als Aglyka vor. Glykoside der Flavone Apigenin und Luteolin (auch C-Glykoside und mit *p*-Cumarsäure acylierte Glykoside) sind taxonomisch interessant. Insgesamt erinnern die Blattflavonoide an die Psilotaceae; durch die Biflavone zeigt sich aber auch eine Verbindung zu den Gymnospermen.

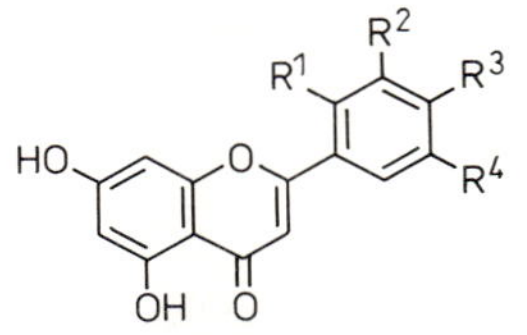

$R^1 = H$, $R^2 = OMe$, $R^3 = R^4 = OH$: Selgin
$R^1 = H$, $R^2 = R^4 = OMe$, $R^3 = OH$: Tricin
$R^1 = R^3 = R^4 = OH$, $R^3 = H$: Isoëtin

Abb. 76 Aglyka der typischen *Isoetes*-Flavonoide.

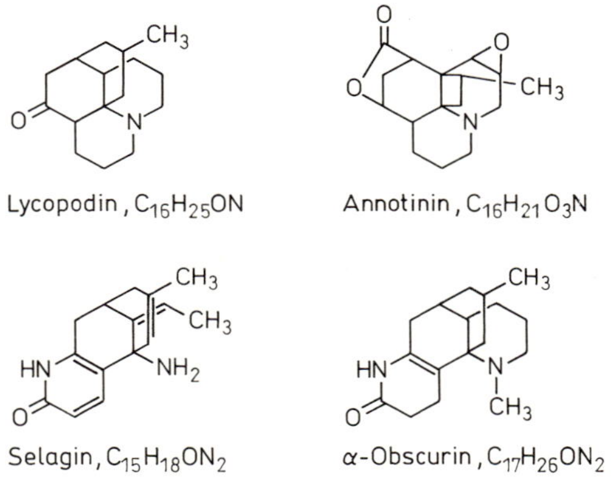

Lycopodin, $C_{16}H_{25}ON$ Annotinin, $C_{16}H_{21}O_3N$

Selagin, $C_{15}H_{18}ON_2$ α-Obscurin, $C_{17}H_{26}ON_2$

Abb. 77 Charakteristische Alkaloide aus *Lycopodium*.

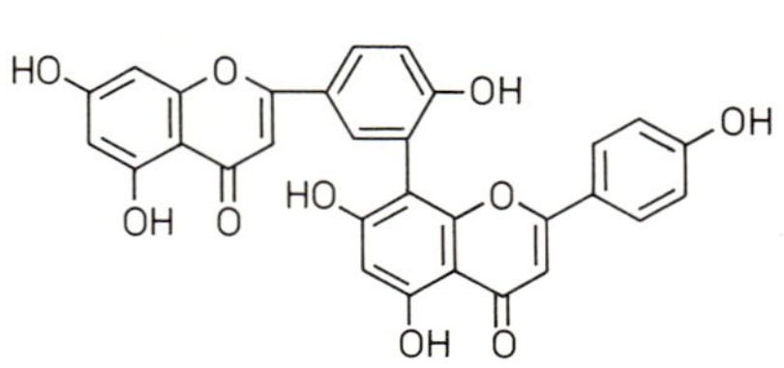

Amentoflavon

Abb. 78 Ein Biflavon aus *Selaginella*.

7.5.   Equisetatae – Schachtelhalmgewächse

Equisetaceae: Die Equisetaceae zeichnen sich durch hohen Kieselsäuregehalt aus; sie sind die kieselsäurereichsten Gefäßpflanzen überhaupt. Das Silikat hat in Form von Zellwandverkieselungen weitgehend die mechanische Funktion des Lignins übernommen; dadurch weichen die Equisetaceen von allen anderen Gefäßpflanzen stark ab. (Wegen dieser Zellwandverkieselung wurden die sterilen Sproße des Ackerschachtelhalms früher als Putzmittel für Zinngeschirr benutzt, daher der Name „Zinnkraut"). Alumi-niumakkumulation fehlt völlig. Typische Inhaltsstoffe sind einige nur in geringen Mengen vorkommende Alkaloide, wie zum Beispiel Palustrin, Palustridin (Abb. 79) und Nicotin.

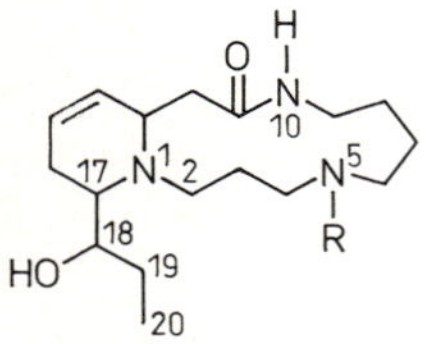

Die Flavonoide wurden – wie so oft – besonders gründlich untersucht. Equisetaceae sind die ursprünglichsten Pflanzen, bei denen Flavonole auftauchen. Glykoside des Kämpferols und des Quercetins sind die Hauptflavonoide der grünen Stengel, gelegentlich begleitet von Glykosiden des Herbacetins und des Gossypetins sowie von Flavonglykosiden (Substitution: Kämpferol = 3,5,7,4′-tetra-OH, Quercetin = 3,5,7,3′,4′-penta-OH, Herbacetein = 3,5,7,8,4′-penta-OH, Gossypetin = 3,5,7,8,3′,4′-hexa-OH). Unterschiede in den Flavonoidmustern innerhalb bestimmter Arten deuten auf die Existenz unterschiedlicher geographischer Rassen hin. Die Flavonoidführung der braunen, fertilen Sprosse bei Arten mit Stengeldimorphismus kann stark von denen der grünen Sprosse abweichen. Insgesamt weist die Flavonoidausstattung der Equisetaceen in Richtung der Filicatae (24).

Palustrin (R = H) und
Palustridin (R = CHO)

Abb. 79 *Equisetum*-Alkaloide.

7.6.   Ophioglossatae – Natternzungengewächse

Ophioglossaceae: Bei den Ophioglossaceen wurde keine Aluminiumakkumulation beobachtet. Im Primärstoffwechsel fallen die Ophioglossaceen dadurch auf, daß in der Photosynthese gelegentlich das Disaccharid Trehalose gebildet wird, bei *Botrychium lunaria* offenbar als Hauptprodukt. Sehr interessant ist auch das Vorkommen von Elaeoplasten genann-ten Ölkörpern in den Epidermiszellen einiger Arten; Elaeoplasten sind sonst innerhalb der Pteridophyten nur noch bei *Psilotum* bekannt! Proanthocyanidine wurden bei Ophioglossaceen bisher noch nicht gefunden. „Ugonine" genannte isoprenylierte Flavone wurden aus *Helminthostachys* beschrieben.

7.7.   Filicatae – Echte Farne

7.7.1. Marattiales

Marattiaceae: Bei Marattiaceen ist die Aluminiumakkumulation sehr ausgeprägt. Proanthocyanidine wurden in dieser Familie mehrfach gefunden. Die Flavonoidführung der Marattia-ceae entspricht mehr oder weniger derjenigen bei „leptosporangiaten Farnen"; innerhalb der Familie scheint sie gattungscharakteristisch zu sein. Erwähnenswert ist das Vorkommen von Flavonoid-C-glykosiden.

7.7.2. „Leptosporangiate Farne"

Phytochemische Daten gibt es heute für Vertreter einer Reihe von ursprünglichen Familien: *Cyatheaceae, Dicksoniaceae, Gleicheniaceae, Hymenophyllaceae, Osmundaceae, Plagiogyriaceae, Schizaeaceae* – man vergleiche hierzu Hegnauers Standardwerk (7). Die überwiegende Mehrzahl der verfügbaren Informationen betrifft jedoch die höheren leptosporangiaten Farne, auf deren Besprechung wir uns im Rahmen dieses Kapitels auch im wesentlichen beschränken wollen. Das Bild erscheint uneinheitlich – gemeinsame phytochemische Merkmale aller Filicatae sind nicht zu erkennen. Das könnte daran liegen, daß der Zusammenhang vieler hier eingruppierter Familien zweifelhaft und umstritten ist.

Höhere leptosporangiate Farne: (analog zu Isoëtaceale S. 162). Der Einfachheit halber wird im folgenden synonym das Wort „Farne" benutzt – sozusagen Farne im landläufigen Sinne. Einige mehr oder weniger gemeinsame Merkmale seien vorweg genannt. Danach sollen die Inhaltsstoffe nach ihrer Zugehörigkeit zu bestimmten Stoffgruppen abgehandelt werden.

Im Gegensatz zu vielen anderen Pteridophyten sind die höheren leptosporangiaten Farne keine ausgesprochenen Mineralakkumulatoren. Allerdings ist Calciumoxalat in diesem Verwandtschaftskreis recht weit verbreitet: in etwa der Hälfte der untersuchten Gattungen wurden Kristalle beobachtet. Verkieselung tritt selten auf; einige Arten besitzen jedoch stark verkieselte Sporen. Auch Aluminium wird nur von wenigen Arten akkumuliert.

Bei den höheren leptosporangiaten Farne sind häufig Drüsenhaare anzutreffen (Gattungen *Dryopteris, Pentagramma* u. a.). Es sind Köpfchenhaare, die ungestielt oder gestielt sein können. Diese Drüsenhaare erzeugen gerbstoffhaltigen Schleim, harzartige oder wachsartige Massen (vgl. S. 171), oder ätherische Öle. Daneben kommen auch interne Exkretbehälter und Harzidioblasten vor.

Kohlenhydrate: Der in Farnen hauptsächlich vorkommende Zucker ist die Saccharose; sie wird von wechselnden Mengen von Glucose, Galaktose, Fructose, Mannose und Raffinose begleitet. Xylose, Trehalose und andere kommen ganz vereinzelt vor.

Bei vielen Arten ist die Zellwand reich an Mannanen als Bestandteil von Hemicellulosen. Bei den Coniferen ist der Anteil an Galakto-glucomannanen in der Zellwand meist noch höher; er wird innerhalb der Blütenpflanzen als primitives Merkmal gedeutet. Bei den Pteridophyta wurde hoher Mannangehalt jedoch außerhalb der *Filicatae* kaum beobachtet.

Nichtflüchtige organische Säuren: Zitronensäure, Äpfelsäure, Aconitsäure und Shikimisäure bzw. Chinasäure sind in Farnen weit verbreitet.

Alkane und Lipide: Die photosynthetisch aktiven Gewebe der Farne weisen im großen und ganzen die gleiche Lipidzusammensetzung auf wie die Blätter der Angiospermen. Der Gehalt an Mono- und Digalaktosylglyceriden ist vergleichsweise höher, während der Gehalt an Sulpholipiden und Derivaten der Phosphatidylsäure eher niedriger ist. Die Lipide der Sporophyten enthalten größere Mengen von mehrfach ungesättigten C_{16}- und C_{20}-Fettsäuren, unter denen Arachidonsäure überwiegt, und gesättigte C_{21} – C_{30}-Fettsäuren. Daß die in Angiospermen seltene oder fehlende Arachidonsäure bei Farnen, bei Gymnospermen, bei Moosen und auch in Algen (zum Beispiel Chrysophyta) vorkommt, gilt als primitives Merkmal. Die Sporen enthalten 32–75% Lipide, ohne ungewöhnliche Fettsäuren, das heißt sie sind Triglyceride mit Palmitin-, Öl- und Linolsäure als Hauptfettsäuren. Damit gleichen die Sporenöle den Samenölen der Mehrzahl der Samenpflanzen. Die auffällige Gelbfärbung vieler Sporen könnte wie bei vielen Angiospermen-Pollen darauf beruhen, daß die Exine weitgehend aus „Sporopolleninen" besteht; das sind hochpolymere, schwer angreifbare Verbindungen auf der Basis von Carotinoid-estern mit langkettigen Fettsäuren. In der Kohlenwasserstoff-Fraktion der Sporophyten finden sich C_{15} – C_{33}-Alkane und C_{19} – C_{32}-Alkene. Man darf annehmen, daß diese Verbindungen überwiegend Bestandteile von Epicuticular-Belägen darstellen (vgl. 26) (s. a. 22).

Aminosäuren: Farne enthalten im allgemeinen das übliche Spektrum an proteinogenen Aminosäuren. Unter den freien proteinogenen Aminosäuren, die in Farnblättern in beträchtlichen Mengen vorkommen können, dominieren

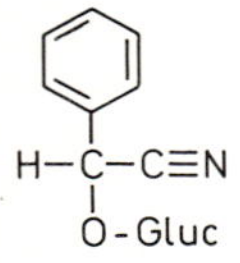

Abb. 80 Prunasin, ein cyanogenes Glykosid aus *Cystopteris fragilis* und *Pteridium aquilinum*.

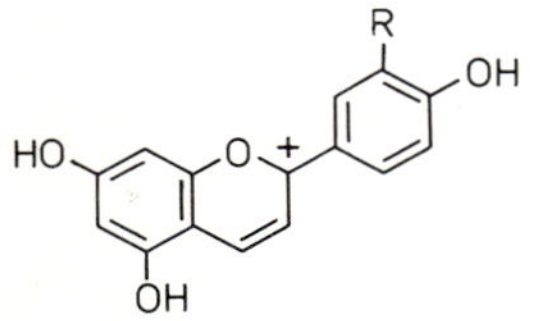

R = H : Apigenidin
R = OH: Luteolidin

Abb. 81 Aglyka der typischen 3-Desoxyanthocanidine bei Farnen.

Asparaginsäure, Glutaminsäure und Alanin. Neben nichtflüchtigen Carbonsäuren sollen auch freie Aminosäuren, Glutaminsäure und Phenylalanin Geschmacksträger sein bei den jungen Blättern von *Pteridium aquilinum* var. *latiusculum* und *Osmunda cinnamomea*, die in Japan als Gemüse verzehrt werden. Die Aminosäuren und Aminosäurederivate können für bestimmte Taxa charakteristisch sein. Man hat Aminosäurespektren schon zur Charakterisierung von Sippen und zur Analyse von Hybridschwärmen herangezogen (vgl. 11, 22).

Sonstige stickstoffhaltige Verbindungen: Bei der Untersuchung von rund 300 Farn-Arten wurden *cyanogene Verbindungen* (Substanzen, aus denen bei saurer oder enzymatischer Hydrolyse Blausäure freigesetzt wird) in 16 Arten beobachtet, die verschiedenen Familien angehören (6). Die gefundenen cyanogenen Glykoside scheinen alle vom Phenylalanin abgeleitet zu sein. Genannt seien hier Prunasin (Abb. 80) aus *Cystopteris fragilis* und *Pteridium aquilinum*, oder Vicianin aus *Davallia*-Arten. Cyanogenese wird als eine der Ursachen für die Toxizität des Adlerfarns für Pflanzenfresser vermutet. Die giftigen Stoffe werden besonders in jungen Wedeln produziert/akkumuliert.

Alkaloide sind aus Farnen bis heute nicht bekannt geworden. Daß sie auch keine *Betalaine* und keine *Glucosinolate* bilden, ist nicht weiter verwunderlich, handelt es sich hier doch um Stoffklassen, die auch innerhalb der Angiospermen nur bei wenigen, sehr eng verwandten Familien vorkommen (Betalaine ausschließlich bei Centrospermae; Senfölglucoside nur bei Capparales). Übrigens bilden Farne auch keine *Polyacetylene* (vgl. 22).

Benzoësäuren, Zimtsäuren, Cumarine: Phenolische aromatische Säuren wie *p*-Hydroxybenzoësäure, Protocatechusäure, Vanillinsäure, *p*-Cumarsäure, Kaffeesäure und Ferulasäure (s. Abb. 74) sind ebenso wie bei den Angiospermen weit verbreitet. Sie treten häufig verestert auf, zum Beispiel in Chlorogensäure oder Rosmarinsäure, oder wie 1-*p*-Cumaroylglucose und 1-Caffeoylglucose als Schwefelsäureester. Sinapinsäure dagegen, bei über 30% der Angiospermen anzutreffen, scheint bei Farnen selten vorzukommen; Syringinsäure wurde nur einmal gefunden (22). Die Blätter von *Lindsaea odorata* enthalten reichlich Cumarin (nach 11). (Das charakteristisch duftende Cumarin wird, wie beim Waldmeister, beim Welken der Blätter aus geruchlosen glykosidischen Vorstufen enzymatisch freigesetzt; Artname!).

Anthocyane: Bei Farnen überwiegen Anthocyan, die auf den 3-Desoxyanthocyanidinen Apigenidinin oder Luteolinidin als Aglykon basieren (Abb. 81). Insofern stimmen sie mit den Anthocyanen der Moose überein. Die für Angiospermen „normalen" Anthocyanidine, das heißt solche mit Hydroxylgruppe in 3-Stellung, wurden bisher nur bei *Davallia divaricata* gefunden (Glykoside und acylierte Derivate des Pelargonidins und des Cyanidins). Junge Blätter von *Adiantum*, *Blechnum* und Verwandten sind oft anthocyanrot gefärbt. Vermutlich handelt es sich hierbei um Jugendanthocyane, wie sie auch bei Angiospermen häufig vorkommen.

Flavonoide s. str.: Flavonoide (die Stoffgruppe wurde S. 160 bereits vorgestellt) sind als Vakuolen-Inhaltsstoffe bei den Farnen ebenso weit verbreitet wie bei den Angiospermen, das heißt sie sind praktisch allgegenwärtig. Allgemein sind jedoch bei Farnen Flavonole weit häufiger anzutreffen als Flavone. Meist findet man auch hier

Abb. 82 Vier bei Farnen vorkommende Flavonoid-O-glycoside und ein Flavonoid-C-glycosid.

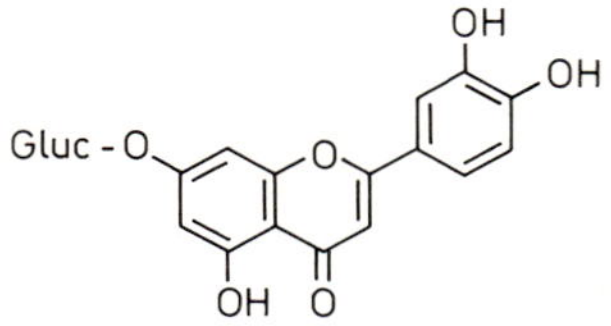

Luteolin-7-glucosid

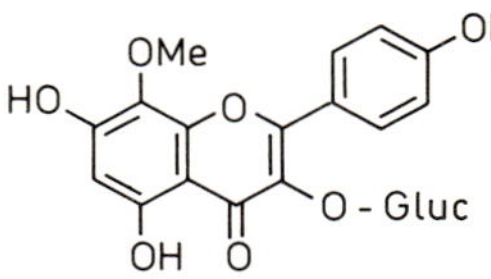

8-Methoxykämpferol-3-glucosid

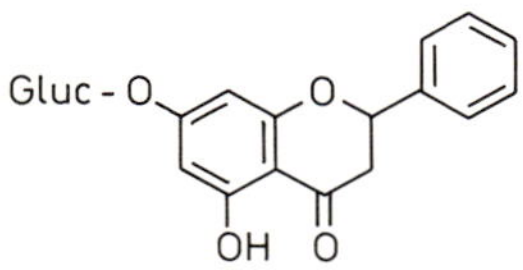

Pinocembrin-7-glucosid

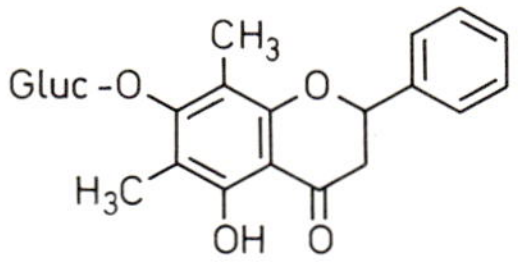

Desmethoxymatteucinol-7-glucosid

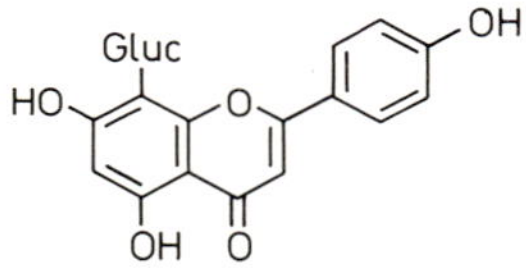

Vitexin (Apigenin-8-C-glucosid)

die „üblichen" Verbindungen: die Flavone Apigenin und Luteolin, die Flavonole Kämpferol und Quercetin.

Wallace (27) teilte die Flavonoidmuster der Farne in 4 Gruppen ein:

Gruppe A bildet und speichert nur Flavonolglykoside – hierher gehören wohl die meisten Gattungen.

Gruppe B bildet C-Glykoflavone + Flavonolglykoside: Bei mehreren *Cyatheaceae, Athyrioideae* und *Dryopteridoideae*.

Gruppe C bildet nur C-Glykoflavone: Bei *Cyathea, Dryopteris* und *Arachniodes*.

Gruppe D bildet C-Glykoflavone und Flavonglykoside: *Trichomanes* s.l., *Dryopteris, Arachniodes*.

Wie man sieht, können innerhalb der gleichen Familie oder auch Gattung mehrere dieser Flavonoidmuster vertreten sein.

Verbindungen mit 8-O-Substitution stellen offenbar eine große Ausnahme dar (3-glucoside des 8-Methoxykämpferols und des 8-Methoxyquercetins bei *Davallia pectinata*). – Mehrfach

wurden auch Flavanonglykoside gefunden, so zum Beispiel in den Gattungen *Asplenium, Dryopteris, Matteucia, Polystichum*; auch Glykoside C-methylierter Flavanone sind bekannt.

Bei den bisher genannten Flavonoiden handelt es sich um die üblichen wasserlöslichen, das heißt im Zellsaft, in der Vakuole lokalisierten Glykoside. Abb. **82** zeigt einige Formeln von O-Glykosiden und ein C-Glykosid.

Besondere Beachtung verdient das Vorkommen mehr oder weniger lipophiler freier Flavonoid-Aglyka, meist in Form sogenannter Mehlstaub-Flavonoide. Dabei handelt es sich um Verbindungen, die von einzelligen Drüsen, meist auf der Unterseite der Blätter sitzend, ausgeschieden und quasi-kristallin auf den Drüsenzellen deponiert werden. Die Drüsenzellen sitzen sehr dicht und die Produktion ist oft so reichlich, daß die Blattoberfläche wie bereift, bewachst oder bepudert erscheint. Diesem lipophilen Material schreibt man verschiedene ökophysiologische Funktionen zu, wie Transpirationsschutz, antimikrobielle Wirkung, Fraßschutz. Das Phänomen der Flavonoid-Exkretion wurde bisher nur bei sog. gymnogrammoi-

Abb. 83 Einige „Mehlstaub"-Flavonoide.

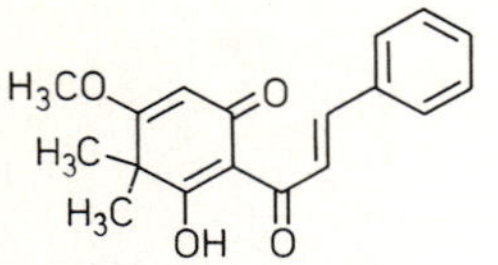

Ceropten

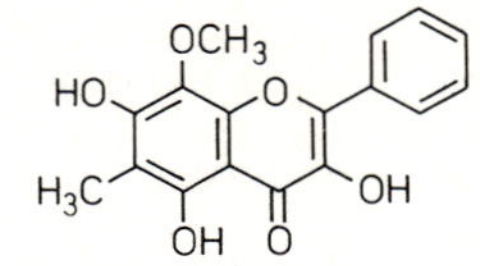

Pityrogrammin

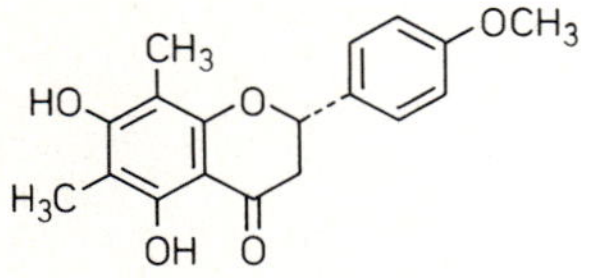

Matteucinol

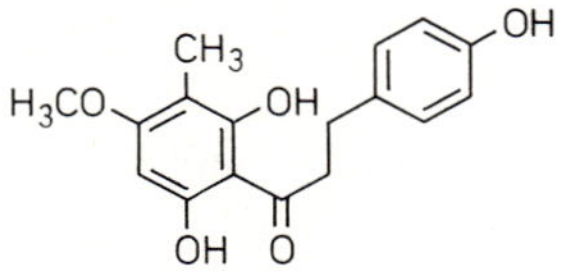

2′,6′,4-Trihydroxy-4′-methoxy-
3′-methyldihydrochalcon

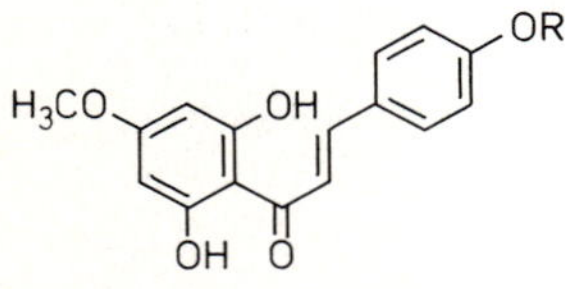

R = H : Neosakuranetin
R = CH₃ : 2′,6′-Dihydroxy-4′,
4-dimethoxychalkon

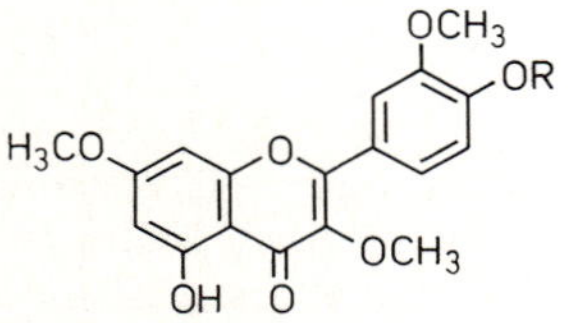

R = H : Pachypodol
R = CH₃ : Quercetin-3,7,3′,4′-
tetramethyläther

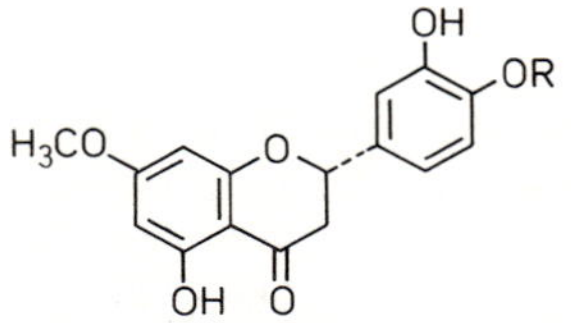

R = H : Eriodictyol-7-methyläther
R = CH₃ : Persicogenin

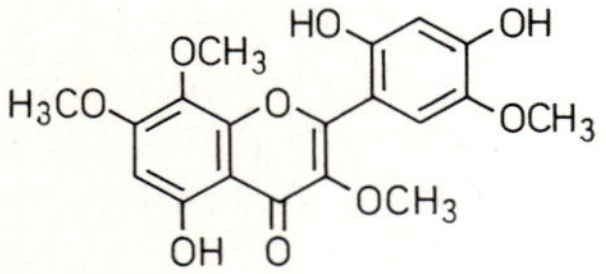

5,2′,4′-Trihydroxy-3,7,8,5′-
tetramethoxyflavon

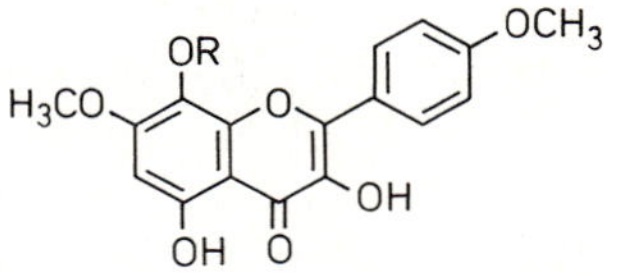

R = COCH₃ : Herbacetin-8-acetat-
7,4′-dimethyläther
R = COC₃H₇ : Herbacetin-8-butyrat-
7,4′-dimethyläther

den Farnen beobachtet, bei Angehörigen vor allem der Gattungen *Cheilanthes, Argyrochosma* und *Pityrogramma*, aber auch bei einzelnen Vertretern von *Onychium, Adiantum, Pterozonium, Platyzoma* und einigen anderen. Bei *Pellaea*-Arten handelt es sich eher um sehr dünne,

wachsartige Cuticular-Beläge, in denen Flavonoide in Spuren vorkommen können.

Die strukturelle Vielfalt der extern akkumulierten Flavonoid-Aglyka ist wesentlich größer als die der Flavonoid-Glykoside im Ge-

Abb. 84 Neoflavonoide aus *Pityrogramma*.

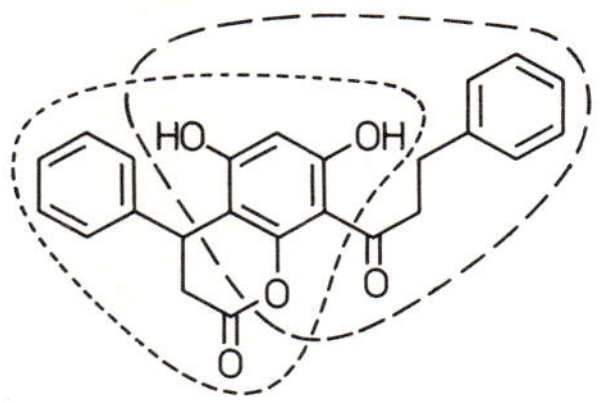

D - 1

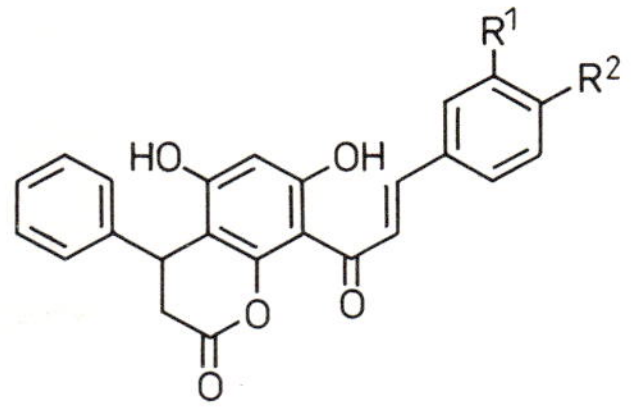

R¹ = R² = H   T - 1
R¹ = OH, R² = H   T - 2
R¹ = R² = OH   T - 3

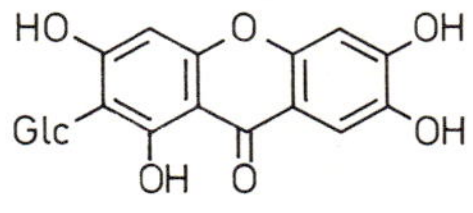

webe. So finden sich neben den bei den Glykosiden schon genannten Flavonen, Flavonolen und Flavanonen auch Chalkone, Dihydrochalkone, Flavonolester, und speziell in der Gattung *Pityrogramma* komplexe, Phenylpropan-substituierte Flavone, Flavonole, Chalkone und Dihydrochalkone, die auch als Neoflavonoide bezeichnet werden (Abb. **83, 84**). Die chemische Vielfalt macht die Exkret-Flavonoide bestens geeignet für chemosystematische Untersuchungen (vgl. 30), wobei es allerdings ein ernsthaftes Handicap ist, daß nicht alle Gattungen der gymnogrammoiden Farne, und auch längst nicht alle Arten innerhalb der beteiligten Gattungen, Flavonoid-Aglyka ausscheiden und akkumulieren.

Die Gruppe der Isoflavonoide ist weder bei den Glykosiden noch bei den excernierten Aglyka vertreten; sie fehlt den Farnen scheinbar völlig. Da 1984 jedoch bei dem Laubmoos *Bryum capillare* erstmals Isoflavonderivate gefunden wurden (1), könnte ihre Entdeckung bei einem Farn nur eine Frage der Zeit sein. Bis vor einigen Jahren schienen auch die Biflavonoide, die in Gymnospermen weit verbreitet sind und auch bei *Psilotum* und *Selaginella* vorkommen (22), bei Farnen zu fehlen. Dann wurden jedoch hochmethylierte Derivate des Amentoflavons bei *Osmunda japonica* und zwei ungewöhnlich verknüpfte „Hegoflavone" in *Cyathea spinulosa* gefunden (4). Dies sind somit warnende Beispiele dafür, wie gefährlich taxonomische oder gar phylogenetische Rückschlüsse aus der (vermeintlichen) Abwesenheit eines Merkmals sein können. Das ist ein wichtiger Punkt, der in der Vergangenheit bei chemotaxonomischen Untersuchungen oft mißachtet wurde.

Xanthone: Während bei Blütenpflanzen Xanthone ganz überwiegend als O-Glykoside vorlie-

Mangiferin

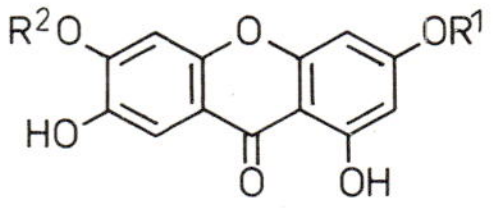

R¹ = H, R² = Me : Athyriol
R¹ = Me, R² = H : Isoathyriol
R¹ = R² = H : Norathyriol

aus *Athyrium mesosorum*

Abb. 85 Zwei Xanthone.

gen, hat man bei Farnen bisher erst zwei O-Glykoside nachweisen können; die Xanthone sind hier praktisch nur als C-Glykoside anzutreffen. Als Beispiel sei das am häufigsten vorkommende C-Glucosylxanthon Mangiferin genannt (Abb. **85**). Untersuchungen an etwa 300 niederen Gefäßpflanzen ergaben, daß Xanthone nur in sechs Familien „leptosporangiater" Farne vorkommen *(Hymenophyllaceae, Dryopteridaceae, Davalliaceae, Lomariopsidaceae, Aspleniaceae, Marsileaceae)*, und auch dort nur zerstreut in ca. 52 Arten aus 16 Gattungen (Stand: 1984). Chemotaxonomisch sind sie darum allenfalls auf niedrigem taxonomischem Niveau von Bedeutung. Sie scheinen zur Artabgrenzung innerhalb der Gattung *Elaphoglossum* von Nutzen zu sein und wurden auch zur Untersuchung der Hybridisierung innerhalb der Gattung *Asplenium* und zur Untergliederung der Hymenophyllaceae herangezogen (vgl. 17, 25).

Phloroglucide: Die Acylphloroglucinole oder Butanonphloroglucide (zum Beispiel Aspidinol, Albaspidin, Flavaspidsäure und andere;

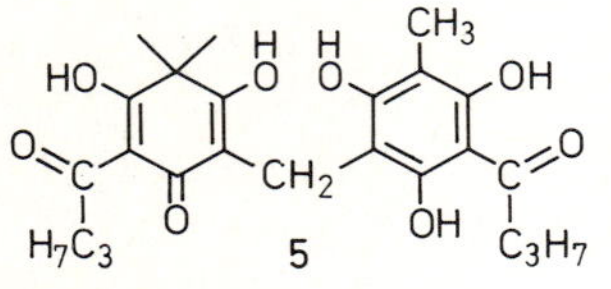

Abb. 86 Acyl-Phloroglucide aus *Dryopteris*.

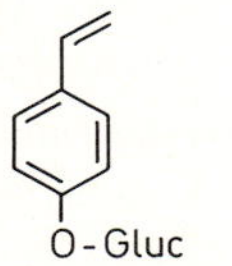

Flavaspidsäure-BB 5

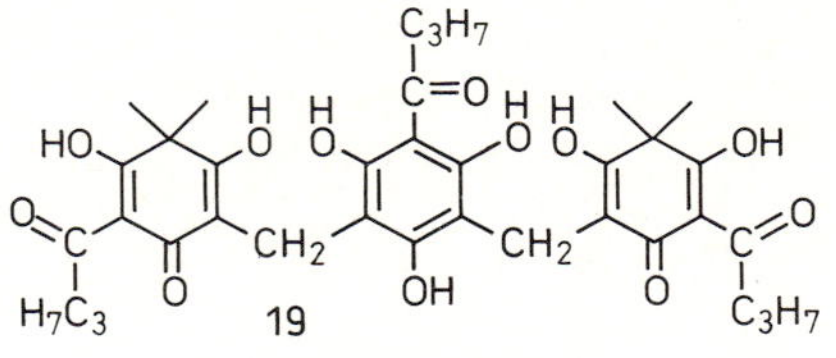

Filixidsäure-BBB 19

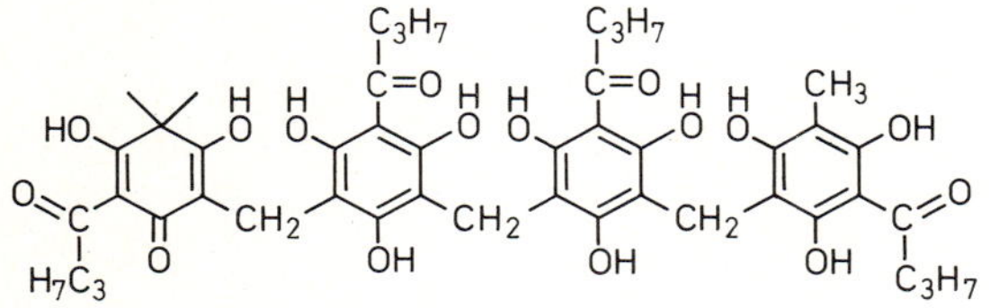

Tetraflavaspidsäure-BBB

O-Gluc

p-β-D-Glucosyloxystyren

Ein Styrol-glycosid aus *Cheilanthes kuhnii*

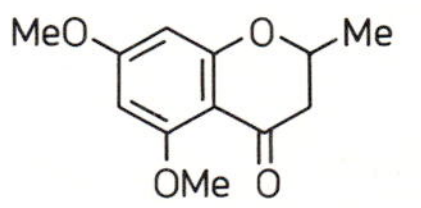

Ein Chromanon aus *Arachniodes standishii*

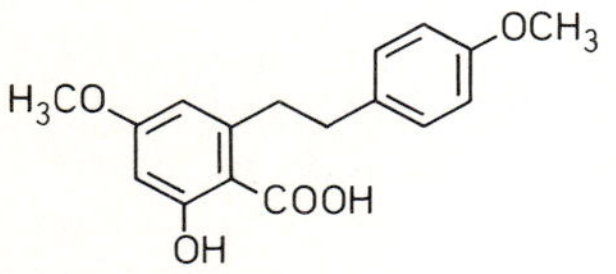

Notholaenasäure

Dihydrostilben aus *Argyrochosma spec.*

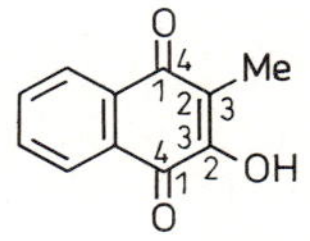

Phtiocol

Naphthochinon aus *Asplenium laciniatum*

Abb. 87 Einige Phenole aus Farnen.

vgl. Abb. 86) sind charakteristische phenolische Inhaltsstoffe speziell der Gattung *Dryopteris* und einiger verwandter Gattungen. Sie sind in internen Exkretbehältern lokalisiert, werden dort von haarartigen, einzelligen Drüsen gebildet. Viele dieser Substanzen zeigen starke Bandwürmer abtötende bzw. austreibende (tänizide und/oder taenifuge) Wirkung. Seit alters her fanden daher Extrakte aus getrocknetem Rhizom und Blattstielbasen vor allem des Wurmfarns, *Dryopteris filix-mas*, als Bandwurmmittel Verwendung. Wegen der geringen therapeutischen Breite und unerwünschter Nebenwirkungen sol-

cher Präparate (Phloroglucinolgemisch aus verschiedenen Arten als „Filicin" oder „Rohfilicin") werden heute jedoch andersartige synthetische Substanzen bevorzugt (15). Heute kennt man über 50 Verbindungen dieser Art; einige davon sind in Abb. 86 dargestellt. Die Phloroglucide wurden bezüglich ihrer chemosystematischen Verwertbarkeit intensiv untersucht (23).

Sonstige Phenole: Ganz vereinzelt wurden aus Farnen auch *Phloracetophenone, Styrol*-Derivate, *Stilben*-Derivate und *Naphthochinone* beschrieben (Abb. 87).

Die höheren leptosporangiaten Farne und viele andere Farne sind gerbstofffreie Pflanzen. Dabei handelt es sich ausschließlich um sogenannte kondensierte Gerbstoffe, deren Grundbausteine Catechine, Leucoanthocyanidine und Proanthocyanidine sind. (Bei Angiospermen gibt es daneben die sogenannten hydrolysierbaren Gerbstoffe, die aus Zuckern und Gallussäure oder deren Derivaten aufgebaut sind, zum Beispiel das aus Gallen gewonnene Tannin). Der Gerbstoffgehalt von Farnrhizomen soll bis zu 10% betragen. Extraktion und Analyse dieser Verbindungen sind schwierig; einzelne Meldungen über die Anwesenheit von Gallussäure-Derivaten könnten darum auf fehlerhaften Ergebnissen beruhen.

Das *Lignin* der Farne gleicht stark dem Coniferen-Lignin, indem es bei Oxidation hauptsächlich Vanillin und etwas *p*-Hydroxybenzaldehyd liefert.

Sesquiterpene: Hier sind vor allem 1-Indanon-derivate zu nennen mit einem C_{14}- oder C_{15}-Grundgerüst, die Pterosine und (als Glykoside) die Pteroside (Abb. 88). Besonders intensiv wurde der Adlerfarn untersucht, dessen Jung-triebe in Japan als Gemüse verzehrt werden. Die jungen Blätter bilden bis zu 25 Verbindun-gen dieser Art, die zum Teil als Ester vorliegen. Aus der toxischen bzw. carcinogenen (!) Frak-tion von *Pteridium aquilinum* wurde ein Ptaqui-losid genanntes glykosidisches Sesquiterpen iso-liert (Abb. 81). Pterosine sollen in den Gameto-phyten des Adlerfarns ebenfalls vorkommen. Pterosine und Pteridoside sind auch aus ande-ren höheren leptosporangiaten Farne bekannt, zum Beispiel aus Vertretern der Gattungen *Dennstaedtia, Onychium, Pentagramma, Pte-ris.*

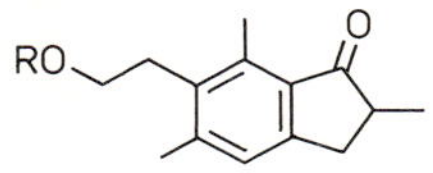

R = H :   Pterosin-B
R = Gluc : Pterosid-B
R = Me :   Pterosin-O

Abb. 88 Pterosine und Pteroside.

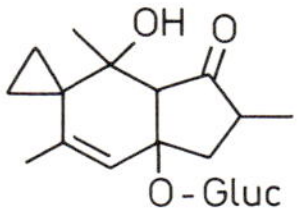

Diterpene: Von den vielen möglichen Struktur-typen innerhalb dieser Terpenoidgruppe sind aus Farnen bisher vor allem Substanzen mit Kauran-Struktur bekannt geworden, daneben auch solche mit Labdan- oder Artisan-Struktur. Die Diterpene liegen einmal als wasserlösliche Glykoside oder Acylglykoside vor und sind als solche im Zellsaft gelöst, das heißt in den Gewe-ben zu finden, etwa bei *Pteris*-Arten. Oder aber sie sind in freier, lipophiler Form Bestandteile von „Wachs“-Überzügen auf Blättern und Blatt-stielen, evtl. auch auf oberirdischen Rhizomen, oder von „Mehlstaub“, meist auf der Wedel-Un-terseite (*Cheilanthes, Argyrochosma* u. a.; oft zusammen mit Flavonoid-Aglykonen; vgl. bizy-kische Diterpene, Abb. 90). Auch in den Fällen, wo Diterpene als Bestandteile von Lipid-Frak-tionen aus Extrakten beschrieben worden sind, wird es sich in Wirklichkeit wohl oft um extern akkumuliertes Material handeln.

Zu den Diterpenen gehören auch die als Phytohormone aktiven Antheridiogene der Farne, die strukturell den Giberellinen naheste-hen.

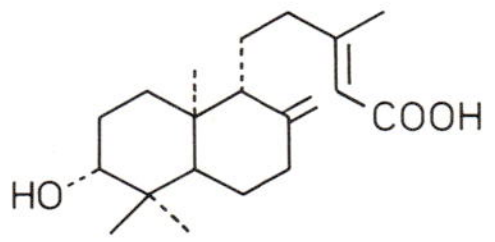

Abb. 89 Ptaquilosid.

Alepterol-Säure
(Labdan-Typ)

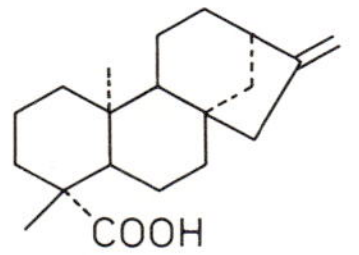

Ent-Kaur-16-en-19-on-Säure
(Kauran-Typ)

Abb. 90 Bizyklische Diterpene.

Triterpene: Bei der Biosynthese von Triterpe-nen zeigen Farne besonders große biochemi-sche Leistungsfähigkeit, die sich in großer Viel-falt der Substanzen äußert. Aus den höheren lep-tosporangiaten Farne und anderen Familien sind mehr als 140 Triterpene bekannt, die vie-len Struktur-Typen angehören (ausführliche Übersicht s. 15). Viele dieser Triterpene und Ste-role wurden in Angiospermen noch nicht gefun-den. Auch hier steht zu vermuten, daß es sich sehr oft um extern akkumulierte Substanzen handelt, selbst wenn sie aus Extrakten beschrie-ben werden. Das gilt sicher ganz besonders für die reinen Kohlenwasserstoffe wie Fernene, Ho-pene, Filicene und andere (Abb. 91), die gene-rell überwiegen. (Man hat sie ursprünglich für Farn-typisch gehalten, später aber auch als weit-verbreitete Moos-Inhaltsstoffe gefunden.) Da-

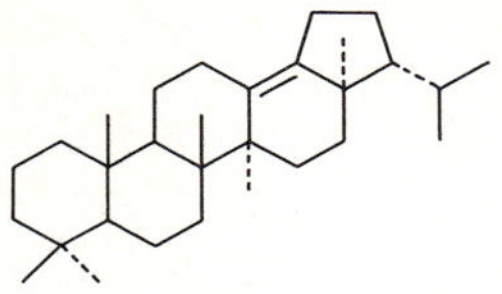

Neohop-13(18)-en

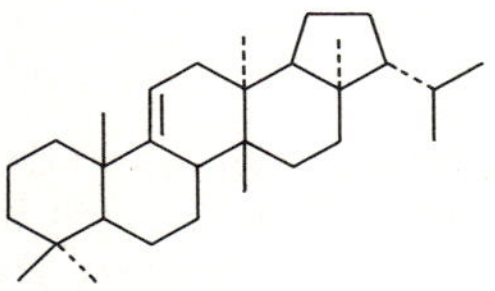

Fern-9(11)-en

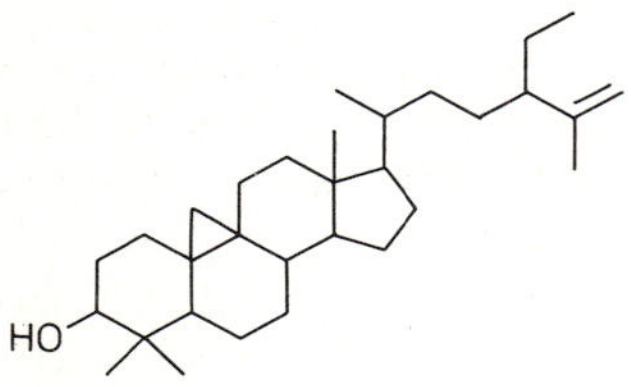

Polystichol

Abb. 91 Triterpene.

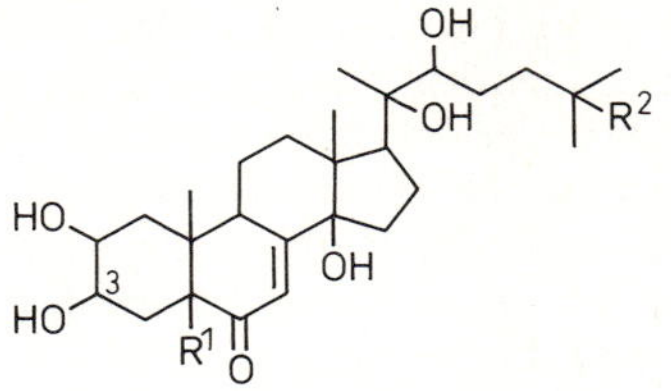

$R^1 = H, R^2 = OH$:   Ecdysteron
$R^1 = R^2 = H$:   Ponasteron-A
$R^1 = R^2 = OH$:   Polypodin-B

Abb. 92 Phytoecdysone.

neben können auch freie Alkohole, Acetate, Ketone, oft auch Säuren, vorkommen. Extern akkumulierte Triterpene wurden zum Beispiel bei *Lophosoria quadripinnata*, *Argyrochosma candida* und *Plagiogyria formosana* nachgewiesen. Stärker oxidierte Triterpene sind bei den höheren leptosporangiaten Farne bisher eher selten; sie können sowohl frei als auch als Glykoside gebunden vorliegen. Die ubiquitär vorkommenden 3-Hydroxy-Triterpene und -Sterine entstehen biogenetisch durch Zyklisierung von 2,3-Epoxysqualen. Aus der Tatsache, daß bei Pteridophyten allgemein oft Triterpene auftreten, bei denen die Hydroxylgruppe nicht in 3-Stellung steht, ist zu schließen, daß für deren Biosynthese wie auch für die die pentazyklischen Triterpen-Kohlenwasserstoffe der Farne, aber auch der Flechten und Moose, ein anderer Weg zur Verfügung steht. Experimente mit *Polypo-*

dium deuten auf protoneninduzierte Zyklisierung von Squalen hin.

Das Vorkommen von *Phytoecdysonen*, das heißt Sterinen mit der Aktivität von Insektenhäutungshormonen, verdient sicherlich besondere Erwähnung, wenn auch bisher nicht bekannt ist, ob und, wenn ja, welche Bedeutung ihr Auftreten bei Farnen hat. Die meisten Farnecdysone (Abb. **92**) sind Sterine mit C_{27}-Grundgerüst. Bekannt sind sie bisher aus Gleicheniaceen, Osmundaceen und vielen abgeleiteten Gattungen. Ecdyson zum Beispiel wurde aus *Blechnum-*, *Bolbitis-*, *Cheilanthes-*, *Osmunda-* und *Polypodium*-Arten beschrieben.

Unter den Steringlykosiden finden sich bei Farnen nicht nur die allgemein verbreiteten Phytosteroline, sondern auch einige auffällige Glykoside, auf die hier aber nicht näher eingegangen werden soll.

Frühere Angaben über das Vorkommen von Glycyrrhizin, dem wirksamen Prinzip der Süßholzwurzel, im süß schmeckenden Rhizom von *Polypodium vulgare*, dem „Engelsüß", treffen nicht zu. Allerdings konnten triterpenoide Saponine nachgewiesen werden, von denen eines tatsächlich süß schmeckt. Diese als Osladin bezeichnete Substanz hat eine 3000mal höhere Süßkraft als Saccharose. Wegen ihrer geringen Konzentration im Rhizom kommt sie als biogener Süßstoff jedoch nicht in Betracht.

7.8.   „Hydropteridales" – Wasserfarne

Wasserfarne wurden phytochemisch noch relativ wenig untersucht. Die aus *Marsilea* beschriebenen Triterpenkohlenwasserstoffe entsprechen denen der Polypodiaceen. *Marsilea minuta* wird in Indien als Sedativum verwendet; das wirksame Prinzip ist nicht bekannt. Die

Pflanze enthält einige Saponine, von denen eines auch in einer anderen Art gefunden wurde. Procyanidine und Flavonolglykoside kommen vor, auch ein C-Glucosylxanthon. Aus den *Sal-* *viniales* wurden bisher anscheinend nur *Azolla*-Arten analysiert. Man hat Proanthocyanidine und Saponine gefunden, ein Anthocyan, Kaffeesäureester und Cumarinderivate.

7.9. Chemotaxonomie

7.9.1. Sekundärstoffe

Chemotaxonomie oder (bio-)chemische Systematik ist eine vergleichende Methode zur Verwandtschaftsforschung, die sich der „Sekundären Pflanzenstoffe" bedient. Die Begriffe Primär- und Sekundärstoffwechsel wurden zwar im Abschnitt 7.2 schon diskutiert, hier soll aber der Begriff Sekundärstoffe noch einmal definiert werden. Man bezeichnet damit mikromolekulare Stoffe, im Englischen besser mit dem wertneutralen Begriff „natural products" bezeichnet, die nicht direkt am Grundstoffwechsel der Zelle beteiligt (= primäre Stoffe), nicht zur Aufrechterhaltung der Lebensfunktionen der Zelle oder des Organismus notwendig sind. Es handelt sich vielmehr um Substanzen, die als Stoffwechselendprodukte mit oft unbekannter Funktion betrachtet werden können. Das mag hier als stark vereinfachte Definition genügen, bei der außer acht gelassen wird, daß für manche Sekundärstoffe in den letzten Jahren eine Metabolisierung nachgewiesen wurde, daß die schon früher vermuteten (öko-)physiologischen Funktionen wie antimikrobielle und Fraßschutz-Wirkung, UV-Filterwirkung, allelopathische Wirkung, Transpirationsschutz bei extern akkumulierten Produkten usw. heute vielfach bestätigt sind.

Wichtig und hilfreich als Ergänzung der Definition ist die Feststellung, daß das Vorkommen der Sekundärstoffe auf einzelne Arten oder Artengruppen beschränkt ist (vgl. 10 und 25). Dieses Beschränktsein auf bestimmte Taxa ist es, was die Verwertbarkeit von Sekundärstoffen als Merkmal ausmacht. (Andererseits limitiert es aber auch oft ihre Verwertbarkeit, wenn zum Beispiel innerhalb eines bestimmten Taxons die untersuchte Stoffgruppe nicht in allen Vertretern gebildet wird; vgl. S. 169). Die meist komplizierten Biosynthesewege der Sekundärstoffe werden durch ein System von gencodierten Enzymen gesteuert. Das Muster der jeweils gebildeten Substanzen ist also genetisch fixiert; es ist darum (mehr oder weniger) konstant, von Standortbedingungen allenfalls in der quantitativen Ausprägung beeinflußt, und kann somit ebenso wie die klassischen morphologischen Merkmale der Systematik als chemisches Klassifizierungsmerkmal dienen. Im optimalen Fall wird man vergleichend-morphologische, anatomische, karyologische und physiologische Merkmale kombinieren und die Gesamt-Merkmalsähnlichkeit untersuchen. In diesem Kapitel sollen allein die chemischen Merkmale behandelt werden.

Die gängigste Methode für vergleichende chemische Untersuchungen ist die Dünnschichtchromatographie, teilweise noch die Papierchromatographie. Dabei werden Substanzen in der Regel aufgrund ihrer unterschiedlich starken Adsorption an Trägermaterialien wie Kieselgel, Aluminiumoxid, Polyamid oder Cellulose aufgetrennt; ein Lösungsmittelgemisch (Laufmittel) als mobile Phase transportiert sie auf diesen stationären Phasen verschieden weit, in Abhängigkeit von der Molekülstruktur. (Beispiel s. Abb. 93, 94, auf Tafel 32). Neben der Laufhöhe bieten die Farbe im sichtbaren Licht, die Fluoreszenz oder Absorption im UV-Licht, sowie Farbreaktionen mit mehr oder weniger spezifischen Reagenzien zusätzliche Identifizierungsmöglichkeiten. Voraussetzung für die Anwendung dieser Methode ist in jedem Fall, daß die chemische Natur der betreffenden Stoffe bekannt ist, das heißt den chemotaxonomischen Untersuchungen gehen oft langwierige Isolierungen und apparativ aufwendige Analysen voraus, heute in erster Linie mit Hilfe spektroskopischer Methoden. Die Verfügbarkeit des für die Stoffisolierung notwendigen Pflanzenmaterials kann darum die Anwendung limitieren.

Zwei Gefahren, die in chemotaxonomischen Aussagen liegen, sollen nicht verschwiegen werden. Zum einen ist es faktisch unmöglich, das *Fehlen* einer bestimmten Substanz festzustellen. Wenn ihre Menge auch so gering ist, daß sie unter der Nachweisgrenze liegt, so kann doch der zu ihrer Bildung notwendige Enzymsatz vorhanden sein, und das ist es ja, was man letztlich bewertet. Die Anwesenheit einer Substanz ist also grundsätzlich stärker zu werten als ihr (vermeintliches) Fehlen. Zum anderen darf nicht vergessen werden, daß gleichartige Moleküle gelegentlich auf unterschiedlichen Biosynthesewegen gebildet werden können, so daß sie letztlich nicht als gleichberechtigt miteinander verglichen werden dürfen. Allgemein steigt auch der Wert der chemischen Erkenntnisse, wenn möglichst viele Substanzen innerhalb einer Substanzgruppe und darüber hinaus möglichst mehrere Substanzgruppen betrachtet werden, und diese in ihrer Verbreitung die gleiche Tendenz zeigen.

Chemotaxonomie der höheren leptosporangiaten Farne

Bei Farnen hat man sich für chemotaxonomische Untersuchungen bisher besonders der Phloroglucide und der Flavonoide bedient.

Die Ergebnisse der intensiven Erforschung der Farn-**Phloroglucide** wurden von J. v. Euw et al. (23) zusammengefaßt. Von ganz wenigen Ausnahmen abgesehen, bilden alle Arten der großen Gattung *Dryopteris* Phloroglucide. Das Merkmal wäre damit praktisch gattungsspezifisch – wenn nicht interessanterweise auch in den Gattungen *Ctenitis*, *Arachniodes* und *Polystichum* vereinzelt Phloroglucide anzutreffen wären. Das Phloroglucidmuster ist in der Regel artspezifisch, insbesondere für Kleinarten. Das Merkmal hat damit vor allem für die Analyse von polyploiden Aggregaten Bedeutung. Bei Hybriden und allopolyploiden Arten werden die Phloroglucide meist additiv vererbt. Mit Hilfe des chemischen Merkmals Phloroglucidmuster kann man beispielsweise phylogenetische Hypothesen überprüfen. So bestätigt die tabellarische Auswertung der Phloroglucidmuster der Arten innerhalb des *Dryopteris filix-mas*-Komplexes, daß als Eltern für die allotetraploide häufigste Form, *D. filix-mas* s. str., nur die diploiden Arten *D. oreades* und *D. caucasica* in Frage kommen.

Daß die meisten **Flavonoide** sehr stabil sind, macht sie zusammen mit der vergleichsweise einfachen Analytik für chemotaxonomische Untersuchungen besonders geeignet. Gegenüber den Phlorogluciden ist natürlich ihre viel weitere Verbreitung ebenfalls von Vorteil.

Ein frühes und „berühmtes" Beispiel für die Einbeziehung von *Flavonoidmustern* in Untersuchungen zur Evolutionsgeschichte von Polyploiden ist die Arbeit von D. M. Smith und D. A. Levin (1963, 20) über den *Asplenium*-Komplex in den Appalachen. Obwohl damals die Substanzen nicht identifiziert waren und darum nur zweidimensionale Dünnschichtchromatogramme wiedergegeben wurden, hat es Eingang in Lehrbücher gefunden (zum Beispiel Strasburger, 31. Auflage). Drei diploide Arten zeigen jeweils charakteristische Flavonoidmuster. Interspezifische Hybriden und ihre allotetraploiden Abkömmlinge zeigen additive, das heißt aus allen Substanzen der bekannten oder vermuteten Vorfahren zusammengesetzte Muster. Zwei der Hybriden zeigen die Kombination aller Substanzen der drei diploiden Arten. Diese Ergebnisse stehen im Einklang mit den Befunden früherer vergleichend-morphologischer, karyologischer und Hybridisierungs-Analysen („reticulate evolution").

D. M. Smith (19) verdanken wir auch ein weiteres Beispiel für erfolgreiche chemotaxonomische Verwendung von Flavonoidmustern, ein Beispiel, das aus heutiger Sicht weitaus fundierter erscheint, weil die Substanzen identifiziert und nicht nur Chromatogrammflecken verglichen wurden. In diesem Falle wurden die oben besprochenen Exkret-Flavonoide der Blätter zur Analyse des Artkomplexes von *Pentagramma triangularis* benutzt. Beim Kalifornischen Goldfarn sind die Angehörigen der beschriebenen Varietäten nach den üblichen morphologischen Merkmalen oft nicht eindeutig zuzuordnen. Dem Phytochemiker genügen kleine Blattstücke, selbst Fragmente von Herbarbelegen, um die entsprechenden Pflanzen aufgrund der Flavonoidmuster eindeutig anzusprechen. Für *P. triangularis* var. *pallida*, charakterisiert durch die Akkumulation C-methylierter Flavanone, wurde die Anerkennung als eigenständige Art empfohlen (32). Die Varietäten *maxonii* und *semipallida* sind durch eindeutige Flavonolmuster charakterisiert (Galangin ist Hauptkomponente bei var. *maxonii*, ein Kämpferoldimethyläther bei var. *semipallida*), die Varietät *viscosa* durch ein C-methyliertes Dihydrochalkon als Hauptkomponente des Exkrets. Innerhalb der Varietät *triangularis* jedoch sind mindestens vier chemische Rassen oder Chemotypen unterscheidbar, von denen der Ceroptin-Typ besonders auffällig ist. Diese Ergebnisse stehen wiederum im Einklang mit cytologischen und morphologischen Merkmalen, und sie bestätigen auch frühere Beobachtungen über die geographische Verbreitung der genannten Varietäten. *Trismeria trifoliata*, früher aus *Pityrogramma* ausgegliedert, ist aufgrund chemischer Merkmale durchaus als *Pityrogramma*-Art anzusehen. Dieser Farn produziert die zwei Dihydrochalkone, die auch bei *P. calomelanos*, *P. dealbata* und *P. tartarea* die Hauptmasse des „Mehls" ausmachen und außerdem das Neoflavon „D-1", das ebenfalls bei den eben genannten und einigen weiteren Arten vorkommt, sowie die entsprechenden Neoflavone „T-1, T-2 und T-3" (s. Abb. **84**; Zwittermoleküle aus einem Phenylcoumarin und einem Dihydrochalkon bzw. einem Chalkon, mit gemeinsamem Benzolring) (31).

Mit viel Erfolg wurden Flavonoidmuster auch bei solchen *Argyrochosma*-Arten analysiert, die ein „mehlförmiges" Blattexkret bilden. Im großen und ganzen stimmen die phytochemischen Erkenntnisse mit der heutigen taxonomischen Auffassung überein. Einige Arten weisen ein sehr charakteristisches Flavonoidmuster auf: ein artspezifisches Muster (*A. bryopoda*, *A. grayi*, *A. pallens* und andere, vgl. Tab. **7.1**). Bei anderen kann man Flavonoidmuster beobachten, die für beschriebene Varietäten charakteristisch sind (*A. candida* var. *candida* und var. *copelandii* vgl. Abb. **93**; *A. nivea* var. *nivea* und var. *oblongata*) und ihre ansonsten schwierige Differenzierung damit sehr erleichtern. Schließlich gibt es Arten, bei denen Farntaxonomen bisher keine Varietäten beschrieben haben, wo aber die Zusammensetzung des Flavonoid-„Mehls" völlig verschieden ist, so daß man zumindest von chemischen Rassen oder Chemotypen sprechen muß. In solchen Fällen, wo sich der Unterschied in der stofflichen Zusammensetzung des Exkrets äußerlich in einem Farbunterschied des „Induments" zu erkennen gibt, sollte man diese Chemotypen zu Varietäten erheben *(A. sulphurea)*. Der für Varietäten schon bekannte Zusammenhang mit der geographischen Verbreitung kann durch diese Untersuchungen bestätigt und auf die Chemotypen erweitert werden (*A. standleyi*, vgl. Tab. **7.1** und Abb. **94**, 30).

Chemotaxonomie der Pteridophyta

Ein erstes Beispiel behandelt chemische Beweise für die Abtrennung der Psilotatae von

Tabelle **7.1** Flavonoid-Muster einiger *Argyrochosma*-Arten (Aglyka a. d. „Mehlstaub") [18, 29; dort als *Notholaena*]. Pro Art bzw. pro Chemotypus wurden jeweils 3 Proben verschiedener Herkunft erfaßt. Farbangaben bei *A. standleyi* beziehen sich auf das Flavonoid-„Mehl" auf der Blattunterseite.

Argyrochosma	bryopoda			grayi			pallens			standleyi „gelb"			„gelb-grün"			„goldgelb"		
	1	2	3	1	2	3	1	2	3	1	2	3	1	2	3	1	2	3
Kämpferol																		
Kä-3-Me	+	+								++	++	+++	+	++	+++			
Kä-7-Me	++	++	+							++	++	++	++	++	++			
Kä-4'-Me	+++	+++	++							+++	+++	+++	+++	+++	+++	+++	+++	++
Kä-3,7-diMe	+++	+++	+++				+	+	+	+++	+++	+++	+++	+++	+++	+++	+++	+++
Kä-3,4'-diMe	+++	+++	+++							+	+		+	+	+	+		
Kä-7,4'-diMe								++		++	++							
Kä-3,7,4'-triMe							+	+	+									
Herbac.-7-Me				+++	+++	+++	++	++	++				+	+	+	+	+	+
Herb-7,4'-diMe				+++	+++	+++	++	++	++									
Apigenin				+++	++	+++	++	++	++									
Ap-7Me				+++	+++	+++	++	++	++									
Ap-4'-Me				++	++	++	+	+	+									
Ap-7,4'-diMe							+	+	+									

den Filicatae. Die beiden rezenten Gattungen der Urfarne, *Psilotum* und *Tmesipteris*, galten früher als Relikte der devonischen Rhyniophyten. Aufgrund morphologischer und anatomischer Gegebenheiten bei den Sporophyten und der Ähnlichkeit der Gametophyten sollen sie nach den Vorstellungen von Bierhorst (s. S. 91: 4) einerseits überleiten zur primitiven Farngattung der *Stromatopteris*, und weiter zu den *Schizaeaceae* und *Gleicheniaceae*, andererseits zu den *Lycopodiatae*. Chemische Befunde sprechen jedoch gegen einen solchen Zusammenhang. Die Analyse der Flavonoide ergab, daß bei Psilotaceae ausschließlich Biflavone gebildet werden (zum Beispiel Amentoflavon, s. Abb. 78), Verbindungen, die sowohl den primitiven Farnen als auch den Bärlappgewächsen fehlen. Die Biosynthese von Biflavonoiden wird als primitives Merkmal betrachtet, das in der Evolution der Gefäßpflanzen sehr früh ausgebildet wurde. Alle Familien der *Filicaatae* jedoch, auch die primitiven, haben die Fähigkeit, die als abgeleitetes Merkmal betrachteten Flavonole und Proanthocyanidine zu synthetisieren. Ferner gibt es eine höhere Fettsäure als Bestandteil des Cutins, durch deren Besitz sich die Psilotaceae von allen Farnen und anderen Gefäßpflanzen unterscheiden. Diese Beobachtungen sprechen dagegen, die *Psilotaceae* als primitivste Gruppe zu den *Filicaatae* zu stellen.

Algen haben offenbar noch nicht die Fähigkeit, Flavonoide zu synthetisieren. Viele Laub- und Lebermoose jedoch produzieren ebenso wie alle Farne und Farnartigen, Gymnospermen und Angiospermen Flavonoide. Jede dieser Gruppen war unterschiedlichen Evolutionszwängen ausgesetzt, die jede in bezug auf die Flavonoid„evolution" auf ihre Weise beantwortet hat. Bei den Bryophyten, Farnen und Farnartigen erscheint die Flavonoidsynthese oft auf dem Niveau der Ordnung oder Familie auf die vorherrschende Produktion bestimmter Flavonoid-Typen konzentriert. Bei *Equisetaaceae* dominieren Flavonole und Proanthocanidine, bei *Isoëtaceae* und *Lycopodiaaceae* „normal" substituierte Flavone und bei *Isoëtaceae* außerdem solche mit zusätzlicher Substitution an C-6, C-8, C-2', bei *Psilophytaceae* das Biflavon Amentoflavon, bei *Selaginellaceae* Amentoflavon und Hinokiflavon. Weiterentwicklung äußert sich dann in der Modifikation des jeweiligen Flavonoid-Typs, zum Beispiel durch Methylierung, Acylierung, zusätzliche O-Substitution und/oder Glykosidierung etc. Die Fähigkeit der

Equisetaceae, Flavonole und Proanthocyanidine zu synthetisieren, läßt sie in die Nähe der *Filicatae* rücken; wo diese Verbindungen dominieren.

Es gibt mehrere Ansätze, die unterschiedliche Flavonoidführung innerhalb der Farne *s. str.* im phylogenetischen Sinne zu interpretieren in bezug darauf, welche Familien näher miteinander verwandt sind, welche als primitiver oder fortgeschrittener zu betrachten sind. Alle kranken daran, daß für die Taxonomie der Farne noch kein System allgemein anerkannt ist und daß die verfügbaren Daten noch lückenhaft sind. In diesem Rahmen soll deshalb auf das Thema nicht weiter eingegangen werden (vgl. 14, 26).

Während sich Sekundärstoffklassen wie Flavonoide, Terpenoide und andere oft recht gut zur chemischen Charakterisierung von Arten und Gattungen oder zur Abgrenzung von Familien eignen, ergeben sich nur in wenigen Fällen Hinweise auf verwandtschaftliche Beziehungen in höheren taxonomischen Kategorien. Man beobachtet jedoch in der Sekundärstoffausstattung mancher Pteridophyten bemerkenswerte Parallelen zu Gymnospermen. Auffallend ist beispielsweise die gemeinsame Ausbildung von Biflavonen sowohl bei den *Psilotaceae* und den *Selaginellaceae* als auch bei den *Cycadales* und *Coniferae*. Weiters sind diese Gruppen dadurch gekennzeichnet, daß Flavonole, Flavanone und Dihydroflavonole selten vorkommen. Die chemischen Befunde stützen somit die Vermutung der gemeinsamen Entstehung dieser Gruppen aus Psilophyten-ähnlichen Vorfahren. Die weitaus komplexeren Flavonoidmuster der höheren Farne zeigen viele Anklänge an die Angiospermen. Das gilt auch für Triterpene, Diterpene und Sesquiterpene, oder für C-methylierte Phloroglucinole. Es wäre jedoch völlig verfehlt, daraus verwandtschaftliche Schlußfolgerungen zu ziehen. Die phytochemischen Konvergenzen resultieren sicherlich daraus, daß sich im Laufe der Evolution bestimmte biochemische Prozesse (enzymatische Schritte) mehrfach parallel entwickelt haben. Gemeinsame flavonoidchemische Merkmale beispielsweise dürfen keinesfalls als „Beweis" für verwandtschaftliche Beziehungen zwischen höheren Farnen und Angiospermen gedeutet werden. Dies veranschaulicht einmal mehr, wie komplex die Interpretation chemischer Merkmale ist und wie gefährlich es wäre, sie isoliert zu betrachten (5).

7.9.2. Primärstoffwechsel
Proteine und Nucleinsäuren

In den letzten Jahren haben moderne biochemische Methoden wie die Gelelektrophorese von Polypeptiden und die Molekularbiologie, für die Evolutionsbiologie der Pteridophyten an Bedeutung gewonnen. Nukleinsäuren und Proteine tragen direkt oder indirekt die genetische Information und sie geben dem Systematiker die Möglichkeit, homologe Substanzen auch in größeren Verwandtschaftsgruppen zu vergleichen.

Methodik

Die Polypeptidmuster unterschiedlicher Arten lassen sich schnell und kostengünstig mit Hilfe der Gelelektrophorese vergleichen. Solubilisate von Proteingemischen, die aus unterschiedlichen Organismen isoliert wurden, werden auf eine Trägermatrix aufgetragen (üblicherweise Polyacrylamid oder Agarose) und einem elektrischen Feld ausgesetzt. Die einzelnen Proteine werden – je nach Art der verwendeten Elektrophoresetechnik – nach ihrer Ladung oder ihrer Molmasse aufgetrennt. Durch spezielle Färbemethoden können alle vorhandenen Proteine, bestimmte Proteinfamilien (zum Beispiel Glycoproteine oder Häm-tragende Proteine), oder einzelne Proteine (bei Enzymen durch Detektion mit radioaktiv markierten oder fluoreszierenden Substratanaloga oder durch spezifische Färbungen) sichtbar gemacht werden. Eine Analyse der Proteinmuster liefert Informationen über das Vorhandensein bzw. das Fehlen bestimmter Proteine bei unterschiedlichen Organismen; überdies ändert der mutationsbedingte Austausch einer oder mehrerer Aminosäuren innerhalb eines Proteins seine Laufeigenschaften im elektrischen Feld, sofern sich durch den Wechsel die Ladung des Proteins ändert. Durch Unterschiede in den Proteinmustern lassen sich also Verwandtschaftsbeziehungen aufklären, die im besten Falle zur Erstellung eines Stammbaumes führen können. Es darf jedoch nicht verschwiegen werden, daß die Zuordnung einer angefärbten Bande zu einem speziellen Protein aufgrund der Vielzahl unterschiedlicher Proteine innerhalb eines Proteingemisches, die sich in ihrer Molmasse und/oder ihrer Ladung oft nur geringfügig unterscheiden, sehr schwierig ist.

Die Möglichkeit einer eindeutigen Identifizierung bietet sich für den Fall, daß man ein monospezifisches Antiserum gegen ein spezifisches Protein in Händen hat. Nach erfolgter Elektrophorese werden die aufgetrennten Proteine elektrophoretisch auf eine Membran übertragen (Nitrocellulose oder Teflon), auf welcher sie durch elektrostatische Wechselwirkungen fixiert werden. Die proteinfreien Bereiche der Membran werden durch Inkubation mit einem Protein, das nicht mit dem Antikörper reagiert, abgesättigt. Danach erfolgt eine Inkubation mit dem Antikörper. Die an das Protein gebundenen Antikörper können dann durch Inkubation mit einem (radioaktiv markierten oder an kolloidales Gold gekoppelten) Antikörper-bindenden Agens (zum Beispiel Protein A aus *Staphylococcus aureus*) detektiert werden. Unterschiede in der Antikörperbindung des Antigens erlauben Rückschlüsse auf den Verwandtschaftsgrad der Arten, da sie Unterschiede in der Aminosäurestruktur des Proteins zwischen verschiedenen Arten anzeigen. Der Austausch einer einzigen Aminosäure innerhalb einer Antigen-Determinante (eine Gruppe von 5–7 Aminosäuren) kann zu einer drastischen Verringerung der Affinität zum Antikörper bis hin zur Nichterkennung führen.

Ein aussagekräftigerer Ansatz für die Erstellung eines Stammbaumes ist die Untersuchung von Nucleinsäuren-Sequenzen der DNA, da sie direkt Änderungen des Erbgutes anzeigt. Eine methodische Möglichkeit ist die Isolierung der DNA aus unterschiedlichen Organismen und ihre Spaltung mit unterschiedlichen Restriktionsenzymen. Solche Restriktionsenzyme spalten die DNA spezifisch zwischen zwei bestimmten Nucleinsäuren. Die DNA-Spaltprodukte können wiederum gelelektrophoretisch voneinander getrennt werden. Durch den mutationsbedingten Austausch von Nucleinsäuren kann sich die Anzahl der Spaltprodukte bei unterschiedlichen Arten unterscheiden, wobei Unterschiede um so wahrscheinlicher werden, je größer die Zahl der Mutationen ist. Wenn man annimmt, daß die Mutationsrate konstant ist, verhält sich die DNA wie eine „molekulare Uhr", auf der man ablesen kann, wann sich im Verlauf der Evolution von einer Art eine neue abgespalten hat.

Beispiele

Einige Beispiele mögen nun die Anwendung dieser Methoden veranschaulichen.

Speicherproteine (sog. 11s-Proteine) aus den Sporen ausgewählter Farn-Familien wurden in ihre Polypeptid-Komponenten zerlegt und elektrophoretisch/immunologisch untersucht. Innerhalb der Gattung *Cyathea* unterstützen die Daten die Verwandtschaftsgliederung in 2 Evolutionslinien („*Alsophila*" und „*Nephelea*" einerseits, „*Cyathea*", „*Trichipteris*" und „*Cnemidaria*" andererseits). Die Polypeptide aus den Speicherproteinen von *Blechnaceae* und onocleoiden Farnen zeigen große Frequenzhomologie mit anderen Gattungen der *Dryopteridaceae*, während die Polypeptide dieser beiden Familien von denen der *Lophosoriaceae*, *Dicksoniaceae* und *Cyatheaceae* auf der Sequenzebene differieren. Daraus werden engere verwandtschaftliche Beziehungen zwischen *Blechnaceae* und *Dryopteridaceae* postuliert. Allerdings sind die proteinchemischen Unterschiede innerhalb der *Cyatheaceae* größer als zwischen *Blechnaceae* und *Dryopteridaceae*, weshalb eine Zusammenführung dieser beiden Familien vorgeschlagen worden ist (2).

Analyse der Isozym-Muster in der Gattung *Bommeria* ergab, daß die Arten sich entweder seit ihrer Entstehung aus einer gemeinsamen Wurzel extrem auseinander entwickelt haben, oder aber, und das ist wahrscheinlicher, sie sind von vornherein unterschiedlichen Ursprungs. Für den extrem schwierigen *Cystopteris fragilis*-Artkomplex im östlichen Nordamerika hat man aufgrund elektrophoretischer Enzym-Untersuchungen in Kombination mit biogeographischen Daten eine Hypothese zur „reticulate evolution" entwickelt (8).

Die Rolle von Isozym-Mustern zur Unterscheidung von auto- und allopolyploiden Farnen wurde diskutiert. Am Beispiel von *Asplenium*-Arten wurde versucht, die Hybridnatur einiger Taxa durch Vergleich der Isozym-Muster nachzuweisen. Die Daten scheinen sogar teilweise Rückschlüsse auf bereits erloschene Vorfahren zu erlauben. Innerhalb des *Adiantum pedatum*-Komplexes konnte aufgrund der Isozymbänder eine tetraploide Sippe eindeutig als interspezifisch polyploid identifiziert werden (28).

Analysen zur Evolution der Chloroplasten-DNA wurden herangezogen, um die Phylogenie und Systematik von *Polystichum* und verwandten Gattungen zu untersuchen. Die Gattungen „*Phanerophlebia*" und „*Cyrtomium*" sind morphologisch sehr ähnlich, wobei „*Cyrtomium*" mit ca. 15 Arten im asiatischen Raum und „*Phanerophlebia*" mit ca. 9 Arten im neotropischen Bereich verbreitet ist. Zu ihrer Entstehung gibt es zwei Hypothesen: entweder entstanden beide unabhängig voneinander und konvergent aus *Polystichum* s. str. als gemeinsamem Vorfahren, oder aber „*Cyrtomium*" entstand aus einem asiatischen Vorfahren und „*Phanerophlebia*" entwickelte sich daraus dann disjunkt nach Migration in die Neue Welt. Zur Klärung dieser Frage wurden nach Spaltung der Chloroplasten-DNA aller verfügbaren Arten mit Restriktionsenzymen die homologen Regionen der Bruchstücke analysiert und das Ergebnis statistisch ausgewertet. Insgesamt ergab sich daraus eine Stützung der ersten Hypothese, das heißt der Annahme konvergenter Entstehung der beiden „Gattungen" aus *Polystichum* s. str. (33).

Auch innerhalb der Gattung *Osmunda* wurden sorgfältige Untersuchungen von DNA-Sequenzen durchgeführt. Drei Arten zeigen gleichstarke Abweichungen in ihren DNA-Sequenzen, was den Schluß nahelegt, daß sie in der Evolution etwa zur gleichen Zeit entstanden sind, daß es also nicht zulässig ist, eine der Arten als mit einer zweiten näher verwandt anzusehen als mit der dritten. Hybridisierungsversuche mit Restriktionsfragmenten der Chloroplasten-DNA des Bastards *O. x ruggii* unterstützen die Annahme, daß *O. claytoniana* und *O. regalis* als Elternarten anzusehen sind (21).

Derartige Untersuchungen wurden bei Farnen noch nicht oft durchgeführt; bis zu einem gewissen Grad scheinen sie auch noch in den Kinderschuhen zu stecken. Es sind moderne Methoden, die aber vielleicht so weitreichende Schlußfolgerungen, wie man sie ursprünglich erhoffte, doch nicht zulassen. Ihre Ergebnisse sind – trotz gelegentlich fast euphorischer Betrachtung (9) – wohl noch mit einer gewissen Vorsicht aufzunehmen. Aus einer größeren Menge von Daten darf man sich für die Zukunft aber vermutlich doch wichtige Rückschlüsse über Verwandtschaft und Verwandtschaftsgrad der Farne erhoffen.

Literatur

1. Anhut, S., Zinsmeister, H. D., Mues, R., Barz, W., Mackenbrock, K., Köster, J., Markham, K. R.: The first identification of isoflavones from a Bryophyte. Phytochemistry 23 (1984) 1073–1075.

2. Conant, S., DeMaggio, A. E.: Immunological comparisons of spore storage proteins: The use of affinity-purified antibodies and Western-blotting in probing the relationships of higher taxa of ferns. Biochem. Syst. Ecol. 17 (1989) 103–107.

3. Cooper-Driver, G.: Chemical evidence for separating the Psilotaceae from the Filicales. Science 198 (1977) 1260–1262.

4. Geiger, H., Quinn, C.: Biflavonoids, pp. 99–124. In: Harborne J. B. (Ed.): The Flavonoids. Advances in Research since 1980. Chapman and Hall, London 1988.

5. Gottlieb, O. R., Kaplan, M. A. C., Zocher, D. H. T., Kubitzki, K.: A chemosystematic overview of Pteridophytes and Gymnosperms, pp. 2–10. In: Kramer, K. U., Green, P. S. (Eds.): The Families and Genera of Vascular Plants. Springer, Berlin, Heidelberg 1990.

6. Harper, N. L., Cooper-Driver, G. A., Swain, T.: A survey for cyanogenesis in ferns and gymnosperms. Phytochemistry 15 (1976) 1764–1767.

7. Hartmann, Th.: Prinzipien des pflanzlichen Sekundärstoffwechsels. Pl. Syst. Evol. 150 (1985) 15–34.

8. Haufler, C. H.: Pteridophyte evolutionary biology: the electrophoretic approach, pp. 315–323. In: Dyer, A. F., Page, C. N. (Eds.): Biology of Pteridophytes, Proc. Royal Soc. Edinburgh 86 B (1985).

9. Haufler, C. H.: Electrophoresis is modifying our concept of evolution in homosporous pteridophytes. Amer. J. Bot. 74 (1987) 953–966.

10. Hegnauer, R.: Chemotaxonomie der Pflanzen, Bd. I (S. 220–292). Birkhäuser, Basel, Stuttgart 1962.

11. Hegnauer, R.: Chemotaxonomie der Pflanzen, Bd. VII (S. 398–461). Birkhäuser, Basel, Boston, Stuttgart 1986.

12. Lüttge, U., Kluge, M., Bauer, G.: Botanik. Ein grundlegendes Lehrbuch, 1. Aufl. (S. 208, Abb. 15–1). Verlag Chemie, Weinheim 1988.

13. Luckner, M.: Secondary Metabolism in Microorganisms, Plants, and Animals (S. 455, Fig. 314). Springer, Berlin, Heidelberg, New York, Tokyo 1984.

14. Markham, K. R.: Distribution of flavonoids in the lower plants and its evolutionary significance, pp. 427–468. In: Harborne, J. B. (Ed.): The Flavonoids. Advances in Research since 1980. Chapman & Hall, London 1988.

15. Murakami, T., Tanaka, N.: Occurrence, structure and taxonomic implications of fern constituents, pp. 1–253. In: Herz, W., Grisebach, H., Kirby, G. W., Tamm, Ch. (Eds.): Progr. Chem. Org. Nat. Prod. 54. Springer, Wien, New York 1988.

16. Raven, J. A.: Physiology and biochemistry of Pteridophytes, pp. 37–44. In: Dyer, A. F., Page, C. N. (Eds.): Biology of Pteridophytes. Proc. Royal Soc. Edinburgh 86 B, 1985.

17. Richardson, P. M.: The taxonomic significance of xanthones in ferns. Biochem. Syst. Ecol. 12 (1984) 1–6.

18. Seigler, D. S., Wollenweber, E.: Chemical, variation in Notholaena standleyi. Amer. J. Bot. 70 (1983) 790–798.

19. Smith, D. M.: Flavonoid analysis of the Pityrogramma triangularis complex. Bull. Torrey Bot. Club 107 (1980) 134–145.

20. Smith, D. M., Levin, D. A.: A chromatographic study of reticulate evolution in the Appalachian Asplenium complex. Amer. J. Bot. 50 (1963) 952–958.

21. Stein, D. B.: Nucleic acid comparisons as a tool in understanding species interrelationships and phylogeny, pp. 283–288. In: Dyer, H. F., Page, C. N. (eds.): Biology of Pteridophytes. Proc. Royal Soc. Edinburgh 86 B, 1985.

22. Swain, T., Cooper-Driver, G.: Biochemical systematics in the Filicopsida. pp. 111–134. In: Jermy, A. C., Crabbe, J. A., Thomas, B. A. (Eds.): The Phylogeny and Classification of Ferns. Bot. J. Linn. Soc. 67, Suppl. 1, 1973.

23. von Euw, J., Lounsamaa, M., Reichstein, T., Widén, C. J.: Chemotaxonomy in Dryopteris and related fern genera. Studia Geobot. 1 (1980) 275–311.

24. Veit, M.: Untersuchungen zur Biologie sowie Akkumulation und Analytik von Sekundärstoffen der Equiseten unter besonderer Berücksichtigung von Equisetum arvense L. Diss. Würzburg 1990.

25. Wallace, J. W.: Chemosystematic implications of flavonoids and C-glycosylxanthones in „ferns", pp. 145–153. In: Richardson, P. M., Cooper-Driver, G. A. (Eds.): Chemosystematics of the Pteridophytes. Biochem. Syst. Ecol. 17 (1989).

26. Wallace, J. W.: A phytochemical approach for gaining insight into „pteridophyte" phylogeny; pp. 117–135. In: Bhardwaja, T. N., Gena, C. B. (eds.): Perspectives in Pteridology. Present and Future. Aspects of Plant Sciences 13. Today & Tomorrow's, New Delhi 1991.

27. Wallace, J. W., Yopp, D. L., Besson, E., Chippin, J.: Apigenin di-C-glycosylflavones of Angiopteris. Phytochemistry 20 (1981) 2701–2703.

28. Werth, C. R.: The use of isozyme data for inferring ancestry of polyploid pteridophytes. Biochem. Syst. Ecol. 17 (1989) 117–130.

29. Wollenweber, E.: Flavonoid aglycones as constituents of epicuticular layers in ferns, pp. 215–224. In: Cutler, D. F., Alvin, K. L., Price, C. E. (Eds.): The Plant Cuticle. (Linn. Soc. Symp. Ser. 10). Academic Press. London 1982.

30. Wollenweber, E.: Exudate flavonoids in ferns and their chemosystematic implication. Biochem. Syst. Ecol. 17 (1989) 141–144.

31. Wollenweber, E., Dietz, V. H.: Flavonoid patterns in the farina of goldenback and silverback ferns. Biochem. Syst. Ecol. 8 (1980) 21–33.

32. Yatskievych, G., Windham, D. M., Wollenweber, E.: A reconsideration of the genus Pityrogramma (Adiantaceae) in Western North America. Amer. Fern J. 80 (1990) 9–17.

33. Yatskievych, G., Stein, D. B., Gastony, G. J.: Chloroplast DNA evolution and systematics of Phanerophlebia (Dryopteridaceae) and related fern genera. Proc. Natl. Acad. Sci. USA 85 (1988) 2589–2593.

8. Die Pteridophyten und der Mensch

Wäre dieses Kapitel vor einigen Jahrhunderten geschrieben worden, so wäre darin vorwiegend vom Gebrauch von Farnen und Farnverwandten als Heil- und besonders als Zaubermittel die Rede gewesen. Diese fließend ineinander übergehenden Anwendungen gehören heute fast vollständig der Vergangenheit an, außer bei Bewohnern wenig industrialisierter Länder und bei sogenannten Naturvölkern. Dort werden auch heute noch Pteridophyten verwendet, zusammen mit vielen anderen Produkten der natürlichen Umwelt; aber im Vergleich etwa zu Blütenpflanzen oder Pilzen spielen die Pteridophyten dabei eine ganz untergeordnete Rolle. Das liegt wohl daran, daß sie oft schwer zu unterscheiden sind, daß sie wenig Geschmacks- oder Duftstoffe enthalten und daß sie die Phantasie viel weniger anregen als Blütenpflanzen mit ihren lebhaften Farben, bizarren Formen, eigenartigen Früchten und Samen usw. Zusammenstellungen neueren Datums über den Gebrauch von Pteridophyten liegen für einige Teile der Welt vor, zum Beispiel für China (11, 24), die Philippinen (25), Hawaii (7), Kolumbien (17) und Bolivien (3). Der im allgemeinen wenig umfangreiche bzw. wenig differenzierte Schatz an Volksnamen für Farne, der auch aus den genannten Veröffentlichungen hervorgeht, ist ein weiteres Indiz für ihre im Verhältnis eher geringe praktische Bedeutung.

Das Fehlen von Blüten bei Pteridophyten und die Erzeugung des Sporenpulvers, dessen Funktion man bis vor etwa 200 Jahren nur ahnte, hat die Phantasie der Menschen, besonders in Europa, dagegen stark angeregt. Diese „Farnsamen" verwendete man z. B. zum Unsichtbarmachen, vielleicht weil sie beim Ausstreuen spurlos verfliegen (s. zum Beispiel 6, S. 136). Weniger klar ist, warum die Anwesenheit von Bärlappen im Hause zu Streit bzw. zum Zerbrechen einer Ehe führen sollte (6, S. 24). Der Verfasser hat das Fortbestehen dieses unter anderem in Südamerika höchst lebendigen Aberglaubens dort selbst miterlebt. Daß *Botrychium* das Vieh schädigen könne, wird anscheinend in Europa noch vielerorts geglaubt (6).

Zahlreiche weitere, auf Aberglauben beruhende oder aus anderen Gründen (fast) ganz verschwundene Anwendungen von Farnen und Farnverwandten finden sich in einigen Werken neueren Datums zusammengestellt (zum Beispiel 1 und 19).

Andere Anwendungen bzw. Eigenschaften von Farnen beruhen eher auf plausibleren Annahmen bzw. auf richtigen Beobachtungen. Das Laub des Adlerfarns, wird zum Beispiel wenig von Schimmelpilzen und dergleichen befallen und kann zum Verpacken von Käse und anderen verderblichen Waren verwendet werden. Die Sekrete der winzigen, oft zweizelligen Drüsenhaare, die zerstreut auf den Blättern sehr vieler Farne sitzen (Abb. 6 a) und besonders bei noch nicht ausgereiften Blättern einen deutlichen Geruch erzeugen, werden vom Menschen benutzt, zum Beispiel zur Abwehr von Ungeziefer. In Indien wurde dem Verfasser mitgeteilt, daß in den Boden gesteckte, junge Blätter von *Dennstaedtia* oder *Microlepia* junge Kulturpflanzen vor dem Gefressenwerden durch Vieh schützen. In Nordamerika wird *Dennstaedtia punctilobula* mit ihren duftenden Drüsenhaaren zum Parfümieren von Wäsche usw. verwendet (1).

Die chemische Industrie ist neuerdings wieder etwas mehr an potentiell wirksamen Inhaltsstoffen von Farnen interessiert. So soll zum Beispiel das tropisch-amerikanische *Polypodium (Phlebodium) decumanum* krebshemmende Substanzen enthalten. Der einst weit verbreitete Gebrauch des Rhizoms des Wurmfarns (Name!) als Antihelminthikum ist wegen der erheblichen Toxizität heute weitgehend verschwunden.

Die Epidermalanhängsel gewisser Farne wären vielleicht für manchen Zweck brauchbar, sind aber meistens in zu geringer Dichte vorhanden, als daß sie bequem zu gewinnen wären. Eine Ausnahme bilden die sehr zahlreichen und großen, mehrzelligen Haare auf dem Rhizom (Stamm) und der Blattstielbasis verschiedener *Dicksoniaceae*, speziell von *Cibotium barometz* (s. den dichten Filz zwischen den Blattstielquerschnitten in Abb. **53**). Diese waren früher als Verpackungsmittel und besonders als blutstillende Wundauflage in bzw. aus Ostasien sehr beliebt (1, 23). Da man nicht sicher war, ob das Produkt pflanzlicher oder vielleicht doch tierischer Herkunft war, entstand die Legende vom „pflanzlichen Schaf der Tartarei", das diese Haare tragen und mit dem Bauch an einem kurzen Stamm angewachsen sein sollte. Der Name *„barometz"* soll eine Verballhornung des russischen Wortes für „Lämmchen" sein. Nach der Auffassung anderer Autoren war mit dem pflanzlichen Schaf allerdings die Baumwollpflanze gemeint (15).

Pharmazeutisch wurden auch lange Zeit die Sporen von Bärlappen verwendet; da sie eine unbenetzbare Oberfläche haben, wurden sie zum Bestäuben von Pillen benutzt, die sonst leicht zusammenkleben würden. Heute verwendet man dafür meist andere Substanzen. Schon früher verschwunden ist die Anwendung dieser Sporen zur Erzeugung von Blitzen im Theater usw. Durch ihre Neigung, sehr locker geschichtet zu sein und durch ihre leichte Brennbarkeit entzünden sie sich sehr plötzlich unter Erzeugung eines hellen Lichtscheines.

Die rauhen Stengel der Schachtelhalme mit ihrer stark verkieselten Epidermis wurden längere Zeit zum Abreiben und Polieren von Zinngeschirr usw. verwendet. Einige besonders geeignete *Equisetum*-Arten hießen im Volksmund „Zinnkraut".

Die große Zähigkeit der Blattstiele und -spindeln vieler Farne, die auf die Anwesenheit einer starken Sklerenchymschicht zurückgeht, hat zu mannigfaltigen Verwendungsmöglichkeiten geführt. Besonders beliebt sind die Achsen der kletternden, sehr reißfesten Blätter der *Gleicheniaceae*, aus denen Körbe und andere geflochtene Gegenstände hergestellt werden (22). Die zähen Leitbündel und ihre starken, harten Sklerenchymscheiden machen die Baumfarnstämme zu einem geeigneten Rohmaterial (Abb. **47**), zum Beispiel für Vasen und andere geschnitzte Gegenstände. Diese sind besonders in Neuseeland beliebt (5). Die Stämme von Baumfarnarten, die mit einem dichten Mantel von Adventivwurzeln bedeckt sind, wie *Cyathea excelsa* (La Réunion) und *Dicksonia sellowiana* (Südamerika), werden oft zu Blumentöpfen, besonders für die Orchideenkultur, verarbeitet. Stücke von Baumfarnstämmen mit ihrer Bekleidung aus Adventivwurzeln sind in der Gärtnerei ein beliebtes Substrat für epiphytische Orchideen, Farne usw. Solche Baumfarnstämme tragen auch in der Natur oft einen Bewuchs von Moosen und epiphytischen Farnen.

Gegenwärtig wächst die Bedeutung der Farne als um ihrer selbst gezogene Zimmerpflanzen. Ihre Sternstunde war allerdings schon früher, im 19. Jahrhundert, besonders in England, von wo die „Pteridomanie" der Briten ein wenig auf den Kontinent ausstrahlte. Über die „Victorian Fern Craze" existiert eine schöne Übersicht (2). Im 20. Jahrhundert ging das Interesse wieder zurück, wohl weil man bunt blühende Zimmerpflanzen bevorzugte. Daß es jetzt wieder am Aufleben ist, zeigt schon die wachsende Zahl an Büchern über Farne in Kultur, ihre Pflege, Vermehrung und Bestimmung (zum Beispiel 9, 12, 21). In den einschlägigen Büchern werden heute für Mitteleuropa, abgesehen von den einheimischen Vertretern, etwa 70 Arten angeführt, viele mit zahlreichen Garten- und Kulturformen. Es besteht ein großes Potential zur Vermehrung der Artenzahl durch das Einführen schöner, noch kaum oder nicht in Kultur befindlicher Farnarten aus den gemäßigten Gegenden beider Hemisphären. Auf den Britischen Inseln ist bereits ein erhebliches Sortiment in Kultur und im Handel erhältlich, denn das feuchte, wintermilde Klima erlaubt es, bedeutend mehr Arten im Freiland zu kultivieren als auf dem Kontinent.

Viele Pflanzenliebhaber vermissen natürlich bei den Farnen die bunten Blüten, aber die Formschönheit ihres Laubes, die Regelmäßigkeit ihres Wuchses und Blattschnitts und die Vielfalt der Formen gewinnen ihnen immer mehr Freunde. Schon 1842 schrieben Martens und Galeotti (13): „cette belle famille des Fougères, où la nature a déployé dans le feuillage un luxe de formes que l'on ne rencontre dans aucune autre famille de plantes d'un ordre plus élevé" (diese schöne Familie der Farne, in der die Natur im Laub einen Überschwang an Formen entfaltet, den man in keiner anderen, höheren Pflanzenfamilie antrifft). In den letzten Jahren sind in vielen Ländern Vereinigungen von Farnfreunden und Farnwissenschaftern gegründet worden; es gibt bereits etwa 30 davon (4).

Dabei sind viele Farne nicht gerade einfach in Kultur; in einer im Winter zentralgeheizten Wohnung ist es für die meisten zu trocken. Eine Ausnahme bilden einige *Nephrolepis*-Arten, und da sich bei diesen leicht Mutanten bilden, deren Laub eine abweichende, zuweilen geradezu abenteuerliche Gestalt annehmen kann, waren und sind sie beliebte Zimmerpflanzen, wie zum Beispiel der sogenannte „Boston Fern" *N. exaltata* cv. *bostoniensis* (16). In einem Gewächshaus bieten sich natürlich viel mehr Möglichkeiten. Die Böden großer Teile Mitteleuropas sind für die meisten Farne zu basisch, da sie oft Bewohner der sauren Humusschicht der Wälder sind. Deshalb ist beim Zusammenstellen des Substrates Vorsicht geboten, und im Garten können viele Arten nur in einem speziellen Moorbeet gezogen werden.

Farne mit festem, langsam welkenden Laub wie *Rumohra* und Arten von *Arachniodes* sind heute als Beigabe für Schnittblumensträuße sehr beliebt. Dagegen spielen Farnverwandte als Zimmer- und Gartenpflanzen keine große Rolle; die stark mykotrophen und gegen Verletzung sehr empfindlichen Lycopodien sind meist schwer zu kultivieren, und die an sich sehr schönen Selaginellen sind zum größten Teil nicht winterhart, im Zimmer aber wegen ihrer großen Empfindlichkeit gegen Austrocknung nur schwer zu ziehen.

Für die menschliche Ernährung haben Farne seit eh und je nur eine ganz untergeordnete Rolle gespielt. Das liegt teilweise an der weit verbreiteten Anwesenheit schädlicher bis toxischer, oft auch schlecht schmeckender Inhaltsstoffe, teils am schon erwähnten Vorhandensein stark sklerotisierter Gewebe im Laub der allermeisten Vertreter. Nur die „Eusporangiaten" bilden eine Ausnahme. Auch ist ein sogenannter Interzellularzement vorhanden, der den Verzehr weiter erschwert und der anscheinend nur von Schnecken verdaut werden kann (18). Junge, noch nicht sklerotisierte Teile von Farnen werden hier und da als Gemüse genossen. In Nordamerika sind die „Bischofsstäbe" des dort häufigen Straußenfarnes *Matteuccia* als Gemüse im Handel. Von den Märkten Südostasiens wird eine ganze Reihe von als Gemüse angebotenen Farnarten angeführt, die meist in Form junger Blätter verkauft werden (8), zum Beispiel *Cyathea gigantea, Marsilea crenata, Diplazium esculentum* (Name!) und *Ceratopteris thalictroides*. Letzterer ist als Wasserfarn mit sehr wenig Stützgewebe als Gemüse besonders geeignet. Das Rhizom von *Pteridium* wurde früher von den Maori in Notzeiten als Stärkequelle benutzt (20); und auch das Mark von Baumfarnstämmen soll so verwendbar sein.

Größere Mengen können aber leicht schaden, zum Beispiel durch beim Menschen als Neurotoxine wirkende Inhaltsstoffe. Aus den Sporokarpien der in Australien verbreiteten Kleefarne *(Marsilea)*, die dort „nardoo" heißen, wurde von den Ureinwohnern mit Wasser eine mehlige, stärkereiche Paste zubereitet (10).

Die meisten eigentlichen Farne und fast alle Farnverwandten können nur schwer in Kulturen von Nutzpflanzen gedeihen; somit ist die Zahl der Unkräuter unter den Pteridophyten gering. Die Bedeutung der wenigen Arten kann lokal aber erheblich sein. Am bekanntesten ist der Adlerfarn, dessen tiefsitzendem Rhizom nur schwer beizukommen ist und der besonders als Überwucherer von Weideland verhaßt und lokal sehr schädlich ist, wie zum Beispiel in Schottland (20). In tropischen Gegenden, besonders im Gebirge, und in südlich-gemäßigten Zonen sind speziell Pionierfarne aus der Familie der *Dennstaedtiaceae* höchst lästige Unkräuter in Plantagen, Baumanpflanzungen, an Straßenrändern usw., zum Beispiel Arten von *Histiopteris, Hypolepis, Paesia* und *Pteridium*. Andererseits können sie auch einen wertvollen Erosionsschutz an der Pflanzendecke beraubten Orten darstellen. In Gewächshäusern können sich rasch aus Sporen aufwachsende, oft apogame Farne als unerwünschte Untermieter bei schwachwüchsigen anderen Pteridophyten, Orchideen usw. einnisten und sie überwuchern oder verdrängen.

In den letzten Jahrzehnten hat sich mit dem Bau großer Staudämme und Stauseen in tropischen und subtropischen Zonen neben der berüchtigten Wasserhyazinthe *Eichhornia* ein weiteres, zu den Wasserfarnen gehörendes Unkraut breit gemacht, die hybridogene *Salvinia molesta* (14). Obwohl sie sich nur vegetativ vermehrt, tut sie dies mit großer Vehemenz und kann in kurzer Zeit die ganze Oberfläche von Stauseen überwachsen, die Turbinen der Wasserkraftwerke verstopfen und den Gaswechsel des Stauseewassers behindern, wodurch zum Beispiel Fischzucht unmöglich wird. Trotz zahlreicher Versuche mit natürlichen Feinden von *Salvinia* ist eine wirksame Bekämpfung, abgesehen vom Einsammeln der Pflanzen, noch nicht entwickelt worden (s. S. 146). Auch die zweite Gattung der Schwimmfarne, *Azolla*, kann gelegentlich ein lästiges Unkraut auf der Oberfläche stehender Gewässer sein. Andererseits hat sie eine gewisse Bedeutung als Gründünger er-

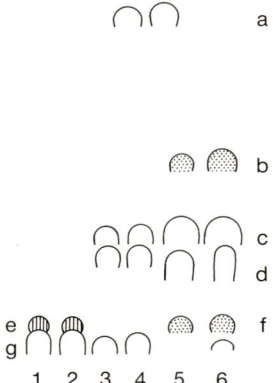

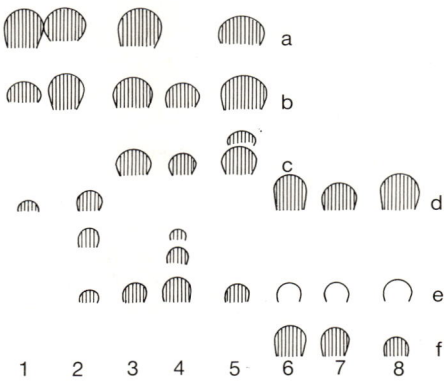

Abb. 93 Argyrochosma standleyi. Dünnschicht-chromatogramm auf Polyamid DC-11. Laufmittel Toluol/Petrolbenzin$_{100-140°}$/Methyläthylketon/Methanol 12/6/2/1. Helle Flecken im langwelligen UV (365 nm) gelb fluoreszierend, schraffierte absorbierend, punktierte braun. Flavonoide: **a** – Kämpferol-7,4'-diMe, **b** – Herbacetin-3,7,4'-triMe, **c** – Kä-7-Me, **d** – Kä-4'-Me, **e** – Kä-3-Me, **f** – Herb-7,4'-diMe, **g** – Kämpferol. Spuren 1+2 „gelbe", 3+4 „gelb-grüne", 5+6 „goldgelbe" Form (vgl. Tab. **1**) (vgl. [18]).

Abb. 94 Argyrochosma candida. DC-Bedingungen und Fleck-Markierung wie bei **Abb. 93**. Flavonoide: **a** – Myricetin-3,7,3',4',5'-pentaMe, **b** – Myr-3,7,3',4'-tetra-Me, **c** – Myr-3,3',4',5'-tetraMe, **d** – Galangin-3-Me, **e** – Galangin, **f** – Kämpferol-3-Me. Spuren 1–5 var. *candida*. Spuren 6–8 var. *copelandii*. Die Flavonoidmuster von var. *candida* weisen zwar beträchtliche Schwankungen auf, sind aber eindeutig verschieden von dem konstanten Flavonoidmuster von var. *copelandii*.

langt, da sie symbiontische, Stickstoff fixierende Cyanobakterien beherbergen (s. S. 25, 87, 109). Ihre Biomasse ist aber eher bescheiden.

Literatur

1. Abbe, E.: The Fern Herbal. Cornell Univ. Press, Ithaca, London 1981.
2. Allen, D. E.: The Victorian Fern Craze. A history of Pteridomania. Hutchinson, London 1969.
3. Boom, B. M.: Ethnopteridology of the Chácobo Indians in Amazonian Bolivia. Amer. Fern J. 75 (1985) 19–21.
4. Camus, J. M., Jermy, A. C., Thomas, B. A.: A World of Ferns. Natural History Museum Publ., London 1991.
5. Cooper, R.: Ponga ware. Missouri Bot. Gard. Bull. 41 (1953) 29–30.
6. Dostál, J.: Verschiedene Familien. In: Kramer, K. U. (Hrsg.): G. Hegi, Illustrierte Flora von Mitteleuropa, 3. Aufl., Bd. I, Teil 1. Paul Parey, Berlin 1984.
7. Fosberg, F. R.: Uses of Hawaiian ferns. Amer. Fern J. 32 (1942) 15–23.
8. Jacquat, C.: Plants from the Markets of Thailand. Ed. Duang Kamol, Bangkok 1990.
9. Jones, D. L.: Encyclopedia of Ferns. British Museum (Natural History), London 1987.
10. Jones, D. L., Clemesha, S. C.: Australian Ferns and Fern Allies. Reed, Sydney 1976.
11. Luo, G. H.: Pp. 309–312. In: Shing, K. H., Kramer, K. U. (eds.): Proc. Internat. Symp. Syst. Pteridol., Beijing, 1988. China Sci. & Technol. Press, Beijing 1989.
12. Maatsch, R.: Das Buch der Freilandfarne. Parey, Berlin 1980.
13. Martens, M., Galeotti, H.: Mémoire sur les fougères du Mexique. Nouv. Mém. Acad. Roy. Sci Bruxelles 15 (1842) 1–99, 23 pl.
14. Mitchell, D. S.: The Kariba weed: Salvinia molesta. Brit. Fern Gaz. 10 (5) (1972): 251–252.
15. Moran, R. C.: The vegetable lamb of Tartary – a pteridological tale. Fiddlehead Forum 19 (1992) 2–8.
16. Morton, C. V.: Observations on cultivated ferns. V. The species and forms of Nephrolepis. Amer. Fern J. 48 (1958) 18–27.
17. Murillo, M. T.: Usos de Helechos en Suramérica con Especial Referencia a Colombia. Inst. Cienc. Nat., Mus. Hist. Nat., Bibl. J. Triana no. 5, Bogotá 1983.
18. Page, C. N.: Pp. 551–589. In: A. F. Dyer (ed.): The Experimental Biology of Ferns. Acadmic Press, London 1979.
19. Page, C. N.: A Natural history of British Ferns. Collins, London 1988.
20. Perring, F. H., Gardner, B. G.: The biology of Brakken. Bot. J. Linn. Soc. 73 (1976) 1–302.
21. Schmick, H.: Farne in Natur und Garten. Ein Nachschlagewerk der Arten. Fröhlich, Celle 1990.
22. Shen, Yu-Feng: Plants of unusual economical value on Taiwan. Taiwania 73 (1960): 105–106.
23. Tryon, A. F.: The vegetable lamb of Tartary. Missouri Bot. Gard. Bull. 43 (1955) 25–28.
24. Wang, De-Qun: A tentative investigation of medicinal ferns in China, pp. 313–317. In: Shing, K. H., Kramer, K. U. (eds.): Proc. Internat. Symp. Syst. Pteridol., Beijing, 1988. China Sci. & Technol. Press, Beijing 1989.
25. Zamora, P. M., Co, L. C.: Guide to Philippine Flora and Fauna. II. Economic Ferns, Endemic Ferns, Gymnosperms. Nat. Res. Managem. Center & Univ. Philipp., Manila 1986.

Glossar

Fachausdrücke, die im Text genügend erklärt werden, erscheinen nicht noch einmal im Glossar; sie sind über das Sachverzeichnis zu finden. Was unter C vermißt wird, ist oft unter K zu finden.

Abaxial: An der Unterseite des Blattes, des Blattstieles usw.

Adaxial: An der Oberseite des Blattes, des Blattstieles usw.

Akrophyll: Im mehr exponierten Apikalteil der Pflanze befindliches, weniger zerteiltes Blatt.

Alete Spore: Eine Spore ohne (äußerlich sichtbare) Laesura.

Allopolyploidie: Polyploidie, die aus einer Artkreuzung resultiert, wobei von den Ausgangsarten je ein doppelter Chromosomensatz vorhanden ist.

Amphiphloisch: Das Xylem ist außen und innen mit Phloem vergesellschaftet.

Amphistomatisch: Ober- und unterseits Spaltöffnungen tragend.

Anadrom: *s.* Dromie.

Anisophyllie: Verschiedene Gestalt und/oder Größe benachbarter Blätter. Bei *Selaginella* meist als Heterophyllie bezeichnet.

Anisotom: Sich in zwei (oder mehr) ungleiche Äste aufteilend.

Antheridium: Das Organ der gametophytischen Generation, das die Spermatozoiden erzeugt.

Antiklinale Zellwände: Zellwände, die zwei oder mehr Zellen gegen einander abgrenzen und ungefähr senkrecht zur Oberfläche des Organs orientiert sind.

Apertur: *s.* Laesura.

Apomorph: Von abgeleiteter Gestalt bzw. Struktur.

Archegonium: Das eine Eizelle enthaltende, meist ungefähr flaschenförmige und einen Hals besitzende Organ der gametophytischen Generation.

Autotroph: Sich selbständig ernährend, ohne Mitwirkung anderer Organismen (oder gegebenenfalls mit Symbionten wie Mykorrhiza oder Bakterien).

Basitonisch: Auf der gegen die Basis gerichteten Seite in seiner Größe gefördert (z. B. Blattabschnitt).

Bathyphyll: Im beschatteten Basalteil der Pflanze befindliches, meist stark zerteiltes Blatt.

Biotroph: Sich von der lebenden Substanz des Wirtes ernährend.

Biziliat: Zwei Geisseln tragend.

Blastogenie: Entwicklung von der Jung- zur Adultpflanze und eventuell dabei auftretender Gestaltwechsel.

Bulbillen: Aus oberirdischen Achselknospen oder Blatteilen hervorgehende Embryonalpflanzen, die nach dem Abtrennen eine neue Pflanze hervorbringen können.

Chamaophyt: Ausdauernde Pflanze, deren Erneuerungsknospen deutlich über der Erdoberfläche liegen, bis zu etwa 25 cm.

Chlorenchym: Chlorophyllhaltiges, parenchymatisches Gewebe.

Circinat: Vor der Entfaltung des Blattes spiralig eingerollt.

Costa: *s.* primäre Ader.

Costal: Der primären Ader anliegend.

Costula: *s.* sekundäre Ader.

Dekussiert: Kreuzweise gegenständig.

Diaspore: Verbreitungseinheit bzw. -organ, zum Beispiel Spore, Same, Bulbille.

Dikaryophase: Phase im Kernphasenwechsel

höherer Pilze, bei der beide Elternkerne getrennt nebeneinander bestehen.

Distal: Zur Spitze hin gewendet bzw. ihr genähert, endständig.

Dormanz: Endogen bedingter Ruhezustand bzw. Ruhestadium.

Dorsal: Rückenständig auf der Spreite, einer Ader usw.

Dorsiventral: Mit verschiedener Ober- und Unterseite.

Dromie:

Anadrom: Anordnung der Sekundärfiedern und ihre Aderung wie bei A.

Isodrom: Dasselbe wie bei B.

Katadrom: Dasselbe wie bei C.

Heterodrom: Dasselbe wie bei D.

Hyperkatadrom: Wie bei E; die basalen, der basiskopen Seite der Costulae entspringenden Adern sind weiter nach rückwärts auf die Costa verschoben (Pfeile).

Dysploidie: Das Vorhandensein verschiedener Chromosomen(grund)zahlen innerhalb einer Art, Gattung, usw.

Echinat: Mit bestachelter Oberfläche.

Ectophloisch: Das Xylem ist nur außen mit Phloem vergesellschaftet.

Endophytisch: Im Inneren eines anderen Organismus lebende Pflanzen, bei grünen Pflanzen oft pilzliche Organismen.

Endotrophe Mykorrhiza: Pilzhyphengeflecht, das zwischen und auch innerhalb der Wurzelzellen der Wirtspflanze wächst.

Endozoochorie: Verbreitung von Diasporen über den Verdauungstrakt von Tieren.

Epilithisch: Auf Felsen, Steinen, Mauern usw. wachsend.

Epiphytisch: Nicht-schmarotzerisch auf anderen (meist holzigen) Pflanzen wachsend.

Eustele: Stele aus einzelnen, (bi)kollateralen Leitbündeln, ohne deutlich abgegrenzte Blattlücken.

Exkurrente Ader: Freie Ader, die bzw. deren Ende zum Blattrand ausgerichtet ist.

Gametophyt: Wie Prothallium *(s. dort)*, aber als Begriff etwas weiter gefaßt, auch stark reduzierte, kaum thallöse Beispiele der Geschlechtsgeneration umfassend.

Gemmen: Organe zur vegetativen Vermehrung von sehr einfachem Bau, die sich ablösen.

Gene silencing: Duplizierte Gene bei polyploiden Arten werden inaktiviert, so daß die Vererbung von Merkmalen wie bei einer diploiden Pflanze verläuft. Gene Silencing bewirkt also Diploidisierung.

Geophyt: Ausdauernde Pflanze, deren Erneuerungsknospen unter der Erdoberfläche liegen.

Gymnogrammoid: Sporangien in verlängerten, oft strichförmigen, schleierlosen Gruppen, die meist keine bestimmte Länge haben und den Adern folgen.

Hapteren: Am Ende spatelförmig verbreiterte Bänder an den Sporen der Schachtelhalme.

Hardy-Weinberg-Gleichgewicht: Stabile Gleichgewichtsverteilung von Allelen in einer Population, die sich von Generation zu Generation nicht ändert.

Haustorium: Wie Suspensor *(s. dort)*, jedoch der Ernährung des Embryos dienend.

Hemiepiphyt: Pflanzen, deren Rhizom an Baumstämmen, Felsen usw. emporsteigt, aber im Boden wurzelt.

Hemikryptophyt: Ausdauernde Pflanze, deren Erneuerungsknospen in oder sehr nahe bei der Erdoberfläche liegen.

Heteroblastisch: Pflanze, die im Laufe ihrer Entwicklung außer Größenzunahme eine erhebliche Gestaltwandlung zeigt.

Heterodrom: *s.* Dromie.

Heterophyllie: Verschiedene Gestalt der Blätter einer erwachsenen Pflanze (bei Farnen oft für verschiedene Gestalt der sterilen und fertilen Blätter verwendet).

Heterosis: Phänomen der Leistungssteigerung bei Pflanzen als Folge von Heterozygotie.

Heterospor: Sporen in zwei stark verschiedenen Größen hervorbringend, wobei sich aus den kleineren männliche, aus den größeren, (meistens nur) weibliche Prothallien entwickeln: demzufolge Prothallien fast stets eingeschlechtlich.

Hippokampiform: „Seepferdförmig", Form von Xylemsträngen, die im Querschnitt bandförmig, oft etwas gekrümmt sind und an beiden Enden zur gleichen Seite hin eingeschlagen sind.

Holomykotroph: Für die Ernährung ganz auf den symbiontischen Pilz angewiesen, also gleichsam auf ihm schmarotzend.

Homoblastisch: Das Gegenteil von heteroblastisch *(s. dort)*.

Homöologe Paarung: Paarung zweier nur teilweise homologer Chromosomen.

Homophyllie: Das Gegenteil von Heterophyllie *(s. dort)*.

Homospor: Sporen von nur einer Größe hervorbringend, die in den meisten Fällen (wenigstens potentiell) zweigeschlechtliche Prothallien erzeugen.

Hyalin: Farblos und durchscheinend.

Hydathode: Auf der Blattspreite, meist nahe dem Rand, gelegenes Organ zur Absonderung flüssigen Wassers.

Hyperkatadrom: *s.* Dromie.

Hyponastisch: Durch stärkeres Wachstum der Abaxialseite nach oben (zur Adaxialseite hin) eingekrümmt.

Hypostomatisch: Nur an der Unterseite Spaltöffnungen tragend.

Idioblasten: Im Parenchym oder in der Epidermis gelegene Zellen oder Zellgruppen, die sich von den umgebenden durch abweichende Struktur, besonderen Inhalt usw. unterscheiden.

Indehiszenz: Nicht-Aufspringen von Organen, die sich normalerweise öffnen und ihren Inhalt freigeben (zum Beispiel Sporangien).

Interkalares Wachstum: Wachstum mittels eines zwischen zwei mehr oder weniger ausgereiften Zonen des Organs liegenden Meristems.

Isodrom: *s.* Dromie.

Isospor *s.* Homospor

Isotom: Sich in zwei (fast) gleich große Äste bzw. Abschnitte aufteilend.

Kallös: Schwielenartiges Gewebe darstellend bzw. ihm gleichend.

Katadrom: *s.* Dromie.

Kataphyll: Reduziertes blattartiges Organ im basalen Bereich oder im saisonalen Teil eines Sprosses.

Kollenchym: Stützgewebe aus lebenden Zellen mit – meist aus Zellulose bestehenden – tertiären Verdickungen, die gewöhnlich dort lokalisiert sind, wo mehrere Zellen zusammenstoßen.

Kompital: Am Treffpunkt mehrerer Adern sitzend.

Konduplikat: Bei einem flächigen Organ: mit gegeneinander gefalteten Hälften.

Kongenerisch: In die gleiche Gattung gestellt bzw. zu stellen.

Kormus: Deutlich in Achse(n), Blätter und allermeistens auch Wurzeln gegliederter Pflanzenkörper.

Laesura: Strichförmige oder dreistrahlige Stelle, an der das Exospor dünner ist: Öffnungsstelle der Sporenwand bei der Keimung.

Laminal: Flächenständig.

Leptokurtisch: Die meisten Ausbreitungseinheiten werden in der Nähe der Ausgangspflanze deponiert und nur wenige verbreiten sich über weitere Entfernungen.

Ligula: Ungefähr zungenförmiges, zartes Organ auf der Adaxialseite eines Blattes oberhalb seiner Basis, das nicht oder nur in seinem eingesenkten Fuß inneniviert ist; zu finden bei *Selaginella, Isoëtes* und vielen fossilen *Lycopsida.*

Malesien: In Anlehnung an die englischsprachige Literatur versteht man darunter das Gebiet vom Isthmus von Kra (Süd-Thailand) bis Neuguinea und den Bismarck-Archipel. Der Begriff Malaysia ist bereits vergeben für den Staat, der die Malaische Halbinsel, Sarawak und Sabah umfaßt.

Marginal: (fast) randständig.

Massula: Rundlicher Ballen, zu dem die Mikrosporen der Salviniales vereinigt sind.

Medulliert: Mit einem zentralen Strang aus Mark versehen.

Meristele: Einzelner Strang einer stark zerteilten Stele.

Meristem: Spezielles Gewebe aus undifferenzierten, ständig teilungsfähigen Zellen.

Mesisch: Weder große Trockenheit noch große Feuchtigkeit liebend bzw. daran angepaßt; vom Standort: weder zu naß noch zu trocken.

Monophyletisch: Stammesgeschichtlich auf eine einzige Stammform zurückgehend.

Mykotroph: Für die Ernährung teilweise oder ganz auf Pilze angewiesen.

Myrmekophil: Mit Ameisen vergesellschaftet, meistens als mutualistische Symbiose.

Nekrotroph: Sich von abgetötetem organischem Substrat ernährend.

Pädomorphose: Stammesgeschichtliche Abwandlung der Gestalt einer Pflanze durch Beibehaltung von Merkmalen der Juvenilpflanze, die sonst im Laufe der Blastogenie verloren gehen.

Paläopolyploidie: Liegt vor, wenn die heutigen Basiszahlen der Chromosomen einer Pflanzengruppe auf im Laufe der Stammesgeschichte entstandenen, polyploiden Ausgangsarten basieren.

Paracostal: Von der Mittelrippe (Costa) durch eine Adernmasche getrennt.

Páramo: Baumlose Vegetationszone in den Tropen Mittel- und Südamerikas, in der Nebelzone der Gebirge oberhalb von ca. 3000 m gelegen, mit starken täglichen Temperaturschwankungen.

Perispor: Äußerste Wandschicht der Spore, aus dem Tapetum gebildet.

Perthophyten: Pathogene pflanzliche Organismen, die von totem Gewebe leben, das sie zuvor selbst abgetötet haben.

Phanerophyt: Ausdauernde Pflanze, deren Erneuerungsorgane mindestens 25 cm über der Erdoberfläche liegen.

Phyllom: Blatt oder seiner Natur nach blattartiges Organ, das seitlich an einer Achse steht und begrenztes Wachstum zeigt.

Pleiostelisch: *s.* polystelisch.

Plesiomorph: Von ursprünglicher Gestalt bzw. Struktur.

Poikilohydrisch: Pflanze, die einen stark schwankenden, besonders einen zeitweilig niedrigen Wassergehalt verträgt.

Polycyclisch (pleiocyclisch): Mehrere konzentrische Stelen (nicht alle unbedingt vom gleichen Typ) enthaltend.

Polyembryonie: Die Entwicklung mehrere befruchteter Eizellen desselben Prothalliums zu jungen Sporophyten.

Polyphyletisch: Stammesgeschichtlich auf mehrere Stammformen bzw. Abstammungsreihen zurückgehend.

Polystelisch: Mehrere Stelen nebeneinander enthaltend.

Polyziliat: Zahlreiche Geisseln tragend.

Primäre Ader: Mittelrippe (Costa) eines Blattes, einer Fieder usw.

Prothallium: Die meist haploide Geschlechtsgeneration der Pteridophyten, von einfachem, thallösem Bau, meist kurzlebig, bei der Reife Antheridien und/oder Archegonien tragend.

Proximal: Zur Basis oder zur Mittelrippe hin gewendet bzw. ihnen genähert.

Pseudoanadrom: Durch die (anzunehmende) Unterdrückung nach hinten gerichteter Abschnitte entstandene anadrome Architektur (*s.* auch unter Dromie).

Pulvinus: Gelenkartige Schwellung im Stiel oder in der Spindel eines Blattes bzw. eines Blattabschnittes.

Radiär: Von allseits gleichem Bau, ohne Differenzierung in Ober- und Unterseite.

Rekurrente Ader: Freie Ader, die bzw. deren Ende zur Mittelrippe ausgerichtet ist.

Rezeptakulum: Die Sporangien tragende Partie eines Blattes, häufig eine Erhebung oder ein Auswuchs.

Rhizosphäre: Teil der Bodenschicht, der sich in unmittelbarer Umgebung der Wurzeln befindet.

Saprotroph: Sich von abgestorbenem organischem Material ernährend

Segregationsbürde: Liegt vor, wenn eine günstige Allelkombination einer heterozygoten Pflanze durch Segregation aufgebrochen wird, was zu weniger gut angepaßten Nachkommen führen kann.

Sekundäre Ader: Von der Mittelrippe abzweigende Ader (Costula), die sich durch ihre Dicke deutlich von den kleineren Adern abhebt (kann fehlen).

Sinus: Der am tiefsten gelegene Teil eines Einschnittes der Blattspreite.

Sklerenchym: Stützgewebe aus Zellen mit mehr oder weniger gleichmäßig verdickter, oft verholzter Wand, meist ohne lebenden Inhalt.

Sklerotisch: Mit starken tertiären Verdickungen der Zellwand.

Sorus: Gruppe von Sporangien, meist von regelmäßiger Gestalt und Größe.

Sporenbank: Reservoir keimfähiger Sporen im Boden.

Sporokarp: Organ, das in einer mehr oder weniger festen Hülle ein bis zahlreiche Sporangien enthält.

Sporophyll: Phyllom, das ein bis zahlreiche Sporangien trägt.

Sporophyt: Die Sporen erzeugende Generation der Pteridophyten, stets als Kormus ausgebildet, meistens diploid oder auf höherer Ploidiestufe.

Strobilus: Zapfenähnliche, endständige Anhäufung von Sporophyllen oder sporophyllähnlichen Organen.

Suspensor: Nicht-permanentes, basales Verankerungsorgan des Embryos im Prothallium.

Sympatrisch: Im gleichen Gebiet vorkommend.

Synangium: Ein im Laufe der Stammesgeschichte (wahrscheinlich) durch Verschmelzung von ursprünglich mehreren getrennten Sporangien entstandenes, mehrfächeriges „Sammelsporangium".

Synaptosporie: Zusammenhaften mehrerer Sporen zu einer Ausbreitungseinheit.

Terminal: Endständig.

Terrestrisch: Auf dem Boden wachsend, erdbewohnend.

Tertiäre Adern: Die kaum oder nicht differenzierten, feineren Adern des Blattes, die das Adernetz bzw. das Adersystem letzter Ordnung bilden.

Therophyt: „Einjährige", das heißt nur einmal, und zwar innerhalb einer einzigen Vegetationsperiode, Samen bzw. Sporen erzeugende Pflanze.

Trophophyll: Nur der Ernährung (Photosynthese), also nicht (auch) der Sporenerzeugung dienendes Blatt.

Ultramafisch: Substrat, das (meist Schwer-)Metallionen, die für die meisten Pflanzen schädlich sind, in größerer Konzentration enthält.

Vernation: Das Muster, nach dem die noch nicht voll entfaltete, makrophylle Blattspreite eingerollt, gefaltet usw. ist.

Xerisch: Zeitweise oder stets trockenes Milieu, bzw. an ein solches angepaßt.

Zygote: Durch Verschmelzung mit einem männlichen Gameten (Spermatozoid) diploid gewordene Eizelle.

Sachverzeichnis